알렉산드리아의 사자

LE LION D'ALEXANDRIE by Jean-Philippe Fabre
© Les Éditions du Cerf, 2022
Korean translation copyright © 2024 Catholic Publishing House

알렉산드리아의 사자

2023년 5월 8일 교회 인가
2024년 8월 9일 초판 1쇄 펴냄

지은이 · 장필리프 파브르
감수 · 허영엽
옮긴이 · 이정은
그린이 · 질 들라쿠르
펴낸이 · 정순택
펴낸곳 · 가톨릭출판사
편집 겸 인쇄인 · 김대영
편집 · 김소정, 박다솜, 강서윤, 김지영
디자인 · 이경숙, 강해인, 송현철, 정호진
마케팅 · 안효진, 황희진

본사 · 서울특별시 중구 중림로 27
등록 · 1958. 1. 16. 제2-314호
전자우편 · edit@catholicbook.kr
전화 · 1544-1886(대표 번호)
지로번호 · 3000997

ISBN 978-89-321-1910-6 03230

값 28,000원

성경 ⓒ 한국천주교중앙협의회, 2024.

이 책의 한국어 출판권은 (재)천주교서울대교구 가톨릭출판사에 있습니다.
저작권법에 의해 보호를 받는 저작물이므로 무단 전재와 무단 복제를 금합니다.

가톨릭의 모든 도서와 성물을 '가톨릭출판사 인터넷쇼핑몰'에서 만나 보실 수 있습니다.
http://www.catholicbook.kr | (02)6365-1888(구입 문의)

복음서의 탄생

알렉산드리아의 사자

장필리프 파브르 지음 | 허영엽 감수 | 이정은 옮김

LE LION
D'ALEXANDRIE

가톨릭출판사

일러두기
• 이 책에 달린 각주는 저자가 독자의 이해를 돕기 위해 붙인 것입니다.

머리말

이 책은 복음서가 탄생하게 된 과정을 담고 있다. 아니, 그 복음서를 쓴 사람에 대해 담고 있다고 하는 것이 더 맞겠다. 어느 날 저녁, 예루살렘의 키드론 골짜기에서 소년 요한은 사람들을 이끄는 지도자 한 사람을 마주친다. 하지만 곧바로 달아난다.

그로부터 30년 후, '마르코'라는 로마식 이름을 받은 그 소년은 특별하고 신비로운 그 지도자의 생애를 전하기로 마음먹는다. 그리하여 네 복음서의 원형인 첫 복음서를 로마에서 작성하게 된다.

마르코는 탐험가였다. 그래서 복음사가가 되었다. 그는 세 가지 의미에서 탐험가다. 먼저 그는 자신이 살아간 당대 세계, 즉 기원후 1세기의 지중해 문명을 열정적으로 탐색한다. 그는 예루살렘을 떠나서 지중해변의 카이사리아, 시리아의 안티오키아, 알렉산드리아,

키프로스, 트로아스, 에페소까지 간다. 이 여행은 로마에서 완결된다. 마르코는 여정을 거치면서 인류를 마주한다. 그 과정에서 자신이 지녔던 유다 민족주의가 산산이 부서지는 경험을 한다. 또한 마르코는 자신의 삶을 뒤흔든 어떤 인물과 만난 사건도 탐색한다. 그 인물은 겉으로 보기에는 평범하게 살았다. 하지만 여러 증언에 따르면 그 인물은 생애의 마지막을 무덤에서 마치지 않았다. 끝으로, 마르코는 자신이 입은 상처, 자신이 그 '생애'를 기록하고자 하는 인물의 고귀함에 미치지 못하는 자신의 무능함을 탐색한다. 어린 시절에 상처를 입은 마르코는 글을 쓰면서 치유받는다. 이 세 가지 탐색은 하나로 어우러진다. 그렇기에 마르코 복음서는 단순한 연대기로 남지 않고, 만남과 여행을 하도록 초대하는 글이 되는 것이다.

《알렉산드리아의 사자》는 학술서가 아닌 전기 형식의 소설이다. 소설은 등장인물의 마음속 변화를 암시하고 심리를 다시 구성하게 해 준다. 또 줄거리를 숨 가쁘게 진행시키는 동시에, 마르코 복음서의 훌륭한 구성이 탄생한 비밀을 엿볼 수 있게 한다.

이 책은 허구라는 형식을 사용했지만, 역사적이고 성서적인 배경을 충분히 살렸다. 역사상 거대한 사건이 벌어진 연대순, 도시와 지역에 관한 지리적인 묘사, 로마 제국의 정치·경제·사회 기능 방식, 성전聖傳으로 전해진 사실, 사도행전에 암시된 복음서의 편찬 과정, 초기 그리스도교 공동체의 모습, 마르코가 복음서를 집필한 방식을 선택한 내력, 고대의 문자 또는 항해에 관한 지식 등 모든 사항을 면밀히 검토하여 줄거리를 구성했다.

1세기 유다 민족 및 그리스·로마 세계 전문가이자 저명한 역사학자인 마리프랑수아즈 바즐레Marie-Françoise Baslez가 이 책의 내용을 면밀하게 검토해 주었다. 또한 이야기를 쓸 때는 마르코 복음서의 비밀을 그 누구보다 잘 해독해 낸 로마 교황청립 성서대학 교수인 장노엘 알레티Jean-Noël Aletti에게 큰 신세를 졌다.

이 책의 제목을 '마르코 복음사가의 전기'라고 붙일 수도 있었다. 하지만 소설이라는 형식을 취한 덕분에 나는 마르코가 한 것과 똑같은 경험, 즉 모두를 위하여 글을 쓰는 경험을 했다. 마르코처럼 탐험하고 탐색하기 위해서 말이다.

이 이야기를 집필하면서 용어나 내용에 대한 설명을 본문에 괄호로 넣거나 각주를 붙였다. 이는 고대의 특정한 용어, 역사, 성경에 대한 설명을 통해 독자가 이 이야기를 조금 더 잘 이해할 수 있도록 하기 위해서다.

또한 프랑스의 성서학자 앙드레 폴André Paul이 비판한 시대착오적인 표현을 피하기 위하여 '유대인Juif'이라는 용어보다는 '유다인Judéen'이라는 용어를 택했다. 또 같은 이유로 '이교도Païens' 대신에 '할례받지 않은 사람들non-circoncis', '민족들Nations'이라는 용어를 사용했다. 이러한 선택을 한 이유는 종교적인 분열보다는 민족 출신을 구분하는 것이 더욱 적절하다고 보았기 때문이다.

마르코의 이 회고록을 읽을 때, 토대가 되는 글인 마르코 복음서와 사도행전을 곁에 두기를 권한다. 성경의 이 훌륭한 두 글에서 본 소설에 등장하는 부분은 부록에 실었다.

본문에 실린 지도와 그림은 마르코가 손수 그린 것으로 소개한다. 1부, 2부, 3부 초반부에 소개되는 지도를 보면서 "예루살렘과 온 유다와 사마리아, 그리고 땅끝에 이르기까지"(사도 1,8) 지평을 차츰 넓혀 가며 세 단계로 진행되는 여행 중에 여러 사건이 벌어지는 장소를 파악할 수 있을 것이다.

책의 끝에는 '마르코 추정 연보', '마르코와 마르코 복음서에 관한 역사 자료'를 부록으로 실었다. 특히 연보의 경우는 책갈피를 꽂아 놓고 책을 읽어 나가며 참고해도 좋을 것이다.

끝으로 그림을 그려 준 질 들라쿠르에게 감사 인사를 전한다. 또한 필리프, 라파엘, 사브리나, 뤼크, 마리크리스틴, 도로테, 아니, 로랑, 마리프랑수아즈, 에두아르, 릴리안, 장노엘, 피에르, 다니엘 등등 이 책을 쓰는 일을 지지하고 원고를 검토해 준 여러 사람에게도 감사를 표한다.

장필리프 파브르

차 례

머리말   5

프롤로그   11

제1부 전율

1장 사자   17
2장 미끼   34
3장 상처   57

제2부 사냥

4장 잠복   61
5장 반항자   96
6장 도약   126
7장 우리   152
8장 단절   179
9장 대립   210

제3부 밀림

10장 입문   248
11장 패거리   281
12장 포효   314
13장 할큄   353
14장 사바나   363
15장 발자국   400
16장 먹잇감   428

에필로그   446

부록

마르코 추정 연보   451
마르코와 마르코 복음서에
관한 역사 자료   455
소설과 연관된 성경 구절   464

프롤로그

　티모테오는 암포라(고대 그리스나 로마 시대에 쓰던, 양 손잡이가 달리고 목이 좁은 큰 항아리. — 편집자 주) 두 개 사이에 앉아 자고 있다. 그는 바오로가 나에게 만들어 준 짐 가방 위에 발을 얹고 있다. 장막 천 한 자락이 모든 것을 바짝 말리는 태양으로부터 그럭저럭 우리를 보호해 준다. 전투를 치르고 난 병사들처럼 기운이 빠져 엉거주춤 앉아 있는 승객들 위로 무력감이 덮쳤다. 선미의 밧줄에 묶인 작은 배는 힘없이 흔들린다. 선장은 선미의 갑판 위에서 꾸벅꾸벅 졸고 있다. 그는 지금으로서는 거의 할 일이 없는 키잡이의 손에 우리의 운명을 맡겨 놓았다.
　우리 일행은 열흘 전에 오스티아에서 배에 올랐다. 우리기 탄 배는 티레니아해의 바람을 받으며 레기움의 먼 바다까지 어려움 없이 항해했다. 바다를 지키는 신화 속 괴물 카리브디스와 스킬라는 마음이 누그러져 우리가 해협을 지나가게 놔두었다. 내가 스트라본(고대 그리스의 지리학자이자 역사학자. — 편집자 주)의 지도를 베껴 그리면서 시칠리아섬을 잘못 그려 넣은 것이 틀림없다. 우리는 몇 시간 동안이나 흐릿한 안개에 가려진 에트나산이 선미의 우현 쪽에 있을 것이라고 짐작했다. 암초도 없고 물결도 일지 않는다. 이오니아해로 들어선 뒤로는 바람 한 점 없어 돛이 꿈쩍하지 않는다. 돛을 다루는 선원은 손을 놓고 있다. 크레타섬의 해안을 보려면 아직 한참 더 항해해야 하고, 알렉산드리아 항구의 등대에 닿으려면 더욱 오래 가야 한다! 풍랑이 칠 기미는 조금도 없다. 그렇지만 아무것도 섣불리 예측해서는 안 된다는 사실을 나는 알고 있다.

나는 메고 있던 가방에 손을 집어넣었다. 그림이 그려진 도기 조각 몇 개를 헤치고 파피루스 두루마리 두 개를 붙들었다. 파피루스는 값이 비싸서 내가 사용할 용도로 전체 글의 두 부분만 베껴서 보관해 두었다. 그것들을 펼쳤다. 겟세마니에서 체포당한 일을 간략히 적은 글, 그리고 풍랑을 겪고 나서 탈리아가 되살아나기 전에 데카폴리스에 간 일을 되짚은 글이다. 나는 이미 속속들이 아는 그 글을 훑어보았다. 나는 그것을 잉크로 옮겨 적기 전에 점토판에 여러 번 미리 적으면서 다듬었다.

나의 가방 가장 깊숙한 곳에는 완전한 수사본(손으로 베껴 쓴 책. — 편집자 주)이 세 점 있다. 크레타, 아시아, 이집트 공동체에 가져다주려고 정성껏 말아 놓은 그 두루마리에는 한 인물의 생애[1]를 다룬 전문이 적혀 있다. 우리가 배포하기 시작한 사본 가운데 세 점이다. 이 글을 쓰느라 베드로 곁에서 보낸 시간과 그동안에 들인 노력을 떠올려 본다. 로마에서 이 일을 완성하는 데 4년 가까이 걸렸다. 이 글이 알렉산드리아에서 친구들, 또 적들에게 어떻게 받아들여질까? 그들을 다시 만나는 것이 두렵다.

그 이야기를 편찬한 지금, 과거를 돌이켜 보면, 나는 한평생을 보내고 나서야 그것을 쓸 수 있었다는 사실을 깨닫는다. 어느 날 저녁, 어린 소년이던 내가 키드론 골짜기에서 입은 상처가 어떤 열망을 품게 만들었다. 그 열망은 오랫동안 드러나지 않다가 세월이 흐르면서 억누를 수 없게 되었다. 바로 그날 밤에 마주친 사람, 잠깐 보았을 뿐이지만 나의 나약함을 꿰뚫어 본 그 사람의 이야기를 쓰겠다는 열망! 내 인생의 황혼기에 이르러서야 모든 위선을 떨쳐 낸 필사본이 형태를 갖추었다. 그 글에서 나의 보잘것없는 인생, 내가 여행을 하면서 얻은 혹독한 교훈을 거치지 않고서 기록된 장면은 하나도 없다.

베드로는 처음부터 그곳에 있었다. 그리고 마지막에도 있었다. 베드로는 아버지를 여읜 어린아이였던 나의 곁에 다정하게 있어 주었다. 그가 로마의 원형 경기장에서 비참하게 죽은 일이 떠올랐다.

---

[1] '생애'(그리스어로 'Bios')는 '전기傳記'를 일컬어 사용한 말이다.

프롤로그

겟세마니부터 트란스티베림에 이르는 내 생애의 모든 모험이 눈앞에 다시 펼쳐진다.

문득 어떤 생각이 떠오른다.

이 배의 갑판에서 모두 잠든 틈을 타 또 다른 이야기를, 나 자신의 이야기를 쓴다면 어떨까? 두 번째 이야기! 이야기꾼이 된 탐험가의 회고록을 쓰는 것이다. 그 생애는 내가 이제껏 기록한 그 사람의 생애에 비하면 거의 영향력이 없겠지만, 처음 쓰인 그 생애에 의존하며, 또한 그 생애 이야기로 다다를 것이다. 또한 두 번째로 쓸 이야기는 첫 번째로 쓴 이야기를 더욱 잘 이해하게 만들겠다는 소박한 야망을 품을 것이다.

바람의 신 아이올로스가 우리를 바다에 묶어 둔 틈을 타, 나는 아무것도 쓰여 있지 않은 파피루스 한 장과 갈대 펜(파피루스에 글을 쓸 목적으로 자른 갈대. — 역자 주)을 집어 든다. 그리고 이번에는 나 자신의 삶을 다시 읽어 내려 간다.

그 일은 그 상처에서 시작해야 한다.

마르코라고도 하는 요한

제1부 전율

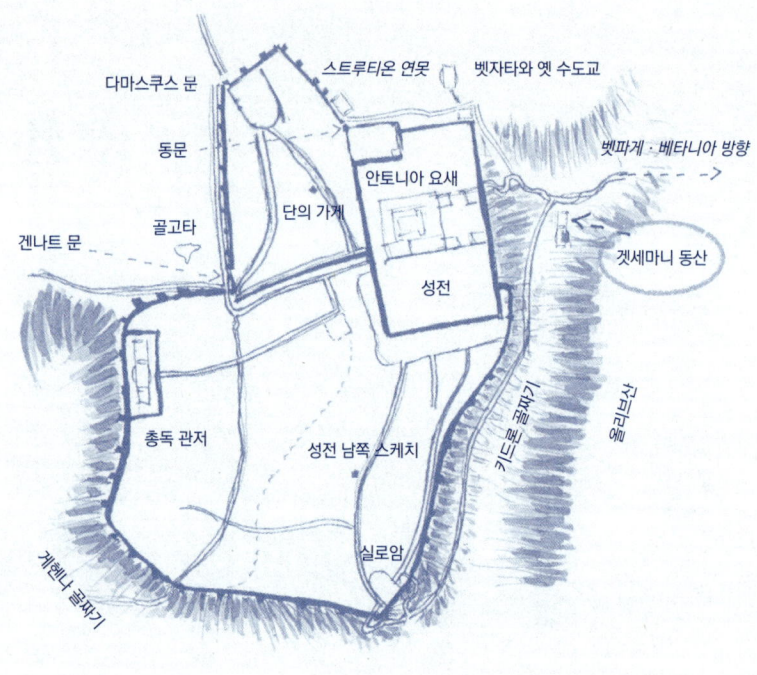

내가 직접 조사한 것을 바탕으로 그린 예루살렘 지도.
티베리우스 황제 19년.

1장

사자

내가 그 상처를 입기 며칠 전이었다. 정확히는 엿새 전이었다.

예루살렘의 소녀가 으레 그렇듯이, 호기심 많고 쾌활한 로데는 황급히 문으로 달려갔다. 갓 열한 살이 된 로데는 항상 손님들에게 직접 문을 열어 주고 싶어 했다. 문이 닫히는 소리가 몇 번 들렸을 때, 나는 신발 끈을 다 묶은 참이었다. 나는 로데가 있는 문 쪽으로 가는 대신에 슬그머니 로지아(한쪽 또는 그 이상의 면이 트인 방이나 복도. 특히 주택에서 거실 등의 한쪽 면이 정원으로 연결되도록 트인 형태. — 편집자 주)로 갔다. 내 방은 안뜰이 내려다보이는 작은 테라스와 연결되어 있었다. 로데는 우리 집 하녀인 자기 어머니 리디아를 기다렸다가 방금 온 손님을 안뜰로 안내했다. 나는 어깨를 덮은 치렁치렁한 검은 머리를 보고서 손님이 누구인지 금방 알아보았다. 마르타였다.

상당히 이른 시간이었다. 몸집이 제법 큼에도 몸놀림이 빠른 마르타는 베타니아로 돌아갈 때면 우리 집에 들르곤 했다. 올리브산으로 올라가려면 키드론 골짜기를 거쳐 가야 했기 때문이다. 그럴 때면 마르타는 어머니를 보러 왔다. 마르타와 어머니는 무화과나무의 커다란 잎사귀가 드리우는 그늘 아래에서 오랫동안 이야기를 나누었다. 계절에 따라서 마르타는 무화과 몇 개를 손에 쥐거나 올리브가 든 커다란 바구니를 머리 위에 아슬아슬하게 이고서 떠났다. 하지만 마르타가 그렇게 이른 새벽에 온 것은 처음이었다.

어머니는 머리단장을 다 마치지 못한 채 나타났다. 어머니는 아침에도 흐트러지는 일이 절대로 없었다. 어머니는 너그러우면서도 품위 있게 집안을 다스렸고, 이는 어머니의 외모에서 드러났다. 나는 어머니에게 항상 깊은 인상을 받았다. 어머니가 보이는 자연스러운 권위는 가까운 사람들을 대할 때면 온화한 빛깔을 띠었고, 대문을 두드리는 가난한 이들 앞에서는 연민의 빛깔을 띠었다. 어머니는 주민들에게 존경을 받았고, 더 나아가 사랑을 받았다. 이웃 간에 다툼이 일거나 교육에 대해 조언이 필요할 때, 로마인의 요구와 억압, 서민이 쉽게 빠져드는 온갖 정치적인 예측을 어떻게 받아들여야 할지 모를 때면 사람들은 어머니를 찾아와서 의견을 물었다.

마르타는 걱정에 휩싸인 것으로 보였다. 어머니는 그 사실을 짐작하고 곧바로 숄을 집어 머리에 뒤집어썼다. 가까운 사이인 두 여인은 남의 눈에 잘 띄지 않도록 우물 옆 무화과나무 아래에 있는 긴

겟세마니 쪽에서 바라본 예루살렘 성전과 우물, 우리 농지의 문.

의자에 앉았다. 마당에는 아침 내내 그늘이 져 있었다. 나는 어머니와 마르타를 둔 채 고개를 들어 성스러운 도시 예루살렘의 동문을 바라보았다. 그 광경은 아무리 보아도 물리지 않았다. 나는 그 모습을 암포라 조각에 목탄으로 그리곤 했다. 새벽빛이 돌을 붉게 물들였다. 금으로 장식된 성소의 윗부분이 성벽 위로 높이 솟아 있었다. 그 아래로 햇볕을 받아 더없이 환한 성벽 한가운데에 있는 동문은 메시아가 올 날을 기다리고 있었다. 전승에 따르면 바로 그 문으로 메시아가 예루살렘에 들어와 왕위를 차지할 것이라고 했다. 다니엘 예언자가 한 계산에 따르면 그때가 머지않았다. 하지만 나는 묵시록적인 햇수 계산 따위는 믿지 않았다. 민간의 미신은 더욱더 믿지 않았다.

나는 계단을 단숨에 뛰어 내려가 안뜰을 가로질러 문까지 갔다.

"요한!"[2]

어머니가 나를 부르는 소리에 나는 우뚝 멈춰 섰다.

"네, 어머니."

"예의 없게 굴지 말거라. 와서 마르타에게 인사해야지."

나는 어머니의 말에 따랐다. 하지만 마르타가 상당히 불안해 보였기에, 내 마음도 불편했다. 인사하고 나서 냉큼 달려가 문을 여는데 또다시 내 이름을 부르는 소리가 들렸다.

"요한!"

"네, 어머니."

나는 마음이 급했지만 다시 한 번 뒤돌아보며 대답했다.

"시내에 가니?"

"네, 어머니."

"그러면 단의 가게에 들렀다 오렴. 단이 우리에게 주려고 누룩 없는 빵을 구워 놨을 거야. 그걸 사 오면 리디아가 다음 주에 빵집에서 줄을 서지 않아도 되겠지. 페사흐Pessah(파스카)가 오기 전에 찌든 누룩을 전부 제거하고 청소를 하려면 리디아가 할 일이 많을 테니. 빵이 있으면 세데르Seder(파스카의 저녁 만찬) 준비는 다 된 것이나

---

[2] 이 이야기에서 주인공의 이름은 히브리어인 '요한'으로 부를 것이다. 그의 어머니의 이름도 히브리어인 '미리암'으로 지칭하여 다른 마리아와 구분한다.

마찬가지 아니니? 어린양만 준비하면 되니까."

나는 집으로 되돌아가 1세켈(고대 이스라엘 왕국의 통화. — 역자 주)을 집어 들고 안뜰로 나와 작은 다리로 내려가는 길로 들어섰다. 집 앞에서 골짜기의 양쪽 경사는 급했다. 그날따라 나는 길가에 파 놓은 무덤들을 보며 이상하게도 깊은 인상을 받았다. 그 무덤들은 실로 암 쪽으로 가는 길에 있는 키드론 골짜기 아래쪽의 무덤보다 모양이 더 단순했다. 즈카르야 예언자가 예언한 이후로 사람들은 세상의 종말이 오면 올리브산이 둘로 갈라질 것이라고 믿었다. 그렇다면 맨 앞자리에 묻히면 좋겠다고 생각했다. 그런 생각을 하다가 나도 모르게 몸서리 쳤다. 나는 어깨를 으쓱하고 다시 달려 내려갔다.

빠른 걸음으로 작은 다리를 통과해 키드론강을 건넌 다음에 왼쪽으로 높이 난 성벽을 따라 올라갔다. 성전의 북쪽 모퉁이로 향하는 가파른 오르막길을 오르느라 걸음을 늦추어야 했다. 벳자타의 커다란 못에서 성전까지 물을 운송하던 옛 수도교 자리에 이르렀을 때 몹시 숨이 찼다. 그 수도교는 최근에 시작된 성벽 공사 때문에 막아 놓아 더 이상 사용되지 않았다. 나는 마침내 아치에 이르러 알렉산드로스[3]를 만났다. 우리는 평소에 그곳에서 만나곤 했다.

알렉산드로스는 나와 나이가 비슷한 친구로, 체구가 마른 편이

---

3 마르코는 복음서에서 키레네 사람인 시몬의 두 아들 알렉산드로스와 루포스 형제를 언급하는데, 마르코는 그들을 잘 아는 것처럼 보인다(마르 15,21 참조).

었다. 우리는 어린 시절에 자연스럽게 친해졌다. 아버지가 세상을 떠나자 알렉산드로스의 부모는 어머니가 올리브 농장 일을 할 수 있도록 도와주었다. 그때부터 우리는 함께 다니며 놀기 시작했다. 우리는 성격이 서로 달랐지만 그렇기 때문에 서로 보완되는 부분이 있었다. 내가 혈기에 차서 기세를 부릴 때, 그는 온화했다. 내가 조바심을 낼 때, 그는 절제했다. 우리 가족은 예루살렘 출신이었고, 그의 가족은 키레네 출신이었다. 나는 레위 지파에 속했고, 그는 시메온 지파에 속했다. 이사야 예언자가 예언했듯이 마치 사자와 새끼 양이 함께 길을 가는 것과 같았다! 알렉산드로스의 식구가 곁에서 도와주면서 나와 어머니는 위로를 크게 받았다. 우리 가족처럼 사제 계급에 속한 사람들이 계급 간의 연대를 보이기는커녕 과부가 된 어머니와 아버지를 여읜 어린 나에게 아무런 도움도 주지 않는 실망스러운 모습을 보였기 때문이다.

 나와 알렉산드로스는 예루살렘을 구석구석 잘 알고 있었다. 우리는 예루살렘 골목을 사방팔방 누비고 다녔다. 그 도시는 우리만의 왕국이었다. 아, 내가 유다 지파 출신이기를 얼마나 바랐던가! 그랬다면 나는 예루살렘의 임금, 다윗 임금이었을 것이다! 그리고 더없이 호전적인 시편을 썼을 것이다. 우리는 시온산을 포위해서 공격하고 탐색해야 할 요새로 여겼다. 성벽 주위를 호시탐탐 노리는 침략자처럼 우리는 이렇게 말했다. "저 궁전을 보라. 그 성벽을 따라가고 탑들의 개수를 세어라!" 우리는 이사야 예언자가 모든 민족이 그 빛을 향하여 걸으리라고 예언한 도시에서 성장하고 있다는 사실을 그 당시에 이미 깨달았던 것일까? 그러한 깨달음은 사실 그보다 훨씬 후 상처를 입으며 얻은 결실 중 하나였지만 말이다.

어쨌거나 그 당시에 우리는 예루살렘을 한껏 만끽했다. 예루살렘에서 보내는 일상, 비밀, 구석진 곳, 언덕, 가게, 무엇보다 디아스포라Diaspora(팔레스타인을 떠나 세계 곳곳에서 흩어져 사는 유다인들 또는 그 기주지. — 편집자 주)에 사는 사람들이 축제를 지내러 올 때에 가져오는 새로운 것들을 누렸다.

우리는 신심이 약하지 않았다. 게다가 2년 전에 우리는 며칠 간격으로 바르 미츠바Bar Mitzvah(유다인이 13세가 될 때 치르는 성인식. — 편집자 주)를 치렀다. 우리는 좋건 싫건 토라Torah(유다교 율법)를 준수했고 안식일마다 부모님을 따라 회당에 갔는데, 알렉산드로스는 나보다 더 적극적이었다. 그것은 아마도 그가 나보다 더 성숙했을 뿐 아니라 생각이 더 깊기 때문이었을 것이다. 그에게는 아버지가 있었는데, 그의 아버지는 마치 다윗 임금의 곁에 있던 나탄 예언자와 같았다.

오늘은 알렉산드로스가 자기 동생 루포스와 함께 왔다. 루포스는 다윗 임금처럼 머리카락이 붉은 자그마한 소년으로 활발하면서도 관찰력이 뛰어났다. 내가 루포스에게 물었다.

"어라? 오늘은 아무도 너희 아버지를 놓지 않는 거야?"

그러자 알렉산드로스가 대답했다.

"응. 오늘은 요셉이 아버지한테 줄 일거리가 없대. 우리가 게헨나를 떠났을 때까지도 아버지는 여전히 일감을 못 구하셨어. 아버지가 우리 둘한테 오늘 하루는 쉬라고 하셨어. 그래서 루포스를 데려왔지."

알렉산드로스의 말에 내가 제안했다.

"너희 아버지께 맡길 일이 있는지 어머니에게 물어 볼게."

평소에 우리는 그곳에 몇 시간씩 눌러앉아 이야기를 나누곤 했다. 하지만 그날은 축제를 앞두고 벳자타 신시가지에 사람이 많았기에 농장으로 내려가기로 했다. 그러기 전에 단의 가게에 들러야 했다. 단의 가게는 성벽 안쪽으로 멀지 않은 곳에 있었다. 우리는 스트루티온 연못 위로 난 다리를 건너 동문의 중앙 아치를 지나 성내로 들어갔다. 누룩 없는 빵은 이미 준비되어 있었다.

우리는 옷에 달린 커다란 주머니에 빵을 쑤셔 넣고 농장으로 돌아가며 안토니아 요새의 북쪽에 있는 외호(城城의 바깥 둘레에 도랑처럼 파서 물이 괴게 한 곳. — 편집자 주)를 따라 걷다가 로마 군인들과 마주쳤다. "예루살렘아, 너의 성벽 위에 내가 파수꾼들을 세웠다!"[4] 파스카가 다가오면서 도시에는 평소보다 로마 군인이 더 많았다. 그 이유는 뻔했다. 파스카는 해방의 축제다. 축제 때면 열혈당원과 같은 유다인 독립주의자들이 로마에게 더욱 위협이 되었다. 축제 기간에

---

4   이사야서 62장 6절.

분위기는 고조되었고 금방이라도 폭발할 것 같았다. 반란의 조짐도 느껴졌다. 실제로 며칠 전부터 온 나라에서 예루살렘 주위에 많은 사람이 도착하여 특히 다마스쿠스, 또는 야포로 가는 길 사이에 천막을 치고 야영지를 마련했다. 대규모 카라반(낙타나 말에 짐을 싣고 먼 곳으로 다니면서 특산물을 교역하는 상인 집단. — 편집자 주)이 하룻밤 머물려고 준비하듯 도시에 사람들이 우글거리기 시작했다. 로마의 총독도 카이사리아에서 예루살렘으로 올라올 것이라고 했다.

우리는 두려우면서도 감탄하는 마음으로 고개를 숙이며 군인들에게 인사했다. 사실 나는 어렸을 때부터 로마에 매료되어 있었다. 알렉산드로스와 루포스는 디아스포라 출신이었기 때문에 로마 군인을 나보다 더 자주 마주쳤을 것이다. 루포스가 로마식 경례까지 해 보이자 두 사내는 재미있다는 듯 희미하게 미소를 지으며 응답했다.

우리는 키드론강 쪽으로 내려가서 강의 서쪽 기슭을 급히 달렸다. 나는 다시 안뜰로 지나가고 싶지 않았기에 담을 따라 걷다가 담장이 조금 무너진 곳까지 갔다. 우리는 그곳을 '틈새'라고 부르면서 자주 넘어 다녔다. 담을 한 바퀴 돌아서 농지로 통하는 북쪽 통로로 들어갈 수도 있었지만, 우리가 '에프라임의 비밀 문'이라고 부르던 통로에 이르려면 골짜기의 더 높은 곳으로 한참을 가야 했다. 농지가 넓었기 때문이다. 담을 넘어 들어가는 것이 더 빨랐고 우리는 밀수꾼처럼 담을 넘으며 즐거워했다.

나는 고양이처럼 능숙하게 담장 위에 걸터앉았다. 우리 집 암나귀 타마르는 내가 그렇게 넘어 다니는 모습을 자주 보는데도 자기 새끼인 자카르를 보호하느라 시끄럽게 울어 댔다. 자카르는 지난겨울 하누카Hanoukka(예루살렘 성전 복원을 기념하는 빛의 축제) 즈음에 태어났다. 알렉산드로스와 루포스가 자기 주머니에서 누룩 없는 빵을 꺼내 나에게 건넸다. 나는 그들이 담장을 기어오르게 도왔다. 우리는 집과 나란히 붙어 있는 올리브 동산으로 곧장 들어섰고, 덕분에 파스카를 준비하는 대청소를 하지 않을 수 있었다.

나는 동산, 아니 농지라고 불러야 할 그곳을 좋아했다. 그곳은 우리 집의 자랑이자 재산이었다. 꽃이 피는 시기인 그 즈음에 꽃들은 지난해에 난 가지에 붙은 잎들 사이에서 만발했다. 올리브나무의 무성한 잎은 산들바람을 맞아 팔락이며 에메랄드색과 은색 양면을 번갈아 내보였다. 잔돌이 많은 땅에는 커다란 바위가 군데군데 드러나 있었다. 언덕의 가장 안쪽 비탈에는 동굴이 몇 개 있었다. 겨울에 비가 올 때면 우리는 그중에서 가장 큰 동굴을 은신처로 이용했다. 조금 더 북쪽에는 맷돌이 자리 잡고 있었다. 골짜기의 주민들이 와서 그 맷돌로 자기가 쓸 기름을 짰다. '기름을 짜는 틀'이라는 말을 따서 농지에 '겟세마니'라는 이름이 붙었다.

사실 나는 그 맷돌과 사연이 있었다. 그것은 나쁜 기억으로 지워지지 않는 흔적을 남겼다. 여덟 살이 된 즈음에 그 맷돌이 내 검지를 올리브처럼 짓이긴 것이다. 너무 아팠다! 작은 뼈가 완전히 으깨지는 바람에 손가락 끝을 조금 절단해야 했다. 그 일 때문에 나의 삶이 완전히 바뀌었다. 젊은 레위인[5]이 으레 준비하는 직무인 성전의 사제직을 맡지 못하게 된 것이다. 하느님의 종은 아무런 흠도, 후유증도 없어야 하기 때문이다.

내 운명에 생긴 그 중대한 변화로 나는 아버지가 세상을 떠나기 전 아버지에게 큰 실망을 안겨 드리게 되었다. 솔직히 나는 아무것도 아쉽지 않았다. 손마디 뼈 하나가 없다고 해서 손재주가 없어지지는 않았다. 나는 예전과 마찬가지로 글도 잘 쓰고 그림도 잘 그렸으며, 알렉산드로스보다 돌도 더 멀리 던졌고 벽도 더 높이 기어올랐다. 하지만 무엇보다 나는 사제가 제단에서 하는 직무인 피와 제물을 다루는 일을 별로 좋아하지 않았다. 세상을 둘러볼 기회도 없이 평생 동안 예루살렘에서 하느님을 섬겨야 했다면 나는 절망했을 것이다. 맷돌 아래에서 으깨어진 손마디 뼈는 역설적으로 내가 더없이 대범하게 살고자 했던 미래의 지평을 넓혀 줬다.

우리는 맷돌 가장자리에 걸터앉았다. 그리고 땅 위에 드러나 있는 커다란 암석의 꼭대기를 조준해서 작은 돌을 던졌다. 그때 안뜰과 겟세마니 사이에 있는 문이 열리더니 어머니가 마르타와 함께 나타났다.

---

5 마르고는 바르나바의 사촌이므로(콜로 4,10 참조) 레위인임이 틀림없다(사도 4,36 참조). 열두 지파 중에서 레위 지파는 대대로 하느님께 제사를 올리는 사제 집안이다.

두 여인이 우리에게 걸어왔다. 어머니는 내가 항상 감탄해 마지 않는 태도로 위엄 있게 걸어왔고, 마르타는 여전히 안절부절못하듯이 보였다.

"요한, 이번에도 벽을 넘어 왔니?"

우리가 뭐라고 변명하려고 시도하기도 전에 어머니가 먼저 말을 걸었다.

"얘들아, 실은 너희한테 중요한 일을 부탁하려고 해. 비밀을 지킬 거라고 믿어도 되겠지?"

어머니의 말투가 평소와 달리 심각했다. 어머니는 내가 혈기를 조절하고 책임감을 갖게 만들려고 점점 더 중요한 일들을 맡기곤 했다. 어머니의 말투와 마르타의 동요된 얼굴 때문에 우리 셋은 서로 말을 나누지 않았어도 그 부탁이 특별하다는 것을 알아차렸다. 어머니는 눈빛을 보고 우리의 마음을 짐작했고, 우리의 침묵을 승낙으로 간주했다. 어머니는 마르타에게 말했다.

"마르타, 아이들에게 설명해 주겠어?"

마르타는 흥분해서 빠르게 말했다.

"오늘 오후 안식일 전에 스승님께서 에프라임에서 돌아오셨어. 스승님은 우리 오빠 라자로가 다시 살아난 이후로 에프라임에서 숨어 지내셨지. 그러니 스승님은 오늘밤을 베타니아에서 보내실 거야. 나병 환자였던 시메온이 식사를 대접해도 좋다고 허락하셨어. 내 동생 마리아와 나도 초대를 받았지. 그런데 너희도 알다시피 스승님은 지금 종교 지도자들과 관계가 무척 안 좋아. 수석 사제들과 원로들은 어떻게든 스승님을 체포하려 하지. 스승님의 의도는 잘 모르겠지만 어쨌거나 나한테 몇 가지 일을 부탁하셨는데, 그중 하나를 너희에게 맡기려고 해. 스승님께서 모레 아침 일찍 베타니아를 떠나셔야 하는데, 너희 가족이 벳파게로 가서 스승님의 제자 두 명에게 올리브 잎을 전해 주었으면 해."

마르타는 눈에 띄게 흥분해 있었다. 어머니가 말을 이었다.

"내가 마르타에게 스승님을 위한 일이라면 당연히 하겠다고 말했어. 오늘 안식일 쇼파르shofar(유다교의 중요한 세속적·종교적 모임에 사용된 숫양 뿔 나팔. — 편집자 주)가 울리기 전에 너희가 올리브 잎을 잘라서 바구니 두 개에 가득 채워 두렴. 그랬다가 안식일 이후 새벽이 밝자마자 그것을 자카르의 등에 싣고 벳파게로 올라가거라. 그곳에서 어린 나귀와 올리브 잎을 두 남자에게 맡기면 된다."

"하지만 어머니, 타마르가 자카르랑 떨어지지 않으려고 할 텐데요! 또 올리브 잎은요? 지금 꽃이 피었는데 자르면 안 되잖아요! 게다가 그 남자들을 어떻게 알아보죠? 우리는 그 스승이라는 분도, 그분을 따르는 사람들도 한 번도 본 적이 없단 말이에요."

나는 마르타의 눈길을 피하며 덧붙였다.

"게다가 라자로에 대한 일도 확실히 모르잖아요?"

알렉산드로스가 내 팔을 손으로 붙들었다. 그에게는 내 마음을 가라앉히는 신기한 재주가 있었다. 어머니는 애정과 권위가 담긴 눈길로 나를 응시했다.

"요한, 시간이 조금 더 지나면 너도 이해하겠지. 하지만 오늘은 네가 필요해. 너는 그 일을 해야 한다. 타마르가 자기 새끼를 완강하게 지키는 것은 사실이지만, 내가 가면 자카르를 데려가게 놔둘 거야. 너도 알다시피 하느님의 축복을 받아서 우리 농지에는 올리브 잎도, 무화과 가지도, 종려나무 잎도 충분하지 않니? 올리브 꽃이 피었다는 네 말이 맞고, 가을까지 익어 갈 올리브 몇 송이를 잃게 되겠지. 하지만 스승님께서 그것을 원하신다고 하면, 그것은 중요한 일이야. 자카르는 이번에 처음으로 바깥에 나가는 것이니 바구니가 너무 무겁지 않도록 신경을 쓰도록 해라."

"그 두 남자는 어떻게 알아보죠?"

나는 그 일을 할 생각이 없다는 마음을 한껏 담아 물었다.

"사람들이 자카르에게 다가오거든 무엇을 원하느냐고 물어 보거라. 그들이 만일 '주님께서 필요하셔서 그러는데 곧 이리로 돌려보낼 거야.'라고 답하면 그것이 신호야. 그럼 그 사람들이 나귀를 데리고 가도록 놔두어도 된단다. 그리고 나서 오후 세 시에 나귀를 데리러 같은 장소로 가거라."

"그런데 왜 우리죠?"

나는 여전히 미심쩍다는 어조로 중얼거렸다.

어머니는 온화하면서도 권위 있게 말했다.

"요한, 너와 네 친구들은 소년이야. 신뢰할 수 있을 만큼 분별력이 있으면서도, 남의 주의를 끌지 않을 만큼 충분히 어리지."

하지만 나는 어머니가 나에게 그 일을 맡기기를 주저한다는 사실을 눈치챌 수 있었다. 어머니는 나를 믿었지만, 내가 고집스럽고 가끔은 건방지기까지 하다는 것을 알고 있었다. 어머니는 나의 욱하는 성격을 경계했고, 내가 벌컥 화를 낼까 봐 두려워했다. 아마도 그러한 순간에 어머니는 아버지가 없다는 사실이 더욱 아쉬웠을 것이다.

"죄송하지만 부탁을 하나 더 드려도 될까요?"

어머니가 차분하게 상황을 처리하는 모습을 보고서 기운을 차린 마르타가 다시 말했다.

"물론이지! 네가 오빠와 스승님을 둘러싼 은밀한 분위기 때문에 얼마나 당황스러울지 잘 이해하니까. 너와 네 여동생의 짐을 덜어 줄 일이라면 무엇이든 할게."

"스승님과 그 제자들이 앞으로 며칠 동안 밤에 머물 장소가 필요할지도 몰라요. 도시에 가깝고 남의 눈에 잘 안 띄는 곳으로요. 베타니아에 있는 우리 집은 너무 멀고 또 잘 알려져 있거든요."

"일행이 몇 명이야?"

"열두 명 정도요."

"얘들아."

어머니는 부드럽고도 굳건한 어조로 말했다.

"로데와 같이 가서 동산 위쪽에 있는 동굴들을 청소해 줄 수 있겠니? 거기에 외투와 단지 여러 개, 야영할 때 필요한 모든 것을 넣어 두렴."

그러더니 어머니는 반항기 많은 어린 사자인 나에게 애정과 신뢰가 가득 담긴 미소를 지으며 덧붙였다.

"그리고 이 일에 대해서는 아무한테도 말하면 안 돼. 네 친구인 로마 사람들한테도 말이야."

"그렇게 할게요, 아주머니. 오늘 저희 어머니께 우리가 안식일 밤을 동굴에서 보내겠다고 미리 말씀드려 놓을게요. 다음 날 아침에 바로 떠날 수 있게요."

알렉산드로스가 믿음직하게 나섰고, 그 말에 어머니와 마르타는 안심했다.

"얘들아, 고맙다!"

뒤이어 어머니는 마르타를 돌아보며 말했다.

"동굴은 동산 안쪽 골짜기 깊은 곳에 있어서 사람들 눈에 잘 띄지 않아. 다른 해 페사흐(파스카) 때 순례자들을 재워 준 적이 여러 번 있으니 아무도 그들에 대해 물어보지 않을 거야."

"정말 고마워요, 미리암! 미리암의 식구가 도와줄 줄 알았어요. 너희들도 고맙다!"

"이번에는 내가 부탁을 하나 하고 싶어."

어머니는 심각한 목소리로 마르타에게 말했다.

"스승님께 공경하는 마음을 표시하고 싶은데, 알렉산드리아에서 온 귀한 향유가 담긴 작은 단지 하나를 맡겨서 보내도 될까? 너와 네 여동생이 내일 저녁 만찬 때 스승님께 드릴 수 있도록 말이야."

"마리아가 무척 기뻐할 거예요."

"그럼 함께 집으로 다시 올라가자. 가는 길에 옥합이 부서지지 않게 천으로 잘 말아서 줄게."

2장

미끼

안식일 다음 날, 주간 첫날 새벽이 밝자마자 루포스가 우리를 흔들어 깨웠다. 우리 셋은 모두 동굴에서 잠을 잤다. 일어나 옷을 차려입는데, 어머니가 와서 자카르를 어미에게서 조심스럽게 떼어 놓았다. 과연 어머니는 암나귀를 나보다 훨씬 더 능숙하게 다루었다. 우리는 바구니 두 개를 집어 어린 나귀의 등 위에 밧줄로 매어 고정시켰다. 올리브 잎은 바구니를 가득 채우고 넘칠 듯했다. 놀랍게도, 안식일 전에 잘라 두었는데도 꽃이 여전히 싱싱했고 어둠 속에서 하얗게 빛을 발했다. 새벽의 빛을 받아 얼마나 아름다웠는지!

밤은 아직 고요했다. 우리는 말없이 임무를 수행하러 떠났다. 나는 안식일 내내 이 신비로운 임무를 잘 익혀 두었다. 알렉산드로스가 있어 마음이 놓였다. 루포스도 있어 다행이었다. 그 누구도 두 소년이 붉은 머리 꼬마와 어린 나귀를 데리고 길을 가는 모습을 수상하게 여기지 않을 것이다. 우리는 집에 있는 사람들을 깨우지 않으려고 에프라임의 비밀 문을 통해 농지를 나섰다.

우리는 가파른 올리브산을 올라갔다. 얼마 안 가 갈림길이 나왔고, 베타니아로 가는 길을 오른쪽으로 두고 바후림과 하초핌산(스코푸스산)으로 향하는 길로 들어섰다. 몇 스타디온[6]만 가면 벳파게였다. 어린 나귀는 처음 바깥에 나오는 것치고는 씩씩했다. 우리가 나귀 등에 올라타면 숨이 덜 찼겠지만, 어린 나귀에게는 바구니 두 개도 무거웠을 것이다.

우리는 해가 뜨기도 전에 고지에 이르렀다. 벳파게는 북쪽에서 남쪽으로 이어지는 능선에 있었으므로, 유다의 사막 너머 요르단강 건너편 고원 위로 떠오르는 태양을 감상할 수 있었다. 우리가 서 있는 정상은 빛과 어두움을 나누었다. 뒤쪽 아래에는 성스러운 도시 예루살렘이 어두움에 잠겨 있었다. 앞쪽에는 사막이 옅은 분홍빛으로 물들었다.

우리는 자카르를 광장에 단 하나 있는 나무에 줄로 묶었다. 그런 다음 가까이 있는 우물의 테두리 돌 위에 앉았다.

"나 조금 무서워!"

루포스가 나지막한 목소리로 털어놓았다.

---

6 1스타디온은 약 200미터에 해당하는 거리 단위다.

알렉산드로스는 다정한 손길로 동생의 머리를 쓰다듬었다. 그가 동생을 안심시킬 말을 찾고 있을 때, 두 남자가 빠른 걸음으로 다가왔다. 그들은 어느 골목길에서 나와 광장으로 들어서며 나귀를 보았다. 그들은 우리를 향해 걸어오면서 아무런 신호도 보내지 않았다. 그저 나귀에게 다가와 묶인 줄의 매듭을 풀기 시작했다.

"어째서 나귀의 줄을 푸나요?"

"주님께서 필요하셔서 그러는데, 곧 이리로 돌려보내실 거란다."

두 사람 중 하나가 내 눈을 똑바로 쳐다보며 말했다. 그의 눈길은 맑고도 온화했다.

자카르는 버티지 않고 두 남자를 따라갔다. 그들은 자신들이 나온 골목길로 사라졌다. 이제 우리는 내려가서 오후 세 시까지 기다리면 되었다.

그날은 나의 기억에 똑똑히 새겨져 있다. 아주 소소한 일도, 냄새도, 그림자도, 얼굴도 전부 기억난다. 우리는 아침의 임무를 마치고 돌아온 다음에, 축제 때 쓸 어린양을 둘 농지의 안뜰 자리에 울타리를 세웠다. 알렉산드로스와 루포스가 도와주었다. 그들의 아버지 시몬이 파스카 양을 데려오면 나중에 성전에 올라가 그 양을 제물로 바칠 예정이었다. 우리는 파스카 만찬인 세데르를 함께할 것이다. 그리고 집안의 남자 역할을 맡을 시몬이 하가다Haggadah(세데르 때 읽는 이집트 탈출 이야기)를 이야기할 것이다. 그러면 우리는 세데르 예식의 관례에 따라 아버지에게 질문을 하는 자녀가 될 것이다. 나는 알렉산드로스와 루포스 사이에서 둘째 아이, 파스카 전통에 따르면 반항아일 것이다.

알렉산드로스는 내가 말뚝을 박는 동안 밧줄을 붙들고 있었다. 우리는 서로 물었다. 동산에서 야영할 사람들을 위한 양을 둘 곳도 마련해야 할까? 그 사람들을 위한 양은 누가 가져올까?[7] 어머니와 마르타는 그에 대해서는 아무 말도 하지 않았다.

그때 갑자기 사람들이 웅성거리는 소리가 들려와서 우리는 말을 멈추었다. 예루살렘의 떠들썩한 소리가 평소보다 더욱 크게 들려오는 것 같았다. 멀리에서 들리는 외침, 노랫소리……. 어린 로데가 우리를 찾으러 달려왔다.

"이리 와요. 저 위에서 잘 보여요."

우리는 곧장 로데를 따라 로지아로 갔다. 사람들이 시끄럽게 몰려가는 모습이 멀리 보였다. 그들은 키드론강 건너편에서 올라왔고, 동문으로 다가갔다. 무슨 일이 벌어지는지 알기 힘들었다. 많은 사람들이 외치는 소리가 크게 들렸으며, 무척 분주해 보였다.

"이상하네. 오늘은 축제일이 아닌데."

내가 말했다. 그러자 늘 어떤 상황에 따를 결과를 내다보는 알렉산드로스가 대꾸했다.

---

[7] 이사악이 제물로 바쳐지기 전에 아브라함에게 던진 질문이다(창세 22,7 참조). 여기서 우리는 예수님이 제물로 바쳐지는 어린양이기에 다른 양은 필요하지 않다는 사실을 알게 된다.

2장 미끼

"저것이 또 다른 정치 집회고 유다인 과격파들이 무슨 요구를 하는 거라면, 로마인들이 단단히 대비를 하겠는걸. 수석 사제들도 저런 일은 별로 좋아하지 않는데 말이야. 가서 구경해 볼까?"

"아니, 나는 저런 사람들이 싫어. 율법과 예언서들에 충실하다고 자칭하는 저런 선동자들한테는 관심 없어. 게다가 조금 있다가 자카르를 찾으러 벳파게로 다시 올라가야 해."

나이 어린 루포스와 로데가 끈질기게 졸랐지만 나는 잘 버텼다. 저렇게 흥분한 사람들이 소란을 부리는 장소는 두 아이에게 위험할 수 있었다. 알렉산드로스는 내 뜻에 동의하면서도 조금 놀라는 것 같았다. 내가 갑자기 신중해졌기 때문이다. 저 먼 곳에서 빽빽이 모여 있던 군중 한 무리가 동문으로 들어갔다. 우리는 로지아에서 내려와 하던 일을 계속했다.

우리는 벳파게의 광장에서 한 시간 넘게 기다렸다. 나는 조바심을 내며 큰 돌 하나를 과녁 삼아 작은 돌들을 던졌다. 알렉산드로스는 평소처럼 인내심을 보였다. 오후 네 시가 되어서야 아침에 왔던 두 남자 중에 눈이 푸른 남자가 광장으로 다가오는 모습이 보였다. 그는 아까와는 다른 남자와 함께 왔다. 그가 보이자마자 나는 잽싸게 일어나서 불만을 표시하려고 그들에게 달려갔다. 게다가 지칠 대로 지친 자카르를 보자 더욱 화가 났다. 하지만 내가 입을 열기도 전에 그 남자의 부드러운 목소리에 나는 그만 기세가 꺾였다.

"고맙다. 그리고 늦게 와서 미안하다. 나귀가 지쳤구나. 하지만 녀석한테는 오늘이 영원히 기억에 남을 거야."

"왜 그렇죠?"

알렉산드로스가 내 뒤로 걸어와 물었다.

"승리하시는 겸손한 임금님을 등에 태웠으니까."[8]

나는 속이 부글부글 끓으면서도 그 남자의 온화함에 당황했다. 그리고 내 입에서 나오는 차분한 목소리에 스스로 놀랐다.

"자카르한테 사람을 태웠나요?"

"그랬지!"

그 남자는 계속해서 부드러운 눈길로 나를 바라보며 말했다.

"동문에 모여 있던 소란스러운 사람들 한가운데 있던 것이 바로 그분인가요?"

"그렇단다."

"그런데…… 왜 그랬나요?"

"하느님의 생각은 사람의 생각과 다르단다."

나는 분노를 터뜨려야 마땅했다. 상대가 다른 사람이었다면 나는 이성을 잃었을 것이다. 몰상식한 사람이라든지 광신자라고 신랄하게 응수했을 것이다. 하지만 나는 그 남자의 말에 반박하지 않았다. 그의 목소리에서는 평온함이 환하게 퍼져 나왔다. 그 남자의 말

---

[8] 이 노는 일에 대해서는 마르코 복음서 11장 1-11절에서 읽을 수 있다. 어린 나귀는 즈카르야서 9장 9절에 나온 내용이 실현된 것이다.

한 마디 한 마디에 거부할 수 없는 빛이 있었다. 내가 그토록 의심이 많지 않았다면 나의 마음은 그의 말을 듣자마자 완전히 흔들렸을 것이다.

"안드레아, 이제 가지. 스승님께서 우리를 기다리셔."

그와 함께 있던 사람이 말했다.

"그래, 바르톨로메오. 자네 말이 맞네. 스승님께서는 피곤하실 거야."

그가 부드럽게 대꾸했다.

나는 마침내 그에게 물었다.

"그런데 그…… 그 임금과 함께 다니나요? 그러면 그분이 예루살렘에 무얼 하러 왔는지 아시나요?"

"아니, 잘 몰라. 솔직히 말하면, 스승님께서 무슨 생각을 하는지 점점 더 모르겠어!"

"그럼 왜 그분과 함께 있나요?"

그러자 그 남자는 미소를 짓더니 어깨를 으쓱이며 대꾸했다.

"우리가 누구한테 가겠니?"

그리고 우리를 똑바로 바라보며 덧붙였다. 그의 목소리는 진지하면서도 열정을 품고 있었다.

"스승님의 말씀은 참으로 올바르단다. 아무튼 잘 가거라. 어쩌면 우리가 조만간 다시 만날지도 모르겠구나. 참, 나귀를 빌려 주어 고맙다."

나는 두 사람이 떠나는 모습을 바라보았다. 그들을 멈춰 세우고 싶었다. 내 머릿속으로 질문들이 밀려들었다. 나는 어떤 몽상에 빠지거나 환영을 보다가 문득 깨어났듯이 알렉산드로스에게 질문을 쏟아 부었다.

"그러니까 자카르의 등을 타고 성전에 들어간 사람이 그 스승이 맞구나! 그러면 그 스승이 성전 안으로 들어간 건가? 수석 사제들이 어떻게 반응했을까? 군인들은? 그를 따라간 사람들은 누구지? 어머니가 뭐라고 하실지 궁금하네. 반란이 시작되는 걸까? 로마인들을 쫓아낼 임금이 그 스승일까? 우리 집에 그런 선동자들을 머무르게 해도 될까?"

우리는 자카르를 끌고 집으로 다시 왔다. 알렉산드로스는 내가 안절부절못하게 내버려두었다. 그는 평소에 그랬듯이 느긋하게 시간을 들여 이해하고 마음에 새기려고 했다. 하지만 나는 동산에서 오랫동안 자카르를 돌보고 나서야 마음이 가라앉았다.

동산의 동굴은 전날부터 준비되어 있었다. 하지만 주간 둘째 날 저녁에야 느지막이 사람들이 그곳에 자리를 잡는 소리가 들렸다. 그때 내 방의 불은 이미 함지로 덮어 놓았다. 그들은 안뜰 너머에서 나지막한 목소리로 말했지만, 내 방은 2층에 있었기에 속삭이는 소리를 들을 수 있었다.

사흘 전에 마르타가 다녀간 이후로 내 마음은 평온하지 못했다. 심지어 화까지 났다. 어린 나귀 일로 마음이 틀어졌다. 그 사람들이

2장 미끼

너무 뻔뻔했다. 어째서 우리 재산을 자기들 멋대로 사용하고, 자칭 임금이라는 사람이 달랑 어린 나귀만 타고 성전에 들어가게 하는 기이한 행사를 벌이느라 자카르를 다치게 할 뻔했다는 말인가? 나는 어머니가 왜 그들을 돕느라 그토록 애를 쓰는지 도무지 이해할 수 없었다. 어머니가 그 사람들을 조용히 놔두라고 했지만, 나는 호기심에 떠밀려 방을 나섰다. 그리고 로지아 위에 앉아 담장 너머에서 이야기하는 사람들을 보려고 했다. 아래쪽 안뜰에서 우물과 무화과나무, 긴 의자가 달빛을 받아 그림자를 드리웠다. 담장의 반대편에서는 움직이는 소리만 들려왔다.

그때 농지에서 안뜰로 통하는 문이 조심스레 열렸다. 한 남자가 머리를 내밀었다. 울타리 안에 있는 양이 경계하듯이 '메에' 하고 울었다. 달빛에 얼굴이 비친 남자는 안드레아였다. 그는 어둠 속에서 무언가를 찾는 것 같았다. 나는 본능적으로, 잠깐 마주쳤을 뿐인 그 남자를 마치 오랫동안 알기라도 한 것처럼 조용히 속삭였다.

"안드레아 아저씨!"

안드레아는 로지아를 올려다보았다. 하지만 그림자 때문에 나를 알아볼 수 없었다.

"기다려요. 제가 내려갈게요."

나는 풀쩍 뛰어 안뜰로 내려갔고 자신 있게 안드레아에게 다가갔다. 지난 며칠 동안 투덜거린 내가 그를 다시 보고 기뻐하다니, 정말 놀라웠다. 안드레아도 나를 알아보고 속삭였다.

"그때 나귀와 함께 있던 소년이구나? 다시 만나 반갑다. 이름이 뭐니?"

"요한이요."

"오, 그래! 지난번에 내가 나귀를 데리러 갔을 때 같이 간 동료와 이름이 같구나. '세례자'와도 같고."

"혹시 도움이 필요한가요?"

"물을 좀 긷고 싶구나. 성전을 떠난 이후로 물을 구할 수 없었는데, 모두 목이 마르다고 해서 말이야."

"우물은 바로 저기에 있어요. 꽤 깊은데, 어머니가 손님들이 쓸 양동이를 그 옆에 두라고 하셨거든요."

"어머니께서 생각이 깊으시구나. 아직 너희 어머니를 만나 뵙지 못했지만, 마르타가 아주 좋은 분이라고 하더라. 사람들 모르게 우리를 받아 주셨으니. 참으로 고맙다. 우리는 여기서 안전할 거야."

나는 몸을 떨었다. 그리고 안드레아에게 물었다.

"여기에 있는 것이 그렇게 위험한가요?"

"종교 지도자들과 관계가 많이 나빠져서 말이야. 그런데다 어제 아침에 스승님께서 다윗의 자손이라고 환호를 받은 이후로, 수석 사제들이 더 이상 못 참고 그분을 체포할 기회를 노리고 있거든."

"솔직히 말하면, 사제님들이 이해가 돼요. 성전에 그런 식으로 들어간 것은 너무 심했잖아요. 도대체 무슨 생각으로 그런 거죠?"

나는 심각하게 말했다.

"말하자면 조금 길단다."

"하지만 아저씨는 현명한 사람 같아요. 이름도 그리스식 이름이고요. 어쩌다가 이런 복잡한 일에 연루된 건가요?"

"네가 알지 모르겠다만, 나는 벳사이다 호숫가의 어부일 뿐이란다. 어느 날 세례자 요한의 말을 들으려고 요르단강에 갔는데 거기에 스승님이 계셨어. 요한은 나더러 그분을 따라가라고 했지. 하루만 그분과 함께 보내라면서 말이야. 그래서 나는 스승님께 갔고, 그분을 보았단다. 나는 스승님에 대해서 나의 형에게 이야기했지. 형은 갈릴래아로 돌아와 스승님을 카파르나움에 있는 집에 초대해서 머물게 했어. 그랬다가 어느 날 아침, 우리가 그물을 던졌는데, 스승님께서 오히려 '우리를 낚으셨단다.'"

안드레아는 자기가 생각해낸 표현이 썩 마음에 든다는 듯 즐겁게 말했다. 그리고 말을 이었다.

"뭐랄까, 스승님께서는 마치 보이지 않는 미끼를 갖고 계시는 것 같았어. 그 순간은 말로 설명하기 힘들단다. 온통 혼란스럽기도 하고, 동시에 너무도 분명했지. 삶에서 그 어떤 것도 그분보다 더 가치 있어 보이지 않게 되었어. 그 이후로 우리는 단 한 번도 스승님을 떠나지 않았지. 언젠가 너에게도 전부 다 이야기해 줄게."

어떻게 전혀 모르는 사람을 따라갈 수 있지? 안드레아가 나에게 영향을 미치지 않았다면, 나는 그를 미치광이로 여겼을 것이다. 나는 마음속에서 질문, 의구심, 반발심이 슬그머니 사그라지는 것을 느꼈다. 안드레아의 말을 들으면서 내가 느끼는 흥분만으로도 나는 사람들이 그 스승에게 이끌리는 마음을 짐작하게 되었다. 안드레아가 무슨 특별한 말을 한 것은 아니다. 하지만 그가 하는 말이 너무나 진솔하여 나는 그를 세상 끝까지라도 따라가고 싶은 마음이 들었다. 나의 반항심과 걱정은 큰 타격을 입었다. 나는 침묵했다. 다시 말을 꺼낸 것은 안드레아였다.

"스승님께서 오후에 우리에게 성전의 미래에 대해 말씀하셨는데, 그 이야기도 나중에 해 줄게."

"상황이 좋지 않게 끝날까 봐 겁나요. 빌라도 총독이 치안에 매우 신경을 쓰니까요."

"아, 하지만 스승님께서는 로마인을 탓하지 않아. 심지어 오늘 아침에는 성전 광장에서 황제에게 세금을 내야 한다고 바리사이 몇 명에게 말씀하셨는걸."

"정말 당황스럽군요. 하지만 듣기에 나쁘지는 않네요."

나는 가볍게 미소를 지으며 인정했다.

대화를 계속 이어 가고 싶었던 참에, 어떤 남자가 농지로 통하는 문으로 머리를 내밀었다.

"안드레아, 어떻게 됐어? 모두 목이 마르다고 난리라고!"

나는 안드레아가 물을 긷는 일을 도왔다. 그다음 안드레아는 열린 문턱에서 기다리던 동료에게 갔다. 그는 뒤돌아보며 나에게 가만히 미소를 보냈다. 그 상처를 입기 전, 내가 마지막으로 본 안드레아의 모습이었다.

뒤이은 사흘 동안, 그 사람들은 마치 그곳에 없는 듯이 지냈다. 그들은 매일 밤 동산에서 잠을 잤는데, 해가 진 다음에 왔다가 새벽에 다시 떠났다. 어머니는 리디아에게 매일 저녁 바구니를 몇 개 준비하라고 지시했다. 어두움 속에서 들리는 속삭임과 아침에 텅 빈 바구니들만 그들이 농지에서 밤을 보냈다는 사실을 알려 주었다.

나는 우리에 갇힌 사자처럼 집 안에서 안절부절못하며 서성였다. 매년 그렇듯 파스카가 오면 으레 느껴지는 독특한 긴장감이 다가왔다. 도시는 사람들로 붐비었다. 천막을 친 야영지가 도처로 번지며 농지의 가장자리까지 이르렀다. 매년 같은 자리에 울타리가 세워지며 양을 파는 시장의 경계를 표시했다. 그야말로 북새통이었다! 사람들이 파스카 만찬에 쓸 어린양을 사려고 몰려들었다. 과격파들은 군중에게 연설을 하며 성전 마당을 누비고 다녔다. 군인들은 안토니아 요새를 중심으로 경계 태세를 취하고 있었다. 보통 나는 이런 고조된 분위기를 좋아해서 사람들로 붐비는 골목에서 시간을 보내곤 했다. 하지만 그 해에는 예루살렘을 피해 하루 종일 동산에 머물러 있었다. 친척인 요셉의 밭에서 일하는 아버지를 돕던 알렉산드로스는 하루 일이 끝나면 게헨나에서 나를 보러 왔다. 나는 올리브나무 아래 앉아 생각에 잠겨 시간을 보냈다. 최근 며칠 동안 본 모습이 머릿속에서 온통 뒤얽혔다. 기진맥진한 자카르, 키드론 골짜기에 들어선 무덤, 안드레아의 눈길, 불안해하는 마르타, 집 앞쪽 길에서 본 바짝 마른 이상한 무화과나무……. 이 모든 것을 서로 연결시킬 수는 없었지만, 왠지 모르게 불안감이 엄습했다. 나는 사촌 요셉이 나에 대해 "불안해하는 기질이 있는 사춘기 소년의 번민"이라고 부른 것 때문이리라고 생각하며 마음을 달랬다.

그러나 이내 다시 두려움에 사로잡혔다. 나는 우리 가족이 걱정되었나. 수상한 일로 의심을 받는 사람들이 우리 농지에 숨어 있었다. 그것이 어리석은 짓이 아니고 무엇이란 말인가? 자칭 임금이라는 그 스승이 선동자라면, 로마 군인들이 조만간 그를 이곳에서 찾아낼지도 모른다. 군인들은 여러 끄나풀과 매수된 밀고자에게서 정보를 얻었다. 그런데 그 스승이 성전에 올라갔을 때, 성전의 경비병이 어째서 그를 체포하지 않았을까? 그가 자칭 '다윗의 자손'이라고 선포하지 않았나? 그것은 엄청난 일이다! 상황이 불리하게 돌아가면 우리는 어떻게 해야 할까? 로마는 선동자에게 무척 가혹했다. 우리가 공모자로 고발되면 무슨 일을 당할까? 파멸? 추방? 어쩌면 사형?

이러한 복잡한 생각 뒤에는 사실 더욱 깊은 동요가 감추어져 있었다. 안드레아와 만난 일이 예상보다 나를 매우 혼란스럽게 만들었다. 그토록 평화로우면서도 열정에 차 있다니! 나는 안드레아를 잠깐 마주쳤을 뿐이다. 하지만 어른에게 몇 마디 말만 듣고 핵심을 깨닫는 것은 살면서 처음 겪는 일이었다. 나중에 안 사실이지만, 그러한 사람은 무척 드물었다. 사막에 있을 때 살아갈 의욕을 되찾기 위하여 가능한 오래도록 그 곁에 머물고 싶은 샘물처럼 말이다. 그런 사람을 마주치는 행운이 주어질 때 그 사람 곁에 머물면서 모든 지혜를 길어 내야 한다.

안드레아는 자기 삶의 중심을 이루는 것을 조심스럽고 겸손하게 나에게 열어 보였다. 그 모습에 나는 매료되었다. 어떻게 사람이 자신의 이야기를, 자신이 경험한 흔들림, 자신의 보물을 그처럼 자연스럽게 나눌 수 있다는 말인가? 그 어느 순간에도 안드레아는 과장하지 않았다. 그는 속이지 않았다. 나는 그 사실을 알고 있었고 느꼈다. 안드레아는 나를 꼬드기거나 나에게 술수를 쓰려고 하지 않았으며, 자기 자신의 작은 부분을 선뜻 내주었다. 특히 자신이 따르는 스승의 신비를 전해 주었다. 안드레아가 고기를 잡은 일화를 들으면서 나는 그 만남이 얼마나 아름답고 진실한지 직감했다. 하지만 그저 초대를 받았다고 해서 일생을 뒤바꾸는 결정을 할 수 있다는 말인가? 안드레아는 어째서 그 스승의 제자가 되었을까? 그것은 진정으로 미친 짓이 아닐까? 자기가 모르는 인물을 과연 따를 수 있는가? 자기 존재를 어떤 신비 위에 구축하는 위험을 기꺼이 감수할 수 있는가?

안드레아는 신비로운 일이었다고 답했지만, 무엇보다 관건은 그 스승의 태도였다. 나처럼 자유분방한 젊은이가 스승을 둘 수 있을까? 나는 어렸을 때부터 토라(유다교 율법)를 준수했고, 그것만 있으면 살아가기에 충분했다. 잘 생각해 보면, 나는 그 스승에게 말을 걸고 싶은 마음이 전혀 없었다. 그 사람을 보려고도 하지 않았다. 내가 안드레아를 신뢰하는 마음과 그 '스승'을 경계하는 마음이 어떻게 양립할 수 있는지, 나는 아직 이러한 마음속 논쟁에 직면할 준비가 되어 있지 않았다.

파스카 전날이었다. 주간 여섯째 날로 니산Nisan(4월) 달 열셋째 날이 시작되는 저녁에 알렉산드로스가 하루 일을 끝낸 다음에 평소보다 조금 더 늦은 오후 네 시쯤 왔다. 나는 올리브나무 밑동에 뭉쳐 놓은 외투를 정리하고 있었다. 그날은 더워서 외투를 사용하지 않을 것이다. 나는 그것들을 잘 개켜서 동굴 안에 쌓아 두다가 커다란 돌 뒤에 놓인 칼 두 자루를 발견했다. 그것을 본 순간 온몸이 떨렸다.

"알렉산드로스, 오늘은 늦게 왔네. 일주일치 일을 오늘 다 끝내려던 거야?"

"아니야. 요셉이 우리를 일찍 보내 줬고, 아버지는 내일 성전에 올려 보낼 양을 가지러 여기 오기 전에 아침에 다시 돌아가서 일하실 거야. 그게 아니라, 실은 내가 너희 어머니를 위해서 무슨 일을 하나 해 드렸어."

"아, 그래?"

"응, 너한테 미리 말을 못해서 미안해. 너희 어머니가 아주 신중하고 조심해야 한다고 말씀하셨거든. 너희 어머니는 나더러 '에세네 문'에서 물동이를 하나 들고 안드레아 아저씨와 그의 동료를 기다리되[9] 내가 그 사람들을 모르는 것처럼 행동하라고 하셨어. 그 사람들이 왔을 때, 나는 지시받은 대로 멀리 떨어져서 그들을 안내했어. 아무 일도 없다는 듯 태평하게 성곽 인으로 들어가서 원로 오니아스 님의 집까지 갔어. 사제들이 사는 구역이라 마음이 불편하더라고. 내가 안뜰로 들어가니까 오니아스 님의 아드님[10]이 몰래 나를 맞이했어. 그가 나더러 가까운 구석에 가 있으라고 손짓으로 신호했지. 안드레아 아저씨와 그 동료는 조금 후에 들어왔어. 두 사람이 오니아스 님의 아드님에게 스승님이 제자들과 페사흐(파스카)를 지낼 수 있을 방이 어디냐고 묻더라고. 그러자 그 사람이 신호를 했고, 하녀 한 사람이 와서 두 사람을 집 바깥에 난 계단을 통해 위층에 데려갔지."

"너도 안드레아 아저씨랑 이야기했어?"

"아저씨가 계단을 올라가면서 눈으로 나를 찾았고, 우리는 눈이 마주쳤어. 눈인사를 한 다음에 그분은 안으로 들어갔어. 그다음에 나는 여기로 내려온 거야."

---

9 이 일화는 마르코 복음서 14장 12-16절에 나온다.
10 오니아스의 아들은 요한 복음서의 저자인 '예수님께서 사랑하신 제자'일 수도 있다. 사제 집안의 자제인 그는 열두 사도가 최후의 만찬을 하도록 자기 집에 초대했다고 한다. 그렇다고 하면 그가 예수님과 베드로 사이에 앉은 이유를 알 수 있다.

나는 마음이 아렸다. 질투와 몰이해가 뒤섞인 감정이 몰려왔다. 하지만 어머니가 그 일을 내가 아닌 알렉산드로스에게 부탁한 이유를 쉽게 이해할 수 있었다. 어머니가 처음으로 일을 맡겼을 때, 알렉산드로스는 주저하지 않았다. 또 어머니는 내가 며칠 전부터 혼란스러워한다는 사실을 눈치채고 있었다. 그래도 그렇지! 어머니가 알렉산드로스가 나보다 그런 일을 하기에 더 적합하다고 생각했다는 사실에 마음이 아팠다. 게다가 안드레아가 연관된 일이라서 더욱 속이 상했다. 나는 씁쓸한 마음을 일단 밀어 두고 그 일에 대해 조금 더 알고자 했다.

"그 사람들이 오니아스 님의 집에는 뭐 하러 갔을까?"

"모르겠어. 짐이 상당히 많아 보이더라고. '에세네 문'에서 보니까 안드레아 아저씨는 세데르(파스카 만찬)에 사용할 쓴나물을 들고 있었고, 그 동료는 누룩 없는 빵이 든 바구니를 들고 있었지. 두 사람은 오니아스 님의 아드님에게 자기들이 만찬 준비를 할 거라고 말했어."

"이상하네. 사흘 전부터 숨어 지내던 사람들이 제 발로 늑대 소굴로 들어가서 자기들을 해치려고 찾아다니는 사제들이 사는 구역에서 페사흐(파스카)를 준비하다니……."

"사제들이 전부 그분에게 반대하는 것은 아니야. 라자로가 되살아난 것을 보고 나서 많은 사람이 마음이 흔들렸다고 너희 어머니께서 말씀하셨어."

"세데르(파스카 만찬)는 내일이잖아.[11] 왜 그렇게 일찍 준비하지? 내일이 되어야 성전에서 양을 잡을 수 있으니, 그 양을 가져가야 할 것 아니야."

"잘 모르겠어. 안드레아 아저씨와 이야기하지 않았고, 너희 어머니도 지난번에 그러셨듯이 말씀을 알 듯 말 듯 모호하게 하셨거든. 게다가 너희 어머니가 더 많이 아시는지도 확실하지 않아. 양에 대해서는, 그 사람들이 어떻게 양고기를 그 구역으로 은밀히 가져갈지는 모르겠어. 그 스승이라는 사람은 며칠 전에 성전 마당에서 불화를 일으킨 이후로 수석 사제들이 달가워하지 않으니까."

나는 도무지 이해할 수 없었다. 이제는 반발심이 드는 것이 아니라 어리둥절했다. 그러나 그로부터 몇 시간 후 일어난 일로 나의 삶은 송두리째 뒤흔들릴 것이다.

이미 시간이 늦었으므로 알렉산드로스는 집으로 돌아갔다. 나는 이런저런 생각에 사로잡힌 채 그날 밤에 농지에 머물 사람들을 위하여 준비를 해 두었다. 그러면서 칼 두 자루를 다시 쳐다보았다.

---

[11] 마르코 복음서에 따르면, 예수님은 파스카 만찬을 목요일 저녁에 올렸다. 그런데 파스카 예식을 목요일 저녁부터 시작한 일은 키레네 사람 시몬이 금요일 아침에 밭에서 돌아온 일과 들어맞지 않는다. 사건을 이런 순서로 소개한 것은 아마도 마르코가 한 신학적인 해석의 결과로 보이며, 사실과 부합하지는 않는다. 그래서 이 소설에서는 요한 복음서에 소개된 순서를 따랐다. 파스카 예식은 금요일 오후에 양을 잡아 그날 저녁에 시작하고(니산 달 13일 저녁은 14일의 시작이다), 파스카 만찬은 그날 밤에 이루어진다. 예수님은 그 전날 저녁에 파스카 양 없이 식사를 하는 것을 예정하셨을 것이다. 그러한 관점에서 보면, 예수님은 양을 대신한다고 할 수 있다.

나는 불안에 사로잡혔고 나도 모르게 시편 한 구절을 되뇌었다. "저의 하느님, 저의 하느님…… 소리쳐 부르건만 구원은 멀리 있습니다."[12] 나는 차곡차곡 누적되는 이 모든 사건의 의미를 전혀 이해하지 못했고, 그것들에 에워싸인 분노에 찬 어린 사자가 된 듯했다. 그렇지만 나는 나 자신을 알았다. 나는 포기하지 않을 것이다. 답을 알고, 신비를 꿰뚫고 싶었다.

나는 안뜰로 들어가면서 밤을 대비해 문을 열어 놓았고, 우물 옆에 양동이가 있는지 확인했다. 리디아와 로데는 집을 구석구석 깨끗이 비질하는 일을 거의 마쳤다. 어머니는 바깥에 둔 탁자 위에 쓴나물을 펼쳐 놓고 고르고 있었다. 쓴나물을 고르는 일이 거의 끝나자 어머니는 개머루덩굴로 뒤덮인 그늘막 아래에서 지는 해의 마지막 빛을 만끽했다. 축제일 전날은 기다림과 노동이 뒤얽힌 채 느린 박자로 흘러갔다.

어머니는 나에게 음식을 조금 먹으라고 권했다. 하지만 나는 그러고 싶은 마음도, 그럴 용기도 없었다. 자리에 앉으면 어머니가 알렉산드로스에게 맡긴 일에 대해 내가 지닌 씁쓸함을 모조리 털어놓을 것만 같았기 때문이다. 나는 그럴 때가 아니라고 짐작했고, 무엇보다 내가 할 비난이 정당하지 않다는 사실을 알았다. 나는 어머니에게 안녕히 주무시라는 인사를 했다. 반항아 아들이 감추는 고통

---

[12] 시편 22편 2절.

을 어머니가 다정하게 모두 감싸 안는 것처럼 느껴졌다. 어머니는 더 이상 새끼가 아닌 어린 사자를 홀로 키우고 있었다. 하지만 그 사자를 길들이지 못했다. 어머니는 아들이 처음으로 삶에 할퀴어 상처를 입었음을 짐작했다. 그리고 아들이 입은 상처가 아들을 지극히 높으신 분을 향해 확신을 갖고 돌아서게 만들기를 기도했다. 과연 그 어떤 상처가 아들의 마음에 닿아 그를 변화시켜 행복하게 만들 만큼 깊을 것인가? 어머니는 그러기 위해서 가야 할 길이 멀다는 사실을 예감했다. 어린 사자는 상처를 크게 입어도 쉽게 굴복하지 않을 것이다.

나는 집의 위층으로 올라갔다. 낮게 비치는 석양이 담장 너머에 있는 올리브나무들을 환히 비추었다. 그 광경에 감동을 받으며 방에서 도기 두 조각과 목탄 하나를 집어 들고 로지아에 있는 의자에 앉았다. 나는 몹시 흥분된 마음으로 겟세마니 동산을 비스듬히 내려다보며 그림을 그렸다. 마치 목탄 한 조각만으로 빛을 표현할 수 있다는 듯 해가 지기 전에 스케치를 하고 싶었다. 먼저 손을 정확하고 빠르게 놀려서 마디가 많은 늙은 올리브나무 한 그루의 윤곽을 그렸다. 그다음 더 널찍한 다른 도기 조각에 동산으로 들어서는 한쪽 출입문에서 다른 쪽 문까지 그렸다. 전경에는 무화과나무와 며칠 전 저녁에 안드레아가 들어온 문을 그렸다. 맨 뒤쪽에는 올리브나무 가지 사이로 얼핏 보이는 에프라임의 비밀 문을 그렸다. 북쪽

우리 농지에서 가장 오래된 올리브나무.

에는 제 임무를 다하려고 대기 중인 맷돌을 그렸다. 이상하게도 내가 겟세마니 동산을 그러한 각도로 그린 것은 처음이었다. 보통 예루살렘 성벽과 만나는 성전의 동쪽 벽을 그리곤 했다. 그날 저녁에는 성전을 아예 그리지 않았다.

날이 저물고 있었다. 나는 탁자 위에 놓인 다른 도기 조각들 옆에 그림이 그려진 도기 두 조각을 가지런히 놓았다. 도기의 바탕색은 모두 붉었다. 공기가 무거웠다. 나는 옷을 벗으면서 '쉐마 이스라엘Shema Israel("이스라엘아, 들어라!"로 시작하는 유다교의 매일 기도)'을 낭송한 다음 알몸으로 잠자리의 아마포 천을 들추고 그 안으로 들어갔다.

2장 미끼

그러다가 어느 순간 퍼뜩 잠에서 깨었다. 한밤중이었다. 여러 사람의 묵직한 발소리가 들렸고, 서로 부딪치는 금속 소리도 들렸다. 나는 벌떡 일어났다. 아마포를 끌어다가 몸에 둘렀다. 방문을 열고 바깥을 내려다보았다. 달빛이 밝았지만 아무것도 보이지 않았다. 소리는 담장 반대편에 있는 길에서 들려왔다. 그 소리는 에프라임의 비밀 문을 향해 올라가고 있었다. 심장이 두근거렸다. 농지에서 안뜰로 통하는 문 뒤쪽에서 내가 알지 못하는 목소리가 들려 왔다.

3장

상처

[13]"일어나 가자. 보라, 나를 팔아넘길 자가 가까이 왔다."

그러자 곧, 예수님께서 아직 말씀하고 계실 때에 열두 제자 가운데 하나인 유다가 다가왔다. 그와 함께 수석 사제들과 율법 학자들과 원로들이 보낸 무리도 칼과 몽둥이를 들고 왔다. 그분을 팔아넘길 자는, "내가 입 맞추는 이가 바로 그 사람이니 그를 붙잡아 잘 끌고 가시오." 하고 그들에게 미리 신호를 일러두었다. 그가 와서는 곧바로 예수님께 다가가 "스승님!" 하고 나서 입을 맞추었다. 그러

---

13 3장은 마르코 복음서 14장 42-52절로 구성했다. 이 구절에는 복음사가가 익명으로 남긴 서명이 담겨 있다. 즉 마르코는 이 구절에 나오는 아마포를 두른 젊은이일 것이다. 이 일화를 전하는 다른 증인은 없다. 제자들이 모두 달아나고 없었기 때문이다. 또한 이 일화는 다른 복음서에는 언급되지 않는다.

자 그들이 예수님께 손을 대어 그분을 붙잡았다. 그때 곁에 서 있던 이들 가운데 한 사람이 칼을 빼어, 대사제의 종을 내리쳐 그의 귀를 잘라 버렸다. 예수님께서 나서시어 그들에게 말씀하셨다. "너희는 강도라도 잡을 듯이 칼과 몽둥이를 들고 나를 잡으러 나왔단 말이냐? 내가 날마다 너희와 함께 성전에 있으면서 가르쳤지만 너희는 나를 붙잡지 않았다. 성경 말씀이 이루어지려고 이리된 것이다." 제자들은 모두 예수님을 버리고 달아났다.

어떤 젊은이가 알몸에 아마포만 두른 채 그분을 따라갔다. 사람들이 그를 붙잡자, 그는 아마포를 버리고 알몸으로 달아났다.

제2부 사냥

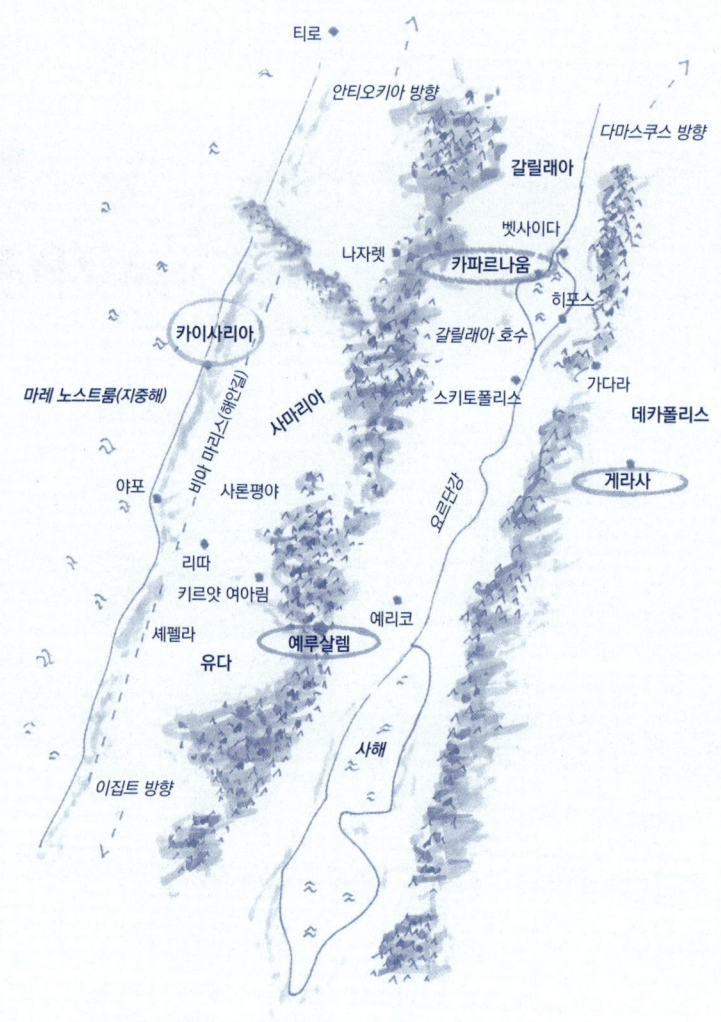

내가 조사한 것을 바탕으로 그린 유다, 사마리아, 갈릴래아 지도.
칼리굴라 황제 2년.

4장

잠복

카파르나움에 도착한 다음 날, 점심을 먹은 후 나는 야이로[14]에게 말을 꺼냈다.

"베드로가 장모에게 줄 기름을 저에게 맡겼어요. 저더러 그것을 갖다 드리면서 자기가 예슈아[15]를 모신 집에 가 보라고 했어요."

"자기 사위가 보냈다고 하면 수산나가 분명히 그대들을 맞이할 걸세. 조용하고 훌륭한 분이지. 안식일[16] 저녁 해가 지기 전에 탈리아와 함께 가게. 수산나가 들여보내 줄 테니 옥상에 올라가서 둘러

---

14 야이로는 회당장으로, 예수님은 야이로의 딸을 되살리셨다(마르 5,21-43 참조).
15 아람어로 이루어지는 대화에서는 예수님의 이름을 이 형태로 사용할 것이다.
16 안식일은 금요일 저녁에 시작한다.

볼 수 있을 걸세. 그분은 더 이상 거기까지 올라갈 수 없어. 나이가 많이 들었지. 그곳을 들른 다음에 여기로 오게. 상을 잘 차려 놓고 안식일을 함께 보내세! 그다음에 예루살렘 소식을 전해 주게나."

야이로는 우리가 은밀하게 갈릴래아로 가는 이유에 대해 아는 것이 별로 없었다. 그는 신중을 기하느라 우리에게 질문하지 않았다.

혈기 왕성한 열다섯 살 탈리아는 베드로의 옛집까지 우리를 데려갔다. 집 바깥에 난 계단으로 아래채의 지붕까지 올라갈 수 있었다. 아래쪽에서 수산나가 너그러운 눈길로 우리를 올려보았다.

"조심해요. 계단이 흔들거려요."

알렉산드로스와 니콜라오스,[17] 나는 지붕에서 보이는 풍경에 매료되었다. 지평선은 석양을 받아 장관을 이루었다. 점차 변하는 하늘의 색을 보고서 우리 오른쪽 언덕 뒤로 해가 지고 있음을 알 수 있었다. 우리 앞으로 보이는 남쪽의 호수에는 아무도 없었다. 고기 잡을 시간이 이미 지났기 때문이다. 왼쪽으로 서풍이 불었다. 저 멀리 뒤편에는 깎아지른 절벽 아래로 겐네사렛의 건물 지붕이 얼핏 보였다. 호숫가를 따라 더 먼 곳에는 티베리아스가 몸을 숨기고 있었다. 그 너머로 호수는 안개에 파묻혀 그 끝을 가늠할 수 없었다. 우리 왼쪽에서 요르단강 건너편의 고원, 데카폴리스, 필리포스의

---

17 사도행전 6장 5절에 나오는 일곱 봉사자 가운데 한 명으로, 유다교로 개종한 안티오키아 출신 사람이다.

영토[18]가 태양이 저물며 차츰 붉어졌다. 그곳에 비하면 키드론 골짜기는 옹색해 보였다.

"스승님께서 즐겨 보시던 곳이에요. 아침 일찍 여기로 올라오곤 하셨죠. 어떨 때는 저 뒤쪽 언덕으로 가시곤 했답니다."

탈리아는 오른쪽을 돌아보며 말을 이었다.

"바로 저 언덕에서 몇 시간 동안 가르치곤 하셨어요."

우리는 말없이 있었다. 알렉산드로스는 원래 말이 적었고, 니콜라오스와 나는 그토록 평화로우면서도 장엄한 광경을 한 번도 본 적이 없었기 때문이다. 3년 전에 겟세마니 동산에서 도망쳐 온 인간의 세상을 마침내 다시 건드리는 느낌이었다. 지난 3년 동안 나는 그분이 예루살렘에서 다니신 장소들을 찾아다녔다. 그런데 이곳 카파르나움에서 받은 인상은 달랐다. 그분은 예루살렘에 있을 때 숨어 다니는 처지였다. 하지만 이곳에서는 제집처럼 편안하게 지낼 수 있었다. 갈릴래아 호수는 예루살렘이 내뿜던 긴장된 적의를 품고 있지 않았다. 얼마나 평화로운가! 탈리아는 열의가 넘쳤다.

"바로 이곳에서 그분을 처음 봤어요. 사람들이 어디에나 있었죠. 그때는 이미 수산나 아주머니의 병을 낫게 하신 다음이었어요."[19]

탈리아는 안뜰로 지나가는 여인을 턱으로 가리켰다.

---

18 루카 복음서 3장 1절 참조.

19 마르코 복음서 1장 29-31절 참조.

"그 이후로 모든 사람이 그분께 가까이 가려고 했어요. 그날 저는 아버지와 함께 있었는데, 아버지도 궁금해하며 그분을 보고 싶어 하셨죠. 코라진에서 온 사람들이 병자를 들것에 실어 데려왔어요. 그 사람들이 바로 저 계단으로 올라왔죠.[20] 그다음에 병자를 밧줄로 묶어서 나뭇가지를 헤치고 안뜰로 내려 보냈어요."

탈리아는 뒤에 있는 회당 쪽으로 몸을 돌리며 말을 이었다.

"집으로 돌아가면서 아버지는 의아해하셨어요. 병자가 나았기 때문이 아니라, 그분께서 그 사람한테 죄를 용서받았다고 말씀하셨기 때문에 그랬죠."

나는 지붕 위에서 깨진 도기 조각을 하나 발견하고서, 항상 주머니에 채워 넣고 다니는 목탄 조각으로 도기 조각에 전경에는 안뜰을, 뒤쪽에는 호숫가를 그렸다. 안식일의 초저녁별이 뜨기 시작했다. 나는 선을 몇 개 그어 기억에 영원히 남을 그 윤곽을 포착했다.

우리는 안뜰에 앉아 있는 여인을 보고 그 자리에서 인사했다.

"사바트 샬롬,[21] 수산나."

수산나는 온화한 표정으로 고개를 끄덕여 답했다. 이제 내려가서 야이로의 집으로 돌아가면 되었다. 그 집은 안식일에 걸어도 괜찮을 정도의 거리에 있었다. 카파르나움에서 보낸 첫날은 참으로

---

20 마르코 복음서 2장 1-12절 참조. 모두 시몬 베드로의 집에서 벌어진 일이다.

21 유다인들이 안식일에 나누는 인사로, '사바트'는 '안식일'이고 '샬롬'은 히브리어로 '평화'다.

아름다웠다.

우리는 힘겹게 사흘을 걸은 끝에 그 전날 그 지역에 도착했다. 예루살렘을 떠났을 때 우리 일행은 일곱 명이었다. 바르나바와 필리포스,[22] 킬리키아의 다른 두 형제가 우리와 함께했다. 우리는 길을 가던 도중에 여러 차례 쉬어 갔다.

첫 번째로 머문 곳은 예리코에 있는 바르티매오의 집이었는데, 그 일은 기억에서 잊히지 않는다. 바르티매오는 자신이 예수님을 만난 일, 치유받은 일 등을 우리에게 자세히 이야기해 주었다. 그는 의롭고 선한 사람이었다.

그곳에 더 머무르고 싶었지만 지체할 여유가 없었다. 예루살렘이 너무 가까웠기 때문이다. 우리는 요르단강 골짜기에 오른 뒤 필리포스와 다른 두 형제와 헤어졌다. 그들은 서쪽의 에프라임 산악 지방으로 이어지는 시카르 길로 갔다. 사마리아 지방으로 갈 예정이었기 때문이다. 그로부터 얼마 안 지나 바르나바도 요르단강을 건너서 야뽁을 거쳐 동쪽의 고원으로 가려고 우리와 헤어졌다. 그는 게라사[23]에서 장사를 하는 키프로스 출신 친구들의 집에 피신해

---

[22] 사도행전 6장 5절에 나오는 일곱 봉사자 가운데 한 명이다.

[23] 유다인 역사가 플라비우스 요세푸스는 게라사에 소규모 유다인 공동체가 있었다고 언급한다. 게라사는 시리아와 교류했고, 키프로스와도 교류했을 가능성도 있다.

있고자 했다.

알렉산드로스와 니콜라오스와 나는 북쪽으로 갔다. 갈릴래아 지방으로 들어가려고 길보아산 둘레를 따라갔다. 바로 그곳에서 1,000년 전에 사울 임금의 아들 요나탄이 죽었다. 우리는 요나탄이 시련을 겪는 가운데에도 다윗과 굳건하고 귀감이 되는 우정을 나누었다는 이야기를 했다. 그러고 나서 길보아산을 내려가 스키토폴리스에 이르렀다. 그곳은 전략적으로 중요한 장소였지만, 사울 임금의 시신이 매달린 벳 산 성벽의 흔적은 전혀 남아 있지 않았다. 예루살렘과 그 근처를 한 번도 떠나본 적이 없던 나는 스키토폴리스에 깊은 인상을 받았다. 스키토폴리스는 내가 처음으로 가 본 그리스의 도시였다. 안티오키아 출신인 니콜라오스는 내가 놀라는 모습을 보며 재미있어 했다.

나는 스키토폴리스에 머무르면서 카르도Cardo(고대 그리스·로마의 도시를 남북으로 가로지르는 주요 도로) 끝에 웅장하게 솟아 있는 거대한 극장을 감상하고 싶었다. 하지만 우리는 지체하지 않고 곧장 북쪽 길로 떠나기로 했다. 익명의 군중에 파묻혀 도시에 머무는 일은 너무 위험했기 때문이다.

데카폴리스의 수도를 떠날 즈음에는, 내가 헬레니즘 세계에 느꼈던 매혹은 사라지고 이유도 모르는 채 분주하게 돌아가는 세상에 대한 씁쓸함만 남았다. 마지막 날에 호수의 왼쪽 기슭을 따라 티베리아스를 지나면서 그러한 느낌은 더욱 굳어졌다. 헤로데 안티파스가 티베리우스 황제를 기리기 위하여 최근에 건설한 티베리아스는 아직도 공사가 한창 진행 중이었다. 그곳은 진리를 깨우치기에는 너무 신식으로 보였다. 나중에 탈리아는 예수님이 그곳에는 한 번도 가시지 않았다고 우리에게 알려 준다. 그토록 잘 조직되고 발달한 상업 도시에 과연 지극히 높으신 하느님께 내어 줄 자리가 있을까?

우리는 아르벨 절벽 아래편에 있는 막달라에 이르렀다. 막달라를 빠른 걸음으로 떠나면서 나는 알렉산드로스와 이야기를 나누었다. 니콜라오스는 우리보다 앞서 걸었다.

"나중에 다시 와서 그 막달라 여자 마리아와 이야기를 나누고 싶어. 그 여자는 셋째 날에 벌어진 일에 대해 별로 말이 없었잖아. 빈 무덤을 발견한 것이 보통 일은 아닌데 말이야. 사흘 후에 예슈아를 만난 사람들은 정말이지 그 일에 대해 말을 아끼는 것 같아."

알렉산드로스가 내 말에 동의했다.

"그 모든 일이 참 신비롭긴 해. 그 사건이 우리 삶을 뒤흔들었지만, 그 이야기를 어떻게 전할 수 있을지 모르겠군."

우리는 카파르나움에 도착해서 회당 옆에 있는 야이로의 집 문을 두드렸다. 안드레아가 예루살렘을 떠나기 전에 길을 알려 주어 그 집을 찾을 수 있었다. 탈리아가 문을 열었다. 우리는 봄날의 제비처럼 발랄한 그 젊은 여인을 그때 처음 만났다. 하지만 야이로는 나를 알아보았다.

야이로는 몇 달 전 초막절 축제일 때에 안드레아와 베드로와 함께 어머니를 만나러 예루살렘 집에 왔었다. 야이로는 키가 작고 눈이 검은 남자였다. 옷차림은 소박했으며, 솔직한 미소를 띤 그의 얼굴은 밝았다. 야이로는 안드레아와 베드로가 카파르나움에서 지내던 때에 그들과 친해졌다. 나는 빌라도가 성전의 자금을 빼돌려 수도교를 새로 지었다는 이야기를 야이로와 나눈 일이 생각났다. 그 이야기를 상당히 열띠게 나누었기에 우리는 서로를 기억에 새겨 두었다.

야이로는 우리 세 사람을 기쁘게 맞이했고, 도망 중인 여행자들인 우리는 환대에 큰 위로를 받았다. 아무도 야이로에게 우리가 온다는 사실을 미리 알릴 수 없었지만, 그는 아내 살로메와 함께 우리를 성심껏 맞이했다. 안주인은 자그마한 안뜰 건너편에 있는 단출하고 깔끔한 작은 거처로 우리를 안내했다. 우리는 그곳에 짐을 내려놓았다.

니콜라오스는 몇 주 후에 안티오키아로 떠나야 했지만, 알렉산드로스와 나는 그 이듬해 욤 키푸르Yom Kippur(속죄일)가 지날 때까지 그곳에 1년 넘게 머물렀다.

우리는 안식일에 처음으로 저녁 식사를 함께하면서 기쁘게 이야기를 하고 평화로운 시간을 보냈다. 바로 전날에 도착했던 우리를 맞이한 야이로와 살로메는 우리가 예루살렘에서 도망쳐야 했다는 것을 이미 눈치챘다. 그들은 우리가 도피한 정황을 자세히 듣고 예루살렘에 있는 동료들의 소식을 알고 싶어 했다. 여러 일을 잘 정리해서 말하는 데 탁월한 알렉산드로스가 상황을 요약했다.

"어르신, 수코트Sukkot(초막절) 때 예루살렘에 와서 느꼈을지 모르지만, 예루살렘에 형제들 수가 점점 늘고 있어요. 하지만 공동체 내부 상황은 그리 좋지 않아요. 열두 사도가 식탁 봉사를 할 일곱 사람을 뽑은 일을 기억할 겁니다. 니콜라오스가 그중 한 명이었죠."

그러면서 알렉산드로스는 니콜라오스를 턱으로 가리켰다.

"디아스포라의 형제들이 설교를 훌륭하게 해서 사람들을 휘어잡는데, 그것을 못마땅하게 여기는 유다인 형제들이 열두 사도 주변을 맴돌면서 계속 나쁜 이야기를 하고 있어요. 우리 같은 키레네나 알렉산드리아 사람들은 유다인 형제들과 관계를 원만하게 유지하기가 쉽지 않아요. 또 예슈아를 인정하지 않는 디아스포라 형제들과 관계는 더 복잡하고요. 성전의 역할과 토라(유다교 율법)에 대해 이념적인 논쟁이 계속 이어졌죠. 갈등이 너무 심해 박해까지 이루어졌고요. 어르신도 예루살렘에서 만났을지 모를 우리 형제 스테파노는 돌에 맞아 죽기까지 했어요.[24] 키드론강 바로 건너편, 요한의 집 앞에서 그 일이 벌어졌어요. 그 사람들이 형제가 된 디아스포라 사람들을 사정없이 공격했어요. 형제끼리 서로 죽이는 그런 폭력이 벌어진 것은 처음이에요. 많은 사람이 범죄자라도 된 듯 달아나

---

24 스테파노가 돌에 맞아 순교한 일은 사도행전 7장에 나온다.

야 했어요. 열두 사도와 유다인 형제들만 그곳에 남을 수 있었어요. 다른 사람들 대부분은 유다와 사마리아로 뿔뿔이 흩어졌고, 우리도 형제 몇 명하고 황급히 떠났어요. 안티오키아 출신인 니콜라오스와 키레네 출신인 저는 디아스포라 형제들과 똑같은 취급을 당했죠. 요한은 유다인이니 그곳에 머물 수 있었지만, 이곳 갈릴래아에 꼭 오고 싶어 했어요. 자기 눈으로 그 장소들을 보려고요. 그래서 우리는 다른 사람들보다 더 멀리 왔습니다. 키드론 골짜기에 있는 미리암 아주머니의 집을 떠날 때, 안드레아가 어르신 댁으로 가라고 권했죠. 또 베드로가 수산나에게 전할 물건을 우리한테 맡겼고요. 이곳이 예루살렘에서 멀기는 하지만 우리가 얼마 동안 안전하게 지낼 수 있을까요?"

알렉산드로스가 말하는 동안 나는 탈리아를 곁눈질로 유심히 살펴보았다. 예루살렘에 있을 때, 베드로가 3년 전에 벌어진 일을 우리에게 이야기해 주었다. 예수님이 이 집으로 오던 길에 어떤 여자 때문에 지체했고, 이 집에 도착해서 죽은 소녀를 일으켜 세우셨다는 이야기를 말이다. 우리 세 사람 중 그 누구도 저승에서 끌어올려진, 스승님이 손을 붙들어 생명을 되돌려 준 여인에게 궁금한 것을 물어볼 용기를 내지 못했다. 나는 예수님께 생명의 힘을 전해 받았을 때 탈리아가 무엇을 느꼈는지 물어보고 싶었다. 하지만 탈리아는 오히려 예루살렘에서의 논쟁, 수석 사제들과 빚는 갈등, 새로 세례받은 사람들에 대해 집요하게 물었다. 그녀는 예루살렘에서 예수님이 보내신 마지막 날들이 어땠는지, 그분이 그때 어떠셨는지 자세히 알고 싶어 했다. 나는 예수님이 체포된 이야기를 감히 꺼내지 못했다. 알렉산드로스도 자기 아버지 시몬이 예수님 뒤에서 십자가를 지고 갔다는 이야기를 하지 않았다. 그가 입을 다문 것은 겸손 때문이었고, 나는 부끄러움 때문이었다.

우리는 그 이야기를 뒤로 한 채 나의 집에서 사도들이 어떻게 생활했는지 설명했다. 나는 베드로와 안드레아와 다른 사도 열 명이 우리 집에서 어떻게 모였는지 자랑스럽게 이야기했다. 베드로는 우리 집에서 한 가정의 아버지와 같았고, 안드레아는 형제와 같았다. 나는 또한 뿌듯한 마음으로 나의 사촌 요셉의 이야기를 했다. 알렉산드로스의 아버지 시몬이 그의 집에서 일했는데, 요셉은 모두를 위하여 자기 밭을 팔았다. 그래서 열두 사도는 그에게 '위로의 아들'이라는 뜻으로 '바르나바'라는 별명을 붙여 주었다.

야이로는 회당을 이끌면서 겪는 어려움을 털어놓았다. 우리도 내일 아침 안식일을 지내러 회당에 가면 팽팽한 긴장을 느낄 것이다. 야이로는 상황을 차근차근 설명했다. 카파르나움의 일부 주민은 예수님을 메시아로 여겼고, 예전에는 평화롭고 신심 깊던 도시가 이제는 분열되어 있었다. 회당에 모일 때면 율법과 예언자들의 말씀을 읽은 다음에 설교하는 일이 조심스러웠다. 이러한 긴장이 시작된 것은 예수님이 생명의 빵에 대해 말씀하신 때부터였다. 그분의 말씀, 자연스러운 권위, 말씀이 지닌 새로움과 과격함, 심지어 기이하다고 할 만한 점 때문에 논쟁이 벌어지고 모순되는 해석이 이루어졌다. 논쟁이 너무 격렬해서 어떤 사람들은 회당에서 모이는 시간을 두 배로 늘리자고 주장했다. 하지만 야이로는 그러한 분열에 대해 듣고 싶어 하지 않았다. 예루살렘의 종교 지도자들이 와서 끼어들지 않기만을 바랄 뿐이었다. 그는 평화를 지키고자 했다. 야이로는 대화를 하고 시간을 들이면 공동체[25] 내에 평화를 유지할 수 있으리라고 생각했다. 그는 하느님의 백성이 지닌 지혜를 믿었다.

그렇게 이야기를 나누다 보니 어느새 밤이 깊어졌다. 야이로는 저녁 찬미를 올리며 감사를 드렸다. 그런 다음 각자 자기 방으로 갔다.

안식일 다음 날, 우리는 가볍게 식사를 한 다음에 선착장으로 갔다. 나는 호숫가에 가서 어부들을 보고 싶었다. 예수님이 베드로와 안드레아, 야고보와 요한을 부르신 순간[26]을 어떻게 잊을까? 예루살렘에 있을 때, 나는 안드레아에게 우리가 밤에 만났을 때 나에게 깊은 인상을 남긴 그 이야기를 자세히 해 달라고 부탁했다. 그러자 사도들은 그 일에 대해 각자 자기가 기억하는 대로 말해 주었다. 야고보와 요한의 이야기는 과장된 구석이 있고 이야깃거리가 많아서 들

---

[25] 6세기에 카파르나움에서 유다인 공동체와 유다교·그리스도교 공동체는 공존한 것으로 보이지만, 고고학 연구에 따르면 서로 다른 예배 장소가 적어도 두 곳 있었다. 이른바 '베드로의 집'은 1세기 때 모습을 고스란히 간직하고 있다.

[26] 마르코 복음서 1장 16-20절에 나오는 이야기다.

는 사람이 즐거웠다. 고기잡이는 그들의 세계였다. 예수님이 '천둥의 아들들'이라고 부르신 그 두 사람이 그곳에서 태어났고 그 호숫가에서 성장했다는 사실을 생각하며 나는 감동했다. 그들의 가족을 찾아가 인사를 하면 좋았겠지만, 나이 든 제베대오는 세상을 떠났고 그의 아내는 두 아들과 함께 예루살렘에서 살았다.

야이로의 집에서 내려가기만 하면 바로 호숫가였다. 내가 예상했던 것보다 작은 배들이 훨씬 더 많았다. 어부들은 그물을 손질하고 있었다. 그곳에서는 고기가 잘 잡혔는데, 그것은 안식일 다음 날에 받는 은총이었다. 우리는 젊은 어부, 나이 든 어부들이 서로 뒤섞여 드물게 몇 마디를 나누며 정확하고 빠르게 움직이는 모습을 바라보았다. 그들의 진지하고 끌로 새긴 듯한 얼굴에서 일의 고달픔을 짐작할 수 있었다. 우리는 그들의 대화에 끼어들어 도시 사람임을 티내는 미련한 질문을 몇 개 던졌다. 그들은 우리에게 무뚝뚝하게 대꾸했는데, 갈릴래아 억양이 심해 절반 이상은 알아들을 수 없었다. 나는 그 사람들의 일상이 너무도 평범해서 놀랐다. 그들은 그 마을에서 아무 일도 벌어지지 않은 듯 자신의 일을 계속했다.

호숫가를 따라 다시 걷기 시작하면서 나는 같이 있던 두 사람에게 내가 받은 인상을 말했다.

"우리가 3년 전부터 '하느님의 아드님'이라고 선포하신 분이 어떻게 이런 평범한 곳에서 지내실 수 있었을까?"

카파르나움의 호수에서 고기를 잡는 어부들.

알렉산드로스도 의아하다는 듯 고개를 저으며 대꾸했다.

"네 말이 맞아. 그분을 직접 가까이 대하지 못해 정말 아쉬워. 그런데 이상한 점은, 베드로와 안드레아도 우리 못지않게 여러 가지를 의아해하는 것 같다는 거야."

"어떻게 이곳에서 그 모든 일이 벌어질 수 있었을까? 이런 외딴 곳에서 말이야. 온 이스라엘이 그분을 알아야 마땅한데, 어째서 저런 무뚝뚝한 어부들 사이에서 일어났을까? 물론 아름답기는 하지만 이렇게 외딴 곳인데! '기쁜 소식'은 로마 제국 전체의 디아스포라로 전해져야 하지 않을까?"

"그래도 이곳이 나자렛보다는 낫지. 거기는 완전히 벽촌이라던데. 언덕에 둘러싸인 구멍이나 다름없다고 하더라. 여기는 적어도 사람들이 다니지. 해안길(비아 마리스)로 많은 사람이 오니까. 여기가 안티오키아는 아니지만, 그래도 활기가 있잖아!"

우리가 나누는 대화를 조용히 듣던 니콜라오스가 지적했다.

"너희들 말이 맞아. 하지만 저 어부들을 봐. 저들은 선택받은 백성이야. 스승님은 저 어부들 가운데서 지내셨지. 이곳에서 벌어진 일은 정말 대단해. 저 사람들은 그 일을 직접 목격한다는 엄청난 특권을 누렸는데도 삶이 별로 달라진 것 같지 않아. 예슈아를 직접 접한 사람들이 이렇게 지내는데, 그분을 직접 보지 않은 사람들에게 어떻게 그분의 메시지가 닿을 수 있을까?"

나는 여러 질문들로 마음이 어수선했다. 나는 확실히 세례를 받았다. 더욱이 그 세례를 준 사람은 베드로다.[27] 그렇지만 나는 예수님이 오셔서 무엇을 했는지, 그분의 활동 방식이 무엇이었는지 3년 전부터 계속 궁리했으나 이해할 수 없었다. 그 질문에 답이 될 만한 것들을 찾으려 애썼지만, 그 어떤 대답도 나를 만족시키지 못했다.

나에게는 예루살렘에 있던 제자들 대부분이 광신도처럼 보였다. 그들은 아주 간단한 일이라는 듯 아무런 질문도 던지지 않고 모든 것을 받아들였다. 하지만 나는 그렇지 못했다. 심지어 그런 맹신은

---

[27] 베드로의 첫째 서간 5장 13절에서 베드로는 마르코를 '나의 아들'이라고 부른다.

오히려 예수님이 전하시려는 메시지에 어긋난다는 의심까지 들었다. 나는 신화 같은 것에 빠지기 싫었다. 예수님 자신도 기적을 행한 다음에 제자들에게 그 일에 대하여 침묵하라고 몇 번이나 요구했다. 메시아를 파라오나 황제처럼 신격화하는 것이 목적이었다면, 그 모든 일이 무슨 소용이었겠는가! 모든 것은 먼지로 돌아갈 터인데! 예수님은 그들과 똑같은 무기를 사용하지 않으셨고, 그들과 똑같이 전쟁에서 승리하지 않으셨다. 최근에 벌어진 일들을 그저 착한 사람이 결국에는 승리한다는 미담이자 교훈으로만 두려는 사람이 있다면 그는 착각하는 것이다. 그 사건들에는 이해할 수 없는 무언가가 있다. 이해할 수 없고, 돌이킬 수 없는 무언가가 말이다!

베드로와 안드레아가 말한 모든 일이 실제로 일어났다. 나는 그 사실을 카파르나움의 호숫가에서 강렬하게 느꼈다. 스승님은 그곳에서 오랫동안 지내셨다. 그분은 골고타에서 벌어진 일을 준비하기 위하여 평범하게 사셔야 했다. 그런데 반대로, 골고타에서 벌어진 사건이 결과적으로 이곳에서 보낸 3년이 지니는 의미를 밝혀 준다는 막연한 느낌이 들었다. 상상을 초월하는 사건과 일상을 어떻게 연결시킬까? 초창기 제자들도 예수님이 살아 계시는 동안에는 아무것도 이해하지 못했다고 말했다. 그렇다면 이제는 그들이 그때보다 더 많은 것을 이해하게 되었을까? 수수께끼는 여전히 풀리지 않았다. 예수님의 삶에서 벌어진 일들은 적절하게 배치되어 있지 않았다. 앞뒤가 맞지 않았으며, 그 무엇도 정복을 위한 논리적인 방향으로 나아간 것처럼 보이지 않는다. 나는 이해할 수 없었지만, 그렇다고 포기하고 예전의 삶으로 돌아가고 싶지 않았다. 키드론 골짜기에서 본 예수님의 눈길이 나를 붙들었다. 호숫가의 어부들은 그런 나를 보고서 단단히 낚였다고 말하리라. 나는 몸부림치고 있었다. 하지만 낚시 바늘은 너무 깊이 박혀 나를 놓지 않았다.

뒤이은 며칠 동안 우리는 탈리아와 함께 산책을 다녔다. 짙은 푸른빛으로 반짝이는 눈을 지닌 여인을 따라다니는 일은 참 즐거웠다. 탈리아는 우리를 놀랠 작정이었는지 어디로 데려가는지 한 마디도 하지 않았다. 그녀는 남쪽으로 몇 스타디온이나 떨어진 곳에 있는, 인상 깊었던 어떤 장소를 보여 주고자 했다. 도시를 나설 때 로마군 대장 한 사람이 보였다. 알렉산드로스와 나는 눈이 반짝였다. 이 작은 마을에 백인대장이라니! 그가 우리를 향해 걸어오자 우리는 두려움에 사로잡혔다. 하지만 놀랍게도 그는 탈리아를 부르며 인사했다. 길을 가면서 탈리아는 백인대장 데키무스가 그곳에서 산 지 오래되었고, 우리 민족을 좋아한다고 설명했다.[28] 먼저 이스라엘의 종교로 개종했던 니콜라오스는 이 상황을 이해했다. 하지만 나에게는 그 일이 놀랍게 다가왔다.

---

28 루카 복음서(루카 7,1-10 참조)에 나오는 백인대장이다. 그는 회당을 위하여 자금을 댔다. 하지만 마르코는 그 일화를 자신의 복음서에서 전하지 않는다.

"그래도 그렇지, 지방하고 예루살렘이 이렇게 다르다니 놀라워! 이곳은 사람들 관계가 더 쉬워 보여. 다른 민족 출신인 사람들도 우리 백성의 특수한 점에 마음을 쓰고 심지어 감동을 받는 것 같으니까 말이야."

알렉산드로스와 니콜라오스는 내가 로마 세계에 매혹되었다는 사실을 알고 있었다. 그들은 레위 지파의 후손인 내가 예루살렘에서 믿는 종교와 거리를 둔다는 사실을 눈치챘다. 나는 디아스포라 출신인 그 두 친구에게 마음속 깊은 곳에서 질투를 조금 느끼고 있었다. 특히 알렉산드로스가 부러웠다. 그는 예루살렘에서 계속 살았지만 명망 높은 그리스 이름을 지녔다. 또 그의 가족은 키레네 출신이었다. 아! 북아프리카, 알렉산드리아, 카르타고, 키레네, 또 그 도시들을 세운 인물인 알렉산드로스 대왕, 카이사르……. '티베리아스 바다'라고도 불리는 호숫가를 거닐면서 나는 바다를 건너 여행을 떠나는 것을 꿈꾸었다.

"바로 여기예요! 이곳을 아는 사람은 거의 없어요."

이제는 우리와 친숙해진 탈리아가 의기양양하게 말했다.

별다를 것 없는 호숫가였다. 탈리아는 계속 우리를 알쏭달쏭하게 만들려고 작정한 것 같았다. 나는 그녀의 꿍꿍이에 기꺼이 응하기로 했다.

"여기에서 무슨 일이 있었죠?"

"바로 이곳에서 예슈아께서 부활하신 다음에 베드로와 다른 제자들을 만났어요. 그날 그분 덕분에 그 사람들은 고기를 엄청나게 많이 잡았죠."

나는 '부활'이라는 단어가 여전히 거북했다.[29] 나는 세례를 받았고 신앙을 고백했지만, 그 단어가 그런 일이 마치 당연하다는 듯 너무 쉽게 사용된다는 생각이 들었다. 나는 그 중요한 사건이 전설이나 신화처럼 되어 버리지 않을까 두려웠다. 스승님이 어떤 마술이라도 행한 듯 말이다. 내가 생각하기에 그 단어는 매우 중대하고, 많은 책임을 요구하고, 너무나 신비로워 쉽게 꺼낼 수 있는 말이 아니었다. 그래서 나는 그 단어를 거의 사용하지 않았다.

그렇기에 탈리아가 '부활'을 말했을 때 놀랐다. 그녀가 말한 그 단어는 상상에서 온 것이라는 느낌을 전혀 띠지 않았다. 그 말은 진실했다. 탈리아는 자신이 무엇을 말하는지 알았다. 예루살렘에서보다 갈릴래아에서 그 단어가 올바르게 들렸다. 부활한 인물을 이런 평범한 장소에서 마주치는 것이 더 받아들일 만하다는 듯이 말이다.

알렉산드로스가 말했다.

"아 그래! 베드로가 갈릴래아에서 만난 일을 말했어. 하지만 그 일에 대해서는 알 듯 말 듯 모호하게 이야기했지."

"베드로가 어째서 그 일에 대해 그토록 조심스러운지 잘 모르겠

---

[29] 마르코 복음서에서는 부활하신 예수님이 나타나신 일은 전하지 않고 갈릴래아에서의 만남만 언급한다.

어. 자신의 과오를 그토록 곱씹는 분이 말이야."

"베드로가 그러는 이유를 정말로 이해하지 못하겠어?"

알렉산드로스가 부드럽게 말했다. 그는 내가 입은 상처가 얼마나 생생한지 알고 있었다. 나는 내가 지닌 상흔을 고집스레 감추고 있었다.

나는 얼굴을 붉혔다. 탈리아는 이 상황을 이해하지 못한 채 우리를 빤히 바라보았다. 이번에는 그녀의 눈에 우리가 알쏭달쏭해 보였다. 탈리아는 내 마음에 깊이 베인 상처가 생생함을 어렴풋이 짐작하는 것 같았다. 그러면서 마음이 흔들린 듯 보였다. 그녀는 내 마음을 살피느라 조심스레 다른 이야기를 꺼냈다.

"아직도 볼 것이 많아요! 조금 더 가요."

우리는 고작 한 스타디온 정도 더 걸었다.

"바로 이곳에서 예슈아께서 많은 사람에게 먹을 것을 주셨어요. 저는 아버지, 어머니와 함께 저 바위 위에 있었고요. 안드레아가 와서 우리에게 먹을 것을 주었어요! 그 제자들이 얼마나 자랑스러워했는지……. 너무 자랑스러워하는 바람에 예슈아는 그들을 억지로 작은 배에 태워 보내셨어요! 그랬다가 조금 후에 그분이 빵 몇 개를 가지고 호수 반대편 기슭에 있던 모든 사람에게 다시 빵을 나누어 주기 시작하셨죠."[30]

---

[30] 마르코 복음서 8장 1-10절 참조.

안드레아와 베드로가 우리에게 그 이야기를 했다. 그 행위는 만나Manna(하느님이 이집트를 탈출한 이스라엘 민족에게 주신 음식)를 나누는 것이 틀림없었다. 하지만 만나는 이스라엘 백성을 위한 사막의 음식이다. 그렇다면 예수님은 어째서 할례받지 않은 사람들이 있는 호수 건너편에서 빵을 다시 여러 개로 늘리셨을까?

우리가 산책하는 동안에 여러 질문이 떠올랐다. 탈리아는 그 근처를 속속들이 알고 있었다. 걸어가면 갈수록 예수님의 말씀이 울려 퍼진 저 언덕에서, 사람들이 그분을 보고 만진 저 호숫가에서 예수님이 보이신 행동과 하신 말씀이 나에게는 더욱 모호하고 이해할 수 없는 뜻을 담은 것처럼 느껴졌다.

카파르나움에 머무는 몇 주 동안에 우리는 예수님이 다니신 길을 찾아다니며 그분의 습관과 선택, 행적을 이해하려 했다. 탈리아는 호수 반대편인 벳사이다까지 우리를 데려갔다. 우리는 안드레아와 베드로의 아버지인 나이 든 요나의 집을 방문했다. 요나는 눈을 커다랗게 뜨고 온화하게 우리를 바라보고 고개를 끄덕일 뿐 말은 하지 못했다. 우리는 바르티매오처럼 시력을 되찾은 한 남자도 만났다.[31] 그는 똑같은 이야기를 계속했고 나중에는 듣기에 괴로울 정도였다. 증언하는 이들은 평범하기 그지없는 모습 뒤로 비밀을 고스란히 간직하고 있었다.

---

31 마르코 복음서 8장 22-26절 참조.

나는 본 것들을 기억해 두려고 그림을 계속 그렸다. 여행용으로 갖고 다닐 수 있는 작은 두루마리도 모으기 시작했다. 쉽지는 않았지만 티베리아스에서 적당한 가격을 지불하고 파피루스와 첨필尖筆도 구했다. 하지만 나는 계속 암포라 조각에 목탄으로 그림을 그렸다. 잉크는 두루마리에 지도를 그리고 거기에 지명을 적을 때에만 사용했다. 탈리아는 나의 어깨 너머로 내가 실수하지 않는지 확인했다. 그녀는 글을 읽을 줄 알았다.

저녁이면 집에서 야이로가 자신이 줄줄 외우는 비유를 나에게 반복해서 이야기했다. 그는 어떤 비유를 글로 적어 두기도 했다. 그는 씨 뿌리는 사람의 비유를 좋아했다. 예수님은 그 비유를 그곳에서 멀지 않은 호숫가의 작은 배에 앉아서 전하셨다. 야이로는 스승님이 열두 제자에게 따로 이야기할 것이 있을 때면 그들을 베드로의 집에 불러 모으셨다고 말했다. 집 안의 내밀한 분위기가 진지한 대화를 나누기에 좋다는 사실을 나도 그 이후에 깨닫게 된다.

니콜라오스는 겨울이 오기 전에 안티오키아로 떠났다. 그는 페니키아 해안을 거쳐 여행할 예정이었다. 우리는 야이로의 집에서 지내는 데 익숙해졌지만, 여관에 머무르듯 지내고 싶지 않았다. 야이로는 우리가 그 근처를 둘러보지 않는 날에 회당의 두루마리 문서를 관리하고 보존하는 일을 돕지 않겠느냐고 제안했다. 그는 우리에게 일하는 법을 가르쳐 주었다. 우리는 우리가 머무는 거처 맞은편 안뜰에 있는 작업실에서 일했다. 어느 날, 알렉산드로스는 찾아오는 사람이 많아지면서 덜컹거리기 시작하는 지붕 위로 올라가는 계단을 수리하러 수산나의 집으로 갔다. 야이로는 도구를 내려놓더니 나를 바라보았다. 그때는 속죄일 몇 주 전이었다.

"요한, 자네에게 중요한 할 말이 있네."

나도 도구를 내려놓았다. 심장이 빠르게 두근거렸다.

"자네가 탈리아와 혼인했으면 좋겠네."

전혀 예상하지 못한 말이었다. 나는 깜짝 놀랐다. 무수한 생각이 앞다투어 머릿속을 오고갔다. 나는 그 젊은 여인의 매력과 총명함이 좋았다. 심지어 그녀의 확고한 신앙에 깊은 인상을 받았다. 하지만 그러한 은밀한 감정이 생겼을 수도 있다는 사실은 바로 그 순간에야 깨달았다! 나는 몇 달 전부터 다른 생각에 빠져 있었고, 내가 혼인할 수 있다는 생각은 단 한 순간도 하지 않았다. 그러한 전망은 나의 생각 바깥에 있었다. 내 입에서는 그 어떤 대답도 나오지 않았다. 야이로는 차분하게 말을 이었다.

"자네는 열여덟 살이고, 탈리아는 열여섯 살이네. 살로메와 나는 우리 딸이 자네에게 얼마나 애착을 갖는지 짐작했어. 우리는 자네가 진지한 젊은이임을 확인할 수 있었네. 두 사람은 세례를 받은 형제자매일세. 자네는 그 아이를 행복하게 해 줄 수 있을 걸세. 우리는 그렇다고 확신하네."

"어르신, 죄…… 죄송하지만 그럴 수 없어요."

나는 황급히 말했다.

야이로는 차분한 목소리로 자신이 생각해 둔 계획을 말했다.

"자네가 이곳 출신이 아니라는 사실은 알아. 탈리아는 자네를 따라 기꺼이 예루살렘으로 갈 것이네. 그 애는 자네를 사랑하고, 앞으로 충실한 아내가 될 거야."

"탈리아를 의심하는 것은 아니에요."

"요한, 자네가 질문을 많이 던지는 젊은이라는 사실은 잘 알고 있네. 그것은 좋은 신호야. 질문을 던지는 것은 지혜를 얻는 첫걸음이지."

"어르신은 이해하지 못하실 겁니다."

그러자 야이로는 나를 뚫어지게 바라보더니 부드럽게 명령했다.

"그럼 이야기해 보게나."

그러자 나는 나도 모르게 과거에 내가 겪은 일을 처음으로 말했다. 나는 나를 행복하지 못하게 하는 그 상처가 얼마나 깊은지 야이로에게 어렴풋이 드러내 보였다. 나는 한 곳을 뚫어지게 바라보며 불규칙한 어조로 그 장면을 이야기했다.

"저는 동산에 있었어요. 밤이었죠. 사람들이 그분을 데려가고 있었어요. 다른 사람들은 모두 도망치고 없었고요. 저는 그곳, 나무 뒤에 있었어요. 그전에는 그분을 한 번도 본 적이 없었어요. 억누를 수 없는 힘을 느꼈죠. 그분을 따라가고 싶었어요. 다른 사람들은 그분을 저버렸지만, 저는 단지 그분이었기 때문에 따라가고 싶었어요. 어떤 열망이랄까요? 자기 삶을 완전히 바꿀 준비가 된 혈기 왕성한 젊은이의 열망이었어요. 안드레아처럼 말이에요. 아니면 광기였을까요? 어쩌면 교만? 어떤 손이 저를 잡아끄는 것을 느꼈어요. 한 남자가 제가 걸친 아마포 천을 붙들었어요. 저는 소리를 질렀어요. 군인들에게 포위되어 가던 예슈아께서 뒤돌아 보셨어요. 밝은 달빛 아래에서 그분께서 저를 똑바로 바라보셨는데, 그 눈길을 결코 잊지 못할 겁니다. 저는 몸부림을 쳤고 천을 놓아 버렸죠. 그리고 담장에 난 틈새를 향해 곧장 달려갔어요. 최대한 빨리 달렸어요. 올리브산 등성이를 올라갔어요. 저는 아담처럼 완전히 벌거벗고 있었어요. 그리고 다윗처럼 유다의 사막으로 달아났습니다.[32] 부끄러웠어요. 제가 사자라고요? 순전한 헛소리! 저는 누가 버려 놓은 천을 벌거벗은 몸에 둘렀습니다. 부끄러움을 잘 가리려고요. 그리고 그날 밤과 다음 날을 계속 사막에서 보냈어요. 저는 그분을 만나자마자 줄행랑을 친 겁니다. 한 순간도 주저하지 않고요. 그분은 나를 단 한 번 바라보셨는데, 저는 그 순간 벌거벗고 있었습니다. 벌거벗은 채 달아났어요. 그리고 저녁에 안식일 황혼이 지기 시작할 때 집에 돌아갔어요. 우리는 페사흐(파스카)를 기리지 않았어요. 아무도 양을 잡을 수 없었어요. 어머니는 스승님이 돌아가시자 위로할 수 없을 만큼 비통해하셨고, 저는 제가 한 부끄러운 행동에 사로잡혀

---

[32] 아들 압살롬에게 쫓긴 다윗은 예루살렘에서 도망쳐 올리브산을 지나간다(2사무 15,13-30 참조).

방에 틀어박혀 있었어요. 저는 더 이상 아무것도 아니었어요."

나는 울었다. 야이로는 내 말을 주의 깊게 들었다. 나의 마음을 괴롭히던 회한, 비겁함, 배신, 내가 놓쳐 버린 기회에 대해 말할수록, 야이로의 눈길은 더없이 인자해졌다. 아버지 같은 그의 모습이 나의 마음을 털어놓게 만들었다.

"안드레아가 저를 보러 왔어요. 그 일이 벌어지고 한참이 지난 후였죠. 아마 두 달은 지났을 거예요. 나는 샤부오트Shavouôt(오순절)를 지내러 밖에 나가지 않았어요. 어머니는 저의 건강을 걱정하셨어요. 그러다가 그분께서 살아 계신다는 소문을 들었어요. 하지만 그런 귀신 이야기는 헛소리라고 생각했고 저는 올리브 밭에서 쉬지 않고 일했어요. 아무 생각도 하지 않으려고 소나 말처럼 말이에요. 어느 날, 안드레아가 집에 찾아왔어요. 어머니가 안드레아에게 문을 열어 주었어요. 저는 맷돌 근처에 있었고요. 우리는 맷돌의 테두리에 걸터앉았어요. 안드레아는 한 시간 가까이 아무 말도 하지 않았어요. 저도 그랬고요. 그러더니 들릴 듯 말 듯한 목소리로 그가 이렇게 속삭였어요. '요한, 우리는 결코 그분께 걸맞은 사람이 되지 못할 거야.'"

안드레아의 말이 내 영혼의 뼈마디를 강타했다. 마치 칼에 맞은 것 같았다. 안드레아는 내가 받은 상처를 여실히 드러내었다. 그는 어떻게 내가 절망한 이유를 짐작했을까? 평생 나를 괴롭힐 것이 분명한 사실을 어떻게 알아낼 수 있었을까? 그 말은 옳았다. 나는 결코 그분께 걸맞은 사람이 되지 못할 것이다! 안드레아가 나직한 목소리로 부드럽게 말을 이었다.

"예슈아께서는 네가 결코 자기를 따라올 수 없으리라는 것을 알고서 십자가에 매달리셨어."

안드레아는 내가 상처를 입은 그날 저녁에 느꼈지만 차마 말할 수 없던 것을 말하고 있었다.

"그분께서는 저를 사랑하셨어요. 저는 확신해요. 그것을 그분의 눈에서 보았어요."

내가 중얼거렸다.

"요한, 그분께서는 아직도 너를 사랑하신단다."

안드레아는 파스카가 지나 예수님을 만난 일을 간단히 이야기했다. 그는 스승님을 만나고 40일째 되는 날, 올리브산에서 내려오다가 우리 집 앞을 지나갔고 내 생각이 났다고 말했다. 안드레아는 나에게 오순절 이야기를 들려주었고, 그 뒤로 많은 사람이 세례를 받았다고 말했다. 그리고 이렇게 덧붙였다.

"상흔…… 너의 모든 상흔을 예슈아의 죽음에 잠기게 만들어. 그러면 너의 생명은 예슈아와 함께 하느님 안에 영원히 있을 것이야."

나는 안드레아가 이끄는 대로 했다. 우리는 자리에서 일어나 동산의 출입문까지 걸었다. 그날 처음 보게 된 베드로가 안뜰에서 우리를 기다리고 있었다.

"베드로 형, 우리 형제 요한을 소개할게."

야이로는 여전히 내 말을 듣고 있었다. 나의 눈가가 축축해졌다. 나는 이야기하면서도 마음이 혼란스러웠다.

"며칠 후에 베드로가 제게 세례를 주었어요. 3년 동안 그분은 아버지 같았어요. 하지만 상처는 여전히 벌어진 채 남아 있어요. 저는 길들여졌지만, 영영 상처를 입은 사자예요. 저는 예슈아를 믿고, 앞으로도 영원히 믿을 거예요. 그분은 저를 바라보셨고 저를 사랑하셨어요. 하지만 예슈아께서 저와 같은 사람을 두고 무엇을 하실 수 있을지 모르겠어요. 저는 몇 번이나 상처를 치유해 달라고 그분께 청했어요. 하지만 아무 소용이 없어요. 상처는 여전히 생생해요. 어르신, 이런 제가 어떻게 따님을 행복하게 만들 수 있겠어요?"

"오직 하느님만 그 아이를 행복하게 만드실 수 있을 거라네."

야이로는 더없이 너그러운 미소를 지으며 말했다.

"요한, 탈리아도 자네처럼 자기 안에 되살아난 흔적을 품고 있어. 내가 한 말을 시간을 두고 생각하고, 마음이 준비되면 자유롭게 답해 주게나."

야이로에게 고백한 다음 며칠 동안, 그 일이 마음속에서 떠나지 않았다. 알렉산드로스에게조차 그렇게 마음을 열어 보인 적은 없었다. 한 아버지의 인자함을 앞에 두고서야 말이 흘러나올 수 있었다. 그 고백은 나를 뒤흔들었다. 내가 어떻게 그런 힘겨운 짐을 그토록 오랫동안 마음에 담아 둘 수 있었을까? 나이 지긋한 야이로가 나를 바꾸어 놓았다. 시련의 맷돌에 깔려 본 적이 있는 현자만 내가 결함을 드러내어도 그런 너그러움을 보일 수 있었다.

  야이로 덕분에 눈이 뜨인 나는 탈리아에게 지닌 은밀한 감정을 깨닫게 되었고, 그 이후로 나와 탈리아가 함께 산책하는 일은 완전히 다른 분위기를 띄게 되었다. 나는 이제 탈리아를 한 가정의 더없이 아름다운 과실로 보는 것이 아니라, 위대한 사랑과 새로운 삶을 싹틔울 수 있을 씨앗으로 보았다. 나는 탈리아를 원했다. 자기 삶을 안정적으로 만들려는 이상주의자로서 그녀를 원하는 것이 아니었다. 그때 나는 아직 한 가정의 가장이자 아버지로서 살아갈 수 있다는 생각을 하는 단계에 이르지 못했다. 그저 나의 나약함을 그 젊은 여인의 안정적인 굳건함에 기대어 의지하고 싶은 마음뿐이었다. 이러한 욕구는 성급하고 갑작스러워 보일 수 있었다. 하지만 이미 1년 전부터 나의 마음은 스스로 깨닫지 못한 채 이러한 상황을 준비하고 있었다. 야이로가 요청을 함으로써 그때까지 은밀하게 무르익던 어떤 계획이 드러났다. 그 사랑은 나의 마음을 평온하게 만들지는 못했지만, 내가 젊은이로서 삶에 굳게 뿌리를 내리게 해 주었다. 나는 앞으로 몇 달 동안 우정을 사랑으로 변하게 만들 마음의 준비가 되어 있었다. 나는 탈리아를 나의 계획에 맞이하기 위해서, 그 젊은 여인을 언젠가 나의 지붕 아래에 맞이하고 그녀에게 영원히 충실하며, 나의 생명을 그녀에게 바치겠다고 맹세할 수 있을지 알기 위해서 충분한 시간을 들이고 싶었다.

야이로와 대화를 나누고 몇 주 후에 모든 일이 빠르게 진행되었다. 어느 날 저녁, 나는 수산나의 집 지붕 위에 혼자 있었다. 우리가 그곳에 도착한 이후 거의 50번째로 그곳에 기대앉아 그림을 그렸다. 매번 똑같은 풍경이었는데, 이번에는 가을의 석양이 비쳐 들었다. 그런데 갑자기 그 사람들이 보였다. 10여 명 정도 되어 보였다. 나는 그들을 곧바로 알아보았다. 그들의 옷차림, 불규칙한 발걸음! 특히 그들 중에서 두 남자를 알아보았는데, 그들은 예루살렘의 사제 집안 가족을 만나면서 알고 지낸 사람들이었다. 그들은 내가 있다는 사실을 전혀 눈치채지 못한 채 집 아래쪽으로 지나갔다. 그들은 열의가 지나친 사제 특유의 거만한 말투로 시끄럽게 말했다. 예루살렘에서 보낸 유다인임에 틀림없었다.

나는 그들이 그곳으로 다시 지나가지 않을 것이라고 확신이 들 때까지 한참을 기다렸다. 야이로에게 이 사실을 한시 빨리 알려야 했다. 나는 알렉산드로스가 수리한 이후로 조금 덜 덜컹거리는 계단을 내려갔다. 나란히 난 길로 이루어진 미로를 따라 달려 야이로의 집 뒤쪽으로 다가가면서 무슨 소리가 들리는지 확인했다. 아무런 목소리도 들리지 않았다. 나는 집의 공동 공간으로 슬그머니 들어섰다. 그리고 요리를 하던 살로메와 탈리아에게 소리 내지 말고 나를 따라 오라고 신호했다. 우리는 야이로와 알렉산드로스가 있는 작업실로 갔다. 나는 문턱에 서서 방금 본 것을 이야기했다.

야이로가 말했다.

"몇 주 전부터 검문이 나올지 모른다고 걱정하고 있었는데 말일세. 사실 그 사람들이 진즉 오지 않은 것이 놀랍기도 해. 누군가 밀고한 것으로 보이네."

그러자 알렉산드로스가 물었다.

"정말로 걱정해야 할 상황인가요? 예슈아가 메시아라고 믿는다고 해서 우리가 무슨 나쁜 짓을 한 것은 아니잖아요."

내가 힘없는 목소리로 대꾸했다.

"그 사람들은 권력이 강해. 우리 형제 스테파노를 생각해 봐. 우리 믿음은 산헤드린(최고 의회)의 권위에 타격을 주니까 말이야."

그때 공동 공간 쪽에서 무슨 소리가 들렸다. 누군가 그곳에 와 있었다. 야이로는 손짓을 해서 모두를 작업실로 들여보냈다. 그는 공동 공간으로 갔다. 우리는 잠시 숨어 있으면서 불안한 마음으로 작업실 문을 뚫어지게 바라보았다.

갑자기 뒤쪽에서 우리를 부르는 소리가 들렸고 우리는 소스라치게 놀랐다. 창가에 백인대장 데키무스가 야이로와 함께 서 있었다. 데키무스는 이민족인 자신이 회당장의 집에 들어올 자격이 없다고 생각한 것이다. 밖은 점점 어두워지고 있었다. 데키무스는 완벽한 그리스어를 사용하며 자기 계획을 설명하고 군대식 말투로 나직하게 말했다.

"방금 그자들을 마주쳤습니다. 10명 남짓 됩니다. 이곳 사람이 아니라서 그들을 불러 세웠습니다. 그들은 흥분했다가 제 계급장을

4장 잠복

보고서야 제 말을 따랐습니다. 그리고 예루살렘의 대사제가 서명한 임무가 적힌 서한을 제게 보여 주었습니다."

"그들이 무엇을 찾고 있었나?"

야이로가 조금 어눌한 그리스어로 물었다.

"새로운 길[33]을 따르는 사람들을 예루살렘으로 데려가려 합니다."

"그렇다면 이 도시 주민의 절반 가까이를 데려가야 할 텐데."

"아닙니다. 그들은 여러 도시를 돌아다니면서 새로운 가르침을 전파하는 사람들을 찾고 있습니다. 저에게는 황제의 이름으로 평화를 유지해야 할 의무가 있습니다. 그 광신도들이 제가 관할하는 구역에서 소란을 일으키지 못하게 할 것입니다. 하지만 알렉산드로스와 요한은 이곳에서 더 이상 안전하지 않습니다. 예루살렘 출신이라서 제가 대사제의 서한에 반대할 방법이 없습니다."

"그럼 두 사람은 어떻게 해야 하나요?"

탈리아가 걱정스레 물었다.

"오늘 밤에 떠나야 합니다. 어르신이 예슈아의 제자들을 숨겨 줬다고 누군가 고발했을 가능성이 큽니다. 제가 알아보니, 이곳의 어떤 사람들은 당신들의 스승을 사기꾼이라고 생각하면서 몇 주 전부터 유다교의 가르침을 회복할 대책을 세우고 있습니다. 아마도 그들이 그자들을 불렀을 것입니다."

---

[33] 사도행전(사도 9,2 참조)에 따르면 이는 그리스도교 공동체에 붙여진 최초의 이름이다.

"알렉산드로스와 요한이 조금 더 있다가 떠나면 안 될까요? 로마인이 나서서 그 사람들을 되돌려 보내면 그들이 아무 일도 못할 것 아니에요."

탈리아가 물었다.

데키무스가 뭐라고 대답하기 전에 내가 말을 꺼냈다. 나는 이미 데키무스가 떠나고 나서 곧바로 무슨 일을 할지 계획하고 있었다.

"아니에요, 탈리아. 우리가 며칠 더 머무를 수 있다 해도, 어르신이 힘든 상황에 처하게 만들 뿐이에요. 우리는 카파르나움을 떠나야 해요."

"제 부하 중에서 가이오스가 당신들을 돕도록 시키겠습니다. 가이오스는 유일신 교리를 믿지 않지만, 믿을 만한 군인입니다. 제가 명령하면 당신들을 국경까지 데려갈 것입니다."

"고맙습니다. 하지만 요르단강이 멀지 않으니 우리끼리 알아서 필리포스의 영토까지 갈 수 있을 겁니다. 그곳 벳사이다에 가면 요나가 우리를 맞이할 테니까요."

알렉산드로스가 말했다.

"그것은 잘못 생각하는 것입니다! 작년에 그자들은 다마스쿠스까지 사람을 보냈습니다. 당신들은 더 이상 선택의 여지가 없습니다. 그 사람들이 전혀 생각하지 못하는 곳으로 가야 합니다. 가이오스가 북쪽 기슭을 따라 네가폴리스시까지 여러분을 안내할 것입니다. 그랬다가 히포스에서 국경을 지나가게 해 줄 것입니다. 하지만 모를 일입니다. 지나치게 열의가 넘치는 군인을 만날지도 모르니……. 혹시 그곳에 아는 사람은 없습니까?"

"나의 사촌인 바르나바의 집에 가면 됩니다. 바르나바는 요르단강 건너편 게라사의 키프로스 공동체와 함께 지내고 있어요. 최근에 편지를 써 보냈죠. 확실히 우리를 도와줄 겁니다. 그 도시는 크니까 우리가 쉽게 숨어들 수 있을 거예요."

"좋습니다. 가이오스가 오늘 날이 저물면 당신들을 데리러 올 것입니다. 준비할 수 있겠습니까?"

"바로 준비할게요! 데키무스, 정말 고맙습니다."

알렉산드로스의 동조하는 눈길을 받으며 내가 말했다.

데키무스는 부하에게 명령을 내리러 가기 위해 자리를 떴다. 탈리아가 눈을 붉히며 눈물을 흘리자 가슴이 아팠다. 하지만 내가 그날 야이로와 살로메에게 한 말은 섣부른 감정에서 나온 것이 아니었다. 사실 나는 며칠 전부터 할 말을 준비해 두고 있었다.

"어르신, 오늘 저녁에 탈리아에게 청혼하겠습니다. 떠나기 전에 약조에 서명해 두고 싶습니다. 상황이 안정되면 돌아와서 혼인식을 올리고 탈리아를 고향으로 데려가겠습니다."

탈리아는 이미 오래전부터 마음을 정하고 있었다. 그녀의 눈길에서 내가 떠나는 것에 대한 걱정과 혼인의 기쁨 사이를 오가는 마음이 드러났다. 야이로는 탈리아의 손을 잡고 그 손을 나의 손에 쥐어 주더니, 자기 딸과 나를 번갈아 보며 진지한 목소리로 말했다.

"요한, 탈리아를 받아들이게. 지극히 높으신 분께서 자네에게 정해 주신 여자일세."

5장

반항자

　형제들의 조직망은 원활하게 가동했다. 요르단강 건너편 베타니아에 사는 지인들에게서 예루살렘에 있는 어머니의 편지를 전해 받았다. 어머니는 분위기가 긴장되어 있다고 적었다. 놀라운 일이 아니었다. 예루살렘은 항상 그런 분위기였다. 어머니는 파피루스에 촘촘하게 글을 써서 지난 몇 달 동안 집에서 생긴 일을 전했다. 어머니는 마르타가 보낸 젊은 일꾼 솔로몬을 고용했다. 그는 알렉산드로스의 아버지 시몬에게 일을 배웠고, 수확 철에 크게 도움이 되었다. 한편 열두 사도는 계속 우리 동산에서 모였다. 안드레아는 어머니를 자기 어머니처럼 보살폈다. 그는 그로부터 6개월 전, 파스카가 오기 전에 자신의 어머니를 여의었다.
　어머니가 나에게 편지를 쓴 이유는 무엇보다 혼인을 허락하기 위해서였다. 어머니는 내가 탈리아와 함께 살기 위해 키드론 골짜기로 돌아온다는 생각에 무척 기뻐했다. 예루살렘은 분위기가 긴장되어 있었지만 올리브 농사는 잘 되었다. 우리 부부가 농장의 관리를 맡을 수 있을 것이다. 어머니에게 그렇게 격려를 받자 내 마음은 기쁨으로 가득 찼다. 나는 처음으로 차분하게 미래를 그려 보았다. 사촌 바르나바 곁에서 지난 몇 달을 보내면서 마음의 평화를 되찾았다. 그때가 아마도 내가 살면서 가장 행복한 시기였을 것이다. 나는 어른이 되어 가고 있었다. 이제는 객기를 덜 부렸고 반항도 덜 했다. 어쨌거나 나는 그렇다고 믿었다. 탈리아는 아직 나의 곁에 없었다. 집 없이 그녀를 맞이할 수는 없었다. 하지만 나는 그녀와 떨어져 지낸 그 몇 달을 마치 소명을 준비하는 사람에게 주어진 특별한 시간처럼 보냈다. 우리는 겨울이 지나기를 기다렸다가 혼인식을 올리기로 했다. 그때 탈리아를 우리 집으로 데려갈 예정이었다.

게라사에 처음 도착했을 때, 나는 무척 혼란스러웠다. 그 도시는 카파르나움과 전혀 달랐다. 그곳은 알렉산드로스 대왕이 마케도니아인 노장 몇 사람을 위하여 직접 건설한 그리스 도시라고 했다. 도시가 세워진 영예로운 내력만 듣고도 알렉산드로스와 나는 감탄했다. 로마 제국의 여러 그리스 도시와 마찬가지로 그 도시는 한 세기 전부터 건축에 있어 보화와 같은 곳이었다. 바르나바는 매일 아침 일하려고 우리를 시장인 마첼룸에 내려줬는데, 나는 그 멋진 장소의 분주함에 매료되었다. 바르나바는 예루살렘에 있던 자기 밭을

판 다음에 직물 장사로 전업했다. 그는 게라사에서 자신을 맞이한 키프로스 출신 친구들에게 그 일을 배웠다. 그리고 정기적으로 다마스쿠스로 가서 고객이나 납품업자를 만났다.

알렉산드로스는 기초적인 재봉 기술을 익혀서 여러 천 조각을 이어 깁는 일에 열의를 다했다. 나는 잘린 손가락 때문에 그런 수공일을 할 수 없었다. 바르나바의 친구들은 내가 상인의 자질인 집요함을 지녔다고 보았다. 페트라와 다마스쿠스 사이 길목에 있는 게라사로 지나가는 나바테아 사람들은 거래에 능했다. 그래서 나는 천막을 파는 도매상인이 되었다. 그러던 중 다른 키프로스 사람들이 내가 올리브 농장에서 어린 시절을 보냈다는 사실을 알게 되었다. 그래서 그들도 나를 데려가 일을 시켰다. 나는 천막 일이든 올리브 일이든 일손이 필요한 곳에 따라 하루 종일 시장의 이곳저곳을 돌아다녔다. 나는 그 번화한 장소에 도취되어 자유롭게 그곳을 누비고 다녔다.

어느 아름다운 가을 날, 내가 필라델피아 몇 사람과 거래를 마치고 나니, 바르나바가 로마군의 병사였다가 지금은 데카폴리스에 정착한 친구인 안토니오가 남쪽 지방을 돌아본 뒤 집으로 돌아왔다고 나에게 알렸다.

"오늘 저녁에 시간이 있으면, 안토니오가 저녁 시간을 자네와 함께 보내고 싶다고 하네. 미리 말해 두는데, 그 가다라(데카폴리스의 도시) 사람은 열렬한 면이 상당히 있거든."

"알다시피 저는 그런 부류의 사람을 경계합니다. 하지만 알렉산드로스가 그 사람은 한 번 만나 볼 만하다고 하더군요."

"그 사람 이야기는 확실히 들어 볼 만해. 그 사람이 아마도 이 지방에서 예슈아의 은총을 받은 유일한 사람일 걸세."

"알렉산드로스가 한 이야기를 들으면 좀 미심쩍은 구석이 있어요. 스스로 호수에 뛰어든 돼지 떼 이야기[34] 말이에요. 마치 바빌로니아의 민담 같지 않나요? 게다가 군대를 그런 식으로 우습게 취급하다니……. 그 사람이 과장하는 거겠죠. 예슈아께서 왜 그 사람이 배에 오르도록 허락하지 않으셨는지 이해하겠어요."

"그가 말을 잘하는 것은 사실이야. 히포스에서 자기가 겪은 일을 아주 상세하게 이야기하지. 하지만 그 사람이 그저 달변인 것만은 아니야. 예슈아께서 자기에게 맡기신 임무에 대해 말할 때면 아주 놀랍거든. 자네가 직접 보고 판단해 봐. 북쪽 데쿠마누스 Decumanus(그리스·로마의 도시들을 동서로 가로지르는 주요 도로)에서 카르도로 들어서면 왼쪽 끝에 있는 집에 그가 살고 있어. 목욕장을 마주 보는 집이지. 벌써 날이 저물고 있으니 지금 가도 될 걸세. 오늘 저녁에는 더 이상 할 일이 없네."

사촌 바르나바는 덩치가 컸고, 조금 우습게 표현하자면 제 허리둘레만큼이나 푸짐한 사람이었다. 하지만 그의 눈에서는 결코 흔들

---

[34] 게라사의 마귀 들린 사람 이야기에 대해서는 마르코 복음서 5장 24-30절 참조.

리지 않는 선함이 드러났다. 그는 현명하면서도 너그러웠다. 그랬기 때문에 바르나바가 나에게 그 사람을 만나 보라고 제안했을 때, 나는 내키지 않았지만 승낙했다.

나는 아르테미스 신전 입구 바로 직전에 있는 집으로 갔다. 솔직히 마음이 편하지는 않았다. 하지만 그 만남이 나에게 중요한 영향을 미칠 것이라는 예감이 들었다. 나는 문간에서 사람을 불렀다. 안토니오가 의자 두 개를 가지고 밖으로 나왔다. 그는 말랐지만 움직임이 정확했으며 진실함을 간직한 눈빛을 보였다. 그는 튜닉을 입고 있었고 허리를 가죽 띠로 동여매었다.

"요한, 앉게나. 자네를 기다리고 있었네. 바르나바가 자네 이야기를 했어. 자네도 예수님을 만난 적이 있다니, 자네를 만나 무척 기쁘네."

"아, 저는 그냥 멀리서 뵈었을 뿐입니다."

그 이야기를 자세히 하고 싶지 않던 나는 간단히 대꾸했다.

그는 그리스어를 유창하게 말했고, 그 목소리는 이제껏 사람들이 나에게 말한 것과 전혀 달리 온화했다.

"요한, 자네가 왜 나를 보러 왔는지 알 것 같네. 사람들이 나에게서 돼지 이야기를 들어야 한다고 했겠지. 하지만 나는 자네한테 그 이야기를 하지 않겠네. 자네는 누구에게서 놀랍고 경이로운 이야기를 들을 필요가 없어. 이미 예수님의 힘을 확신하고 있으니까. 그보다는 벌어진 일과 표징들이 뜻하는 바를 이해하려고 하지. 그 점에서 내가 자네를 인도해 줄 수 있을 것일세."

그 사람이 어떻게 내 마음을 그토록 빨리 간파할 수 있었을까?

"맞습니다. 마귀를 쫓는 일은 불편하게 다가옵니다. 카파르나움의 회당에서 예수님께서 마귀의 힘에서 풀어 주신 한 남자를 만났어요. 그런 이야기를 퍼뜨리는 것은 사람들을 신화에 가두어 두는 일밖에 안 된다고 생각합니다."

"요한, 예수님께서 나에게 하신 일로 나는 세 가지를 깨달았네. 첫째로 그분께서 우리가 도덕적인 것을 지키게 하려고 오시지 않았다는 사실일세. 예수님께서는 싸움을 이끌려고 오셨네. 그분 안에서 이루어지는 일은 바로 생명이 죽음에 맞서고 빛이 어두움에 맞서는 일이지. 그분께서는 인간을 마음속 무덤에서 끌어내려고 오셨어. 인간을 옭아매는 사슬에서 풀어 주시려고 말이야."

안토니오는 잠시 말을 멈추고 내가 그의 말을 더욱 잘 듣도록 나를 뚫어지게 바라보았다. 그는 나에게 신뢰를 불러일으켰다.

"내가 지금 자네에게 하는 말은 과장이 아닐세. 자네가 겪은 일을 생각해 보게. 거기에서 지극히 높으신 분께서 자네를 죽음의 힘에서 풀어 주신 순간을 알아낼 수 있을 걸세. 바로 그 싸움으로 자네는 은총을 받았고, 이제는 자네가 예수님과 함께 그 싸움을 해 나가면 좋을 걸세."

"하시는 말씀에 공감합니다. 저는 여러 싸움을 하느라 마음이 괴롭고, 예수님께서 악을 물리치셨다고 믿어요. 또 그분께서 내 마음속에 밝혀 주신 어두운 곳을 정확히 짚어 낼 수도 있습니다. 하지만 어떤 형제들이 설교하는 영광에 대한 생각은 상당히 불편하게 느껴집니다."

"내가 예수님과 만나고서 얻은 두 번째 교훈이 바로 그걸세. 그분께서는 악에 굴복함으로써 악을 물리치셨네. 그날 히포스에서 사람들은 죽음의 권세가 예수님께 무엇을 해야 할지 강요하면서 할 일을 일러 주는 것 같다는 인상을 받았지. 그분께서는 그 권세에 굴복하셨네. 약해지는 것이 바로 그분께서 강해지는 방법이지. 자네가 십자가 사건을 몰아내려 한다면, 동시에 복음도 몰아내게 되네. 예수님께서는 절대로 남의 위로 지나가지 않고, 그 아래로 지나가신다네. 그분께서는 자네 마음속에서 벌어지는 싸움을 결코 부정하지 않으실 거야. 그 싸움을 함께해 주시겠지."

나는 '복음'이라는 말에 강한 인상을 받았다. 열두 사도에 따르면 예수님은 아람어로 말씀하셨다. 그런데 그리스어로 '복음'은 보통 황제나 장군이 거둔 승리를 백성에게 알릴 때 사용하는 말이었다. 안토니오가 그 용어를 '십자가 사건'과 나란히 말하자, 나는 예수님의 왕국이 다른 왕국과 똑같은 평범한 왕국이 아니라는 사실을 깨달으며 아찔함마저 느꼈다.

"그럼 세 번째 교훈은 뭔가요?"

나는 궁금해하며 물었다. 핵심에 점점 다가간다는 느낌이 들었다.

"세 번째 교훈? 그것이 가장 이해하기 어려운데 말일세. 그 교훈은 형제들이 받아들이기에는 아직 확실히 시기상조일 거야. 자네가 알지 모르겠지만, 나는 이스라엘 민족 출신이 아니야. 바르나바나 자네가 우리 집에 들어오지 않는 것이나, 내가 회당 바깥에서 형제들의 기도에 참여하는 것은 모두 내가 할례를 받지 않았기 때문이지. 그래서 나는 세례도 받지 않았고……."

나는 어안이 벙벙했다. 바르나바는 그 사실을 분명히 알았을 테지만, 나에게 아무 말도 하지 않았다. 내가 안토니오의 성을 보고서 짐작할 수도 있었을 사실이었다. 하지만 우리 가운데 많은 사람이 그리스어, 심지어 라틴어 이름 또는 별칭을 지니고 있었다. 나는 안토니오가 한 그러한 고백이 야기할 영향을 가늠할 틈이 없었다. 안토니오가 곧바로 말을 이었기 때문이다.

"예수님께서 데카폴리스에 와서 나를 치유하신 이유는, 자기 제자들에게 언젠가 그들도 자기들의 고장을 떠나서 나 같은 이민족에게 세례를 주어야 할 거라고 알리기 위해서였다고 나는 믿네. 복음은 이스라엘에만 주어지는 것이 아니라네. 자네 백성의 메시아는 또한 우리의 그리스도이기도 하지. 예수님께서 싸우다 돌아가신 것은 인류 중에서 극히 일부 사람들에게 자신의 승리를 전하시기 위해서가 아니야. 그분은 우리를 모두 구원하고자 하셨지. 할례받은 사람과 할례받지 않은 사람을 모두 말이야."

"그 말씀은 받아들일 수 없습니다!"

"선택받은 백성에 속하는 자네 같은 사람이 받아들이기 힘든 말이라는 것을 아네. 예수님께서 데카폴리스에 오셨을 때, 열두 제자도 배에서 내리기를 거부했어. 하지만 예수님께서는 배에 다시 오르셔서 당신이 하신 모든 일을 데카폴리스 전역에 알리도록 나를 보내셨지. 그분께서는 바로 그 순간에 당신이 어떤 임무를 나에게 맡기는지 열두 제자가 듣기를 바라셨네. 바로 그렇다네. 제자들은 언젠가 자신이 이민족들이 사는 곳에도 가야 할 것임을 깨달아야 했지."

바르나바가 나를 이 사람에게 보낸 것은 내가 이런 기가 막힌 말을 듣게 만들기 위해서였나? 나는 방금 엿보게 된 전망에 충격을 받았다. 그렇게 모든 사람을 아우르는 보편적인 전망이 무엇을 내포하는지 전부 가늠하기 힘들었다. 하지만 그 말은 참으로 올바르게 들렸다! 형제들 대다수는 아직 그러한 생각을 들을 준비가 되어 있지 않았다. 그렇지만 나의 마음속에서 모든 것이 들어맞기 시작했다. 하느님이 아브라함에게 전하신 메시지가 떠올랐다. "모든 민족이 너를 통하여 복을 받을 것이다."[35] 또 이사야 예언자의 예언도 떠올랐다. "모든 민족이 너의 광명을 향하여 오리라."[36] 호수 반대편에서 두 번째로 빵의 개수를 늘리신 일, 필리포스가 사마리아로 떠나

---

35 창세기 22장 18절 참조.

36 이사야서 60장 3절 참조.

고 바르나바가 게라사로, 니콜라오스가 안티오키아로 떠난 일……. 이스라엘 디아스포라는 형제들이 이루는 디아스포라의 매개가 되고, 디아스포라는 민족들에게 확장되어 예수님의 메시지를 전파할 것이다. 데키무스와 안토니오는 세례를 받을 수 있을 것이다. 나는 그 사실을 확신했고 이해했다. 모든 것이 의미를 띠었다. 이는 로마 제국 전역, 전 세계로, 알려진 경계 너머로, 지브롤터의 기둥 너머로 확대되는 놀라운 전망이었다. 또 내가 오래전부터 마음속으로 예감하던 반전이었다. 우주가 팽창하는 것이다! 나는 로마 제국의 끝까지 가리라! 메시지를 전하는 사람 가운데 하나가 되리라! 이러한 깨달음에 마음이 뜨겁게 달아오른 나는 이렇게 부탁했다.

"저에게 라틴식 이름을 하나 지어 주십시오! 로마까지 가지고 갈 이름이요. 저는 모든 민족에 속하고 싶습니다. 그러니까…… 음, 아까 말씀하신 그…… 복음처럼 말이에요."

"자네에게 이름을 지어 달라고? 어려운 일을 부탁하는군. 나보다 자네를 더 잘 아는 사람들에게 부탁하는 것이 낫지 않겠는가?"

"아닙니다. 저는 그 이름을 로마인에게 받고 싶어요. 형제님은 지금 막 내가 새로운 현실에 눈을 뜨게 해 주셨습니다. 제가 로마 제국의 지평선을 향해 마음을 열게 해 주신 분에게 이름을 받고 싶습니다. 저는 로마에 받아들여지고 싶어요. 오늘이 바로 그날이고, 저는 저의 존재가 새로워지기를 바랍니다."

"요한, 나는 로마 제국의 다른 명사들이 하듯이 자네를 양자로 삼을 수 없네.[37] 하지만 자네가 고집하고 또 그 일이 자네에게 중요하다고 하니, 나의 두 번째 이름을 줄 수는 있네. 내 이름은 안토니오 마르코지. 옥타비아누스 아우구스투스(로마의 초대 황제)의 경쟁자 마르쿠스 안토니우스(로마의 패권을 두고 옥타비아누스와 싸움을 벌였으나 악티움 해전에서 패배했다. ─ 편집자 주)의 이름을 따서 지었어. 자네는 전사이자 야수고, 로마를 좋아하니, 마르코라는 이름[38]으로 하면 어떻겠나?"

"네, 그 이름이 저에게 딱 맞아요! 제 이름은 이제 마르코입니다. 저는 마르스 신처럼 무기를 들 겁니다. 복음이라는 무기를요. 마르쿠스 안토니우스처럼 언젠가 로마나 알렉산드리아까지 가게 될지도 모르죠."

안식일이면 우리는 북쪽 데쿠마누스를 따라 걸어서 회당에 갔다. 가는 길에 안토니오가 우리와 합류했고, 회당에서 안토니오는 문간에 머물렀다. 회당에서 바르나바는 성경을 읽은 다음에 예수님이 이스라엘이 기다리던 메시아, 즉 그리스도임을 인정해야 한다고 사람들에게 설파했다. 아주 회의적인 사람들도 바르나바의 말을 듣

---

37 당시에는 어른들 사이에서 입양하는 절차가 존재했다. 또 히브리어 이름에 그리스어나 라틴어 이름을 덧붙이고 그것을 번갈아 사용하는 일도 흔했다. 역사학자인 바즐레Marie-Françoise Baslez에 따르면 "이러한 관례는 양쪽 문화에 모두 소속된다는 의지를 외적으로 표현한 것"이다.

38 '마르코(마르쿠스)'라는 이름은 로마에서 숭배받는 전쟁의 신 마르스에서 유래한다.

기를 좋아했다. 그의 설교는 베드로와 달랐다. 일단 바르나바는 두 번째 세대로, 그는 예수님을 직접 접하지는 못했다. 예루살렘에서 베드로는 부활에 대해 만져서 알 수 있는 직접적인 확증을 자주 강조했다. 베드로는 증인이었고 그것은 무시할 수 없는 사실이었다. 하지만 바르나바는 그러한 특권을 누렸다고 내세울 수 없었다. 게다가 디아스포라의 할례받은 사람들은 유다 지방의 할례받은 사람들과 달랐다. 그들의 종교는 더 개방적이었다. 민족들 사이에서 사는 사람들이라 논쟁하는 데 익숙했다. 새로운 생각을 접하는 일은 위험이 아니라 오히려 자극이 된다고 생각했다. 이 두 가지 요인 덕분에 바르나바는 성경에 대하여 설득력 있고 생생하게 논거를 전개할 수 있었다. 그리스의 웅변술이 유다교의 율법과 예언자의 말에 대한 해석과 멋지게 어우러졌다. 바르나바는 정말 설교를 잘했다! 할례받은 많은 사람이 그의 말을 듣고서 예수님이 메시아라는 사실을 이해하고 받아들였다. 사람들은 안식일을 지낸 바로 그날 저녁에 빵을 떼어 나눔[39]에서 새로운 의미를 발견했다.

그렇지만 나는 성경 말씀이 이루어진다는 사실 뿐만 아니라, 할례받지 않은 사람들이 이스라엘의 종교와 길에 이끌린다는 사실에 사로잡혀 있었다. 할례받지 않은 사람들 중에서 신심이 깊고 이스라엘의 하느님을 경외하는 어떤 사람들은 회당 바깥에서 예식에 참

---

[39] 이는 훗날 주간 첫날에 공동체가 기념하는 '성찬례'라고 불릴 행위를 부르던 옛 이름이다.

여했다. 그들은 예식이 끝나면 바르나바의 집까지 우리를 따라왔고, 문 바깥에 머물면서 우리가 형제들과 모여서 주간 첫날에 감사를 드리는 일을 함께했다. 나는 안토니오와 이야기를 나눈 이후로, 몇 년 전에 우리 가운데에서 벌어진 놀라운 사건이 담긴 의미를 마음에 두고 있었다. 다른 민족 출신인 사람들도 우리의 빵을 나누어 먹는 날이 올 것이다. 하지만 나는 내가 모인 사람들 앞에 나서서 말할 자격이 없다고 느꼈다. 키드론 골짜기에서 도망친 내가 그런 일을 한다는 것은 상상할 수도 없었다.

"요한?"

그랬다. 저 젊은 로마 군인은 나에게 말을 걸고 있었다! 나는 그를 곧바로 알아보지 못했다. 몇 달 전부터 모두가 나를 마르코라고 불렀기에 더욱 그랬다. 그는 가이오스였다. 우리가 갈릴래아를 떠날 때, 데키무스가 우리의 안내자로 딸려 보낸 그 병사였다. 나는 그의 양쪽 눈 색깔이 다른 것이 기억났다. 그를 다시 만나 얼마나 기뻤는지! 그에게서 탈리아의 소식을 들을 수 있을 것이다. 그곳을 지나가던 형제들에게 마지막으로 편지를 전해 받은 것이 벌써 테베트Tevet(12~1월) 달이었다.

"여전히 카파르나움에서 복무하나요?"

"그렇습니다, 요한."

"저를 마르코라고 부르세요. 이제는 사람들이 저를 그렇게 부릅니다. 회당장 어르신의 딸 탈리아를 기억하나요? 한 번 마주쳤다면 잊지 못할 텐데 말이에요!"

나는 젊은 연인으로서 열렬하게 말했다.

"어르신이 저를 보냈습니다."

가이오스는 그 말을 하면서 마음이 무척 불편해 보였다. 그의 눈은 내 뒤쪽에 있는 어떤 물건을 붙들려는 것 같았다. 나는 덜컥 두려운 마음이 들어 회계 자료가 적힌 판을 내려놓았다.

"무슨 안 좋은 일이 생긴 것은 아니죠?"

가이오스는 아무런 대꾸도 하지 않았다. 자기에게 맡겨진 일이 너무도 막중한 듯 경직되어 있었다. 나에게 소식을 전할 때 할 말을 고르고 골라 여러 번 반복했을 것이다. 가이오스는 내가 상황을 이해했다는 사실을 눈치챘다. 그 젊은 병사는 나와 나이가 비슷했다. 그의 눈시울이 축축하게 젖어 있었다.

"그저께 저녁에 대장님이 저에게 곧바로 떠나라고 지시했습니다. 어르신께서, 탈리아가 마지막으로 한 말은 당신에게 하는 말이었다고 전하라고 했습니다. 갑자기 열이 나더니 그만……. 정말…… 미안합니다."

나는 벼락이라도 맞은 듯 아연했다. 침통한 마음으로 뒤돌아서서 바르나바와 알렉산드로스를 바라보았다. 그들은 이미 일을 멈춘 상태였다. 그들도 이해했다. 나는 판도, 첨필도 모두 놓고 날려 나갔다. 사람들로 빽빽한 도로로 들어섰다. 심장이 터질 것 같았다.

5장 반항자

나는 행인들을 밀치며 더욱 빨리 달렸다. 그리고 나도 모르게 안토니오의 집으로 달려갔다. 그는 자기 집 문턱에서 누군가와 이야기를 나누고 있었다. 안토니오는 내가 성난 사자처럼 달려오는 모습을 보더니 자리에서 벌떡 일어났고, 나에게 등을 보이고 앉아 있던 대화 상대도 놀라며 따라 일어섰다. 나는 화가 나서 숨이 막힐 것 같았다. 누군가를 마구 때리고 싶은 마음을 억누를 수 없었다. 나는 안토니오의 가슴에 두 주먹을 내리치고 싶었다. 하지만 나는 그의 품 안으로 털썩 쓰러지며 머리를 그의 어깨에 파묻었다. 안토니오가 가만히 손짓하는 것이 느껴졌고, 그와 대화를 나누던 남자가 슬그머니 자리를 떴다. 가슴에서 느껴지는 고통이 너무 심해 심장이 터질 것 같았다. 나의 삶, 나의 꿈…… 모든 것이 무너져 내렸다.

안토니오가 조심스럽게 나를 자기 품에서 떼어 내며 온화한 목소리로 물었다.

"들어오겠나?"

우리는 각자 의자를 하나씩 집어 들었다. 자주 왔던 집이었지만 내가 할례받지 않은 사람의 집에 들어가는 것은 처음이었다.

우리는 새벽까지 이야기를 나누었다. 그 대화는 사실 독백에 가까웠다. 안토니오는 대꾸하지 않았다. 나는 토막토막 그에게 마음을 열어 보였다. 내가 느끼는 고통과 이해할 수 없는 심정을 털어놓았다. 나의 절망은 한없이 깊었다. 나는 그러한 비극이 야기할 결과를 가늠할 수 없었다. 슬픔이 사방으로 넘쳐흘렀다. 그런 식으로 갈

가리 찢기고 뼈저리게 아픈 적은 한 번도 없었다. 심지어 그 상처를 입은 날조차도 그렇게 괴롭지는 않았다. 키드론 골짜기 일은 수치스러웠으나, 오늘 겪는 시련은 그보다 무한히 더 고통스러웠다. 그 시련은 너무나 부당했다! 사랑과 애정으로 가득한 미래를 어째서 단번에 지워 버린다는 말인가? 어째서 탈리아를 나에게서 앗아 가는가? 그녀의 삶을 그렇게 빨리 다시 빼앗아갈 것이라면, 예수님은 어째서 그녀에게 삶을 되돌려 주셨는가? 나는 이미 아버지의 죽음을 경험했지만, 그때에는 너무 어려 엄한 보호자의 죽음을 진심으로 슬퍼하지 않았다. 나는 부활을 믿는데, 어째서 탈리아의 죽음에 그토록 괴로워하는가? 이러한 질문들은 오래도록 대답 없이 남아 있을 것이다. 안토니오는 그 사실을 알고 있었고 나를 존중했으며, 나에게 쉬운 대답을 해 주기를 거부했다. 그는 오랫동안 암흑의 세계에서 살았기에, 빤하기 그지없는 형식적인 말과 종교적인 겉발림에서 나온 쉬운 말로 죽음이라는 심연을 몰아내려 하지 않았다.

내가 알렉산드리아로 향하는 배 위에서 이 글을 쓰는 지금도 그때 느낀 고통은 여전히 생생하다. 하지만 시간이 흐르면서 탈리아의 죽음은 그 상처보다 나에게 흔적을 덜 남겼다. 하느님의 계획에 난 흠보다는 자기 자신의 흠을 더욱 고통스럽게 안고 사는 법인가 보다.

이른 아침 문간에 낯선 사람이 와 있었다. 내가 전날 얼핏 본 남자로, 그는 내가 안토니오의 집에 도착했을 때 말없이 자리를 떴다.

나는 벽에 등을 기대어 앉아 있었고, 안토니오는 간밤에 내가 깨닫지 못하는 사이에 내 곁에 와서 앉아 있었다. 나의 눈은 이제 말라 있었다. 눈물이 전부 말라 버렸다. 안토니오는 여전히 입을 열지 않았다.

낯선 남자는 얼굴이 길쭉했고 턱에는 수염이 아무렇게나 길게 자라 있었다. 키가 작았고 낡은 튜닉을 입고 있었으며, 올이 풀린 끈으로 동여맨 허리 부분이 구깃구깃했다.

"안토니오, 여전히 바쁜가 보군. 그럼 그냥 가겠네."

"아니, 여기 있어 주게. 이 젊은이가 자네를 알면 좋을 거야."

"그럼 그렇게 하지."

그는 그렇게 말하고 나를 쳐다보며 인사했다.

"샬롬 요한!"

나도 그처럼 아람어로 물었다.

"저를 아십니까?"

"그렇다고 할 수 있지. 나는 어제 아침에 바르나바의 집에 도착했다네. 작년에 바르나바를 다마스쿠스에서 만났고, 이번에 며칠 그의 집에 머물기로 했어."

"바르나바가 당신에 대해서 말한 적이 없는데요."

나는 눈살을 찌푸리며 말했다.

"아마 어제 저녁에 말하려고 했을 걸세. 나더러 낮 동안에 안토니오의 집에 있다가 저녁에 자기 집으로 오라고 하더군. 그런데 어제 저녁에는 자네가 그곳에 없었지."

"저는 여기 있었습니다."

"알고 있네. 어제 잠깐 마주쳤으니……. 하지만 그때는 그게 자네인지 몰랐어. 자네의 사촌 집에 가서야 깨달았어. 울면서 이제 막 가게를 떠난 젊은이를 마주쳤던 거라고 말이야. 알렉산드로스와 바르나바가 이야기해 주었네."

나는 나의 삶이 낯선 사람에게 드러났다는 사실에 기분이 상했다. 안토니오는 아람어를 하지 못했으므로 우리의 대화를 이해하지 못했다. 하지만 내가 기분이 상했음을 짐작했다. 그는 내가 격앙되기 쉬운 성격이고 야수처럼 반응한다는 사실을 알고 있었다. 안토니오는 황급히 주제를 바꾸며 그리스어로 이렇게 제안했다.

"이보게, 사울, 의자를 하나 가져오겠네. 같이 뭐라도 좀 먹지."

"벤야민 지파 사람인가요?"[40]

그의 이름을 듣고서 내가 물었다.

나는 의자를 집어 들고 밖으로 나갔다. 암흑과 슬픔 속에서 몇 시간을 보낸 다음이라 기분을 조금 전환하고 싶었다.

"그렇다네. 그래서 자랑스럽지."

그는 환히 미소를 지으며 말했.

---

[40] 구약 성경에서 사울 임금은 벤야민 지파 사람이었다. '사울'이라는 이름은 유다 지방에서 흔히 사용되는 이름이 아니었고, 무엇보다 벤야민 지파 사람에게 붙여졌다.

"하지만 타르수스에서 태어났네. 유명한 도시이니 들어 봤겠지."

나는 그의 거만한 말투가 거슬렸지만 그래도 부러워하며 물었다.

"디아스포라 출신인가요?"

"사울, 그보다는 자네가 어제 하던 이야기를 계속해 보게. 비텔리우스의 군대와 바구니 이야기를 했잖은가. 재미있었는데!"

안토니오가 내 신경이 곤두서는 것을 느끼고 끼어들었다.

"좋아. 그러니까 다마스쿠스에서 상황이 견딜 수 없게 되었다고 말했지. 페트라에 있는 아레타스의 영향력이 점점 커지는 와중에 나바테아 사람들이 도시를 장악한 것이 벌써 한참 전이야. 그에 대한 복수로 시리아의 지방관인 비텔리우스가 로마 군단 두 개를 이끌고 안티오키아를 떠나서 다마스쿠스와 아라비아를 향해 진군했어. 나바테아 사람들은 그 사실을 알자마자 도시의 성문을 폐쇄하고 로마인들을 쫓기 시작했지. 내가 로마 시민이라서 할례받은 사람들이 나를 고발했어. 불행하게도 다마스쿠스에서 몇 달 지내는 동안에 친해진 나바테아 사람이 한 명도 없었네.[41] 그 사람들의 도움을 받지 않으면 위험한 상황이었어."

"바로 그때 하나니아스가 등장했지!"

안토니오가 말했다.

---

41 사울은 개종한 다음에 3년 동안 아라비아, 즉 나바테아 사람들이 사는 지방을 돌아다녔다 (갈라 1,17 참조). 이 일화는 사도행전 9장 23-25절과 코린토 신자들에게 보낸 둘째 서간 11장 32-33절에서 찾아볼 수 있다.

"정말 대단했네! 그 도시가 어땠는지 상상해 봐야 해. 도시는 완전히 포위되었고, 사람 사냥에 비명 소리, 불쌍한 사람들이 자기 집에서 끌려 나와 거리로 내동댕이쳐졌지. 형제들은 사람들이 나를 잡아 죽이기 전에 탈출시키기로 했네. 다마스쿠스에서 나를 맞이한 형제인 유다가 바구니 하나에 노끈을 묶었지. 우리는 밤중에 '곧은 길'을 떠나서 성벽까지 갔어. 하나니아스가 그곳에 와 있었지. 내가 떠나서 마음이 착잡한 것 같더라고. 그는 내가 다마스쿠스에서 만난 적이 있는 바르나바에게 전하는 편지를 써 주었어. 바르나바는 그때 사업차 그곳에 왔었지. 나는 그 편지를 받아 들었고, 그 사람들이 나를 바구니에 담아서 성벽을 따라 내려 보냈네. 대단한 이야기 아닌가! 임시방편으로 만든 그 바구니가 흔들거리면서 튀어 나온 돌들에 걸렸지. 바구니가 바닥에서 다섯 암마(1암마는 약 50센티미터의 길이. — 역자 주) 떨어져 있을 때 발라당 뒤집혔어. 나는 바닥으로 떨어졌고……. 그때부터 사흘 동안 걸으면서 매일 밤 촌락에서 몇 시간씩만 쉬었지. 아드라는 아예 피해 갔어. 그리고 어제 아침에 바르나바의 집에 도착한 걸세."

나는 그 모험 이야기에 매료되었다. 사울은 그리스어를 능란하게 말했다. 얼마나 이야기를 잘하는지! 카리스마가 얼마나 대단한지! 야반도주한 그 이야기를 듣자 우리가 카파르나움을 떠난 일이 생각났다. 물론 우리 이야기는 그보다 훨씬 덜 긴박했지만 말이나. 그러다가 갑자기 탈리아 생각이 나며 떠나던 날 밤에 혼인을 언약한 일이 떠올랐다. 나는 다시 눈물이 나오는 것을 막으려고 말을 꺼냈다.

"무슨 이유로 다마스쿠스에 있었습니까? 그곳에서 사나요?"

사울은 대답하지 않고 나를 빤히 바라보았다. 그가 나를 저울질 하는 것일까?

"그런 일을 설명하기에는 자네가 너무 젊군."

나는 그의 대답에 기분이 상했다. 자기가 도대체 뭐라고 그런 식으로 말하는 건지? 안토니오는 우리 두 사람이 지닌 경험과 고집스럽고 격한 성격 때문에 사소한 일로도 언쟁이 벌어질 수 있음을 깨달았다.

"사울, 마르코, 자네들 두 사람은 모두 평생 지고 살아갈 상흔을 지니고 있네. 두 사람에게는 모두 오만하게 행동할 수 없는 결정적인 중요한 이유가 있어. 그래서 시련을 겪었고 취약함을 지닌 형제가 되었지. 두 사람의 운명은 비슷해. 또 지니고 있는 열망도 비슷하다고 짐작하네. 하지만 자네들이 서로에게 속내를 전부 드러내기에는 때가 너무 이르다고 봐."

알렉산드로스가 나를 향해 외쳤다.

"티베리우스 황제가 죽었어!"

우리는 안토니오의 고향인 가다라에 사는 고객 한 사람을 만나느라 그곳에 며칠 머물렀다. 그러면서 안토니오의 친척 한 사람의

가다라의 담장에서 바라본 호수. 저 멀리 카파르나움이 있다!

집에서 지냈다. 거래를 성사한 다음에 알렉산드로스는 먹을 것을 사러 갔고, 나는 도시의 북쪽에 있는 담장에 걸터앉았다. 요르단강 건너편의 고원에서 호수가 내려다보이는 풍경이 숨 막히게 아름다웠다. 저 멀리 호수 건너편에 카파르나움이 있었다. 언젠가는 그곳으로 돌아가야 하리라. 내가 도기 조각 하나를 찾아 거기에 그림을 그리고 있는데, 알렉산드로스가 시장에서 돌아와 황제가 죽었다는 소식을 전했다.

"너는 도대체 그것을 어떻게 아는지 모르겠어. 그렇게 말 없고 차분해 보이는데 그 모든 정보를 알아내니……."

"시장에 가서 귀만 잘 기울이면 돼! 황제는 벌써 몇 주 전에 죽었다고 하더라고. 예정대로 가이우스가 황제가 되었어. 로마 사람들은 그를 '칼리굴라'라고 부르지."

"우리에게는 꽤 좋은 소식 아닌가."

"그렇다고 생각해? 티베리우스는 아우구스투스의 뒤를 이어 국경 지방에서 평화를 유지하려고 애썼어."

"사람들 말로는 티베리우스가 로마 사람들에게 미움을 받았다던데. 심지어 카프리로 도피하기도 했잖아. 어쨌거나 확실한 것은 그 황제가 지방에 평화를 별로 정착시키지 못했다는 사실이지. 특히 헤로데 아그리파스와 나바테아인 사이에서 벌어진 전쟁 때 말이야. 사울이 그 상황을 우리에게 말해 주었어. 그 분쟁으로 천막 장사가 엄청나게 큰 피해를 봤지. 그 후계자가 아레타스와 협상을 했으면 좋겠어. 우리 재고품을 팔아 치울 수 있게. 너희들은 내가 파는 것보다 더 빨리 만드니 말이야."

"네가 그걸 좋은 소식이라고 하니 그런 소식을 하나 더 전해 주지! 빌라도가 비텔리우스에게 파면당해서 로마로 도망쳤어. 비텔리우스는 그 기회를 이용해서 카야파를 예루살렘 대사제직에서 해임했고."

"그거야말로 정말 좋은 소식이군. 그 사람들이 우리에게 얼마나 큰 피해를 입혔는데."

"그자들이 떠났으니 우리가 수코트(초막절)를 지내러 예루살렘에 돌아가는 일도 어렵지 않을 거야. 그러니 바르나바와 사울이 예루살렘에 갈 때 당연히 따라가야 하지 않겠어?"

사울은 몇 주 전부터 바르나바의 집에서 지냈는데, 계속해서 우리에게 마음이 조급하다고 말했다. 그는 예루살렘에 올라가서 열두 사도를 만날 작정이었다. 그는 그들에게 지시를 받고 싶어 했다. 바르나바는 사울과 함께 가고자 했다. 사울이 유다 지방의 형제들에게 환영받지 못할 것이라고 예상했기 때문이다. 그러니 사울을 소개해 주어야 했다. 두 사람은 죽이 잘 맞아서 마치 어린 시절 친구들이 다시 만나기라도 한 것 같았다. 바르나바가 천막을 팔러 다마스쿠스에 갔을 때 그곳에서 그들은 서로 알게 되었다. 바르나바는 당시에 성격이 강한 그 남자에 대해 우리에게 어렴풋이 이야기했다. 사울은 무심히 보아 넘길 수 있는 사람이 아니었다. 사울의 이야기를 들으면 그가 참으로 범상하지 않다는 것을 짐작할 수 있었다. 알렉산드로스도 사울에게 매료되어 있었다. 나의 친구와 그 연장자 사이에는 거의 부자 같은 관계가 맺어졌다. 누군가를 그렇게 빨리 신뢰하는 일이 나에게는 걱정스러워 보였다. 알렉산드로스도 디아스포라의 개종한 사람에 속했다. 그런데 사울은 개종하기 전에 그 사람들을 핍박했다. 심지어 우리 형제들 중 많은 사람이 죽게 만드는 데 가담했다. 나는 사울이 자기 주변 사람들에게 건전하지 못한 영향을 미친다는 생각까지 했다.

또 그 새로 개종한 사람이 얼마나 정직한지에 대해서도 의심이 들었다. 그의 이야기를 들으면 경계하는 마음이 생겼다. 그는 예수님의 제자들을 더없이 가혹하게 핍박했다. 그런 자가 지금 우리 형제일 수 있을까? 사울이 다마스쿠스로 가는 길에 회심했다는 사실을 의심하지는 않았지만, 자신이 그토록 증오하던 공동체에 스스로 들어온 일은 믿기지 않았다. 그가 과거에 지녔던 증오는 그와 형제들 사이에서 영원히 뛰어넘을 수 없는 간극을 이룰 것이다. 또 그가 보이는 태도도 거북했다. 그 반항적인 사람은 자신이 과거에 모세의 율법에 대하여 까다롭게 굴던 것만큼이나 이제는 메시아를 신봉하는 데에 극단적이 된 것 같았다. 사울은 모든 점에서 지나쳤다. 그는 예수, 예수 하면서 예수만 반복해 말하던 예루살렘의 광적인 형제들만큼 짜증스러웠다. 그들은 자신의 신앙을 모두에게 강요하면서, 반대하는 의견이나 미묘하게 다른 의견은 모두 거부했다. 그들이 보기에 복음이라는 체로 걸러지지 않은 삶의 다른 현실은 아무런 가치도 없었다. 이 세상을 정말로 예수님의 메시지를 통해서만 바라보아야 할까? 그리스 문화에도 존중할 만한 가치가 많이 있다. 오래전부터 나는 이스라엘인이 그리스 문화에서 영감을 받아 배우면 좋을 것이라고 믿었다. 나는 예수님을 따르는 사람들에 대해서도 똑같이 생각했다. 한마디로, 봄이 끝나가는 그 시기에 나는 사울과 바르나바를 따라갈 준비가 되어 있지 않았다. 하지만 나중에 야이로의 집에 잠시 머무르면서 생각이 바뀔 것이다.

그런 생각을 하면서 알렉산드로스와 함께 음식을 허겁지겁 먹은 다음에, 우리는 게라사를 향해 길을 떠났다.

그로부터 몇 주 후에 바르나바, 사울, 알렉산드로스, 나는 예루살렘으로 떠났다. 그리고 사흘 만에 요르단강 건너편 베타니아에 도착했다. 사울은 남쪽 지방에 머무르던 때에 그곳에 사는 형제들과 친분을 맺어 두었다. 우리는 점심을 간단히 먹은 후, 강가에 이르렀다. 임시로 놓인 다리를 건너는 일이 그렇게 힘들 줄은 몰랐다.

바르나바가 말했다.

"여기로 지나가는 일이 여간 힘들지 않네."

나는 요한이 세례를 준 일에 대해 안드레아가 한 이야기를 떠올리며 말했다.

"여기에서 모든 일이 시작되었죠."

사울이 덧붙였다.

"모든 일이 완성된 곳도 바로 이곳이지."

"그게 무슨 말인가요?"

"내 말은, 이곳, 바로 저 위쪽에서 하느님께서 모세를 묻히게 하셨고 엘리야가 승천했다는 거야. 바로 요르단강의 이쪽 편에서 토라(유다교 율법)와 예언자들이 멈추지."

"결국 우리는 그들의 계승자인 여호수아와 엘리사와 같아. 요르단강을 지나 약속받은 땅으로 들어가는 거지."

바르나바가 덧붙였다.

"요한이 의도적으로 이곳을 세례를 줄 장소로 선택한 걸까? 새로운 세상, 새로운 시대로 들어서는 것을 기념하려고?"

"이곳에 사는 요한의 제자들은 그렇게 말하지. 토라(유다교 율법)는 은총의 시대가 시작될 때까지 제 역할을 했어. 예슈아께서 이곳에서 세례를 받고자 하신 것은, 신앙으로 우리에게 약속받은 새로운 땅을 열어 보이기 위하려던 거지."

율법 학자들이 나눌 법한 이러한 토론은 나의 능력 밖이었다. 사울은 율법 교사인 가말리엘의 가르침을 받았기에 종종 성경에 대해 토론하게 만들었다. 하지만 나는 그런 논의에 관심이 없었다.[42] 예수님이 독보적이심을 이해하기 위해 굳이 성경 구절을 들어야 할까?

그날 밤은 예리코에 사는 바르티매오의 아내의 집에서 보냈다. 우리는 예전에 장님이었던 바르티매오가 죽었다는 사실을 알지 못했다. 우리가 마지막으로 그곳에 다녀간 것은 이미 4년 전에 예루살렘에서 도망칠 때였고, 그때 그는 건강했다. 예수님을 직접 목격한 사람들이 점점 줄고 있었다. 나는 바르티매오의 아내가 우리를 따스하게 맞이해 준 그날 저녁 시간을 이용해서 그림을 몇 점 그렸다. 처음에 그곳에 갔을 때에는 그림을 그릴 생각을 하지 못했다. 다행히 게라사에서 너무 비싸지 않은 가격으로 파피루스를 사 둘 수 있었다.

예리코는 기분 좋은 도시다. 우리는 그 도시를 아쉬운 마음으로 떠난 후 예루살렘으로 가는 로마의 길로 들어섰다. 그 길은 예레미

---

42 마르코 복음서는 다른 세 복음서보다 구약 성경을 더 적게 인용한다.

야 예언자의 도시 아나톳을 향해 오르는 협곡과 나란히 나 있었다. 초막절을 지내러 가는 사람 몇 무리가 같은 길로 가고 있었다. 우리는 로마인이 길을 감시하는 하스모니아 왕조 시대의 요새 아래쪽에 있는 헤로데 임금의 왕궁 앞을 지나갔다. 나는 어수선한 마음으로 일행의 끝에서 걸었다. 드디어 축제를 지내러 예루살렘에 갈 수 있어서 기뻤다. 하지만 걱정도 되었다. 사울이 열두 사도에게 어떻게 받아들여질까? 바르나바와 알렉산드로스가 있어서 안심이 되었다. 나는 내가 결국 따라가기로 결심한 길동무 세 사람을 쳐다보았다. 그리고 혼자 뒤에서 걸으며, 박해자였던 사울에 대해 내가 태도를 바꾼 일을 깊이 생각했다.

여름이 되기 전에는 사울에게 품은 의심 때문에 괴로웠지만, 카파르나움에 가서 잠시 머문 다음에 그러한 경계심은 흔적도 없이 사라졌다. 타무즈Tammouz(6~7월) 달 끝 무렵에 나는 야이로와 살로메를 찾아갔다. 그들은 나를 더없이 따뜻하고 세심하게 맞이했다. 나는 평화롭고도 엄숙한 마음으로 이틀을 보냈다. 우리는 첫날 저녁에 탈리아에 대하여 이야기했다. 쓰라린 감정이 담기지 않은 그들의 말을 들으면서 나는 그들의 신앙이 얼마나 깊은지 알 수 있었다. 그다음 날, 그들은 나를 데리고 탈리아의 무덤에 갔다. 탈리아는 호수가 내려다보이는 멋진 풍경을 영원토록 누릴 것이다. 나는 묘석 위에 작은 돌을 하나 올려놓았다. 그리고 말없이 애도했다. 이 상황이 너무나 비현실적이어서 아무런 고통도 느껴지지 않았다. 야이로와 살로메와 나는 함께 '쉐마 이스라엘'과 '주님의 기도'(아람어로 는 '아분Aboun'이라고 한다. — 역자 주)를 올렸다. 나는 카파르나움에 다 시는 돌아오지 않게 될 것이다. 그렇지만 그곳은 알렉산드리아와 더불어 진정 나의 고향처럼 느껴졌다. 그리고 동시에 카파르나움 은 예수님의 집에 와 있다고 느끼는 곳이기도 하다. 야이로는 예수 님의 비유가 몇 편 적힌 작은 두루마리 하나를 나에게 주었다. 나는 로마까지 그것을 가지고 가게 될 것이다.

둘째 날 저녁에 야이로와 살로메는 내가 앞으로 무엇을 할 계획 인지 물었다. 나는 그들에게 사울에 대하여 말했다. 그리고 그날 저 녁에 야이로의 말을 듣고서 과거의 박해자 사울에 대하여 지닌 생 각을 바꾸게 되었다. 야이로는 내가 겪은 일을 돌이켜 보도록 도와 주었다. 나는 그 일을 거치면서 격렬한 사람이었던 나를 강하게 붙 들어 완전히 바꾸어 놓는 변화를 몸소 겪었다. 야이로는 나의 상처 가 곧 내가 메시아를 만나는 장소였음을 상기시켰다. 그러니 나와 비슷한 길을 걸어 온 사람을 어떻게 비난할 수 있다는 말인가? 사울 과 나는 비슷한 점이 많았다. 그는 나와 같은 '반항자'였다. 우리가 언젠가 같은 땅에서 사냥을 할 수 있을지는 의심스러웠지만, 그럼 에도 우리는 서로를 길들여야 했다.

나는 이러한 신념을 얻고서 벳사이다를 거쳐 카파르나움을 떠나 요나를 만나러 갔다. 요나는 조카의 아들 한 명의 도움을 받아 작은 배로 나를 히포스까지 데려다 주었다. 그래서 게라사로 더 빨리 갈 수 있었다. 그때 호수를 건너면서 나는 놀라운 경험을 했다. 그 호수, 그 바다의 이스라엘 쪽 기슭과 그리스 쪽 기슭이 마치 축소된 세계처럼 느껴졌던 것이다. 그곳에는 동방과 서방, 남쪽과 북쪽 지방이 있었다. 바람이 불었고 물결이 올라왔다. 그때 갑자기 나는 떠나고자 하는 꿈에 사로잡혔다. 먼 곳으로 떠나라는 부름, 내 마음속에 언제나 깊이 파묻혀 있던 부름이 나를 사로잡았다. 결단을 내리지 않을 수 없었다. 나는 온 세상을 탐험해야 한다. 바로 그때, 하나니아스가 바르나바에게 쓴 편지가 생각났다. 그는 그 편지에 사울이 민족들에게 가는 임무를 받았다고 적었다. 그랬다. 우리는 그 사람과 함께 세상 끝까지 갈 것이다! 그러니 나는 사울과 바르나바를 따라 예루살렘으로, 어쩌면 그보다 더 멀리 가야 했다.

우리 일행이 올리브산의 동쪽 사면에 이르렀을 때, 나는 여전히 이 생각에 잠겨 있었다. 시간이 늦었기에 마르타의 집에는 들르고 싶지 않았다. 우리는 한시 빨리 예루살렘에 도착하기를 바랐다. 바르나바는 나와 함께 어머니의 집에서 지내고, 사울은 알렉산드로스의 부모인 시몬과 에스테르의 집에서 지낼 예정이었다.[43] 그때 우리는 예루살렘에서 아주 짧게 머물 것이라는 사실을 전혀 알지 못하고 있었다.

---

43 사울은 알렉산드로스의 형제일 루포스의 어머니를 자신의 어머니와 같은 사람이라고 부른다(로마 16,13 참조).

6장

도약

"탈라사, 탈라사Thalassa![44] 바다다, 바다!"

알렉산드로스는 환희에 차서 필리포스를 돌아보았다. 우리는 예루살렘에서 고작 2주를 머물다가 겐나트 문(예루살렘의 서쪽 옛 야포 문)으로 나와 예루살렘을 떠났다. 그리고 밤을 키르얏 여아림에서 보냈다. 주님의 궤처럼 말이다.[45] 하지만 우리는 주님의 궤와 반대 방향으로 가고 있었다. 오전 끝 무렵에는 셰펠라Shéphélah(해안의 평원 지대)를 내려다보는 언덕에 이르렀다. 몇 시간 전에 비가 내려 사론

---

[44] 그리스의 역사가 크세노폰이 쓴 《아나바시스》에 따르면 "탈라사, 탈라사!"는 크세노폰이 이끄는 그리스인 용병 1만 명이 동방에서 돌아오는 길에 바다를 보고 내지른 외침이었다.

[45] 사무엘기 상권 6장 1절-7장 1절 참조.

평야는 눈부시도록 또렷했다. 그리고 저 멀리 바다가 어렴풋이 보였다. 우리 일행은 잠시 걸음을 멈추었다. 알렉산드로스는 전에 없이 흥분했다.

"바다는 난생 처음 봐. 내 조상이 키레네 출신인데, 정작 나는 한 번도 바다를 본 적이 없다니."

"마레 노스트룸Mare Nostrum!"[46]

나는 호수를 건너면서 먼 바다로 떠나야 한다는 소명을 느낀 순간을 떠올렸다. 저 넘실거리는 바다의 물결만 넘으면 키프로스, 알렉산드리아, 에페소, 로마에 갈 수 있었다. 나는 하루빨리 지중해변의 카이사리아로 가서 항구와 배, 상인들을 보고 싶었다.

"예루살렘과는 얼마나 다른지! 산들로 에워싸여 있고, 자기들만의 논쟁에 갇힌 그곳하고는 말일세. 이곳은 시야가 넓군."

예루살렘에 머무르면서 당한 난처한 상황의 여파가 아직 가시지 않은 사울이 말했다.

베드로가 차분하게 말했다.

"자네가 정말 고생이 많았네. 디아스포라의 유다인들이 자네한테 적대적이었다는 것은 알고 있어. 자네는 그 사람들이 증오하는 모든 것을 상징하지. 바리사이인 데다가 예슈아께서 메시아라고 공언하고 다니니까!"

---

[46] 율리우스 카이사르 시대 이후로 지중해를 부른 이름으로, '우리의 바다'라는 의미를 담는다.

"우리 형제들이 나를 보자마자 먼저 난폭하게 행동한 일을 잊었나? 나에게는 어머니 같은 분인 에스테르가 나를 조심스레 맞아 주셔서 다행이었다네. 그 일을 잊지 못할 걸세. 또 바르나바 자네가 중개 역할을 해 주었기에 망정이지!"

그러자 바르나바가 대꾸했다.

"형제들이 경계하는 마음을 자네도 이해해야 하네. 예전에 자네가 얼마나 가혹했는지를 기억해 보게! 베드로가 요한의 어머니 집에서 자네에게 손을 내민 것은 용감한 행동이었어. 그때 디아스포라의 많은 형제가 조금이라도 실수가 나오면 덤벼들려고 베드로를 예의 주시하고 있었지. 정말 난처한 순간이었어. 열두 사도가 예루살렘에 있었다면 베드로를 지지했을 텐데 그런 상황이 아니었으니 말일세."[47]

필리포스가 덧붙였다.

"모두가 자네를 거부한 것은 아니야. 나처럼 그리스 문화에 동화된 유다인 일부는 바르나바를 믿고서 자네를 신뢰하기로 했지."

그러자 사울이 말했다.

"그래도 그렇지! 그 디아스포라 사람들에다 유다인이 가세했어. 이른바 형제라는 사람들의 모든 분파가 똘똘 뭉쳐 나에게 맞서

---

[47] 갈라티아 신자들에게 보낸 서간 1장 18-19절에 따르면 당시 사울은 열두 사도 중에서 케파, 즉 베드로만 만났다.

지 않았는가. 심지어 예슈아의 형제인 야고보[48]까지도 내가 고임 goyim(이민족들)[49]에게 복음을 선포하는 일을 전혀 들으려 하지 않았네. 그 사람은 자기도 예전에 예슈아를 반대했다는 사실을 기억해야 해. 따라서 나는 그 사람을 신뢰할 수 없어. 내가 바리사이이기는 해도, 그가 나를 따뜻하게 대했다고는 말할 수 없겠지."

베드로가 대꾸했다.

"그 말은 맞네, 사울. 하지만 할례받지 않은 사람들을 받아들이자는 자네의 단호한 입장에는 찬동하기 쉽지 않다는 사실을 인정하게. 자네는 시도 때도 없이 고임(이민족들)이라는 말만 꺼내지 않는가. 그런데 예슈아께서는 당신이 이스라엘 집안의 길 잃은 양들을 위하여 오셨다고 분명히 말씀하셨어."

"예슈아께서 이 땅에 오셨을 때에는 그 말이 맞았지! 하지만 그분께서 사도들을 티로와 시돈, 데카폴리스로 데리고 가시면서 언젠가는 고임(이민족들)을 향해 가야 할 것이라고 보여 주지 않으셨나? 바르나바에게 물어 보게! 자네들이 히포스에서 만난 그 마귀 들렸던 사람인 안토니오의 증언을 들어 보면 확실하네."

"바로 그것일세. 예슈아께서는 그 지역에 한 번도 머무르지 않으

---

[48] 제베대오의 아들인 야고보 사도가 아니라 예수님의 친척 야고보다. 그는 예루살렘에서 중요한 인물이 되어 공동체의 으뜸가는 지도자로 간주되었다. 유다인 역사가 플라비우스 요세푸스에 따르면 그는 바리사이들의 지지를 받았다.

[49] '고이goy'(복수형으로 '고임goyim')는 유다인이 아닌 사람을 부르던 말이다.

셨어."

알렉산드로스와 나는 나이가 어렸기에 그 격렬한 논쟁 중에 뒤로 물러나 있었다. 베드로를 리따까지 동행하던 실라스와 다른 형제 몇 사람도 마찬가지였다. 그때 우리는 두 거인이 하는 대화를 듣는 특권을 누리고 있다는 사실을 깨닫지 못했다. 하지만 그 대화에 예수님이 전하시는 메시지의 미래가 달려 있다는 사실은 느꼈다. 우리는 셰펠라를 향해 내려가고 있었는데, 논쟁이 격해지자 발걸음도 점점 빨라졌다. 필리포스가 열기를 가라앉히기 위해 말을 꺼냈다.

"어쨌거나 우리는 복음이 이 고장의 경계를 넘어서야 한다는 사실에는 모두 동의하네. 내가 가자로 가는 길에서 세례를 준 에티오피아 고관[50]은 예슈아의 기쁜 소식을 가지고 자기 고장으로 떠났지."

베드로가 강변했다.

"그는 할례받은 사람이었네. 또 하느님께 경배하러 예루살렘에 왔던 것이니 디아스포라의 이스라엘인들에게는 문제가 되지 않네."

"그래도 자네는 내가 세례를 준 사마리아 사람들에게 안수하러 요한과 함께 사마리아로 오겠다고 승낙하지 않았는가."

필리포스가 대꾸했다.

"사마리아인은 이스라엘 민족에 속한 사람들이야! 물론 여러 사건 때문에 우리와 갈라지긴 했지만, 예슈아께서는 우리가 그곳으로

---

50 사도행전 8장 26-39절 참조.

도 수확하러 가야 한다는 사실을 보여 주셨어."

사울이 말을 이었다.

"예슈아께서 유다인과 사마리아인 사이에 놓인 증오의 벽을 없애려 하신 것은 곧 이스라엘 사람들과 고임(이민족들) 사이의 장벽도 제거해야 함을 보여 주시려 한 것이네. 나는 예슈아께서 나에게 맡기신 임무가 무엇인지 알고 있네. 또 언젠가 자네들도 그것을 이해하리라는 사실도 알지."

그러자 베드로가 응수했다.

"자네는 디아스포라의 이스라엘 사람들을 상대하는 일만으로도 벅찰 거야. 예루살렘에서 자네가 그 사람들에게 메시아에 대해 말하자 그들이 자네를 어떻게 대했는지 보게."

베드로와 사울 사이에서 벌어지는 논쟁은 목자들이 자신의 권위를 내세우느라 시기심에 차서 벌이는 싸움이 아니었다. 물론 두 사람은 모두 성격이 강했다. 사울은 성경을 잘 알았기 때문에 논쟁에 뛰어났다. 한편 베드로는 둥근 얼굴을 에워싼 턱수염과 숱이 많고 검은 눈썹으로 상징되는 굳건한 분별력을 지녔다. 그리고 무엇보다 예수님이 부여하신 정당성을 지니고 있었다. 그렇지만 두 사람은 자신의 강점을 이용해서 상대방을 짓누르려 하지 않았다. 그들은 모두 진리의 종이었다. 두 사람은 완고했지만, 각자 오만하게 행동할 수 없는 결정적인 이유가 있었다. 나는 안토니오와 이야기를 나눈 이후로 사울이 옳다고 확신했다. 베드로를 아버지처럼 사랑했지만, 타르수스 출신의 사울과 함께하고 싶었다. 하지만 아쉽게도 최종 결정은 다르게 내려졌다.

베드로는 적어도 얼마 동안은 예루살렘에서 알렉산드로스와 내가 필요하다고 우리에게 알렸다. 관리인으로서 내가 지닌 자질과 알렉산드로스의 훌륭한 그리스어 능력이 베드로에게 큰 도움이 되었다. 공동체가 확장되면서 차츰 여러 문제가 생겼기 때문이다. 베드로는 충실한 중계자가 필요했다. 그는 바르나바에게도 예루살렘에 더 머물러 있어 달라고 부탁했다. 훗날 벌어진 상황을 보면, 베드로가 자기 주변에 기어이 사람들을 두려던 것은 옳은 판단이었다.

한편 사울은 예루살렘에서 푸대접을 받고 나서 지체하지 않고 그 도시를 떠나기로 결정했다. 그는 자신의 고향 타르수스로 가서 몇 달 머무르고자 했다. 메시아에 대해 고향 사람들을 설득하려 했고, 또 가족들과 천막 장사를 하며 알게 된 사람들로 이루어진 조직망을 정비해서 가동할 계획이었다. 사울은 자신이 민족들에게 기쁜 소식을 선포하도록 열두 사도에게 지시를 받게 될 그 날, 그 사람들이 유용할 것이라고 생각했다.

우리는 리따에 도착했다. 그곳에서 사람들이 베드로를 기다리고 있었다. 형제들이 베드로를 맞이하러 와서 애네아스라는 사람의 집으로 데려갔다. 우리 일행은 흩어졌다. 실라스와 몇 사람은 베드로와 함께 머물렀다. 바르나바와 알렉산드로스와 나는 카이사리아 항구까지 사울과 함께 가기로 했다. 필리포스가 열두 사도를 방문한

다음에 카이사리아로 돌아갈 예정이었으므로 그도 우리와 함께 가기로 했다. 필리포스는 카이사리아에서 우리를 며칠 동안 재워 주겠노라고 제안했다. 그다음에 우리는 예루살렘으로 다시 떠나고, 베드로는 목자로서 사론평야를 방문한 다음에 우리가 있는 예루살렘으로 돌아올 예정이었다.

카이사리아에 도착한 우리는 입이 떡 벌어졌다.

그보다 이틀 전에 우리는 리따에서 베드로와 헤어진 다음에, 북쪽을 향해 가려고 야포 근처에 있는 해안으로 갔다. 그 전날에는 비가 많이 와서 바르나바의 키프로스 친구로 초창기에 제자가 된 므나손[51]의 집에서 비를 피했다. 형제들의 조직망이 얼마나 잘 가동하는지 확인하면서 기뻤다. 이제는 여행을 하다가 어려움이 닥치면 어디에서나 머물 곳을 구하고 예기치 못한 도움을 받곤 했다.

카이사리아에 도착하기 전날, 바다에 풍랑이 심하게 일었다. 파도가 때로는 암석에, 때로는 모래에 부딪치는 둔탁한 소리를 들으며 우리는 정신이 나가 있었다. 서쪽에서 불어오는 바람이 실어 온 물보라로 물을 잔뜩 머금은 외투는 소금기 때문에 뻣뻣해졌다. 우리는 바다와 바람을 상대하느라 정신이 팔려 그 어떤 이야기도 나누지 못했다.

---

51 므나손은 사도행전 21장 16절에서 언급된다.

카이사리아에서 받은 인상은 물의 한계가 분명한 호숫가에서 받은 인상과는 너무 달랐다! 알렉산드로스가 크세노폰의 저작을 알고 있음을 은근슬쩍 알리며 "탈라사, 탈라사!" 하고 외친 순간에 받은 인상하고도 달랐다. 사흘 전에 우리는 눈앞에 끝없이 펼쳐진 광활함을 보고 충격을 받았나. 그런데 카이사리아에서는 사정없이 몰아치는 사나운 바다를 보고 놀랐다. 그것은 민족들의 적개심을 예고하고 있었다.

우리는 카이사리아 성벽의 남쪽 문으로 들어섰다. 근사한 거리에 들어서자 바람은 잠잠해졌고 파도도 성벽에 가로막힌 것 같았다. 인간의 기술력이 확연히 느껴졌다. 우리는 그 해양 도시에 있는 극장의 웅장함에 깊은 인상을 받았다. 나는 스키토폴리스의 극장을 멀리에서만 본 적이 있었다. 카이사리아에서 우리는 바다가 웅장하게 내려다보이는 극장의 무대 바로 아래로 갔다가 빌라도의 후임으로 온 마룰루스 총독의 저택 앞을 지나갔다. 그 저택은 바다를 마주 보는 곳 위에 지어져 폭풍우가 몰아치는 가운데 굳건하게 서 있었다. 헤로데 임금은 예리코나 예루살렘이 아닌 카리사리아에서 자연에 도전장을 던졌다. 건축 기술과 대담한 행동에서 헤로데 임금의 오만함이 확연히 드러났다. 건축을 잘 아는 사람들의 말에 따르면 마사다 요새나 헤로디움만이 바다 위에 세운 그 저택에 견줄 만했다. 전차 경기장을 따라 파도와 풍랑이 닿지 않는 쪽으로 걸어가면서 나는 내가 항상 매료되어 있었고 게라사에서 그토록 좋아한 로마 세계의 중심인 곳에서 며칠을 보낸다는 생각에 기뻐서 어쩔 줄을 몰랐다. 하지만 놀라움은 그것으로 끝이 아니었다.

우리는 그날 밤을 필리포스의 집에서 보냈다. 그의 네 딸[52] 중에서 첫째와 둘째는 흠뻑 젖어 하룻밤에 마를 리가 없는 우리 옷을 널었다. 필리포스는 우리에게 옷을 몇 벌 빌려 주었다. 3주 전에 요르단강을 함께 지나기도 한 우리 일행은 사울을 태울 배를 찾으러 갔다. 필리포스는 우리에게 최대한 빨리 배를 찾으라고 권고했다. 보통 항해 철은 다음 달이 되어야 끝났다.

하지만 그 전날에 폭풍우가 인 것은 좋은 징조가 아니었다. 초막절 때 바닷길을 닫는 일도 드물지 않았다. 다행히도 시리아 바다의 해류는 북쪽으로 항해하는 여행자들에게 유리했고, 여름 끝 무렵에는 바람이 대체로 남서쪽에서 불어왔다. 만일 샤라브Sharav(이집트에서 불어오는 바람)가 분다면 순풍이라 항해가 순조로울 것이다.

그날 아침, 나는 내가 한 번도 상상해 본 적이 없던 것을 처음 보았다. 바로 항구였다! 그에 비하면 게라사는 과거의 비좁은 세계에 불과했다. 필리포스는 항구에서 멀지 않은 곳에 살았기에 밖으로 나가 골목길을 몇 개 지나면 바로 항구에 이르렀다. 나는 충격을 받았다. 방파제 네 개로 에워싸인 항구는 완전히 닫혀 있듯이 보였다. 육지에서 보면 먼 바다로 통하는 항구의 좁은 수로가 어렴풋이

---

[52] 필리포스와 그 네 딸은 사도행전 21장 8-9절에서 언급된다.

보였는데, 그것은 북쪽 부두가 서쪽 제방에 닿기 직전에 나 있었다. 항구는 거의 완벽한 정사각형을 이루었다. 그 안에 있는 물은 고요해서, 바위에 부딪쳐 부서지는 파도 너머로 풍랑이 거센 바다와 대조를 이루었다. 마룰루스의 저택 부근에서는 바다가 단순히 지배되고 있었다면, 이곳에서는 바다가 길들여져 있었다. 대양의 이 부분은 바다의 광활함에 비하면 우스우리만치 작았다. 하지만 상인과 탐험가를 위하여 도피처를 마련하는 방법을 아는 한 문명의 기술력을 드러내고 있었다. 모든 것이 장대했다. 서쪽 방파제 끄트머리에 등대가 수로 위로 솟아 있었다. 배들 자체도 항구의 수심에 비해 지나치게 커 보였다. 필리포스는 헤로데 임금이 수심이 깊은 항구를 만들려고 해저를 파내려 가느라 시작한 엄청난 공사 작업에 대하여 설명했다. 얼마나 대단한 결과물인가!

바르나바와 사울은 뱃삯을 협상하는 데 능했다. 그들이 배를 구하러 간 사이에 알렉산드로스와 나는 남쪽과 서쪽 방파제를 따라 등대 아래까지 걸었다.

내가 알렉산드로스에게 말했다.

"정말 대단하군."

"그런데 이건 알렉산드리아에 비하면 아무것도 아니야!"

"오, 그래? 어떻게 알아?"

"아버지는 바르 미츠바(유다교 성인식)를 치르고 나서 곧바로 키레네를 떠나셨어. 그때 알렉산드리아를 거쳐 갔는데 완전히 매료되셨지. 그 만과 등대를 열 번도 넘게 설명해 주셨어. 만을 자연적으로 보호하는 섬이 있어 모든 것이 이곳보다 더 크다고 하더라고. 우리 할아버지가 아버지에게 호메로스의 《오디세이아》에 묘사된 파로스 섬에 대해 말씀해 주셨지. 바로 그 도시 이름을 따서 아버지가 내 이름을 지으셨고. 나는 거기까지 가 보고 싶어."

나는 정박해 있는 무수한 배들을 바라보며 말했다.

"나도 그래. 사울이랑 같이 떠나고 싶어. 그 사람이라면 우리를 세상 끝까지 데리고 갈 텐데 말이야!"

"그래. 하지만 사울이 알렉산드리아로 갈지는 확실하지 않아. 사울의 말을 들으니 킬리키아를 지나 곧바로 프리기아, 아시아, 팜필리아, 비티니아 쪽으로 간다는 것 같더라고."

"사울이 언젠가 이집트로 떠날지 누가 알겠어? 그곳은 로마 제국에서 가장 아름다운 지역이잖아."

"마르코, 네 이름이 참 잘 어울리는 것 같아. 안토니우스가 클레오파트라(마르쿠스 안토니우스가 사랑에 빠졌던 이집트의 여왕. — 편집자 주)에게 굴복했듯이 너도 알렉산드리아의 매력에 굴복하기 직전이니 말이야."

마레 노스트룸(지중해), 항구, 등대, 대왕의 이름! 우리는 꿈을 꿀 더욱 큰 것들을 카이사리아에서 찾았다. 알렉산드리아가 나를 부르고 있었다. 우리는 방파제 가장자리에 걸터앉아 항구의 물 위로 다리를 늘어뜨렸다. 알렉산드로스가 나를 몽상에서 끌어내었다.

6장 도약

"어쨌거나 지금 당장은 그런 이국적인 것들을 볼 수 없어. 예루살렘으로 돌아가서 베드로를 도와야 하니까 말이야."

"그래. 고향에 돌아가면 어머니께서 좋아하시겠지. 내색은 하지 않으셨지만 3년 만에 갔는데 겨우 2주 머물다 떠나서 실망하셨을 거야. 베드로가 어머니께 신월제(유다력 새 달의 시작, 초하룻날) 전에 내가 돌아올 거라고 말씀드리고 나서야 겨우 안심하셨지."

"예슈아의 형제인 야고보는 예루살렘 형제들에게 중요한 사람이 되었어. 그런데 그 사람은 토라(유다교 율법)의 규정을 엄격하게 지켜야 한다는 입장이지. 세례받은 사람들이 아주 소소한 계명까지 모두 지켜야 한다고 생각하고 있어. 하지만 베드로는 예슈아께서 모세의 율법을 실천하는 방식을 재검토했다고 보고 있지."

"나는 그런 분열이 혼란스럽고 걱정돼. 베드로와 사울, 야고보와 베드로가 벌이는 논쟁의 쟁점을 따라가기가 쉽지 않아."

"나도 입장을 정하지 못하겠어. 베드로에게 빚진 것이 너무 많은데, 사울과 함께 떠나고 싶으니 말이야. 누구한테 가야 할까?"

"한 가지 사실은 확신해. 공동체가 분열되지 않으려면 베드로에게 충실해야 한다는 거지. 예슈아께서는 베드로에게 형제들을 인도하라고 하셨어."

"그건 맞아. 하지만 베드로가 고임(이민족들)에 대해서는 잘못 생각한다고 봐. 베드로의 그런 생각을 어떻게 따를 수 있을까? 온 세상이 우리를 부르는데 어째서 예루살렘에 머무르면서 전전긍긍해야 할까?"

"시간이 조금 더 지나면 알게 되겠지."

나는 알렉산드로스의 아리송한 대답을 들으면 깨닫게 되는 바가 있으면서도 은근히 짜증이 났다. 내가 열두 사도의 지시를 받지 않았다는 이유로 나의 열망을 따를 수 없다는 사실이 분했다. 아무에게도 물어보지 않고 그냥 멀리 떠나면 되는 것 아닌가. 사울에게 함께 떠나도 될지 물어보리라. 나는 베드로에게 유용한 만큼 사울에게도 유용할 것이다.

나는 발밑에서 찰랑이는 물결을 바라보았다. 물결은 제방으로 가로막혀 보호를 받아 잠잠했다. 사울은 나에게 방벽이 되어 줄 것이다. 내가 탈리아의 죽음을 알게 된 바로 그 순간, 하느님의 섭리로 사울이 내 인생에 불쑥 등장했다. 탈리아의 죽음이 남긴 상처가 깊었지만, 이상하게도 애도하는 일은 평온했다. 나는 처음에 사울에게 반감을 느꼈지만, 어쩌면 그러한 반발심에 지탱하며 단순히 그가 있다는 사실, 그의 확고한 힘 덕분에 그 시련을 몸부림치지 않고 극복할 수 있었는지도 모른다. 사울은 내가 다른 곳을 바라보게 만들었다. 나에게 새로운 전망을 열어 보이며 나를 죽음이라는 구렁에서 끌어내었다. 그 때문에라도 사울은 나를 바다 너머로 데려가야 했다. 탈리아의 아버지인 야이로는 현명하게도 내가 그러한 전망을 엿보게 해 주었다.

"마르코! 알렉산드로스!"

멀리에서 우리를 부르는 바르나바의 목소리가 들렸다. 그는 화물 창고에서 오는 길이었는데, 사울도 곧 올 것이라고 했다. 우리는 풀쩍 뛰어 일어나서 제방을 따라 올라가 바르나바에게 갔다.

"찾아냈어."

바르나바가 환히 미소 지으며 말했다.

"별로 위험하지 않게 근해로 항해할 배야. 셀레우키아로 떠나는 상선인데, 암포라를 일부 하선하러 시돈에 잠시 정박할 예정이래. 알렉산드리아에서 오는 배야."

바르나바의 말을 듣고서 알렉산드로스와 나는 서로 은밀히 눈길을 주고받았다. 사울은 몇 가지 세부 사항을 처리하고 나서 우리가 있는 부두로 왔다. 바르나바가 말을 이었다.

"선장은 화물을 거의 다 실었어. 화물을 더 실을 수 있을지 두고 보면서 사흘 더 기다릴 거래. 어쨌거나 바닷길이 아직 열려 있는 이 시기에 출항을 준비할 거야. 선장은 겨울을 셀레우키아에서 보내고 싶어 해. 안티오키아로 가는 상품을 주로 운반하니까."

그러자 사울이 덧붙였다.

"일단 거기에 가서 또 다른 배를 찾아야 해. 하지만 거기까지만 가도 여정은 거의 다 한 셈이지."

"사울, 저도 같이 가고 싶어요!"

"그럴 수는 없네. 베드로가 자네를 필요로 하잖나."

"그분은 제가 없어도 잘하실 거예요. 저는 이곳 육지에 머무르지 말고 멀리 떠나라고 부름을 받았어요."

"마르코, 자네가 바라는 것이 무엇인지 알고 그 마음도 이해해. 하지만 아직은 때가 아니야. 자네는 어머니와 농지를 돌보아야 해. 우리가 보았듯이 시몬은 늙어 가고 솔로몬은 아직 경험이 부족해서 그 뒤를 이을 수 없으니 말이야. 물론 내가 준비를 해 놓을 수는 있겠지만, 열두 사도가 기쁜 소식을 저 먼 곳까지 전해야 한다고 확신하기 전에 나는 아무 일도 할 수 없어. 솔직히 말해서, 바르나바와 알렉산드로스와 자네가 베드로 곁에 있으면 좋겠어. 자네들이 민족들에게서 오는 사람들의 사절이 될 수 있겠지. 그러면서 베드로가 상황을 바라보는 시야를 넓히도록 도울 수 있을 걸세. 베드로는 그 일이 얼마나 중요한지 이미 알지만, 공동체의 일치를 유지하는 데 신경을 써야 해. 베드로가 준비가 되어 사도 회의 앞에서 우리 임무를 확인해 줄 그 날, 자네들은 킬리키아로 나를 찾으러 오게. 그 때 함께 떠나세."

사울은 정말 놀라웠다. 그는 대담한 선택을 했고 베드로와 신념이 달랐지만, 열두 사도를 존중하면서 그들에게 충실했다. 또 나보다 더욱 세심하게 나의 어머니를 살폈다. 이미 민족들을 향해 가느라 바다를 항해하는 내 모습을 상상하던 나는 그 대답을 듣고 당황했다. 어째서 다시 예루살렘에서 틀어박혀 지내야 한다는 말인가? 그곳에서 나는 우리에 갇힌 사자나 다름없을 것이다.

"사울의 말이 맞네."

내가 실망하는 모습을 보고서 바르나바가 자상하게 말했다.

"우리가 예루살렘에 더 깊이 뿌리를 박지 못한다면 세상에서 그 어떤 일도 할 수 없을 거야. 그 도시는 우리의 어머니지. 한 순간의 기분에 따르는 사람이 되고 싶지 않다면, 하나를 가지고서 서른, 예순, 백 배의 결실을 맺고 싶다면, 인내심을 가지고 기다려야 하네."

나보다 몇 살 많은 사촌 바르나바는 현자였다. 나는 마음속 깊이 그의 말이 옳다는 사실을 알고 있었다. 내가 뭐라고 대답할 사이도 없이 사울이 활기 있게 손뼉을 쳤다.

"아까 창고 근처에서 카쉐르kasher(유다교 율법 규정에 적합한 음식) 선술집을 하나 봤다네. 내가 한 턱 내도록 하지!"

며칠 후 사울은 고향인 타르수스로 돌아가기 위해 홀로 배에 올랐다.

나는 닻줄 사이에 떨어진 도기 조각을 몇 개 찾아내었다. 하역하다가 부서진 암포라 조각일 것이다. 나는 배를 매어 두는 말뚝에 걸터앉아 정박해 있는 배를 몇 척 그렸다. 그곳에서 겨울을 보낼 예정인 배들로 굵은 밧줄을 이중으로 단단히 묶어 놓았다. 배경에 등대를 그려 넣으니 그림에 깊이감이 더해졌고 역동적으로 보이기까지 했다. 바다와 바람의 움직임을 재현하는 솜씨가 점점 늘었다. 그 전날, 도시 북쪽에 있는 수도교의 멋들어진 아치 밑으로 몰아치던 바람을 휘갈겨 그리면서 같은 생각을 했다. 아무리 꿈쩍하지 않는 사

방파제에서 바라본 지중해변 카이사리아 항구.

물이라도 돌풍을 받으면 표현할 때 느낌이 달라진다. 나는 그림에 몰두하느라 알렉산드로스가 다가오는 소리를 듣지 못했다.

"여기 누가 와 있는지 알아 맞혀 보겠어?"

나는 뒤를 돌아보았다. 알렉산드로스의 뒤에는 아무도 없었다.

"여기라니 어디 말이야?"

"여기 카이사리아. 그분이 어제 아침에 도착했어."

"사울이 탄 배가 일주일 만에 되돌아온 거야?"

"사울이 아니라, 베드로."

나는 눈살을 찌푸렸다. 어째서 베드로가 카이사리아에 와 있다

6장 도약　　　143

는 말인가?

"도움이 필요하신 거야?"

"그런 게 아니야. 믿을 수 없어! 베드로는 지금 코르넬리우스의 집에 묵고 있어. 카이사리아의 백인대장 말이야."[53]

"'코르넬리우스의 집'이라니 그게 무슨 말이야?"

"베드로가 간밤에 그 사람 집에 머물렀어."

"말도 안 돼. 지금 나 놀리는 거야? 베드로가 고이(이민족)의 집에 발을 들여 놓을 리가 없어."

"아까 바르나바랑 같이 가다가 시내에서 실라스를 마주쳤어. 우리도 실라스가 그 말을 했을 때 믿지 않았지. 베드로는 고이(이민족)의 집에 들어갔을 뿐만 아니라, 그 사람과 그 가족들에게 세례도 주었대. 실라스가 우리를 코르넬리우스의 집에 데려갔는데, 베드로가 그 사람과 이야기하고 있더라고. 로마의 백인대장하고 말이야."

알렉산드로스는 평소에도 실없는 이야기를 하는 법이 없었다. 하지만 지금 그에게 들은 이야기는 상상도 할 수 없었다. 알렉산드로스도 베드로와 사울이 벌인 언쟁을 들었다. 또 베드로가 어떤 일에 대하여 의견을 바꾸었을 수는 있지만, 어떻게 할례받지 않은 사람, 더욱이 라틴 사람의 집에 들어갈 수 있다는 말인가? 나 자신도 딱 한 번 안토니오의 집에서 그렇게 했다. 게다가 그것은 탈리아가

---

[53] 이 이야기는 사도행전 10-11장에 나온다.

죽었다는 사실을 안 날, 마음이 너무 비통한 나머지 그랬던 것이다.

"가자. 모두 코르넬리우스의 집에 가 있어."

나는 믿을 수 없는 심정으로 자리에서 일어났다. 코르넬리우스는 전차 경기장 뒤쪽에 살았다. 그 집의 문 앞에서 로마 병사 하나가 보초를 서고 있었는데, 그는 알렉산드로스를 알아보고 그를 들여보냈다. 나는 잠시 주저했다. 이 모든 상황이 믿기지 않았다. 마침내 나는 문으로 들어섰다. 커다란 방에 많은 사람이 모여 있었다. 아무도 우리가 들어온 것을 눈치채지 못했다. 알렉산드로스는 소매를 당겨 나를 이끌었고, 우리는 바르나바 옆에 앉았다. 나는 다른 사람들과 함께 베드로가 할례받지 않은 그 집안의 사람들에게 말하는 것을 들었다. 베드로는 예수 그리스도는 모든 사람의 주님이고, 형제들은 이 세상에서 자유로우며, 로마의 권위에 복종하는 일은 아무런 문제가 되지 않는다고 설명하고 있었다.

나는 내 귀를 의심했다. 어떻게 이러한 상황이 벌어지게 되었는지 이해할 열쇠가 필요했다. 지금 내 앞에는 할례받지 않은 사람 중에서 처음 세례받은 사람이 있었다. 로마의 백인대장이라니! 이민족 출신으로서 예수님이 하느님의 아드님이라고 단언할 사람들의 시초였다![54] 나는 안토니오를 만난 이후로 그러한 변화가 일어나기

---

[54] 마르코 복음서 15장 39절에서 십자가 아래에 있던 백인대장은 예수님이 하느님의 아들이라고 단언했다.

를 꿈꾸었는데, 이제 그 변화가 눈앞에서 벌어지고 있었다. 그리고 세례를 준 사람은 다름 아닌 베드로였다! 그때 나는 오로지 베드로만 그 일을 할 수 있었음을 깨달았다. 그러한 일을 하려면 예수님이 공동체의 우두머리로 세우신 사람의 권위가 필요했다. 우리는 중요한 선환점을 목격하고 있었다. 다른 민족들이 이스라엘의 메시아가 가져온 은총을 받을 수 있게 되는 순간 말이다. 우리 가운데 으뜸가는 사람인 베드로만 그 단계를 넘어설 수 있었다.

나는 머릿속에서 너무나 많은 질문이 쏟아졌기에 베드로의 가르침을 건성으로 들었다. 베드로는 어떻게 그렇게 할 수 있었을까? 어째서 그토록 빨리 견해를 바꾸었을까? 유다의 형제들은 이 소식을 어떻게 받아들일까? 나는 사울이 이 사실을 알면 얼마나 기뻐할지 생각했다.

예루살렘으로 돌아가는 길에, 나는 실라스에게 질문을 퍼부었다. 앞으로 진정한 친구가 될 그 사람에게서는 보기 드문 고귀함이 느껴졌다. 그 마음은 그가 아무런 계산을 하지 않으면서 더없이 위엄 있게 행동하고 말할 때에 자연스럽게 드러났다. 우리는 카이사리아에서 사흘을 더 머무른 다음 이틀 전에 그곳을 떠났다. 떠날 때 바르나바와 알렉산드로스와 나는 필리포스와 그의 딸들, 베드로와 실라스, 다른 형제들은 코르넬리우스와 그의 가족에게 따뜻한 마음으로 감사했다. 야포에 이르렀을 때 우리 일행은 갈라졌다. 베드로와 바르나바는 예루살렘으로 올라갔다. 알렉산드로스와 실라스와 나는 형제 몇 명을 무두장이 시몬의 집에 데려다 주고 베드로가 야포에 놔둔 외투를 찾은 다음에 예루살렘으로 가려고 다른 길로 갔다. 이제 우리 셋은 해야 할 모든 일을 마치고 예루살렘으로 향해 가고 있었다.

"실라스, 말해 줘! 전부 알고 싶어. 베드로가 야포에 도착했을 때부터 모든 일을 말이야."

"알겠어. 우리가 리따에서 너희들과 헤어졌지. 그러고 나서 며칠 후에 형제 몇 사람이 야포에 사는 타비타라는 여자의 집에 우리를 데려가려고 찾아왔어.[55] 타비타의 집에 도착했을 때, 우리는 그 여자가 죽었다는 사실을 알게 됐지. 베드로는 그 여자를 눕힌 방으로 올라갔어. 그리고 모든 사람을 밖으로 내보냈어. 한참 후에 베드로가 우리를 불러서 우리가 방으로 들어갔어. 방에 가 보니 그 여자가 베드로 옆에 서 있는 거야."

나는 몸을 떨었다. 탈리아의 죽음이 남긴 상흔이 아직 생생했다. 탈리아도 되살아났었다. 그때 베드로는 예수님을 따라 탈리아의 방에 들어갔다. 만일 베드로가 적절한 때에 그곳에 있었다면, 탈리아를 다시 살릴 수 있지 않았을까? 실라스는 내가 동요하는 것을 알지 못하고 말을 이었다.

---

[55] 이 이야기는 사도행전 9장 36-43절에 나온다.

"우리는 너희들이 어제 아침에 본 무두장이 시몬의 집에서 묵었어. 며칠을 그곳에서 지내던 어느 날, 점심을 먹는데 세 남자가 찾아왔어. 베드로는 창백해진 얼굴로 테라스에서 내려갔어. 그 사람들이 올 거라는 사실을 알고 있었던 것 같아. 베드로가 그들을 집 안으로 들였어. 그들은 자신들이 코르넬리우스라는 사람이 보내서 왔다고 설명했는데, 코르넬리우스는 이스라엘 사람들에게서 평판이 좋은 신심 깊은 사람이라고 했지. 코르넬리우스가 베드로더러 그 사람들을 따라 오라고 했대. 온 사람들 중에는 군인도 한 명 있었어. 지난번에 너희들이 백인대장의 집 대문 앞에서 본 군인 말이야. 바로 그다음 날 우리는 카이사리아로 떠났고, 이틀 후에 코르넬리우스의 집에 도착했지. 베드로는 주저하지 않고 그 집에 들어갔어!"

"코르넬리우스가 어떻게 베드로를 알고 있었지?"

"그것이 참 놀라워. 코르넬리우스가 베드로가 야포의 어느 길에서 지내는지 알았다는 사실도 그렇고, 베드로가 그 사람들을 아무 말 없이 따라나선 것도 모두 말이야. 코르넬리우스가 보낸 사람들이 그들의 주인이 환시를 보았다고 했어. 베드로는 코르넬리우스의 집에 도착하더니 '하느님께서 그 어떤 사람도 더럽다고 해서는 안 된다고 보여 주셨다.'라고만 말했지. 또 베드로가 코르넬리우스 집 안의 사람들에게 가르치던 도중에, 예슈아께서 부활하시고 나서 몇 주 후 샤부오트(오순절) 축제 때에 우리 중 많은 사람이 경험한 일이 그들에게도 일어났어. 베드로는 그것이 지극히 높으신 하느님께서 보내는 표징임을 알아보았지. 하느님께서 하시는 일을 가로막을 수는 없었던 거야. 베드로는 그 자리에서 그들에게 세례를 주었어."

"정말 놀랍군."

나는 경계하며 말했다. 사실 이런 신기한 현상은 거북했다. 예수님이 행하시는 방식과 잘 맞지 않는 것 같다는 생각이 들었다.

"베드로를 설득하려면 하느님의 도우심이 조금 필요했던 걸까?"

알렉산드로스도 신중하게 말했다. 그러자 실라스가 덧붙였다.

"베드로가 저 높으신 분의 명령을 받지 않고서 그런 행동을 스스로 했을 리가 없어. 하지만 상황이 그렇다 보니 베드로는 선택의 여지가 없었지."

"어쨌거나 그 세례로 상황이 완전히 바뀔 거야. 베드로는 예루살렘의 형제들을 설득해야 하겠지. 쉽지 않을 텐데."

"내 생각에는, 베드로가 무엇보다 고이(이민족)의 집에 스스로 들어간 일과 그들과 함께 식사를 한 일이 정당했음을 증명해야 할 거야. 우리 모두가 고생하겠군. 예슈아께서는 단 한 번도 고이(이민족)의 집에 들어가신 적이 없으니, 빌라도의 관저만 빼면……."

"가식은 그만둬! 우리를 더럽힐 수 있는 것은 우리가 먹는 것도, 우리가 함께 음식을 먹는 사람도 아니니까."[56]

우리는 예루살렘에 도착했다. 겐나트 문에 이르기 전에 예루살

---

[56] 마르코 복음서 7장 14-15절 참조.

렘에 있는 마룰루스의 관저의 탑 세 개가 보이는 곳에서 나는 두 형제와 작별 인사를 했다. 알렉산드로스와 실라스는 각자 자기 가족을 찾아갈 예정이었다. 나는 북쪽 성벽을 따라 도시 가장자리를 돌아갔다. 예수님이 십자가에 매달리셨던 커다란 채석장 둘레를 따라 걸었다. 다마스쿠스 문 바깥에 세워진 기둥이 보였고, 헤로데 극장에 이르러 어렸을 때 놀던 수도교를 건너 내려갔다. 그곳들을 보면서 마음속 깊이 친숙함을 느꼈다. 사실 나는 지난번에 다녀갔을 때보다 조금 더 많은 시간을 어머니와 함께 보낸다는 생각에 기뻤다. 그 시간을 이용해 최근에 알게 된 것들과 사울과 나눈 대화를 바탕으로 예루살렘의 신비를 새로운 각도에서 바라볼 수 있을 것이다. 하지만 고향으로 돌아가는 일이 두렵기도 했다. 게라사에서 보낸 몇 년, 카이사리아 항구에서 감탄한 일, 코르넬리우스가 세례를 받은 일……. 이 모든 일이 나더러 멀리 떠나라고 부르고 있었다. 키드론 골짜기의 서쪽 사면을 내려갈수록 나는 시야가 가로막힌 작은 세계로 들어섰고, 짐승 우리의 창살이 내 위로 닫혔다.

나는 작은 다리를 건너 올리브산을 1스타디온 정도 올라갔다. 그리고 집의 문을 두드렸다. 로데가 환한 얼굴로 대문을 열어 주었다. 어느새 그녀는 어여쁜 아가씨로 성장했다. 로데는 기뻐하며 조급하게 집안일을 상세히 알려 주었다.

"우리는 요한이 오늘 저녁이나 내일 도착할 줄 알았어요. 베드로는 어제 날이 저물기 전에 도착했죠. 안드레아가 집에 와 있어서 저녁식사를 잘 차려 놓았어요. 시몬과 솔로몬은 어제 갈아놓은 올리브 이기는 일을 이제 막 끝냈고요. 해가 일찍 지고 날이 쌀쌀해서 모두 집안에 들어와 있어요."

그때 어머니가 문간에 나타났다. 어머니는 감격해서 나를 부드럽게 얼싸안았다.

"잘 왔다, 요한! 카이사리아는 어땠니? 알렉산드로스는 함께 안 왔어?"

7장

우리

나는 내가 카이사리아에서 돌아온 후 3년 이상을 예루살렘에 머물 줄은 꿈에도 생각을 못했다. 베드로가 우리를 필요로 했는데, 그 이후에 벌어질 극적인 상황으로 그러한 판단이 옳았음이 입증될 것이다. 조만간 열한 명이 될 열두 제자 중 으뜸인 베드로와 더불어 우리는 이제 떼려야 뗄 수 없는 삼인조를 이루었다. 알렉산드로스와 내가 실라스와 맺은 우정은 더 깊어졌다. 그 우정은 로마까지 이어질 것이다. 실라스는 자기 부모의 집에서 지냈고 알렉산드로스는 아버지가 세상을 떠난 이후로 우리 집에서 지냈다.

아버지 시몬의 장례식을 치른 다음에 루포스는 로마로 떠나기로 결정했다. 그는 자기가 로마 제국의 수도에 복음을 전하라는 부름을 들었다고 말했다. 루포스가 그러한 결단을 내린 계기는 두 가지였다. 먼저 알렉산드리아에 사는 유다인들에게서 걱정스러운 소식이 들려왔다. 알렉산드로스와 루포스의 어머니인 에스테르가 예루살렘으로 피신 온 여자 사촌에게서 그 소식을 들었다. 그 여자는 칼리굴라 황제 치하 둘째 해에 이스라엘의 자손들에게 가해진 박해를 피해 이집트의 도시 알렉산드리아를 떠나야 했다. 한편 황제는 예루살렘의 중심인 성전에 자신의 동상을 세우라고 명령했다. 시리아의 총독인 페트로니우스가 엄청난 여파를 미칠 그 일이 실현되지 못하도록 어떻게든 그 명령을 미루고 있었지만, 루포스는 로마의 폭정에 반발하면서 결국 떠나기로 결심했다. 위협은 루포스의 열정을 억누르는 것이 아니라 오히려 자극했다. 그는 예수님의 이름을 로마 제국 정치의 심장부, 사자의 소굴에서 선포하고자 하는 열망에 타올랐다. 둘째 아들과 헤어지고 싶지 않았던 에스테르는 그와 함께 로마로 떠났다. 하지만 앞으로 두 사람은 로마에서 2년밖에 지내지 못할 것이다.

같은 해에 우리는 니콜라오스에게 안티오키아의 소식을 전해 들었다. 니콜라오스는 두 번 개종한 그리스인으로 먼저 유다교 율법, 뒤이어 예수님께 마음을 돌렸다. 그는 우리와 함께 카파르나움에서 얼마동안 지냈다. 니콜라오스는 안티오키아가 최근에 지진을 겪은 이후로 재건되고 있다고 적었다. 할례받지 않은 사람들이 할례받은 사람들과 관계를 맺는 것은 어려웠다. 칼리굴라 황제의 정책은 인구로 따졌을 때 로마 제국의 세 번째 도시인 안티오키아의 여러 공동체 사이에 평화를 정착시키는 데 도움이 되지 않았다. 니콜라오스는 많은 사람이 개종했다고 간략하게 전했다. 그의 편지에 따르면 디아스포라의 많은 형제, 키프로스인, 키레네인이 코르넬리우스가 세례받은 이야기를 들었다. 그들은 이제 다른 민족들에게 복음을 전하는 일에 더 이상 주저하지 않았고, 이 때문에 얼마간 갈등이 생겼다. 니콜라오스는 도움을 받을 수 있으면 좋겠다고 말하면서 편지를 마무리했다.

베드로는 규모가 점점 커지는 안티오키아 공동체를 다스리는 임무를 바르나바에게 맡겼다. 선교 활동이 지나친 관용주의로 이어지지 않게 하기 위해서였다. 할례받지 않은 사람들을 받아들이는 문제는 중요했다. 그리고 그리스어를 사용하는 사람들이 보이는 이단적인 성향은 경계해야 했다. 총독이 안티오키아에서 전 지역을 다스렸기에, 이 문제는 중요하게 다루어야 했다. 바르나바는 키프로스 출신이므로 디아스포라가 어떻게 기능하는지 잘 알았고, 그리스 출신인 형제들과 신뢰 관계를 맺고 있었다. 살라미스와 안티오키아 사이에서 교역이 이루어졌으므로 바르나바는 키프로스 사람들의 견고한 조직망에 의존할 수 있을 것이다.

나는 그 소식에 무척 기뻤다. 그래서 알렉산드로스와 실라스와 내가 바르나바와 함께 갈 수 있는지 물었다. 그리스 세계로 돌아가서 니콜라오스와 함께 일하고 이민족에게 복음을 선포하는 일! 바르나바는 분명히 우리가 필요할 것이다. 하지만 베드로가 다시 한 번 그 일에 반대했다. 베드로는 바르나바가 누군가의 도움이 필요하다면, 타르수스에 있는 사울에게 청하면 된다고 보았다. 나는 좌절했다. 사촌인 바르나바를 따라가지 못할 뿐 아니라, 다마스쿠스로 가는 길에 개종한 놀라운 인물인 사울과 함께 일하는 기회도 놓치기 때문이었다. 나는 베드로를 무척 좋아했지만, 그에게 순종하는 일은 힘들었다. 다른 사람들은 세상 끝까지 가는데, 어째서 나는 이곳에 갇혀 있어야 한다는 말인가? 그렇지만 뒤이어 벌어진 격한 사건을 겪으면서 나는 베드로가 나를 예루살렘에서 그의 가까운 곳에 둔 일이 옳았음을 확신하게 된다.

처음에는 오로지 나에게 세례를 준 베드로에게 지닌 애착 때문에 예루살렘에 남아 있었다. 바르나바가 그리웠다. 그러다가 시간이 흐르고 일에 몰두하면서 그리움을 몰아냈다. 나는 알렉산드로스의 도움을 받아 키드론 골짜기의 올리브 밭 경작 일을 맡아서 했다. 알렉산드로스의 아버지가 세상을 떠나서 어쩔 수 없이 농장의 업무를 재정비해야 했다. 우리가 갈릴래아에 있을 때 어머니가 고용한 솔로몬이 점점 더 많은 일을 담당했다. 그는 관개 시설을 개선했다. 그는 올리브가 익은 정도를 판별할 줄 알았고, 수확하는 방법도 알았으며, 올리브를 낭비하지 않으면서 맷돌을 사용했다. 우리 농장에 기름을 짜러 오는 사람들은 수완이 뛰어난 그를 좋게 평가했다. 솔로몬은 나와 함께 다니면서 협상하는 법도 배웠다. 나는 내가 예루살렘을 떠나야 할 날이 오면 안심하고 떠날 수 있겠다고 생각했다. 나는 떠나겠다는 목표를 한 번도 잊지 않았다.

우리는 겟세마니 동산에서 일을 하지 않는 시간 대부분을 베드로와 함께 다니면서 점점 더 비중 있는 일을 했다. 베드로의 그리스어는 어눌했다. 우리는 그가 그리스어를 쓰는 사람들에게 말할 때 통역 노릇을 했다. 또 베드로가 유다 지방을 다닐 때에 필요한 실질적인 준비를 담당했다. 실라스는 루포스와 함께 떠나고 싶어 했다. 로마 시민이라는 그의 자격이 로마에서 요긴할 것이다. 하지만 바로 그 신분 때문에 베드로는 실라스가 예루살렘에 남아 있기를 바랐다. 베드로는 로마 당국에 적법한 협력자를 가까이에 두고자 했다. 그래서 실라스는 우리와 함께 예루살렘에 머물렀다. 그는 나와 함께 공동체의 회계 일을 도왔고, 베드로의 편지를 대필했다.

나는 다시 그림을 그리면서, 성스러운 도시 예루살렘을 가장 잘 표현할 수 있을 독특한 각도를 찾고자 했다. 보통은 예루살렘의 저지대에 들어선 자그마한 가게들의 한복판에서 어느 테라스로 이어지는 계단 맨 위에 자주 앉아 그림을 그렸다. 그날도 그림을 그리는데 친숙한 목소리가 나를 불렀다.

"단이 네가 어디에 있는지 말해 주었어."

실라스가 숨을 헐떡이며 나에게 말했다.

"단의 빵집부터 여기까지 도시를 온통 가로질러 와야 했어. 이렇

도시 저지대에 있는 거리에서 바라본 예루살렘 성전의 남쪽.

게 시끄러운데 그림이 그려진단 말이야?"

"그게 오히려 자극이 돼. 목탄으로 저 분주한 모습을 그리려고 애쓰고 있었지. 내 첫 스케치는 어때?"

알렉산드로스와 실라스는 내가 한 시간 전부터 주변을 오가는 군중은 아랑곳하지 않고 그림을 그리던 암포라 조각을 들여다보았다.

알렉산드로스가 말했다.

"길을 바라보는 시짐과 지붕들의 모양이 마음에 드는걸."

실라스가 물었다.

"저 뒤쪽에 있는 안토니아 요새, 조금 작은 것 아니야?"

"그런 것도 같네. 그럼 성전은 어때?"

"줄기둥이 잘 보여. 확실히 웅장해. 헤로데가 잘 짓기는 했어!" 내가 씁쓸하게 말했다.

"할례받은 사람들이 성전이 더 이상 필요하지 않다는 사실을 인정하기만 한다면 좋겠는데!"[57]

예루살렘에서는 사람들의 마음이 점점 굳어지고 있었다. 이사야 예언자는 언약의 백성에 대해 다소 혹독하게 말하였다. "그들은 보고 또 보아도 알아보지 못하고, 듣고 또 들어도 깨닫지 못한다."[58] 어째서 이 민족은 메시아가 오신 일을 해석하기 위한 모든 열쇠를 쥐면서도 예수님을 알아보지 못한다는 말인가?

"참, 우리가 널 찾아온 것은, 니콜라오스의 편지 때문이야."

알렉산드로스가 손바닥 크기만한 글자판을 나에게 내밀었다.

"점토를 깨고[59] 읽어 보지 그랬어."

"네가 없을 때 읽고 싶지 않았어. 올리브 상인 한 사람이 오늘 아침에 이 편지를 너의 어머니 집에 가져왔더라고."

우리는 흥분하며 안티오키아에서 온 편지를 열었다. 움푹 파인

---

57 예수님이 성전에서 장사하는 사람들을 쫓아내신 이야기(마르 11,15-19 참조)는 이러한 의미로 읽어야 한다. 이는 바오로와 마르코가 신학적으로 차이 나는 지점 가운데 하나일 것이다.
58 마르코는 마르코 복음서 4장 12절에서 이사야 예언자가 한 이 말(이사 6,9 참조)을 다시 사용한다.
59 점토는 중요한 문서를 기록하는 데 사용하는 글자판을 봉인할 때 사용되었다.

틀 안 검게 그을린 얇은 밀랍 층에 아주 많은 정보가 적혀 있었다. 니콜라오스는 그렇게 빽빽이 적으려고 아주 뾰족한 첨필을 사용했을 것이다. 그 편지에는 바르나바가 공동체에서 중요한 역할을 맡고 있다고 적혀 있었다. 바르나바가 도착하기 전에도 공동체는 이미 활발했는데, 디아스포라 형제들이 바르나바에게 자극을 받아 더욱 대담해진 것이다. 바르나바는 해야 할 일이 엄청나게 많음을 깨닫고 타르수스로 가서 사울을 불러왔다. 두 사도는 안티오키아의 할례받지 않은 사람들 곁에서 전력을 다해 일했고, 그 덕분에 많은 사람이 세례를 받았다. 심지어 그 도시를 다스리는 관리들은 형제들의 공동체에 새로운 이름을 붙였다. 이제 형제들은 그리스도인이라고 불렸다!

실라스가 말했다.

"정말 멋진 이름인데. 그리스도는 예슈아를 이르는 말이잖아."

"그래도 그렇지, 정말 놀라워! 고임(이민족들)에게 복음이 전파되고 나서야 사도들이 이스라엘의 메시아에 연결되는 이름을 받다니. 하지만 이곳 예루살렘에서는 어둡고 고통스러운 모습만 보일 뿐이야. 유다의 사람들은 고임(이민족들)이 개종하는 일로 위안을 얻기는커녕 오히려 마음이 계속 굳어져 가니!"

"그래, 정말 이상해. 할례받은 사람들이 길을 거부하는 순간에, 구원자가 올 것에 대비하지 않던 무수한 고임(이민족들)이 예슈아를 믿기 시작하다니……."

"바르나바와 사울이 있는 안티오키아로 갈 수 있다면 좋겠어."

나는 그림을 잘 보존하려고 도기 조각을 헝겊으로 조심스레 감싸 걸낭에 챙겨 넣었다. 거기에 니콜라오스가 보낸 글자판을 함께 넣으면서, 목탄으로 그린 그림 위에 점토를 덮어 그림을 보존할 수도 있겠다는 생각이 들었고, 바로 그날 저녁에 그 방법을 시도해 보겠다고 다짐했다.

이제 예루살렘은 형제들에게 결코 평화로운 도시가 아니었다. 얼마 전부터 상황이 나빠졌다. 먼저 경제 상황이 악화되고 있었다. 두 해 연속 겨울에 비가 충분히 오지 않았다. 그로부터 몇 년 후에 겪게 될 기근 수준까지는 아니었으나, 식량 가격이 점점 올라가고 있었다. 형제들은 자신의 재물을 모두가 사용하도록 내놓았으나, 많은 형제가 개종한 이후로 수입이 줄었다. 사제 집안 출신인 이들은 성전에서 하던 일을 그만 두었기 때문에 더 이상 보조금을 받지 못했다. 갈릴래아에서 온 다른 형제들은 밭일이나 어부 일을 그만 두고 선교를 하러 다녔다. 어떤 사람들은 일을 계속하면 자신과 다른 사람들에게 필요한 생활비를 댈 수 있을 텐데 더 이상 일하지 않는다며 비난을 받았다.

이러한 갈등 때문에 형제들의 삶이 혼란스러워졌다. 예수님의 형제인 야고보가 베드로보다 우위를 차지하게 되었고 유다의 형제들에게 점점 더 큰 영향력을 행사했다. 예수님과 가족 관계라는 특권 때문이었다. 선조의 전통을 엄격하게 준수하자는 입장을 취하는 그는 할례받지 않은 사람들에게 복음을 전하는 일을 좋지 않게 보았다. 야고보는 우리가 예루살렘에서 멀리 떨어진 지방을 돌아다니던 사이에 유다 지방에서 히브리어를 쓰는 사람들 무리의 우두머리가 되었다. 나는 그 사람을 좋게 보지 않았다. 야고보는 예수님이 우리를 해방시키신 옛 관습으로 우리를 다시 밀어 넣고 있었다. 나는 사울이 그에게 느낀 경계심을 이해했다. 예수님의 가족인데다 부활하신 그분을 만나기까지 한 그가 어떻게 예수님의 메시지를 그런 식으로 왜곡할 수 있을까? 예수님이 율법을 실천하는 일에 대해 바리사이들에게 자주 반대하셨는데도 야고보는 바리사이들과 결탁했다. 열두 사도를 중심으로 모인 우리가 할례받은 사람들과 맺는 관계가 하루가 다르게 나빠졌기 때문에 나는 더욱 화가 났다. 바리사이들은 편협하게 종교를 실천하면서, 할례받지 않은 사람들에게 마음을 여는 이들을 집요하게 공격했다. 그래서 우리는 당국에게 핍박을 받을 수밖에 없었다.

베드로는 야고보를 중심으로 모인 파벌에게 너그러웠다. 어떤 사람들은 그가 지혜롭다고 보았다. 하지만 나는 그러한 관용이 나약함 때문이라고 생각했다. 바로 그 때문에 나는 예수님이 정하신 으뜸인 베드로 곁에 머물러 있었다. 베드로에게는 자기보다 굳건하고 충실한 동반자가 필요했다. 우리보다 베드로를 더 잘 지지할 사람이 누가 있겠는가?

"오, 마르코."

나는 알렉산드로스와 함께 도시의 북쪽으로 산책을 갔다가 돌아오는 길이었다. 우리는 아그리파스 임금이 예루살렘을 확장하려고 착수한 새로운 성벽 공사가 어떻게 진행되나 궁금해서 둘러보러 갔었다. 겟세마니 동산으로 돌아와서 알렉산드로스는 우물가에 여자들이 모여 있는 것을 보고 그 기회를 이용해 재빨리 얼굴과 손을 씻었다. 나는 솔로몬과 함께 그날 고용한 일꾼이 겨울이 지난 다음에 맷돌을 닦는 일을 마쳤는지 점검했다. 그 일꾼에게 품삯을 지불하고 있는데 익숙한 목소리가 들려온 것이다.

"바르나바! 사울!"

얼마나 놀랐던지! 그들에게 대문을 열어 준 알렉산드로스는 황급히 옷을 갈아입고 그들 뒤로 몇 발자국 떨어져 걸어왔다. 평소에 감정을 잘 드러내지 않는 알렉산드로스가 활짝 웃고 있었다.

"여기에서 뭐 하시나요? 믿을 수가 없군요!"

바르나바가 말했다.

"안티오키아에서 도착하는 길일세."

사울이 덧붙였다.

"우리는 이 동산의 황제에게 은신처를 구하려는 가련한 순례자라네."

우리는 따뜻하게 얼싸안았다. 카이사리아 이후로 사울을 보지 못했다. 그것이 3년 전이었다. 바르나바는 그로부터 1년 후에 떠났다. 물론 니콜라오스에게 편지를 받았고 예루살렘을 들르는 형제들에게 드문드문 소식을 듣기는 했지만, 그들을 다시 보니 반가웠다.

"페사흐(파스카)까지는 지내다가 떠나나요?"

"그럴 작정일세. 며칠만 있으면 축제일이니까."

사울이 대꾸했다.

"하지만 샤부오트(오순절) 전에는 떠나야 해. 안티오키아에서 할 일이 많거든. 이번에 그 도시에서 올림피아 경기를 치러서 사람들이 몰려들고 있네."

"두 분이 지내다 가신다고 하면 어머니께서 무척 좋아하실 거예요. 전부 다 이야기해 주세요. 마당의 그늘에 가서 앉아 있어요. 마실 물을 가져다 드릴게요."

여행자들은 안뜰에 짐을 내려놓았다. 우리는 탁자에 둘러앉았고, 나는 컵을 몇 개 가져왔다. 우리 네 사람이 예기치 않게 다시 모여 정말 기뻤다.

"예루살렘에는 왜 왔나요?"

"이곳 공동체가 자금이 부족해서 후원이 필요하다는 사실을 알게 됐어."

사울이 말했다.

"안티오키아의 그리스도인은 장사가 잘 되어서 풍족하게 지내. 특히 올림피아 경기에 필요한 천막을 팔아 돈을 많이 벌었지. 그곳에서는 사람들이 여기보다 더 많이 일하고 아무도 다른 사람들에게 경제적으로 의존하지 않아. 그래서 어머니 공동체를 도와야 한다는 생각이 들었지. 형제들이 너그럽게 후원을 많이 했어. 바르나바와 내가 그렇게 모은 돈을 가져왔지."

안티오키아에서 써 보낸 편지에서 읽기는 했지만, 그리스도인이라는 말을 일상적인 대화에서 듣는 것은 처음이었다. 나는 감격했다. 그리스도! 그리스도는 이스라엘의 메시아, 그리고 모두의 구원자인 예수님을 일컫는 그리스어였다. 이제는 모든 형제가 같은 이름으로 불리게 된 것이다.

그때 누군가 세차게 문을 두드렸다. 로데였다. 로데는 숨을 헐떡이며 손님들을 쳐다보지도 않고 급히 말했다.

"야고보가 체포되었어요!"

"주님의 형제가?"

"아니오, 천둥의 아들,[60] 요한의 형 말이에요. 다른 형제 몇 명도 같이 끌려갔어요."

"누구한테?"

사울이 물었다.

"병사들한테요! 빵집에서 단에게 들었어요. 그래서 최대한 빨리 뛰어 왔고요."

---

[60] 예수님이 제베대오의 아들들인 야고보와 요한에게 붙인 이름이다. 아람어로는 '보아네르게스'(마르 3,17 참조). 위 이야기는 사도행전 12장 1-2절에서 전해진다.

로데는 나를 쳐다보며 말했다.

"어머니께서 우리 엄마를 베드로의 집에 보내셨고, 지금 제 뒤에 오고 계세요."

어머니가 열린 문으로 들어섰다. 어머니는 걱정하면서도 언제나처럼 의연했다. 어머니는 어려움이 닥쳤을 때에 진정 아름다웠다. 사울이 지난번에 우리 집에 처음 머물렀을 때 잠시 마주쳤을 뿐이었음에도 어머니는 그를 알아보았다.

"안녕하세요. 이런 시기에 여기에 와 계셔서 다행입니다. 사도들께서 우리 도움이 필요하실 겁니다. 그분들이 모두 예루살렘에 계신 것은 아닌데, 이곳에 계신 분들은 지내는 곳을 빨리 바꿔야 해요. 매수된 밀고자가 있을까 걱정이 돼요. 그분들께 그 사실을 알리려고 리디아를 보냈어요."

어머니는 정확하게 지시를 내려 손님들이 머물 자리를 마련했다. 우리가 잠자리를 준비하는데 누군가 다시 문을 두드렸다. 로지아에서 내다보니 어머니가 고개를 끄덕여 문을 열라고 신호하는 모습이 보였고, 로데가 문을 열었다. 우리는 걱정이 되어 숨을 죽였다. 들어온 사람은 리디아였고, 베드로와 안드레아, 요한이 함께 왔다. 로데는 문을 닫았고, 우리는 새로 온 사람들의 이야기를 들으려고 탁자에 둘러앉았다. 베드로는 바르나바와 사울에게 인사한 다음에 요한이 말을 하게 했다.

"하루 일을 마치고 형제 몇 사람과 함께 미시네Mishneh(예루살렘 성전 아래쪽에 있는 서민 동네)를 거쳐 집으로 돌아가는 중이었네. 기쁜 마음으로 시편을 노래했지. 내가 신발 끈을 묶느라 일행에 몇 걸음 뒤쳐져 있었는데, 어느 건물의 움푹 들어간 곳에서 한 부대가 갑자기 튀어나왔다네. 병사들이 앞서 있던 일행에게 자기들을 따라오라고 명령했어. 아무도 저항하지 않았지. 나는 아무 일 없다는 듯 뒤돌아서 곧장 베드로와 안드레아에게 갔지. 두 사람이 집에 없더군. 그들에게 무슨 일이 생겼을까 봐 걱정했는데, 한 시간이 지나 두 사람이 돌아왔더라고. 소식은 이미 들어서 알고 있었지."

"리디아가 와서 우리더러 여기 오라고 말했을 때, 우리는 어떻게 할지 궁리하는 중이었어."

그러면서 베드로는 어머니에게 말하였다.

"미리암, 빠르게 나서 주어서 고마워요."

"그런데 대체 무슨 일이 벌어지는 거지?"

바르나바가 묻자 요한이 말했다.

"우리 중 누군가 체포된 것이 처음은 아닐세. 항상 풀어 주었으니까 크게 걱정할 필요는 없어. 야고보 형은 며칠 있으면 풀려날 걸세."

"그래, 하지만 그때는 산헤드린(최고 의회)이었지, 임금이 보낸 병사가 아니었어. 스테파노를 생각해 보게. 상황이 좋지 않게 끝난 걸 알지 않나."

나는 슬그머니 사울을 쳐다보았다. 그는 스테파노를 죽인 무리에 속해 있었다. 스테파노가 돌을 맞아 죽은 그 끔찍한 일을 말하다니, 바르나바는 세심하지 못했다. 하지만 이것저것 따질 때가 아니었다. 사울은 대꾸하지 않았다.

"나는 우리와 같은 종교를 가진 사람들보다 아그리파스 임금한테 차라리 더 믿음이 가네. 그는 로마를 대표하니 부당하게 형벌을 가하지는 않을 테지."

베드로가 단언했다. 그러자 사울이 대꾸했다.

"자네는 너무 긍정적이군. 나는 안티오키아에서부터 그 사람이 유다의 임금으로 지명되려고 무슨 음모를 벌였는지 보았어. 그 자는 자기 할아버지 헤로데처럼 능수능란하게 로마 외교의 함정을 모조리 피해갔지. 또 숙부인 안티파스가 피신한 상황을 이용해서 갈릴래아 지배권을 장악했어. 칼리굴라 황제가 살해당한 다음에는 클라우디우스가 황제로 임명되게 한 협상에 가담했고. 클라우디우스가 로마의 황제로 등극되면서 아그리파스한테 감사의 뜻으로 임금과 집정관 직위를 수여해서 그가 유다에서 지배하는 영토를 넓혀준 걸세. 하지만 아그리파스는 숙부 아르켈라오스가 파면된 일을 기억하지. 종교 지도자들의 비위를 맞추지 않으면 자기 왕위가 위험하다는 사실을 아는 걸세. 그는 내부의 지지를 받을 필요가 있으니 잘 보이려고 무슨 짓이든 할 거야. 기억해 보게! 성전에 칼리굴라 황제의 동상 세우는 일을 늦추려고 페트로니우스와 같이 힘쓴 것이 바로 그 사람 아닌가. 대사제들이 우리와 겪는 갈등을 그 임금한테 이야기하지 않았을까 두렵군. 그 야심가가 대사제들 비위를 맞추려고 어디까지 갈지 누가 아나?"

사울의 지혜와 명민함에 정말 놀라지 않을 수 없었다. 그는 성경을 세밀하게 해석할 줄 알았을 뿐 아니라, 남들과 비교할 수 없는 다양한 지식을 지녔다. 게다가 정치 상황을 탁월하게 분석했다.

그날 밤에는 모든 사람이 겟세마니 동산에서 묵었다.

다음날 아침, 우리는 끔찍한 소식을 접하고 경악했다. 로데가 아침 일찍 시내에 나갔다가 울면서 돌아와 우리에게 소식을 알렸다. 야고보가 재판도 받지 않고 처형당한 것이다. 그러자 사울은 자신이 모아 온 돈의 일부를 들고 요한과 안드레아와 함께 야고보의 시신을 찾으러 갔다. 그들은 가는 길에 실라스에게 들렀다. 유해를 되찾는 협상을 하는 데에는 로마 시민 두 사람만 갈 예정이었다. 그 편이 더욱 신중했기 때문이다.

나는 화가 나서 견딜 수 없었다. 당장 무기를 들고 싶었다. 칼을 드는 사람은 칼에 맞아 죽으리라! 나는 예수님이 체포되신 다음에 겟세마니 동산에서 찾아낸 칼을 어디에 두었는지 알고 있었다. 한편 베드로는 깊은 슬픔에 잠겼다. 야고보는 카파르나움의 호수에서 베드로와 함께 일하던 어부 가운데 한 사람이었다. 그들은 같이 예수님을 따라갔다. 야고보와 요한, 베드로는 예수님 생애의 중요한 순간들을 목격했다. 예수님은 야고보와 요한이 자기와 똑같은 잔을 마시리라고 말씀하셨다. 이제 그 일이 이루어진 것이다. 야고보는 유다 이스카리옷이 비극적으로 세상을 뜬 이후로 열두 사도 중에서 처음으로 죽은 사람이었다. 베드로는 극도로 마음이 아팠을 것이다. 그리고 복수를 하겠다고 소리치고 싶었을 것이다. 하지만 그는 자신의 불같은 성질을 다스렸다. 베드로가 자신의 본래 성격대로 행동했다면, 나와 함께 모든 적에 맞서 싸우러 나섰을 것이다. 그는 내가 싸우고 싶어 하는 마음이 있음을 짐작했다. 시신을 찾으러 네 사람이 떠난 다음에 베드로는 나를 동산으로 데려갔다. 우리는 담벼락에 기대어 앉았다. 슬픈 기억으로 남은 담장의 허물어진 틈새에서 멀지 않은 곳이었다.

"아들아, 기억하지? 바로 이곳에서 예슈아께서 체포되신 날 저녁을 말이야."

"그 끔찍한 순간은 매일 떠올라요."

나는 야이로 말고는 아무에게도 그 고통스러운 밤에 대해 이야기하지 않았다. 그 이야기를 베드로, 또 안드레아에게도 할 용기가 없었다. 베드로와 안드레아는 무언가를 짐작했을 테지만, 자세한 내용은 모를 것이다. 누구나 감추고 싶은 상흔이 있는 법이다.

"그날 저녁에 예슈아와 요한, 야고보와 함께 있을 때 병사들이 오는 소리가 들렸어. 나는 곧장 갖고 있던 칼을 꺼내 들었지. 그들이 예슈아께 손을 대자 나는 말코스의 귀를 쳤어.[61] 그를 기억하지?

---

61 요한 복음서 18장 10절 참조.

그로부터 몇 달 후에 오니아스의 아들인 다른 요한한테 세례를 받고서 그와 함께 스미르나로 떠난 사람 말이다."

"기억해요. 사제 집안의 사람이었죠. 귀에 난 상처는 보았지만, 그게 베드로 때문에 난 것인 줄은 몰랐어요."

그날 저녁에는 참으로 많은 상처가 생겨났다.

"그때 예슈아께서는 조용하면서도 단호하게 칼을 칼집에 넣으라고 하셨어. 그러면서 성경 말씀이 이루어지리라고 하셨지. 나는 오랫동안 성경의 어느 부분을 말씀하시는 것인지 궁금해했어. 하지만 이제는 확실히 알았어. 이사야 예언서 초반에 있는 다음 구절이었음을 말이야. '그들은 칼을 쳐서 보습을 만들고, 창을 쳐서 낫을 만들리라. 한 민족이 다른 민족을 거슬러 칼을 쳐들지 않으리라.'"[62]

베드로는 치솟는 증오를 극복하고 평화를 일구는 장인으로 변모할 힘을 자신이 지닌 허물의 깊숙한 곳에서 길어 내고 있었다. 그는 야수 같은 나의 기질을 알았다. 게다가 그 자신도 그러한 기질을 지니고 있었다. 그때 베드로는 자신의 상처로 나의 상처를 더욱 풍요롭게 만들려 했다. 우리는 실패하여 더없이 좌절하는 순간에야말로 평화를 구하는 결정을 내려야 한다. 나는 이사야 예언자의 말을 오랫동안 마음속에 담아 두었다. 하지만 그 당시의 나는 그러한 평화주의를 비겁함으로 간주했다.

---

[62] 이사야서 2장 4절 참조.

"마르코, 사람에게 복종하기보다는 하느님께 복종하는 편이 나아. 우리가 모두 이 땅에서 야고보처럼 생을 마칠 가능성이 커. 주님께서 그렇게 미리 알려 주셨지. 야고보가 당신과 같은 세례를 받고 같은 잔을 마실 것이라고 예고하셨어. 언젠가는 누군가 우리에게 허리띠를 매어서 우리가 원치 않는 곳으로 데려갈 것이야.[63] 우리는 바로 그 싸움에 맞서야 해. 그러니까 너는 다른 것이 아니라 바로 그 싸움을 치러야 하는 거야!"

해는 아직 뜨지 않았다. 시기는 엄중했다. 야고보가 죽임을 당한 일 때문에 우리는 일주일 전에 파스카 만찬을 조심스럽게 치러야 했다. 11년 전에 예수님이 마지막으로 보내신 파스카 이후로 그렇게 신중을 기한 것은 처음이었다. 주간이 되자 긴장이 고조되었다. 베드로가 축제 기간에 체포된 것이다.[64] 공동체는 엄청난 충격을 받았고, 사도들 중에서 예루살렘에 있던 이들은 매일 밤 겟세마니 동산에서 모였다. 걱정에 사로잡힌 다른 많은 형제도 그들이 모이는 자리에 왔다.

파스카가 끝나가고 있었다. 우리는 모두 혼란에 빠져 있었다. 아그리파스가 베드로를 그다음 날 법정에 출두시키겠다고 했기 때문

---

[63] 요한 복음서 21장 18절 참조.
[64] 뒤이어지는 일화는 사도행전 12장 1-19절에 나온다.

이다. 그는 약삭빠르게도 축제가 끝난 이후로 날을 정했다. 야고보와 베드로를 체포하도록 계획한 것은 할례받은 사람들이었겠지만, 재판은 유다인들에 의해 이루어지지 않았다. 베드로는 로마의 권위를 대표하는 사람 앞에서 변론해야 했다. 우리는 모두 어떤 형벌이 언도될지 알고 있었다. 나는 어쩔 줄 몰랐고 절망에 빠져 있었다.

우리는 횃불을 켜 놓고 안드레아가 주례하는 빵을 떼어 나누는 예식을 치렀다. 예식을 마친 다음에 안드레아와 실라스, 알렉산드로스와 나는 다른 사람들과 몇 암마 떨어진 곳에 모여 베드로가 체포된 정황을 이야기했다.

내가 나직하게 속삭이듯 말했다.

"안드레아의 집에서 그다지 멀지 않은 곳에 이르렀을 때였어요. 가는 길에 그렇게 주의를 기울였는데……."

형제들은 올리브나무 가지에 붙인 불을 에워싸고 계속 기도하고 있었다. 그들은 밤을 지새웠고 조금 있으면 날이 밝을 것이다. 그들은 돌아가며 간청의 시편을 낭송했다. 나는 그 분위기가 예수님이 체포되시기 전의 분위기와 비슷했을 것이라고 생각했다.

"저는 며칠 전부터 외투 안에 감추어 두었던 칼을 꺼내야 할지 망설였어요."

"소란 피우지 않길 잘했어. 그랬으면 상황이 더 나빠졌을 거야."

안드레아가 말했다. 그러자 실라스가 말했다.

"우리가 그들보다 수가 더 많았어요. 도망쳐서 상황을 모면할 수도 있었을 거예요."

내가 말을 이었다.

"그런데 마치 베드로가 모든 상황을 지시하기라도 하는 것 같았어요. 베드로가 로마 병사들에게 이렇게 말했죠. '내가 여기에 있소! 찾으러 온 사람이 나라면, 저 사람들은 떠나게 놔두시오.' 두 병사는 베드로의 침착한 모습에 놀란 것 같았어요. 그들은 베드로를 묶지도 않았어요. 그냥 양쪽에서 에워쌌고, 베드로는 항의하지 않고 그들을 따라갔어요. 마치 오래전부터 그런 상황에서 어떻게 행동해야 할지 대비해 둔 것처럼 말이에요. 우리는 꼼짝하지 않고 그 자리에 서 있었어요. 베드로는 뒤돌아보면서 무슨 일이 벌어지는지 잘 안다는 듯 안심시키는 눈길로 우리를 바라보았죠."

나는 그 눈길을 보고서 예전에 체포당한 어떤 인물의 눈길이 떠올랐다는 말은 감히 하지 못했다. 며칠 전에 내가 겟세마니 동산에서 베드로와 나눈 대화도 그들에게 밝히고 싶지 않았다.

그때 안뜰에서 기도하던 우리에게 로데가 쏜살같이 달려왔다.

"그분이 여기 와 계세요!"

"누가?"

"그러니까, 베드로요!"

"여기라니 어디?"

"그게……."

로데가 뒤를 돌아보았는데 뒤에는 아무도 없었다.

"그게, 문 뒤에요! 어라, 내가 문 여는 것을 잊었네."

"그럼 문을 통해서 보았다는 거야?"

"아니에요. 하지만 그분 목소리를 알아들었어요."

"헛소리를 하는구나!"

다른 사람들이 가볍게 로데를 놀렸다.

"그럼 베드로의 천사인가 봐요. 아니면 유령이거나……."

모두 웃기 시작했다. 긴장과 염려에 찬 시간 중에 잠시 찾아온 휴식 같았다. 안드레아가 입가에 미소를 띤 채 속삭였다.

"저승에서 벗어난 사람의 소식을 아침 일찍 전하는 여자라……. 그 여자가 한 말을 헛소리라고 생각하며 아무도 그 말을 믿지 않았지. 그때가 떠오르는군!"

그렇게 말한 안드레아는 불쑥 일어나 안뜰로 달려갔고 우리도 그를 따라갔다. 대문 뒤에서 누군가 힘차게 문을 두드렸다. 안드레아는 의아하다는 눈길로 뒤돌아 우리를 바라보았다. 문을 열어도 될까? 함정일지 몰랐다. 문을 두드리는 소리가 멈추고 목소리가 들려왔다.

"로데! 세상에, 나라고. 문 좀 열라니까!"

의심할 여지가 없었다! 베드로의 목소리였다. 안드레아는 황급히 빗장을 풀고 문을 열었다. 정말 베드로였다. 얼마나 놀랍고 기쁘던지! 동산에 있던 모든 사람은 우리가 달려가는 모습을 보고 우리를 따라왔다. 의심은 기쁨으로, 기쁨은 의구심으로 바뀌었다. 베드로는 우리들 한가운데로 지나가 안뜰의 중앙에 섰다. 너무 소란스러워서 베드로는 사람들을 조용하게 만들려고 손짓을 해야 했다.

"내 말을 못 믿겠지만, 나는 방금 그야말로 '탈출'을 했네. 감옥에서 사슬에 묶인 채 두 병사 사이에서 힘겹게 잠을 자고 있었지. 그런데 그때 내가 꿈을 꾸었던 것일까? 마치 이집트를 벗어난 백성과 함께 있는 것 같았어. 빛의 천사가 나의 옆구리를 쳤어. 그리고 사슬에서 나를 풀어 주었지. 천사는 나를 황급히 일으키더니 허리띠를 매고 신발을 신으라고 했어. 하가다(세데르 때에 읽는 이집트 탈출 이야기)에서 그랬듯이 말이야! 나는 외투를 입고 천사를 따라갔어. 초소를 두 개 지나갔고 감옥의 철문이 저절로 열렸지. 나는 거리로 걸어 나왔고 바로 그때 잠에서 깨어났어. 천사는 이미 사라졌고! 그때 나는 꿈이 아니었다는 사실을 깨달았고 곧장 여기로 달려왔어."

"그자들이 자네가 탈출했다는 사실을 알면 곧바로 여기저기 찾으러 다닐 걸세. 한시라도 빨리 예루살렘을 떠나야 하네."

사울이 현실적으로 말하며 그곳에 모인 사람들에게 조심해야 한다는 사실을 일깨웠다.

"자네 말이 맞아. 당장 떠나겠네. 아직 날이 어두우니 이 틈을 이용하세."

그러자 바르나바가 말했다.

"다윗 임금처럼 유다 사막을 지니기게. 베디니아의 예리고는 피해야 해. 최대한 빨리 요르단강을 건너 게라사 쪽으로 올라가게. 데카폴리스에 이르면 안심할 수 있을 걸세. 일단 거기에 도착하면 안토니오를 찾게. 그가 자네를 맞이할 거고, 자네와 함께 앞으로 지낼 적당한 곳을 정할 걸세."

내가 주저하지 않고 말했다.

"베드로, 저도 함께 떠나겠어요. 제가 안토니오를 잘 알아요."

알렉산드로스가 덧붙였다.

"저도 가겠습니다. 저희가 유용할 거예요."

그러자 베드로가 말했다.

"고맙긴 하다만 그 제안을 거절하겠네. 나도 안토니오를 알고 있어. 히포스에서 예슈아와 함께 작은 배에 탔을 때 그를 얼핏 보았지. 하지만 그보다는, 자네 두 사람이 원하던 일을 할 때가 왔다고 믿어. 자네들은 내 곁에서 충직하게 일하느라 너무 오랫동안 묶여 있었지. 두 사람은 이제 준비가 되었네. 바르나바의 지시를 받아 사울과 함께 안티오키아로 떠나게. 실라스가 괜찮다고 하면 나는 실라스를 데리고 가겠네. 우리는 함께 여행하는 데 익숙하니까."

그러자 실라스가 활짝 미소 지으며 고개를 수그려 보였다.

"어디로 가시든 저도 따라갈게요. 저에게는 큰 영광입니다. 당장 떠날 수 있어요."

나는 실라스가 우리와 헤어지는 일을 그토록 선뜻 받아들이는 모습에 놀랐고 조금은 서운했다. 하지만 실라스는 원래 그런 사람이었다. 그는 계산하는 법 없이 오로지 도움을 주겠다는 마음뿐이었다. 나는 질투심을 느꼈다. 또 베드로가 실라스를 선택하고 이런 식으로 우리를 떠나보내는 데에도 화가 났다. 시간이 흐르고 나서야 나는 베드로가 이미 몇 주 전부터 우리를 떠나보내겠다고 결심했음을 알게 되었다. 그날 밤에 벌어진 사건 때문에 그 시기가 앞당겨졌을 뿐이다. 베드로는 우리가 로마를 정복하러 나설 때가 왔다고 보았다. 그 결정은 베드로가 나를 무척 아낀다는 표시였고 그의 입장에서 보면 나를 놓아 준 것이다. 아버지가 마음은 아프지만 아들을 놓아 주듯 나를 떠나보내는 것이다. 얼마나 마음이 넓은가! 한편 알렉산드로스는 사울과 함께 일하게 되어 정말 기뻐했다. 그는 나보다 더 투명했고 자존심에 상처를 덜 받는 편이었다. 어쨌거나 나는 벌써부터 모험에 도취되어 있었고 한시라도 빨리 떠나고 싶은 마음뿐이었다.

베드로가 말했다.

"안드레아와 요한은 주님의 형제(야고보)에게 가서 내가 예루살렘을 떠난다고 알리게. 내가 어디로 가는지는 알리지 말게. 그 주변 사람들을 완전히 믿지 못하겠으니까 말이야. 내가 없는 동안에 그 사람이 공동체를 책임지기를 바라네. 아직 유다에 있는 자네들과 다른 사도들은 상황이 나아질 때까지 흩어져서 기다리게. 폭군이 언제까지나 득세할 수 없을 걸세. 지극히 높으신 분께서 은총을 내리신다면 우리가 다시 돌아올 수 있겠지."

사울이 말했다.

"야고보에게 공동체를 맡기는 것이 좋은 생각인지 잘 모르겠군."

"자네는 그 사람을 너무 엄하게 판단해."

베드로가 대꾸했다.

"자네도 나도 지극히 높으신 분의 계획을 알지 못하지. 나는 야고보도 우리 모두에게 맡겨진 임무를 위하여 사용되는 도구라고 믿네. 야고보는 신념이 있고 영향력이 커. 그가 기존 관습에 매달리는 경향이 있기는 해도, 역경을 겪는 상황에서 우리가 단결해 있다는 사실은 매우 중요하다네. 우리가 스승님의 제자라는 사실을 알아보는 표징은 바로 우리가 서로에 대해 지닌 사랑이니까 말일세."

8장

단절

 "수적으로 세 배나 많은 페르시아 군대가 저 북쪽에 있는 아르마노스 문으로 돌격해 들어왔어. 한편 알렉산드로스 대왕의 군대는 남쪽 '요나의 통로'로 내려갔는데, 그곳은 저쪽 멀리에 있지. 그 군대는 둘로 갈라지고, 이제는 알렉산드로스가 저 피나로스강 양쪽에서 전장을 선점해. 다리우스는 바다와 저쪽에 있는 산맥 사이에서 옴짝달싹 못하지. 병사를 가로로 넓게 펼칠 수 없게 된 거야. 그래서 어쩔 수 없이 병사를 깊숙한 곳에 배치해. 알렉산드로스의 보병은 팔랑크스Phalanx(밀집 보병 대형으로 알렉산드로스 대왕이 사용한 전술) 전술을 써서 중앙에서 저항하고, 알렉산드로스는 왕의 '친구들'이라고 부르는 자신이 기병을 이끌고서 오른쪽 전선으로 돌파에 나서지. 적군을 왼쪽 측면에서 휩쓸고 페르시아 기병을 압도한 거야. 그렇게 다리우스가 알렉산드로스한테 패배하지. 다리우스는 먼지와 외침, 부상자와 시신이 즐비한 가운데 붙들리기 직전이었어. 하지만 마지막 순간에 충실한 부하들이 제 몸을 방패로 삼아 다리우스가 혼전 중에 도망칠 수 있게 해 줘. 다리우스는 처참하게 전장을 빠져나가. 달아나면서 왕의 상징과 4두 전차, 무기를 전부 버리고 가지. 그 전투로 아케메네스 왕조의 군대 3분의 1 이상이 죽었어."

그날 나는 루포스와 알렉산드로스와 함께 북쪽으로 며칠 동안 선교를 다녀오는 길이었다. 우리는 안티오키아에서 300스타디온 떨어진 이소스 알렉산드리아로 형제 몇 사람을 만나러 가는 일을 자청해서 맡았다. 알렉산드로스 대왕이 이소스 전투 직후에 건설한 그 도시를 본다는 생각만으로 우리는 선뜻 그 일을 하겠다고 나섰다. 돌아오는 길에는 전투지를 보려고 멀리 돌아갔다. 자기와 이름이 같은 마케도니아 왕의 업적을 할아버지에게 들은 알렉산드로스는 그 왕이 다리우스 3세가 이끄는 페르시아 군대에 맞서 거둔 승리를 우리에게 생생하게 이야기했다.

내가 꿈꾸듯 말했다.

"그러니까 바로 이곳에서 위대한 알렉산드로스 대왕이 동방의 문을 열었군."

"그래. 그 전투로 세상의 모습이 바뀐 거야. 다리우스는 유프라테스강까지 달아났고, 그 이후로 알렉산드로스 대왕은 2년 만에 이집트까지 내려가서 알렉산드리아를 건설하지. 대왕은 다시 올라오면서 가우가멜라 평원에서 페르시아인을 완전히 무찔렀어. 바로 이곳에서 동방이 그리스 앞에서 물러난 거야."

"우리도 똑같은 방법을 써야 해."

"그게 무슨 말이야?"

"알렉산드로스는 전략가이자 전술가였어. 그래서 인간이 사는 온 세상을 정복할 수 있었지. 우리도 그 사람을 본받아야 해."

"마르코 형, 복음을 전하는 일을 전쟁에 비유하다니, 적절하지 않은 것 같은데……."

루포스가 끼어들었다.

"그건 잘못 생각하는 거야. 예슈아께서는 우리 가운데에 계실 때에 싸움을 이끄셨어. 암흑의 권세를 물리치려고 뛰어난 전략을 펼치셨지. 안토니오가 우리한테 한 말을 잊었어?"

"그래, 하지만 우리 주님께서 거둘 승리는 이미 예정되어 있었어. 그분의 죽음과 부활로 말이야. 이제 우리가 할 일은 전쟁에 나서는 것이 아니라 사랑을 실천하는 일이야."

"그렇지 않아! 예슈아께서 시작하신 일을 계속해야 해. 상황이 흘러가는 대로 그저 착실하게 복음만 선포해서는 아무것도 얻을 수 없어. 바르나바는 그 사실을 이해했지. 조직을 정비하고 알맞은 방식을 적용하고 계획을 짜야 해. 그렇게 하지 않고서 어떻게 로마 제국을 정복할 수 있겠어?"

"하지만 마르코, 우리가 이소스 알렉산드리아에서 만난 형제들을 봐. 그들이 있다는 사실은 그 어떤 전략을 쓴 결과도 아니야. 그저 하느님께서 선택하신 일이지. 신자들의 수가 불어나는 것은 지극히 높으신 분께서 하시는 일이지 인간이 계획한 일이 아니야."

"지극히 높으신 분도 우리가 선견지명이 있는 뛰어난 전술가가 되는 것을 막지는 않으실 거야. 오히려 그 반대지."

하지만 그 당시에 나는 우리의 전술 능력에 대해 잘못 생각하고 있었다.

우리는 아직 호숫가에서 야영을 하며 멋진 밤을 보낸 다음에 다시 길을 떠났다. 하지만 어부들이 고기를 잡는 평화롭고도 변치 않는 모습을 보면서 나는 마음이 울적해졌다. 카파르나움의 소박한 제방을 탈리아와 함께 걷던 일이 떠올랐다. 그 모든 일이 얼마나 멀게 느껴졌던지!

우리는 폭이 넓은 오론테스 계곡을 내려갔다. 포도밭과 밀밭 사이로, 우리에게 올리브를 공급하는 사람들이 경작하는 올리브 밭을 가로질렀다. 그들 중 몇 명은 이미 하루 일을 시작했다. 우리는 그들에게 인사했다. 그리고 그곳에서 빛나는 도시, '신성하고 침범할 수 없으며 자치적인 도시 안티오키아'를 바라보았다. 내가 돈주머니에서 막 꺼내어 손바닥에 쥐어 든 동전에 그 문구가 새겨져 있었다. 나는 아우구스투스가 승리한 해에 제조된 그 테트라드라크마 은화를 항상 가지고 다녔다. 올리브기름 거래를 훌륭하게 성사시키면서 얻은 은화였다. 알렉산드로스는 내가 그렇게 하는 것에 대해

한 소리했다. 동전의 뒷면에 제우스 신의 형상이 그려져 있었기 때문이다. 루포스는 로마의 수도를 여러 번 다녀와서 그런 것에 대해 자기 형보다 더 융통성이 있었다. 하느님의 것을 하느님께 돌려 드리기만 한다면, 황제의 것은 황제에게 돌려주어도 될 일인데……. 동전을 자세히 뜯어보다가 문득 로마와 알렉산드리아 다음가는 안티오키아의 별명인 '동방의 화관'이라는 표현이 떠올랐다. 참으로 잘 어울리는 이름이었다.

  우리가 안티오키아에 정착하고 벌써 3년이 흘렀다. 나는 다른 곳으로 여행을 떠났다가 돌아올 때마다 탑 400개가 솟은 성벽을 지닌 그 도시를 다시 보는 일이 전혀 지겹지 않았다. 우리는 오론테스 강과 스타우리누스산 사이에 난 포르타 오리엔탈리스 문에 이르렀다. 레무스와 로물루스를 거느린 암늑대(로마의 건국 신화에 나오는 쌍둥이 레무스와 로물루스를 기른 암늑대를 말한다. ─ 편집자 주)의 동상은 여행자가 로마의 눈길이 닿는 곳에 이르렀음을 알렸다. 우리는 헤로데 임금이 세운 웅장한 줄기둥이 난 북쪽 길을 따라 도시를 가로질렀다. 그 길의 너비는 70암마나 되었는데, 티베리우스 황제가 그 길에 난 줄기둥을 대리석으로 장식하게 했다. 하지만 그 기둥은 최근에 일어난 지진으로 훼손되었다. 우리는 칼리굴라 황제가 지금을 대어 실시하는 거대한 재건 공사 현장도 가로질러 갔다. 이스라엘인 공동체 일부가 정착해 사는 실피우스산 아래쪽으로 가려고 공사 현장 한가운데에 있는 원형 극장 즈음에서 왼쪽으로 돌아갔다. 니콜라오스의 집은 수도교에 맞붙어 있었다. 바로 그 구역의 회당에서 니콜라오스가 젊은 날에 유다교로 개종했고, 뒤이어 예루살렘으로 축제를 지내러 갔다가 예수님을 믿게 되었다. 우리가 그 도시에 온 이후로 알렉산드로스와 나는 그의 집에서 지냈다.

루포스는 우리와 헤어져 안티오키아 근교에 있는 다프네라는 마을로 갔다. 형제들이 로마에서 클라우디우스 황제에게 쫓겨나는 바람에 로마에서 지내던 루포스가 그곳으로 왔는데, 루포스는 사울과 바르나바와 함께 다프네에서 지내는 편이 더 안전했다. 카이사르의 칙령으로 다프네는 신성 도피처라는 지위를 누렸기 때문이다. 또 루포스는 그곳에서 이제 우리 형제가 된 헤로데 안티파스의 어린 시절 친구인 마나엔에게 보호를 받았다.

나는 매일 아침 날이 밝으면 알렉산드로스와 함께 아고라Agora(광장)로 갔다. 올리브를 팔기 위해서였다. 우리는 자그마한 판매대에 자리를 잡고 앉아 시장을 밝히는 무수한 색깔, 온갖 미묘한 색조를 감탄하며 바라보았다. 그에 비하면 예루살렘의 향신료 가게들은 칙칙해 보였다. 그중에서 가장 훌륭한 빛깔을 발하는 것은 '비단'이라고 부르는 천이었다. 나는 다른 어느 곳에서도, 심지어 알렉산드리아에 가서도 그토록 눈부신 천을 보지 못한다. 그 천은 세레스(중국)에서 낙타의 등에 실려 왔다.

우리는 이제 그 거대한 도시에 익숙해져, 안티오키아에 온 이후로 우리가 장소를 대하는 척도가 완전히 변했다는 사실을 거의 잊었다. 안티오키아의 번잡함은 게라사, 심지어 예루살렘과도 비교할 수 없었다. 그곳에서는 메디아, 이집트, 키프로스, 페르시아, 인도, 마케도니아, 에스파냐 등지에서 온 사람들을 마주쳤다.

한 세기 전에 그곳을 점령해서 아직도 관계가 미묘한 파르티아 사람들은 국제 거래를 장악하고 있었다. 그들은 상품을 공급했고, 그 상품은 가까운 항구 도시인 셀레우키아에서 로마 전체로 수출되었다. 그 사람들의 카라반은 사치품을 들여왔다. 나는 귀족만 살 수 있는 멋진 자기 제품을 보며 경탄했다. 또 상아, 산호, 유리도 찾아볼 수 있었다. 도시 전체가 상업의 혜택을 보았고, 비교적 최근에 건설되었지만 이제는 매우 중요한 도시가 되었다.

안티오키아는 민족들의 교차로였다. 마레 노스트룸(지중해)의 한 모퉁이에 자리 잡은 그 도시는 동방에서 오는 거대한 무역로가 끝나는 지점이었다.[65] 그 도시는 로마를 향해 문을 열었고, 로마 제국이 자급자족 생활을 하지 않음을 확실하게 보여 주었다. 다른 어느 곳보다 바로 그곳에서 로마가 제국의 내부뿐만이 아니라 외부에서 모든 민족을 연결한다는 사실을 깨달을 수 있었다. 안티오키아에서 로마는 저 먼 곳들을 가리켜 보였고, 또 그곳들은 로마를 가리켜 보

---

[65] 비단길은 한나라(기원전 206년~기원후 220년) 때 특히 발달해서 장안(현재의 시안)을 안티오키아와 연결했다. 비단길은 훗날 마르쿠스 아우렐리우스 황제의 치하에서 다시 발달한다.

였다. 나는 그 사실을 결코 잊지 않을 것이다.

 카파르나움에서 그랬듯이 나는 그림을 그리기에 이상적인 장소를 발견했다. 그리고 그곳에 자주 올라가 기도를 하거나 그림을 그렸다. 우리가 이소스에서 돌아오고 나서 며칠 후, 나는 오후에 살짝 빠져나갔다. 손님이 더 올 일이 없었고, 만일에 대비하여 알렉산드로스가 가게를 지켰다. 나는 황제의 궁전이 있는 섬의 광장을 다시 한 번 지나갔고, 테트라필론Tetrapylon(카르도와 데쿠마누스가 교차하는 곳에 있는 네 개의 기둥)에서 오른쪽으로 꺾었다. 그리고 포도주 가게 앞에 떨어져 있던 널찍한 도기 조각을 하나 집어 들었다. 원형 경기장에 이르러 참호로 둘러싸인 성벽에 이르는 계단을 올라갔다. 그러자 도시 셀레우키아가 내 앞에 펼쳐졌다. 저 멀리 보이는 실피우스 산에는 부유한 저택들이 대롱대롱 매달린 것처럼 보였다. 나는 목탄과 암포라 조각을 꺼내어 위태롭고도 웅장해 보이는 그 도시를 쓱쓱 그렸다.

 오래전부터 나는 그림을 그리면 깊이 생각할 수 있었다. 빛을 더욱 강조하기 위해서 목탄으로 그림자를 짙게 그리면서, 지극히 높으신 분께서 어둡기 그지없는 나라는 존재에서 빛을 드러내려고 도대체 어떻게 하실지 생각해 보았다. 어째서 나는 안티오키아에서 행복하지 않은 걸까? 키드론 골짜기에서 벌어진 사건 때문에 내 삶이 흔들린 이후로 나는 그리스·로마 세계를 꿈꿨다. 나는 안티오키아로 떠나려고 온갖 노력을 다했다. 그리고 그곳에 와 있었다! 하지만 여전히 만족하지 못했다. 내가 손가락으로 문질러 펴는 회색의 색조처럼 나는 둘 사이에 있었다. 나는 이제 더 이상 완전히 유다인이 아니었다. 하지만 그리스인도 로마인도 아니었다. 내가 그토록 열망했던 헬레니즘 세계를 보면서 몹시 슬펐다. 안토니오가 나에게 예고한 적이 있었다. "이교 문명의 삶은 완전히 뒤집혀 있어. 사람들은 무의미한 것들에 빠져 지내지." 안티오키아에서 그러한 슬픈 현실이 몇 가지 나타났다. 돈에 대한 집착, 가난한 사람들에 대한 경멸, 퇴폐적인 연회, 공허한 믿음……. 그리고 사람들은 무언가 의미를 구하는 일에 관심이 없었다. 그렇게 호기심이 없다는 사실이 놀라웠다. 나는 예전에 그 세계를 이상화했다. 그 세계가 선뜻 복음을 받아들일 것이라고 상상했다. 그랬는데 막상 와 보니 오만하고 경박하기 그지없는 세계였다. 예수님의 메시지를 선포하는 일은 무한히 어려워 보였다. 헛될 뿐 아니라 불가능했다.

내가 쥔 목탄이 도기 위에서 날카롭게 끽끽 소리를 내었다. 나는 거대한 수도교를 그렸다. 지중해의 카이사리아에서 본 수도교보다 더 웅장했다. 그것은 파르메니우스강의 물을 운반했다. 산줄기와 나란히 나 있는 수도교는 그 거대한 도시 안티오키아에 식수를 풍부히 공급했고 목욕장과 분수에도 물을 대었다. 나는 카이사르 극장과 조금 더 남쪽에 있는 님파에움을 돋보이게 하는 데 더없는 배경인 수도교의 아치를 여러 개 그렸다. 발밑으로 보이는 배들도 그렸다. 그 배들은 아고라에서 상품을 가져다 싣고 있었다. 그 배들은 이제 곧 오론테스강을 따라서 하류로 60스타디온 떨어진 안티오키아의 항구인 셀레우키아 피에리아까지 항해할 것이다.

나는 스케치를 마무리하고 나서, 앉아 있던 등받이 없는 간이 의자에서 몸을 돌려 황제의 궁전을 감상했다. 그 전면이 원형 경기장의 왼쪽으로 비죽 나와 있었다. 나는 헬레니즘 세계를 비판적으로 바라보기는 했지만, 로마의 정치 조직에는 감탄했다. 안티오키아는 시리아 지방의 수도였다. 계급이 집정관인 그 지방의 총독은 유프라테스강까지 이르는 로마의 영토를 보호해야 했고, 거기에는 당연히 유다 지방도 포함되었다. 가까이에 사는 호전적인 파르티아 사람들도 감시해야 했다. 세 개 로마 군단이 그 임무를 수행하려고 안티오키아에 주둔했다. 그곳에는 평화로운 시기에도 예루살렘의 파스카 기간보다 병사가 더 많이 보였다. 주민들은 율리우스 카이사르가 몸소 와서 안티오키아에 자치권을 준 일을 기억할 뿐 아니라, 아우구스투스가 다녀간 일도 기억했다. 내가 복음이 전파될 것이라고 확신하는 이유가 하나 있다면, 그것은 바로 팍스 아우구스타Pax Augusta였다. 나는 로마 제국을 이루는 조직과 같은 성격을 지닌 조직을 통하여 예수님이 전하신 평화의 메시지가 세상 끝까지 전파될 것이라고 확신했다.

알렉산드로스와 니콜라오스는 내가 날이 저물 무렵이면 어디에 가 있는지 알고 있었다. 내가 성벽 위에 앉아 생각에 잠겨 있는데

성벽에서 바라본 오론테스강, 안티오키아, 실피우스산 아래에 있는 수도교.

그들이 불쑥 나를 찾아왔다.

"바라보는 각도가 괜찮군."

니콜라오스가 내 그림을 보며 말했다.

"니콜라오스, 여기에 도착했을 때 복음을 전하기 위해서 어떻게 했나요?"

내가 그리스어로 물었다. 니콜라오스의 아람어 실력이 짧아 우리는 그와 말할 때 그리스어를 사용했다.

"먼저 회당을 돌아다니기 시작했지. 이곳에 사는 많은 이스라엘 사람이 예수님이 그리스도라는 사실을 받아들였어. 신자 공동체가 빠르게 발전했고, 이 도시 사람들이 우리에게 '그리스도인'이라는 이름을 붙였지. 다프네에 있는 회당 중에서 하나는 완전히 예수님을 믿게 되었어. 바르나바와 사울이 예식을 올리는 회당 말이야."

"회당장들이 그렇게 하게 내버려 두었어요?"

"아니, 전부 그런 것은 아니야. 우리가 한 증언 때문에 유다교를 고수하는 사람들과 개종한 사람들이 갈등을 일으켰지. 유다인 공동체가 여러 세력으로 갈라졌어. 칼리굴라 황제 치하에서 로마 당국은 유다인들 사이에서 벌어지는 끔찍한 세력 다툼에 눈을 감아 버렸지. 그 와중에 그리스도인이 된 사람들은 큰 고생을 했어. 다행히도 클라우디우스 황제가 3년 전에 시문에 알렉산드리아에서 공포된 칙령과 비슷한 관용 칙령을 게시했어."

루포스가 물었다.

"바르나바가 그 시기에 여기에 있었어요?"

"맞아. 한창 갈등이 심할 때 도착했지. 우리는 신자들을 조직하기 위해 바르나바가 정말 필요했어. 우리가 그리스도인이 아닌 유다인과 갈등을 겪었을 뿐 아니라, 신자가 너무 빨리 불어나서 상황을 감당하기 힘들어졌기 때문이야."

"그게 무슨 말인가요?"

"사실, 베드로가 카이사리아에서 코르넬리우스에게 세례를 주기 훨씬 전부터 할례받지 않은 많은 사람이 이곳에서 예수님을 따랐어. 안티오키아에서 너희들도 보았겠지만, 이곳에서 이스라엘의 종교는 민족들에게 훨씬 더 개방적이야. 선교 활동은 디아스포라의 유다인이 사는 곳에서 이루어졌지. 유다인은 오래전부터 할례받지 않은 사람들이 율법을 따르게 만들었어. 안티오키아는 국제적인 도시라서 할례받은 그리스도인들도 그렇게 하기 시작했어. 많은 이방인이 주간 첫날마다 우리 예식을 보러 왔지. 빵을 떼어 나누는 예식은 이미 잘 조직되어 있었고,[66] 우리가 예식을 올릴 때면 많은 사람이 가르침을 들으러 왔어. 바로 그때 바르나바가 온 거야. 이방인이 너무 많아져서 우리가 사방으로 끌려 다니지 않도록 말이야. 바르나바 같은 사람만이 할례받지 않은 사람들에게 할례를 시키지 않고 세례를 줄 수 있었어."

"맞아요. 바르나바에게는 사도들에게 받은 권한이 있었어요."

내가 예루살렘 공동체가 담당하는 역할에 대한 확신에 차서 말했다.

"하지만 예루살렘의 모든 유다인이 바르나바의 방식에 찬동했을

---

[66] 안티오키아 공동체에서 성찬례에 관한 사안이 가장 먼저 다루어졌을 것으로 추정된다.

지는 의문이야."

"성과는 부인할 수 없잖아요. 로마의 문턱에 빛나는 그리스도인 공동체가 있다니, 대단한 성공 아닌가요?"

"그건 그래. 또 네 사촌 바르나바가 카리스마가 무척 강해서 민족들에게서 온 사람들이 개종하는 데에 큰 몫을 했어. 그래서 자연스럽게 신자 공동체의 우두머리가 되었지. 바르나바는 알렉산드로스와 루포스처럼 키레네 출신이지만, 할례받지 않은 루키오스의 경우 같은 사안을 해결해야 했어. 에보디우스나 티토의 경우도 그랬고. 바르나바는 대단한 일을 해낸 거야. 타르수스에서 사울을 데려와서, 두 사람이 함께 사도를 파견하는 일을 계획하고 공동체를 조직했지. 두 사람이 예언자들과 교사들을 지명했어."

"바르나바와 사울이 어떻게 그 일을 했어요? 두 사람은 예전에 그런 책임을 한 번도 맡은 적이 없는데 말이에요!"

"없었지. 하지만 아주 오래전부터 축적되어 온 지식의 덕을 보았어. 유다인들은 이 도시가 건설되던 시기에 와서 정착하면서 도시의 조직 방식을 본떠서 자기네 공동체를 조직했어. 너희들도 이곳 유다인이 어떻게 조직되어 있는지 보았겠지만, 안티오키아와 그 인근 마을 회당들을 대표하는 원로 회의가 있어. 바르나바와 사울은 그와 똑같은 방식으로 그리스도인 공동체를 조직하기로 했어. 마나엔이 조언을 하고 지지해서 큰 도움이 되었지."

내가 이소스에서 돌아오면서 나눈 이야기를 알렉산드로스에게 상기시켰다.

"그것 봐, 알렉산드로스. 내가 그러한 조직이 필요하다고 말했잖아. 그리스·로마 제도에서 사회를 조직하는 기술을 배워야만 해."

"그렇군. 하지만 그러한 조직이 이 세상의 귀족들이 하듯 지배자로 군림하는 방식으로 기능해서는 안 돼. 우리 가운데에서 그런 일이 이루어질 수는 없어. 바르나바를 봐도 그래. 권력자가 아니라 진정한 종이잖아."

우리는 대화를 나누면서 성벽을 내려왔다. 그리고 니콜라오스의 집으로 가려고 다리를 건넜다. 니콜라오스는 집으로 가는 길에 판테온 쪽에 들렀다 가자고 했다. 나는 그가 우리를 어디로 데려가는지 짐작했다. '신곤 길'로 가는 것이었다.

"그리스도는 주님이십니다!"

바로 그곳에서 오후 끝 무렵에 사울이 열정적으로 설교하곤 했다. 루포스가 그를 보조하면서 청중 한 사람 한 사람에게 다가가 말을 걸었다. 우리는 사울의 말에 적잖이 동조하는 행인의 무리에 뒤섞였다. 나는 10대 소년 한 명을 알아보고 다가갔다.

"안녕, 이냐시오."[67]

"안녕하세요, 마르코."

"오늘 저녁 설교는 어때?"

---

67 이냐시오는 안티오키아의 세 번째 주교가 될 인물로 44년경에는 10대 소년이었을 것이다.

"훌륭해요! 평소처럼 저분의 말씀은 한 마디도 놓칠 수 없어요. 그런데 어째서 사람들이 저 말을 듣지 않고 지나가는 걸까요?"

"무관심은 우리의 가장 큰 적이야. 멸시보다도 더 큰 적이지."

나는 소년의 머리칼을 다정하게 쓰다듬었고, 고개를 끄덕여 멀리 있는 사울에게 인사했다. 사울은 우리를 보았지만 아랑곳하지 않고 설교를 계속했다. 우리가 이제는 그저 변두리 마을의 종교에 불과하지 않고, 헬레니즘 문화권의 도시 한복판에서 활동한다는 사실이 얼마나 기쁜지 몰랐다. 우리 종교가 그렇게 확장해 가는 데에 내가 어떤 역할을 담당할지 궁금했다. 공동체의 회계 일 말고 다른 일을 하게 될까? 나는 설교할 만한 카리스마가 없었다. 성격이 급했고 직접적이었다. 나는 금방 싸움을 걸 듯 말했고, 이야기가 두서없었다. 수사법의 가장 간단한 기법도 제대로 사용하지 못했다. 예수님을 그토록 쉽게 선포하는 사람들을 보면 감탄스러웠다. 나는 마음에 입은 상처로 복음을 선포할 때 열정을 스스럼없이 드러내지 못했다. 지극히 높으신 분께서는 나를 다른 일에 쓰려고 계획하는 것이 분명했다. 하지만 그것은 도대체 어떤 일일까?

시간이 이미 늦었다. 우리는 만장일치로 니콜라오스의 집으로 돌아갔다. 그의 아내 카산드라가 저녁 식사로 훌륭한 렌즈콩 요리를 만들어 놓았다.

사울과 바르나바, 루포스는 우리가 사는 곳보다 남쪽에 있는 다프네 마을의 유다인 공동체와 함께 지냈다. 그들은 마나엔에게 재정적으로 도움을 받아 폭포가 가까운 곳에 집을 얻었다. 그들은 물이 가까이 있는 점을 이용해서 아침에는 천막을 만들었다. 천막 제조 산업이 한창 성장하고 있었다. 다프네에 있는 신탁으로 유명한 커다란 아폴로 신전 다프네이온은 로마 제국 전체에 알려진 명소였고 찾아오는 사람이 엄청나게 많았다. 지진이 난 다음에 칼리굴라 황제는 그 마을에서 대규모 공사를 벌이기 시작했다. 특히 목욕장과 수도교를 다시 짓고 있었다. 공사 현장에서 사용할 천막이 필요했기 때문에 새로운 시장이 생겼고, 바로 그 해에 도착한 바르나바와 사울은 곧바로 다프네에 천막 제조 작업장을 만들었다. 하느님의 섭리로 전 해에 천막 수요가 상당히 불어났다. 지역 올림피아 경기가 제대로 관리되지 않자, 그것을 불만스럽게 여긴 클라우디우스 황제는 안티오키아가 올림피아 경기를 개최할 수 있는 권리를 사들이도록 허락했다. 그래서 안티오키아에서 30일 동안 운동 및 공연 행사가 벌어지게 되었다. 올림피아에 참가하는 사람들이 머무는 곳은 천막 제조자들에게 더없이 큰 시장이었다.

사울과 바르나바는 수공업과 상업 활동을 하는 동시에 선교 활동에 온 힘을 쏟았다. 골짜기를 내려다보는 그 평원은 지대가 높아 바람이 선선했고 물이 맑았으며 월계수가 풍부해서 여름에 폭염이 덜했다. 한마디로, 바르나바와 사울이 안정적이고 활동적으로 자신들의 임무를 수행할 수 있는 조건을 모두 갖춘 곳이었다. 그들은 매

내가 조사한 것을 바탕으로 그린 안티오키아에서 셀레우키아까지 이르는 오론테스 계곡 지도. 클라우디우스 황제 2년.

일 아침 식사를 하고 나서 '신곤 길'로 가지 않는 날이면 오후 내내 다프네이온 입구에서 복음을 선포했다. 우리는 휴일이나 우리가 하는 올리브 일이 한가할 때면 그들이 있는 곳으로 가곤 했다. 그곳에서 바르나바는 군중에게 친절하게 말을 걸었다. 나는 그가 타고난 공감 능력으로 사람들을 매료시키는 모습에 감탄했다.

바르나바는 알렉산드로스와 내가 봄에 자기가 있는 다프네의 회당으로 와야 한다고 고집했다. 그러면서 사흘 동안 여행을 떠날 수 있도록 짐을 챙겨 오라고 했다. 바르나바는 오래전부터 우리와 함께 여행을 떠나겠다고 약속했지만, 사도직을 수행하러 테드라폴리스Tetrapolis(안티오키아, 다프네, 아파메아, 라오디케이아)의 두 도시 아파메아와 라오디케이아로 떠났기 때문에 그가 돌아올 때까지 기다려야 했다. 우리는 아침 예배를 마친 다음에 여행을 떠났다. 바르나바는 우리를 카시오스산으로 데려갔다. 마레 노스트룸(지중해)에서는 셀레우키아 남쪽으로 솟아 있는 그 산의 봉우리가 보인다. 우리는 오론테스강 하류의 골짜기를 따라 마을을 벗어나면서 오이를 몇 개 샀다. 그곳의 오이는 로마 제국 전체에서 가장 맛있는 것으로 유명했다. 비가 그쳤고, 백합꽃이 무성하게 핀 들판이 아침 햇살을 받아 노랗게 물들었다. 도시는 그 식물을 약용 기름 형태로 수출했다. 오후에는 강을 따라 나 있는 마지막 협로로 들어서서 걷다가 셀레우키아 남쪽에 있는 바닷가로 나왔다. 우리는 항구에서 몇 스타디온 떨어진 산기슭에서 야영했다.

그다음 날 아침에 우리는 카시오스산을 오르기 시작했다. 바르나바는 어떤 비밀이라도 폭로하려는 것처럼 애매모호한 태도를 보였다. 우리는 주님의 죽음을 기념하고자 단식하는 날인 그 전날에 공동체 지도자들이 중요한 회의를 했다는 사실을 알고 있었다. 산을 오르면서 우리는 바르나바를 부추겨 그 이야기를 하게 만들려고 애썼지만, 그는 우리의 호기심을 자극하고 인내심을 시험하면서 계속 말을 아꼈다. 우리는 정상에 이르렀다. 빠른 걸음으로 산을 올라와서라기보다는, 눈앞에 보이는 풍경에 숨이 턱 막혔다. 바르나바가 일부러 그 날을 택한 것일까? 그 전날 내린 비로 공기가 맑고 상쾌했다. 물결이 출렁이는 수평선 위로 저 멀리 키프로스가 보였다. 나의 사촌이 태어난 그 섬을 보는 것은 처음이었다.

"내가 저곳을 사울한테 얻어 냈지."

바르나바가 자랑스럽게 말했다.

"무슨 말인가요?"

"키프로스 말이야! 우리는 키프로스로 떠날 거야! 사울은 곧바로 아시아[68]로 떠나고 싶어 했지만, 니게르와 루키오스, 마나엔, 내가 키프로스부터 시작하자고 사울을 설득하는 데 성공했어. 그곳에서 레위가 우리를 맞이할 거야."

"그럼 그렇게 다섯 명이 모두 함께 떠나는 건가요?"

"아니, 사울과 나만 떠날 예정이야. 형제들이 우리가 파견되어야 한다고 했어. 내가 여행을 이끌 거야."

"그럼 우리는요?"

나는 마음이 상해 분노에 가까운 감정을 느끼며 물었다. 그 모든

---

[68] 소아시아는 현재의 튀르키예에 해당하는 지역이다. 엄밀하게 말하면 아시아는 튀르키예의 서쪽 부분만 해당한다. 첫 번째 선교 여행 때에는 팜필리아와 갈라티아에만 간다. 마르코는 그 여행에서 조수 역할을 한다(사도 13,5 참조).

결정이 우리 없이 내려진 것 아닌가. 나는 질투했을 뿐 아니라 부당하다고 느꼈다.

바르나바가 짓궂게 미소를 지으며 말했다.

"내가 여행을 이끈다고 하지 않았나. 이런 저런 준비를 할 사람이 필요하고, 어쩌면 관리랑 회계를 볼 그 사람의 친구가 필요할지도 모르지."

나는 내 귀를 믿을 수 없었다. 우리가 첫 번째 선교를 떠나도록 임명된 것이다! 나는 바다를 바라보았다. 그 너머에서 키프로스섬이 우리를 기다리고 있었다. 바르나바에게 고마운 마음을 어떻게 표현해야 할지 몰랐다. 하지만 들뜬 마음은 잠깐이었다.

"제가 꼭 같이 가야 할까요?"

알렉산드로스가 물었다.

"그게 무슨 말이야? 지금 나를 저버리려는 건 아니겠지? 우리는 어렸을 때부터 모든 일을 같이 했잖아."

"나의 사명은 이집트야. 자주 그렇게 말했잖아. 루키오스와도 그렇게 이야기했고. 알렉산드리아, 키레네! 내가 가고 싶은 곳은 바로 그 도시들이야. 하지만 마르코, 너는 떠나도록 해. 나는 일단 여기 안티오키아에 남아 있는 것이 나을 것 같아."

"너 없이는 떠나지 않겠어!"

바르나바는 우정과 소명 사이에서 어찌할 바를 모르는 나를 보더니 절충안을 제시했다.

"알렉산드로스, 우리와 함께 가지. 겨울이 오기 전에, 아니면 늦어도 내년에는 여기로 돌아올 거야. 사울과 함께 있으면서 자네도 많은 것을 배울 수 있을 걸세. 그러고 나면 리비아로 떠날 준비가 될 테고."

알렉산드로스는 그 제안에 설득당했다. 나는 안도의 한숨을 내쉬고 알렉산드로스를 얼싸안았다. 그렇지만 훗날 벌어진 상황을 보면 그가 망설인 것이 옳았다. 하지만 그 순간에 나는 내가 그 여행에서 환멸을 느끼게 되리라는 사실을 알지 못했다.

"그럼 바르나바가 없는 동안에 누가 공동체를 책임지나요?"

"내가 없는 동안에 에보디우스[69]한테 그 일을 맡아 달라고 부탁했어. 원로라서 믿을 만하고, 할례를 받지는 않았지만 예루살렘 공동체가 우위라는 사실을 인정하지. 니게르와 루키오스, 마나엔이 보좌할 거야. 루포스도 로마로 다시 떠나지 못하고 남아 있으면 그 사람을 돕겠지."

나는 할례받지 않은 사람이 그러한 직무를 맡을 수 있다는 사실에 무척 기뻤다. 할례받은 백성에게 우선권이 너무 자주 간다는 생각을 평소에 했기 때문이다. 에보디우스는 지혜롭게 공동체를 돌볼 것이다.

"그럼 우리는 언제 떠나나요?"

---

[69] 에보디우스는 안티오키아 교회의 최초의 주교가 된다.

나는 마음이 급했다.

"페사흐(파스카)가 지나서. 자, 이제 안티오키아에 모인 사람들과 빵을 나누는 예식을 치러야 하니 돌을 몇 개 쌓도록 하지. 그 모든 계획에 감사를 드리는 기회가 될 걸세."

나는 새로운 모험을 앞두고 마음이 설레였다. 여행 준비는 곧바로 시작되었다.

우리는 선장의 부탁을 받고 선미 갑판으로 가서 몇 안 되는 선원들을 도왔다. 활대에 걸쳐진 돛 이음줄을 잡아당겨 큰 돛을 끌어올리는 일이었다. 나는 그 일을 마치고 나서 갑판에 서서 배에 묶인 작은 배가 출렁이며 끌려오는 쪽으로 셀레우키아가 멀어지는 모습을 바라보았다. 카시오스산이 남쪽에 당당하게 서 있었다. 나는 그곳 항구를 잘 알았다. 3년 전에 그 항구에 도착했고, 그곳에서 올리브기름을 선적하는 일을 감독했다. 항구가 지는 해를 받아서 반짝였다. 나는 자연 조건이 불리한 그곳에서 인간이 기술력으로 이루어 낸 쾌거에 감탄했다. 과거에 페니키아 사람들은 단 한 번도 그곳에 항구 시설을 마련하려고 시도하지 않았다. 안티오키아를 오론테스강으로 바다와 연결하려는 셀레우키아 사람들의 의지, 인공적으로 항구를 만들어 내는 헬레니즘 문화의 기술력이 결합되어서야 셀레우키아가 군사적, 상업적으로 해상의 요충지가 될 수 있었다.

나는 알렉산드로스와 함께 라틴어로 '나비스 오네라리아Navis

oneraria'(상업 운송용 선박)라고 부르는 무역선 한 대를 어렵지 않게 구했다. 그 화물선의 선장은 우리 네 사람을 모두 태우기로 했다. 데려가는 선원이 몇 사람밖에 되지 않아 우리가 일손에 보탬이 될 것이다. 그 배는 포도주가 든 암포라를 주로 운송했지만, 카이사리아에서 역청 덩어리도 실었다. 살라미스까지 가는 배가 자주 있었기 때문에 뱃삯을 그다지 비싸지 않게 정할 수 있었다.

나는 카이사리아를 떠났을 때보다 더욱 감격했다. 3년 전에 우리는 육지에서 멀지 않은 바다를 항해했다. 이번에는 수심이 깊은 물을 지날 것이다. 물론 먼 항해는 아니었다. 하지만 성경, 특히 시편에서 바다를 건너는 일은 흥미진진한 주제다. 그것은 죽음에 승리함과 동시에 민족들을 정복하는 일을 상징한다. 토라(유대교 율법)와 예언서들이 바다를 언급한 구절을 떠올리려고 애쓰다가 문득 어떤 생각이 들었다. 그리스도인도 자기만의 이야기를 지녀야 한다는 생각 말이다. 예수님도 데카폴리스에 가셨을 때 상징적으로 바다를 건너지 않으셨던가?

그다음 날 저녁 해가 질 무렵에 우리는 카르파스 반도의 동쪽 끝에 이르렀다. 우리는 밤에 배의 우현에 서서 그 길쭉한 땅을 따라갔다. 달빛이 밝아 해안과 기슭이 또렷이 보였다. 바르나바가 느끼는 감동이 나에게까지 전해졌다. 그는 몇 년 만에 키프로스로 돌아오는 것이었다. 안티오키아에 있으면서 더 일찍 키프로스를 찾아갈 수도 있었겠지만, 테트라폴리스에서 해야 할 일이 너무 많아 그럴 시간이 없었다.

바람이 없어서 우리는 하루를 더 항해한 다음에야 살라미스에 내렸다. 바르나바는 우리를 자신의 형제인 레위의 집에 데려갔다. 나는 바르나바가 여러 번 이야기한 사촌을 만나 무척 기뻤다.

"기만하는 자, 사기꾼, 악마의 자식, 정의의 원수……. 사울, 말이 너무 심한 것 아니오?"

우리는 경악했다! 총독은 나무라는 표정으로 눈썹을 찌푸렸다.[70] 회랑에서 긴장감은 극도로 고조되어 있었다.

사울이 강하게 말했다.

"세르기우스, 그건 진실입니다. 그 사람은 지금 당신을 속이고 있습니다."

"하지만 그 사람은 내 밑에서 일한 지 오래되었고, 나는 그 사람 말을 듣기를 좋아하오. 당신을 여기로 오게 한 이유는 당신의 설교에 대해 좋은 말을 많이 들었기 때문이지, 우리 집안의 질서를 어지럽히기 위해서가 아니오."

"혼란을 일으키는 것은 그 거짓 예언자입니다. 이사야 예언자는 주님의 길을 곧게 내라고 말했죠. 그런데 그 사람은 마술 행위를 해서 주님의 길을 굽이치게 만들고 있어요. 그는 현명하고 신중한 당

---

[70] 이 이야기는 사도행전 13장 4-12절에서 찾아볼 수 있다.

신까지도 눈이 멀게 만들었죠. 저는 하느님께 호소합니다. 도리어 그를 눈이 멀게 해 달라고 말입니다!"

그러자 갑자기 마술사 바르예수가 비틀거리기 시작했다. 한 손으로 자기 눈을 비비면서 다른 손으로 사방을 더듬었다. 알렉산드로스는 차분히 걸어가 그의 팔을 붙들어 안뜰로 내보냈다. 저주가 내린 것이 확실했기에 그 모습을 목격한 사람들은 놀라서 나직이 중얼거렸다. 하지만 나는 그저 어깨를 으쓱였다. 사울이 그런 일을 벌이는 것이 싫었기 때문이다. 이른바 표징이라는 그런 일이 굳이 필요한지 알 수 없었다. 우리는 키프로스에 도착한 이후로 몇 주 동안 섬을 동쪽에서 서쪽으로 파포스까지 가로지르며 회당을 하나씩 찾아갔다. 사울은 훌륭하게 설교했고, 그때까지 우리 때문에 소동이 벌어지지도 않았다. 하지만 그 일은……. 사울은 왜 천박한 점쟁이처럼 주문을 중얼거려야 했을까? 그렇게 하면서 자기가 면박을 준 마술사와 똑같은 방법을 사용한 것은 아닌가? 내가 보기에 그러한 방식은 우리가 전하는 메시지와 정반대되는 것 같았다. 게다가 이제 막 임명된 로마 총독을 당혹스럽게 만들다니, 얼마나 섣부른 실수인가! 나는 화가 나서 견딜 수가 없었다.

며칠이 지나서야 나는 잠정적으로 사울에 대한 분노를 가라앉힐 수 있었다. 세르기우스 바오로 총독은 좋게 반응했다. 그는 바르예수를 쫓아냈을 뿐만 아니라, 사울과 놀랍도록 지적으로 죽이 잘 맞아 여러 날을 함께 보냈다. 사울이 전하는 가르침은 더없이 풍성했다. 나는 그 이전에 사울의 설교를 여러 번 들었다. 하지만 그곳 파포스에서 사울은 전에 없이 훌륭했다. 사울은 교양 있고 세련된 로마인 총독에게 적절한 표현을 찾아내이 말했다. 그가 설득하는 말을 듣고 있노라면 예수님을 믿는 일은 당연해 보였다. 세르기우스 총독은 세례를 달라고 청했다. 그리고 사울에게 자신의 피보호자가 되거나, 로마의 고위 관리가 할 수 있는 입양 절차를 거쳐서 자기 가족이 되라고 제안했다. 사울은 그 제안을 받아들였고, 총독의 두 번째 이름인 바오로를 일상적인 이름으로 사용하기 시작했다. 사울도 나처럼 라틴어 이름을 갖게 되었다는 사실이 나에게는 큰 일로 다가왔다. 하지만 그 당시 나는 사울, 즉 바오로가 그의 후원자와 친분을 맺는 일로 그와 갈라지게 되리라는 사실을 알지 못했다.

"히에라폴리스 다음에 에페소까지 갈 시간이 있을까요?"

알렉산드로스가 바르나바에게 물었다.

세르기우스 총독은 우리가 로마 제국 우편을 실어 나르는 쾌속선을 이용할 수 있도록 허락했다. 우리 네 사람은 곧장 페르게로 항해하고 있었다. 우리는 모두 앞쪽 갑판에 밧줄을 쌓아 둔 뭉치 위에 앉아 모험을 꿈꾸었다. 팜필리아를 거친 다음에 아시아로 가는 것이다!

"우리는 히에라폴리스로 가지 않을 걸세."

바오로가 불쑥 말했다.

"왜죠?"

"우리는 피시디아의 안티오키아까지 갔다가, 아마도 리카오니아로 갈 거야."

"뭐라고요? 그리스어도 제대로 말하지 못하는 야만국에서 무얼 한다는 말인가요?[71] 게다가 그곳은 전염병으로 오염되어 있잖아요!"

바오로가 짜증스러운 듯 대꾸했다.

"그들 역시 복음을 들을 권리가 있네."

나는 화가 났다. 그것은 우리가 안티오키아를 떠나면서 정한 일정이 아니었다. 피시디아로 가면 우리는 다시 타르수스 쪽으로 되돌아가는 꼴이었다. 바오로와 나 사이에 팽팽한 긴장이 감돌기 시작했다. 바르나바와 알렉산드로스는 감히 끼어들지 못했다. 내가 고집했다.

"정해진 일정을 바꾸는 데 찬성하지 않아요. 이제는 더 이상 마음 내키는 대로 돌아다니면서 설교하는 시절이 아니잖아요. 우리는 함께 정한 전략을 따라야 해요. 아시아로 가기로 결정했으니……."

"세르기우스가 갈라티아 고원에 넓은 영지를 소유하고 있는데, 그곳에 있는 사람들을 소개시켜 주었어. 세르기우스의 아들이 그 지방 명사의 딸과 혼인해서 살고 있으니 그곳에서 우리를 맞이할

---

[71] 바오로와 바르나바는 리카오니아어를 말하는 군중과 소통하는 데 어려움을 겪게 된다(사도 14,8-18 참조).

거야. 세르기우스는 그 지방 전역에서 변함없는 후원자로 높이 평가받고 있어. 우리는 우리가 지닌 조직망을 이용해야 해."

"그래도 그렇죠, 이제 막 회심한 그 총독이 우리가 어디로 가야 할지 정한다는 것은 말도 안 돼요! 그 사람이 사울에게 자기 이름을 주더니, 이제는 명령까지 내립니까?"

바르나바가 끼어들어 논쟁을 가라앉히려고 시도했다.

"우리는 현장에서 지원을 받을 필요가 있어. 바오로는 직물 쪽으로 타르수스와 피시디아의 안티오키아 사이를 잇는 세바스테 가도를 따라 아는 사람이 많아. 우리는 여기 저기 흩어진 회당에 의존할 수 있을 걸세."

"유다인 디아스포라 조직망에만 의존해야 하나요? 주님께서는 새 포도주를 헌 가죽 부대에 담지 말라고 하셨잖아요. 또 킬리키아 쪽으로 되돌아갈 것이었으면, 바오로가 우리를 해안으로 데려다 주면 충분했을 테죠. 페르게부터 토로스산맥의 위험한 협로를 따라 올라가는 위험까지 감수할 필요는 없다고요. 저 앞쪽을 보세요. 정상이 구름에 가려진 저 깎아지른 산맥을요. 낙상해서 크게 다치거나 도적을 만날 겁니다!"

바오로가 언성을 높이며 대꾸했다.

"이보게, 마르코. 바르나바와 세르기우스와 함께 그렇게 계획을 세웠네. 바르나바가 이번 선교 여행을 이끌고 있으니 바르나바에게 순종해야 하네."

"바르나바가 대장일지 모르지만, 준비를 책임지는 것은 접니다. 우리는 네 사람밖에 되지 않아요. 최소한 여정은 함께 정해야 하는 것 아닌가요! 여정을 바꾸는 일이라면 더더욱 그렇고요!"

나는 비록 누군가가 일하는 방식이 마음에 들지 않더라도 그 사람과 계속 함께할 뜻이 있었다. 어쨌거나 바오로의 혈기에는 나도 감탄할 수밖에 없었으니 말이다. 하지만 하느님의 계획을 뒤흔드는 사람은 신뢰할 수 없었다! 우리는 길을 떠나기 전에 전략을 미리 정해 두었다. 바오로가 어떻게 그 전략을 완전히 바꾸도록 바르나바를 설득했을까?

알렉산드로스와 나는 페르게의 부두에서 하선하며 여행을 중단했다.[72] 나는 고집 때문이었고, 알렉산드로스는 우정에 충실했기 때문이었다. 알렉산드로스가 앞으로 얼마나 오랫동안 나의 융통성 없는 기질을 견디어 낼까?

바르나바와 바오로는 멜라스강 계곡 쪽으로 떠났다. 바오로는 우리에게 작별 인사도 하지 않았다. 바르나바는 마치 아버지처럼 나에게 인사를 했다. 아들이 어떤 결정을 내리고서 이미 후회하고 있지만 자존심 때문에 그 결정을 번복하지 못한다는 사실을 알고 있는 아버지처럼 말이다. 그는 나의 반발을 존중했다.

그 실패는 쓰라렸다. 나는 지금도 그때 취했어야 할 전략에 대한

---

72 사도행전 13장 13절과 15장 37-39절 참조.

나의 견해가 옳았다고 믿는다. 하지만 그렇다고 나를 신뢰한 두 사람을 저버려야 했을까? 내가 그들을 저버린 일은 또 다른 배신, 어떤 사람이 제 길을 계속 걸어갈 때 내가 등을 돌리고 도망친 일을 떠올리게 했다. 그 상처의 틈새가 다시 벌어졌다. 엄청난 슬픔이 나를 덮쳤다.

나는 함께 선교를 떠난 사람들 없이 안티오키아로 돌아가기가 너무 부끄러웠다. 고향을 떠난 지 이제 막 3년이 지났다. 나는 집으로 돌아가야 했다. 실패하고 좌절을 겪은 그 시기에 나는 어머니가 필요했다. 또 애초에 받은 상처도 다시 돌아보아야 했다. 그 고통스러운 일을 해내려면 아버지 같은 사람이 필요했다. 나는 베드로가 예루살렘에 돌아와 있기를 바랐다.

9장

대립

"그 사람들을 들여보내시오!"

야고보의 목소리가 울렸다. 격렬한 논의가 끝없이 이어지고 있었다. 베드로는 발언을 막 마친 후 요한의 옆자리로 돌아가 앉았다.[73] 베드로는 우리의 의견을 묻는 뜻으로 알렉산드로스와 실라스, 나에게 몸을 기울였다. 우리는 차례로 고개를 끄덕여 찬성의 뜻을 표했다. 시종 한 사람이 현관의 대기실로 이어지는 문을 열었다. 널찍하기는 했으나 사도 회의를 열기에는 좁은 방으로 세 남자가 들어왔다. 그곳의 분위기는 믿는 이들의 회의라기보다는 재판정에 가까웠다. 바르나바는 그 전날 겟세마니 동산에 들렀기에 만났지만,

---

[73] 사도행전 15장과 갈라티아 신자들에게 보낸 서간 2장 1-10절 참조.

바오로를 다시 보는 것은 페르게 이후로 처음이었다. 그 두 사람은 나도 시리아에서 만난 적이 있는 티토와 함께 있었다.

선교를 떠났던 바오로와 바르나바가 들어서자 사람들이 웅성거렸다. 낯선 젊은이가 등장한 것도 궁금증을 불러일으켰다. 하지만 형제가 된 일부 바리사이들은 안티오키아로 선교를 떠났던 두 사람에 대한 적의를 감추지 않았다. 이곳 예루살렘에서 많은 사람은 바르나바와 바오로가 취하는 입장을 이단으로 간주했다. 주님의 형제 야고보가 의장 자리에서 일어섰다.

"친애하는 형제 여러분, 조용히 해 주십시오. 베드로가 방금 입장을 표명했습니다. 이제는 사울과 바르나바가 할례받지 않은 사람들에 대하여 취한 선택과 입장을 변호하는 말을 들어 봅시다."

야고보는 자리에 앉으면서 서 있는 두 사람이 변론하도록 했다. 바르나바가 발언했다. 그는 피시디아와 리카오니아로 선교를 간 이야기를 했다.[74] 바르나바의 흥미진진한 이야기를 들으며 나는 좌절하면서도 감탄했다. 나는 팜필리아에서 하선하면서 선교를 떠나기를 포기한 일에 아직도 회한을 느끼고 있었다. 내가 존경하는 형제들을 배반했다는 사실을 알고 있었다. 나는 바오로에게 인사를 해야 할 순간이 두려웠다.

바르나바는 이민족 출신 사람들이 회당에서 설교에 얼마나 큰

---

[74] 이 선교 이야기는 사도행전 13-14장에 나온다.

관심을 보이는지 자세히 이야기했다. 할례받은 사람 가운데 시기하는 이들이 박해를 조장했다. 그들은 두 사도를 도시마다 쫓아다니며 괴롭혔다. 심지어 바오로에게 돌을 던지기까지 했다! 그리고 바오로가 죽건 말건 내버려 두었다. 그러한 시련을 겪고서도 두 증언자는 리스트라, 이코니온, 피시디아의 안티오키아를 다니며 신자 공동체를 굳건하게 만들었고 그 공동체를 이끌 원로들을 뽑았다. 모인 사람들은 바르나바가 하는 말을 귀 담아 들었다. 그는 회당이 고요한 가운데 이야기를 마쳤다. 바오로가 앞으로 나섰다. 논쟁은 격렬해질 듯했다. 그는 한 손을 들더니 아람어로 말했다.

"형제 여러분, 우리가 지금 이 자리에서 여러분 앞에 선 것은 오로지 예슈아께 충실한 마음에서 우러나서 한 행동이 정당함을 증명하기 위해서입니다. 방금 바르나바가 하느님께서 고임(이민족들) 가운데서 우리 손을 통하여 이루신 표징과 놀라운 일들을 여러분에게 이야기했습니다. 그 사람들은 신앙으로 예슈아를 따르게 되었습니다. 일부 거짓된 형제들이 어찌하여 그 사람들을 굳이 율법에 예속시키고 할례에 구속되게 만들려고 합니까?"

성구 상자를 달고 있던 바리사이 한 사람이 격노하며 일어섰다.

"당신은 바리사이고 바리사이의 아들이며, 심지어 이곳에서 가말리엘의 가르침을 받았는데 어떻게 그런 끔찍한 소리를 할 수 있습니까? 우리는 율법에 충실해야만 자유로워질 수 있습니다."

"위선자여! 율법이 우리를 죄에서 해방시켜 줄 거라고 믿습니까?

자유롭고자 한다면 당신 자신이 죽음으로써 우리를 해방시켜 주신 유일한 분께서 개입하셔야만 합니다."

"예슈아께서는 할례를 받으셨습니다. 그리고 율법에서 한 획도 없어지지 않을 거라고 단언하셨습니다. 모세의 율법이 규정한 바에 따르면, 할례를 받지 않고서 어떻게 구원을 받을 수 있겠습니까?"

"이해하지 못한 겁니까? 율법으로는 아무도 의롭게 될 수 없다는 사실을! 성경에서는 우리 선조인 아브라함이 믿음으로 의롭게 되었다고 말하지 않았습니까? 그런데 아브라함은 모세가 율법을 선포하기 훨씬 전에 살았습니다."

"아브라함은 할례를 받았습니다."

"그렇습니다. 하지만 하느님께서는 그가 할례받기 훨씬 전에 그가 의롭다고 말씀하셨습니다."

토론은 격해졌다. 하지만 초반에 벌어진 그 대립은 앞으로 벌어질 대립에 비하면 아무것도 아니었다. 바오로는 모인 사람에게 모두 도전하듯이, 하지만 또한 티토가 이해할 수 있도록 그리스어로 말하기 시작했다.

"형제 여러분. 저는 이 사람을 여기에 데려왔습니다."

그러면서 바오로는 곁에 있던 젊은이를 손으로 가리켰다.

"이 사람의 이름은 티토입니다. 그는 예수님께서 자신의 구원자임을 인정한 날, 삶이 완전히 바뀌었습니다. 저는 이 사람에게 세례를 주고 신앙으로 다시 태어나게 했습니다. 그날 이후로 안티오키아에서 복음을 선포하는 일에서 이 사람에 비견할 인물은 아무도 없습니다. 이 사람의 믿음은 확실하고, 그가 지닌 사랑은 나무랄 데 없습니다. 여러분에게 묻습니다. 제가 이 사람에게 할례를 받으라고 강요하고, 우리 중에서 그 누구도 결코 질 수 없던 멍에를 지게 만들어야만 하겠습니까?"

유다인파 형제들이 티토가 할례받지 않았다는 사실을 깨닫자 웅성거리기 시작했다. 그리스어를 잘 모르는 사람들은 자기가 잘못 이해했다고 생각했다. 다른 이들은 크게 분노했다. 모인 사람들의 절반이 자리에서 일어났고, 각자 자기 뜻에 찬동하는 사람을 찾으려고 주변을 돌아보았다.

격분한 어느 바리사이가 과장된 몸짓으로 탈리트tallit(유다인이 기도할 때 덮어 쓰는 솔)로 제 머리를 가리면서 히브리어로 소리 질렀다.

"우리가 안티오키아와 리스트라로 시찰을 다녀와서 여러분에게 말하지 않았습니까! 저 사람들은 할례를 완전히 무시한다고요!"

공동체 내에서 불화가 그토록 심한 적은 없었다. 야고보는 다시 자리에서 일어나야 했다. 그가 사람들을 조용하게 만드는 데 시간이 꽤 오래 걸렸다. 모두가 몹시 흥분한 상태로 그가 말하기를 기다렸다. 야고보는 자신이 지닌 도덕적 권위의 무게를 어느 편에 실어 줄까?

"친애하는 형제 여러분, 냉정함을 되찾으십시오! 우리는 아고라의 그리스인도 아니고 포룸의 로마인도 아닙니다. 이 사안을 평화롭게 검토해야 합니다. 시메온[75]이 카이사리아의 백인대장에 대한 일을 우리에게 상기시켜 주었습니다. 확실히 하느님께서는 그날 시메온에게 '무할례자'[76]들이 세례를 받을 수 있다는 사실을 보여 주셨습니다. 그러므로 아모스 예언자의 말에 따라, 이민족 출신이면서 하느님의 거룩한 백성인 사람들이 있는 것입니다. 저는 우리가 그 백성을 할례 때문에 저버릴 수는 없다고 봅니다. 그들에게 단순히 우상에게 바쳐 더러워진 음식과 목 졸라 죽인 짐승의 고기와 피와 불륜을 멀리하라고 합시다. 이러한 결정에 대해 모두 동의하리라 기대합니다. 반대하는 사람 있습니까?"

야고보의 목소리는 단호했다. 아무도 대답하지 않았다. 공동체의 수장으로서 그가 발산하는 휘광 때문이었을까? 아니면 그가 취한 미묘한 입장 덕분이었을까? 베드로와 바오로는 상당히 만족스러워하는 것 같았다. 그렇지 않았다면 반박했을 것이다. 한편 바리사이들은 평소에 자신의 견해를 옹호하던 사람에게 반대할 수 없었다. 핵심적인 사항은 지켜 냈다고 생각하는 것일 수도 있다. 나는 그러한 합의로는 분란이 겉으로만 해결된다고 확신했다. 그 합의는 엉성하고 허술했고, 고통스러운 오해와 몰이해를 불러일으킬 소

---

[75] 예수님이 사도들의 으뜸을 '베드로'라고 부르기 전 이름인 '시몬'의 아람어 발음이다.
[76] 야고보가 사용한 '무無할례자incirconcis'라는 말은 '할례받지 않은 사람non-circoncis'이라는 중립적인 표현과 달리 경멸의 뜻을 나타낸다.

지가 있었다. 즉 분열을 야기할 요인이었다. 청중이 아무런 말이 없자, 야고보는 누가 나서서 의견을 바꾸기 전에 토론을 마무리했다. 그는 신속하게 합의된 사항과 그것이 적용될 방식을 명시했다.

"우리는 사울이 고임(이민족들)에게 가도록 놔둘 것입니다. 유다의 형제들은 할례받은 자들에게 갈 것입니다. 티토에 대해서는, 사울이 그의 처지와 임무의 범위를 정하도록 합시다. 나는 안티오키아의 형제들에게 보내는 편지를 작성하겠습니다. 시메온이 허락한다면, 아무도 그 믿음을 의심할 수 없는 실라스가 바르나바와 사울과 함께 떠날 것입니다. 실라스는 예후다와 함께 가급적 일찍 떠나도록 하는 것이 좋겠습니다. 두 사람은 그 편지를 사람들에게 읽어 줄 것입니다. 이것으로 회의를 마칩니다."

야고보는 바오로와 바르나바에게 다가갔다. 그는 두 사람에게 과장된 몸짓으로 인사를 한 다음에 티토는 무시하고 뒤돌아 갔다. 베드로와 요한은 동료 세 사람에게 갔다. 다섯 사람은 서로에게 축하하는 말을 했고, 실라스는 예루살렘 공동체의 우두머리에게 지시를 받으러 갔다. 바오로는 나에게 눈길 한 번 주지 않았다. 그가 지닌 악감정이 아직 가시지 않은 것 같았다.

나는 알렉산드로스와 함께 슬쩍 밖으로 나갔다. 바르나바가 그것을 보고 우리에게 왔다. 우리 세 사람은 골목길을 따라 동쪽으로 내려가 실로암 연못으로 갔다. 속이 부글부글 끓던 나는 바르나바에게 의심스러운 마음을 털어놓았다.

"순전히 위선에 불과해요! 아무것도 해결되지 않았어요."

바르나바가 대꾸했다.

"고임(이민족들)이 할례받지 않아도 된다는 약속을 받아냈어. 그것이 목표였지."

"그것이 술수가 아니고 뭡니까! 논쟁에서는 의례 문제만 다뤘잖아요. 할례를 받도록 강요하지 않게 된 것은 맞아요. 하지만 레위기에서 이방인에게 규정하는 네 가지 지침을 강요하잖아요. 어쨌거나 그 사람들을 토라(유다교 율법)에 구속받게 하다니, 교묘하게 그 사람들을 낮추는 거예요. 또 진짜 문제는 의례가 아니에요. 관건은, 유다인이 고임(이민족들)과 더불어 유일한 하나의 백성을 이룰 준비가 되었느냐 아니냐 하는 문제에요."

알렉산드로스가 말했다.

"그래도 그렇게 일치를 이룬 것은 좋은 시작이라고 인정해야지."

"겉보기에만 반지르르한 합의라는 제단 위에서 헐값에 사들인 평화지. 야고보는 티토에게 인사조차 안 했잖아. 또 야고보가 사용한 말을 봐. 이민족 출신의 백성이라고 했어. 선택받은 백성과 더욱 잘 구분하려는 듯한 말이지. 그러니 야고보는 이민족 출신 형제들을 '이방인'으로 대하는 거야. 별로 듣기 좋은 말이 아니고, 또 '무할례자'라는 말도 그래. 그리고 야고보가 가장 민족주의적인 예언자의 한 사람인 아모스의 말을 인용한 것도 우연이 아니야. 야고보는 베드로가 할례받은 사람들에게 선교하는 일을 바오로가 고임(이민족들)에게 선교하는 일과 분리하고 있어. 게다가 베드로를 매우 히브리어적인 이름 시메온으로 부르지. 바리사이가 어째서 반대하지 않았다고 생각해? 그들이 자기네가 원하던 것, 그러니까 할례받은 사람과 할례받지 않은 사람을 분리하는 조처를 얻어 내지 않았다면 그렇게 반응했을 거라고 생각해? 그 둘이 갈라진 것이 확실한데, 어째서 바오로가 그대로 하게 놔두었는지 이해하지 못하겠어. 불같던 성질을 붙들어 매기라도 한 걸까?"

바르나바가 대꾸했다.

"나는 바오로가 전략가로서 행동한다고 보네. 자기가 지닌 장기판의 말들을 조금씩 전진시키는 거지. 원로 회의가 열리기 전에 우리가 그렇게 합의를 보았네. 베드로가 할례받은 사람들을 담당해서 바오로가 다른 사람들에 대해 자유롭게 행동할 수 있도록 말이야."

"원로 회의라고요? 자기 의견을 강요하는 야고보, 계산적인 바리사이들, 굽실대는 베드로, 겉으로 일치를 보았다고 만족해하면서 저한테는 인사조차 하지 않는 바오로가 벌인 회의일 뿐이잖아요."

"그것이 문제로군, 마르코. 너는 사실 화가 난 거야."

"그런 게 아니에요."

나는 악에 받쳐 대꾸했다.

"그런 식으로 기만적으로 합의를 본 것에 대해 화가 난 거라고요. 그런 합의로는 낭패를 볼 게 뻔해요."

훗날 벌어질 일들로 내 생각이 옳았음이 밝혀질 것이다. 나는 인상을 찌푸렸다. 우리는 무거운 침묵 속에서 계속 걸었다. 도시 아래쪽에 이르러 키드론 골짜기를 향해 난 문을 통과했다. 그리고 아디아베네(파르티아 제국의 종속국. ― 편집자 주)의 헬레나 왕비가 지금을 대어 건설한 저지대 도시의 성벽을 따라갔다. 예루살렘은 이스라엘의 종교로 개종한 그 왕비에게 빚을 졌다. 왕비가 그 지역에 기근이 닥친 지난 3년 동안 도시에 필요한 자금을 대었기 때문이다. 야고보의 동료들은 어떻게 이방인 여인, 새로운 스바 여왕(열왕기 상권 10장에서 솔로몬 임금을 찾아왔던 스바 여왕에 비유한 것이다. ― 편집자 주)이 선택받은 백성에게 베푼 선행을 인정하지 않을 수 있다는 말인가? 우리는 겟세마니 동산에 도착했다. 솔로몬이 궁금해하면서 우리를 기다리고 있었다. 그는 사도 회의가 어떻게 진행되었는지 알고 싶어 했다. 하지만 우리가 각자 말하는 내용이 달라 무척 놀랐다.

나는 그날 벌인 논쟁에 기분이 상해 식사를 간단히 한 다음에 방으로 올라갔다. 그리고 잠자리에 드러누웠다. 바르나바가 열정적으로 전한 선교 이야기를 생각했다. 그가 그렇게 떠난 동안에 나는 무엇을 했나? 페르게에서 그들과 헤어진 다음에 나는 무엇을 이루었나? 3년 전에 예루살렘으로 돌아오면서, 나는 완전히 실패하고 말았다는 확신이 들었다. 그런 식으로 시작점으로 돌아온 나는 절망에 빠졌다. 7전에 입은 끔찍한 상처가 다시금 생생하게 다가왔다. 하지만 예루살렘에서 보낸 몇 년이 여러 면에서 풍성했다는 생각은 지울 수 없었다.

어머니의 온화하고 신뢰에 찬 눈길을 받고서야 나는 그때껏 걸어온 길이 헛되지 않았다는 사실을 깨달았다. 친숙한 장소로 되돌아오자 마음이 차분해졌다. 어린 시절에 하던 일을 다시 시작했다. 나는 성실하게 올리브 농장을 관리하는 솔로몬을 보조했다. 사도들과 가장 가까운 신자 공동체 일부가 여전히 우리 집에서 모였다. 사도들이 보이는 깊은 우애를 본 솔로몬은 세례를 베풀어 달라고 부탁했다. 헤로데 아그리파스 임금이 죽고 나서 베드로와 실라스는 돌아올 수 있었다.

안드레아는 메소포타미아에서 돌아와 잠시 머물다 갔다. 나는 그와 함께 시간을 보낼 수 있어 기뻤다. 그는 영원히 나의 첫 스승으로 남을 것이다. 우리는 올리브 농장의 테라스에서 성전의 벽을 바라보며 오랜 시간을 함께 보냈다. 안드레아는 자신과 베드로, 야고보, 요한 네 사람이 예수님과 함께 올리브산에 앉아서 성전을 바라보고 있을 때 그분이 하신 말씀을 나에게 전해 주었다.[77] 예수님은 그때 그들에게 경고하셨다. 그들이 회당과 법정에, 총독들과 임금들에게 넘겨질 것이라고……. 그러한 예언이 이루어지는 것처럼 보였다. 예수님은 더욱 신비롭게도 성전의 돌 하나도 다른 돌 위에 남아 있지 않을 것이라고도 선포하셨는데, 참으로 상상하기 힘든

---

77 예수님이 하신 말씀은 마르코 복음서 13장에 나온다.

일이었다!

나는 안드레아와 함께 예수님이 생애의 마지막 나날을 보내신 장소를 찾아다녔다. 그는 예수님이 체포되기 전에 어디로 오가셨는지 속속들이 알려 주었다. 우리는 그 금요일에 벌어진 일을 다시 구성해 보았다. 공동체 내에서 떠돌고 있었으며 파스카 후 여덟 번째 날마다 회당에서 선포하던 이야기[78]를 바탕으로 삼았다. 그 이야기에는 예수님의 죽음과 연관된 서로 다른 사람들의 증언이 담겨 있었다. 알렉산드로스와 루포스의 아버지이고 예수님이 파티불룸 Patibulum(십자가 형틀의 가로대)을 지시는 것을 도와준 시몬의 증언, 마리아 막달레나의 증언, 또 골고타에 있었고 안식일 다음 날에도 있던 여자 몇 사람의 증언이 있었다. 또한 십자가 밑에서 몹시 두려워한 군인 론지노는 예수님이 빌라도에게 심판받으신 일과 십자가에 못 박히신 일, 숨을 거두시기 전에 시편 22편을 인용하여 하신 말씀을 전했는데, 나는 그 말을 영원히 새겨 두었다. "저의 하느님, 저의 하느님, 어찌하여 저를 버리셨습니까?" 열두 사도가 그 전날 식사를 하도록 자기 집에 초대한 사제 오니아스의 아들 요한은 대사제의 장인인 한나스가 벌인 신문 자리에 참석했다. 베드로도 그곳에 갔지만 더 먼 곳에 있었고, 끝까지 머무르지 못했다. 최고 의회 법

---

[78] 예수님의 수난에 대한 이야기는 오래전에 글로 적힌 딸림 노래로 보이고, 이는 교리 문답과 전례에서 사용된다. 마르코는 자신의 복음서를 글로 구성하면서 아마도 가장 오래된 이야기를 활용했을 것이다. '수난Passion'이라는 용어는 그 이후에 사용되기 시작했다.

정에서 유죄 판결을 받은 자세한 정황은 니코데모가 전해 주었다. 그는 우리 형제가 되었다. 역시 형제가 된 아리마태아 출신 요셉은 안식일 전에 예수님의 시신을 거두어 자기가 소유한 무덤에 안치했다. 나는 예수님의 생애 마지막 순간이 성경, 특히 시편과 이사야서에 나오는 몇몇 구절과 너무도 비슷한 데에 놀랐다.

하지만 이렇게 정보를 모으는 일은 어머니가 돌아가시면서 끝났다. 비티니아로 다시 떠나려던 안드레아는 아직 예루살렘에 있었다. 그 고통스러운 순간에 안드레아가 곁에 있어서 다행이었다. 항상 남에게 시간을 기꺼이 내 주던 어머니가 그토록 갑작스레 우리 곁을 떠나시리라고는 아무도 예상하지 못했다.

어느 날 아침, 어머니가 주무시다가 돌아가신 채 발견되었다. 어머니는 자신이 이 세상을 살아온 모습으로 조용하고 품위 있게 세상을 떠나셨다. 얼굴은 평화롭기 그지없었다. 어머니의 죽음은 쓰라렸지만, 나는 탈리아와 사별하면서, 또 최근에 예수님의 무덤에 다녀오면서 나의 신앙이 얼마나 더 굳건해졌는지 가늠할 수 있었다. 예수님의 무덤에 갔을 때, 나는 처음으로 이 땅에서 보내는 삶이 영원한 삶을 준비하는 일이라는 확신을 갖게 되었다. 어머니에게도 삶은 계속될 것이다. 베드로는 자신의 어머니가 돌아가신 것처럼 애정을 담아 작별의 기도를 했다. 나는 그러한 애도에서 형제애를 느끼며 크게 감동했다. 우리는 믿음을 가지고 소박하게 나의 어머니를 예수님의 자비에 맡겼다.

이제 나는 가장이 되었다. 실제로는 더 일찍 가장이 되어야 마땅했다. 장남, 특히 외동아들은 과부가 된 어머니를 돌보아야 하는 법이다. 나는 여러 정황 때문에 그때까지 책임을 다하지 못했다. 먼저 농지의 관리를 맡아야 했을 시기에 예루살렘을 도망쳐야 했다. 그 이후로 나는 농지로 돌아오면 다른 곳으로 떠날 생각만 했다. 어머니는 과부가 되었어도 여러 가지 일을 해낼 능력이 충분히 있으셨다. 어머니는 농지를 노련하게 관리하셨다. 어머니가 살아 계셨어도 내가 재산을 관리하겠다고 나설 생각은 아예 들지도 않을 정도였다. 기껏해야 올리브를 생산하는 일을 맡아 어머니의 짐을 덜어 드릴 생각만 하고 있었다. 하지만 솔로몬이 그 일을 맡아 하기로 했고, 그가 그렇게 하는 것이 나의 뜻에도 잘 맞았다.

나는 그날 저녁에 잠자리에 누워 어머니의 죽음에 대해 생각했다. 그리고 성스러운 도시 예루살렘도 나에게 어머니와 같다는 사실을 깨달았다. 문득, 내가 그곳에 뿌리를 내린다는 특권이 얼마나 큰지 가늠해 보았다. 나는 하느님이 손수 지으시고 건설하신 바로 그곳에서 태어나고 성장했다. 또 시편을 묵상하면서, 어떤 방식으로든 모든 사람이 저 시온산 위에서 태어난다는 사실도 이해했다. 그곳에서 모든 일이 시작되었으며 모든 일이 완성되리라! 나는 모든 민족이 예루살렘으로 모여드는 모습을 상상했다. 이사야 예언자가 수백 년 전에 그 일을 예언했다.

실망스럽기 그지없던 사도 회의 이후로, 예루살렘과 모든 민족

사이의 관계, 선택받은 백성과 다른 백성들 사이, 유다인과 할례받지 않은 사람들 사이를 어떻게 보아야 하는지 더욱 분명해졌다. 지극히 높으신 하느님이 자기 이름이 머물도록 선택하신 그 도시를 제쳐놓을 수는 없을 것이다. 그곳에서 모든 사람이 단 하나의 백성으로 만날 것이다. 사도 회의에서 벌어진 분열은 성경에서 규탄한 이스라엘이 무디고 굳어지는 현상이 재현된 것이라는 생각이 들었다. 그때 성경의 구절은 이스라엘이 다른 민족들을 받아들여 유일한 하나의 백성을 이루어야 한다고 상기시켰다. 아직까지도 예루살렘은 선택받았지만 마음이 무디어진 도시였다. 즈카르야 예언자의 예언이 떠올랐다. "그때에 저마다 말이 다른 민족 열 사람이 유다 사람 하나의 옷자락을 붙잡고, '우리도 여러분과 함께 가게 해 주십시오. 우리는 하느님께서 여러분과 함께 계시다는 말을 들었습니다.' 하고 말할 것이다."[79] 그 유다 사람이 바로 예수님이다!

그때 나는 예수님이 성스러운 도시 예루살렘에 여러 번 다녀가시긴 했지만, 그분의 생애는 자신의 운명이 결정지어질 그 도시를 향해 올라가는 하나의 여정이었음을 깨달았다.[80] 그분과 더불어 모든 사람, 즉 그분을 인정하기를 거부한 유다인이나 그분을 죽게 만

---

[79] 즈카르야서 8장 23절 참조.

[80] 예수님의 생애를 처음 글로 쓴 마르코는 그 생애를 예루살렘을 향해 올라가는 여정으로 이야기한다. 마태오와 루카도 이러한 방식을 취한다(마르 8,27-10,52 참조).

든 할례받지 않은 사람들이 모두 예루살렘으로 향해 간다. 이렇게 예수님은 그들을 가르는 장벽을 파괴하고 단 하나의 백성을 만들러고 하셨다. 그것을 위해 예수님은 바로 그곳에서 자신을 십자가에 맡기셨다. 예루살렘에서는 인간의 마음이 굳어지는 신비와 인간이 화해하는 신비를 결코 분리할 수 없을 것이다. 나는 예수님에 관한 이야기를 글로 써야 한다는 생각을 다시 했다. 그분의 마지막 나날에 대한 프롤로그로, 그분을 이곳까지 오게 만든 여정을 이야기하면 좋을 것이다. 누군가 그분의 생애를 펼쳐 보인다면, 스승님이 마지막으로 예루살렘을 향해 가신 그 특별한 방식을 자세히 적어야 하리라. 나는 내가 이 중대한 사건들을 몸소 접한 것이 얼마나 대단한 특권인지 생각하며 잠들었다.

여러 주가 흘렀다. 올리브가 익어 가을이 왔음을 알렸다. 나는 우리 올리브 생산자들 중 한 명을 찾아갔다가 이제 막 집으로 돌아왔다. 그리고 다음 날 떠날 짐을 꾸리고 있었다. 나는 도기 조각들과 목탄을 가방에 집어넣었다. 알렉산드로스는 하루 종일 일해 몹시 피곤한 상태로 솔로몬과 맷돌을 닦고 있었다. 티슈레이 Tishrei(9~10월) 달의 끝 무렵은 가장 바쁜 수확철이라 일이 많았다.

베드로와 실라스가 안식일의 황혼이 내리기 직전에 농지에 찾아왔다. 로데기 문을 열어 주었다.

"실라스, 시리아에서 돌아온 거야?"

나는 친구를 다시 만나 기뻐하며 물었다.

"그래, 배를 타고 왔어. 이레 전에 카이사리아에서 예후다와 함께 배에서 내렸지. 리따 공동체를 먼저 들러 인사하고, 어제 저녁에 베드로의 집에 도착했어."

"안티오키아 공동체가 야고보의 편지를 어떻게 받아들였어?"

"긍정적인 편이었어. 예루살렘 공동체가 격려하는 것이라고 받아들였지. 그래도 그런 결정이 내려진 자초지종을 한참 설명해야 했어. 심지어 내가 그곳에 더 머물러 있고 예후다만 여기로 혼자 떠나보낼지 망설이기까지 했지."

"그래도 결국 왔군!"

"그래. 실은 베드로를 찾으러 왔어. 그분이 시리아 공동체를 찾아가면 좋을 것 같거든. 바오로에게 자금을 들려 보낸 일에 대해서 그 사람들에게 직접 감사를 표하면 좋을 거야. 또 바르나바가 할례받은 사람과 할례받지 않은 사람 사이를 화해시키느라 고생하고 있는데, 그 일에 도움을 줄 수도 있을 테고."

그러자 옆에 있던 베드로가 덧붙였다.

"나는 별로 어렵지 않게 설득당했어. 복음을 전파하는 데에 그 도시가 상당히 중요하다고 생각하니까 말이야. 안티오키아는 로마로 가기 전에 거치지 않을 수 없는 곳이네."

그러고 나서 실라스가 말했다.

"사실 우리가 여기에 온 것은, 너와 알렉산드로스가 우리와 함께 떠날지 알고 싶어서야. 바르나바가 그렇게 부탁하더라고. 바르나바는 다음에 떠날 선교 여행을 너희들과 함께하고 싶어 해."

그 사이에 나는 변했다. 새로운 모험을 떠난다는 생각을 해도 더 이상 예전처럼 열정이 느껴지지 않았다. 나는 안티오키아에서 타격을 입었다. 바르나바가 제안을 하긴 했지만, 바오로와 함께 일하고 싶은지 확신이 서지 않았다. 예루살렘에서 얼마간 평정을 되찾았던 것이다. 나는 곧바로 답하기를 피했다.

"알렉산드로스에게 말해 볼게."

몇 주 후에 우리는 티로와 시돈 지방을 떠났다. 나는 가던 길을 멈추고 신고 있던 낡은 신발 끈을 다시 꽉 잡아매었다. 그 신발이 그렇게 길을 밟는 것은 마지막이리라. 과연 라오디케이아까지 버텨 줄까?

계절 때문에 뱃길이 닫혔기에, 사마리아를 거쳐 해안으로 갔다. 우리는 초겨울에 그곳에 머무르며 사도들의 으뜸 베드로를 맞이해서 기뻐하는 그곳 공동체들을 굳건하게 다질 수 있었다. 이스라엘 백성의 일치뿐 아니라 이스라엘 백성이 이민족들에게 자신을 여는 일이 달린 그 지방에서 필리포스는 훌륭하게 일을 해 두었다.

티로에서 베드로는 우리를 유다인이 아닌 어느 여인의 집에 데리고 갔다. 예전에 예수님이 그녀의 딸을 치유하신 일이 있었다.[81] 나

---

81 시리아 페니키아 여자의 이야기에 대해서는 마르코 복음서 7장 24-30절 참조.

는 안드레아에게 그 이야기를 들었기에 그 어머니를 꼭 만나고 싶다고 고집했다. 예수님은 유다인이 살지 않는 지역에 머무르신 적이 거의 없었다. 데카폴리스에서는 안토니오가 마귀에게서 풀려났다. 나는 예수님이 이민족들 출신인 사람들이 사는 곳에서 하신 행동이 지금 공동체를 뒤흔드는 논쟁에서 각별히 중요하다는 사실을 느꼈다. 그래서 그곳에서 예수님이 염두에 두신 계획을 이해하기 위한 열쇠를 찾고자 했다.

우리는 힘겹게 그 여자의 집을 찾아냈다. 길을 가던 여러 사람에게 물어야 했다. 그 집은 그 도시의 대륙 부분, 시돈 항구라고 불리는 북쪽 항구의 맞은편에 있었다. 여자는 혼자서 우리를 맞이했다. 그녀의 딸은 결혼해서 출가했다. 그 여자는 피부색이 짙었고 머리카락은 검었으며, 여자를 아름답게 보이게 만드는 가벼운 주름이 몇 개 있었다. 그 과부는 이스라엘의 여느 여인과 전혀 다를 바 없었다. 겨우 한 시간 남짓 이야기를 나누었지만, 나는 앞으로 다시는 나를 떠나지 않을 확신을 품고 그 집을 나섰다. 예수님은 처음에 그 이방인 여자의 딸을 치유해 주는 일을 거부했지만, 그 여인의 말을 듣고 나서 결국 자비를 베푸셨다. 마치 그 말이 예수님이 행동하기 위해서 기다리던 어떤 계기였다는 듯 말이다. "상 아래에 있는 강아지들도 자식들이 떨어뜨린 부스러기는 먹습니다." 불가사의한 말이다! 그 말은 할례받지 않은 사람과 할례받은 사람을 똑같은 식탁에 결합시킨다. 베드로와 알렉산드로스와 실라스는 그러한 증언이 미칠 여파를 깨달았을까? 우리는 그 여자를 만난 다음에 북쪽으로 여정을 계속했다.

나는 계속 신발을 다시 동여매느라 뒤쳐졌다. 그래서 일행 끝에서 혼자 걸었다. 그러면서 지난 몇 주 동안 벌어진 일에 대해 곰곰이 다시 생각해 보았다. 로마 제국에 품은 호기심 때문에 결국 떠나겠다고 결정을 내렸고, 알렉산드로스가 내가 그렇게 선택하는 데에 적지 않게 영향을 미쳤다. 우리는 모두 자신만의 관습에 따라 생각하고 판단하는 아주 오래된 습관에 찌들어 움츠러든 예루살렘 공동체 때문에 우리의 미래가 완전히 가로막혀 있다고 생각했다. 하지만 그때 우리는 안티오키아 공동체도 격렬한 논쟁으로 분열하리라는 사실을 상상도 하지 못했다. 한편 솔로몬은 앞으로 7년 동안 올리브 농지에 대한 관리권을 사들였고, 나는 그에게 그 금액의 절반을 빌려 주었다. 이번에 예루살렘을 떠나는 나는, 예전에 떠날 때보다 열정은 수그러들었으나 현실을 더욱 똑바로 직시하고 있었다. 이번에는 예루살렘을 영영 떠나는 것이라는 생각이 들었다.

나는 바오로가 저지른 일을 용납할 수 없었다.[82] 그것도 사람들 앞에서 공공연히 그런 말을 했으니! 그는 베드로를 비난했다. 우리는 임시로 꾸려 놓은 식당을 나서면서 모두 충격에 빠져 있었다.

82　갈라티아 신자들에게 보낸 서간 2장 11-14절 참조.

9장 대립

며칠 전부터 실라스와 니콜라오스와 나는 사도 회의에서 내려진 해결책이 옳지 않다는 데에 의견이 일치했다. 베드로와 바르나바와 알렉산드로스는 그것이 신중한 결정이었다고 생각했지만, 우리에게는 그 결정이 위선적으로 보였다. 하지만 우리 중에서 아무도 바오로가 그런 물의를 일으키리라고는 상상하지 못했다. 그는 다프네 공동체 앞에서 베드로가 위선을 저지른다고 비난했던 것이다. 바오로는 자신의 급한 성미 때문에 도를 넘는 행동을 했다. 사도들의 으뜸인 베드로를 비판했을 뿐 아니라, 그의 권위를 공공연히 문제 삼았다.

무슨 일이 벌어진 걸까? 우리는 보통 안티오키아에서 빵을 떼어 나눈 다음에 함께 저녁 식사를 했다. 그런데 유다의 몇몇 형제들이 그곳에 도착한 이후로, 베드로와 바르나바는 따로 그들과 식사를 함께했다. 그런데 그 유다의 형제들 중에는 예루살렘에서 열린 사도 회의 때에 바오로에게 정면으로 반대한 이도 있었다. 주님의 날에 우리는 모두 다프네에서 모였고, 바오로도 그 자리에 있었다. 그 때에도 이스라엘 사람들만 베드로와 바르나바의 식탁에 같이 앉도록 권유받았다. 나는 식탁 봉사를 했다. 그것이 내가 어느 한쪽의 편을 들지 않는 방식이었다. 나는 그렇게 함으로써 식탁을 분리한다는 결정을 지지하지 않으면서도, 내가 너무나 큰 빚을 진 베드로에게 반대하지 않을 수 있었다.

티토와 니콜라오스, 실라스 등 여러 지역에서 온 많은 이들과 함께 식사를 하던 바오로는 베드로와 바르나바가 따로 식사를 하는 모습을 보고서 자리에서 일어났다. 그러더니 쩌렁쩌렁한 목소리로 베드로에게 말했다.

"베드로, 어째서 태도를 바꾸었나? 자칭 우리 형제라는 사람들이 유다에서 오기 전에는 우리 모두와 함께 식탁에 앉더니, 이제는 할례받지 않은 사람들과 함께 식사하기를 거부하는가? 유다인인 자네는 고임(이민족들)처럼 생활하는데, 어떻게 이제는 그들에게 유다인처럼 되라고 강요할 수 있나? 예수 그리스도 안에서는 이제 더 이상 그리스인도 유다인도 없다는 사실을 깨닫지 못했는가? 우리는 모두 하나여야 하네. 식사를 함께 나누는 일은 우리가 하나라는 피해 갈 수 없는 신호일세."

바오로의 비난 뒤에 끔찍한 침묵이 이어졌다. 유다의 형제들은 충격에서 벗어나자마자 분노에 차서 고함을 내질렀다. 언쟁이 심해졌다. 베드로와 바르나바는 식탁을 떠났다.

알렉산드로스와 니콜라오스와 나는 그 두 사람의 뒤를 따라갔다. 나는 자신들이 달고 있는 성구 상자에 파묻힌 것처럼 보이는 유다의 거짓 형제들을 힐끗 쳐다보았다. 그들은 그런 상황이 벌어져서 기뻐하는 것 같았다. 갈등은 자신들의 전략에 도움이 된 것이다. 바오로 곁에 있는 실라스가 보였다. 그는 무척 당황했고 무엇을 해야 할지 모르는 듯 꼼짝하지 못했다. 다프네에서 안티오키아로 돌아오면서 슬픔은 분노와 뒤섞였다. 베드로는 바오로의 반발에 크게 충격을 받고 한 마디도 하지 않았다. 우리는 베드로의 뒤에서 말없이 걸었다. 각자 방금 벌어진 일을 생각하고 있었다. 어떻게 그런 심한 공격이 그토록 급작스레 이루어지는 지경에 이르렀을까? 그런 심한 말과 비난이 남길 후유증은 무엇일까? 과연 누가 자신의 신념을 배반하지 않으면서 화해의 행동을 보일 용기를 낼까?

나는 속이 부글부글 끓었다. 모든 것이 우리가 도착하고 나서 몇 주 후에 예루살렘에서 온 유다인들 때문에 시작되었다. 그들은 안티오키아에 와서 베드로를 감시하고 우리를 율법에 예속시키는 일 말고 도대체 무엇을 했나? 교활함에 도가 튼 그들은 덫을 놓았고, 거기에 바오로가 걸려들었다. 이제 베드로는 공동체를 보존하기 위해 바오로를 내쫓을 수밖에 없는 것일까? 바오로는 스스로를 공공연히 곤란한 상황에 빠뜨렸다. 그는 그 결과를 감수해야 한다.

집에 도착하자 베드로는 우리를 한 자리에 앉히고 간단히 모임을 가졌다. 우리가 예상했던 것과 정반대로 그의 목소리는 온화하고 차분했다.

"니콜라오스, 함께 돌아와서 집에 우리를 맞이해 주어 고맙네."

"상황이 그렇게 되어서 너무 안타까워요."

베드로가 말을 이었다.

"마르코와 실라스, 자네들 생각이 옳았어. 우리의 태도는 분명하지 않았지. 우리는 유다의 형제들에게 손을 내밀려고 했는데, 그렇게 하겠다는 의도를 바오로에게 미리 알렸어야 했어."

"모든 것이 그 바리사이들 때문에 시작되었어요!"

내가 분노를 터뜨렸다.

"그들은 잔을 씻는 일이며 손이나 몸을 씻는 방식 따위로 자기네 전통[83]을 가지고서 우리를 막다른 길로 이끌어요. 우리는 그들에게 양보하지 말고 식탁을 분리하지 말았어야 해요. 예루살렘에서 열린 회의로 아무것도 해결되지 않았다고 제가 말했잖아요. 결국 모든 것이 그들 잘못이에요!"

"마르코, 나의 아들, 진정하려무나."

베드로가 나직하게 말했다.

"할례받지 않은 사람들이 공동체에 들어오는 일은 어떤 유다인에게는 받아들이기 쉽지 않아. 우리는 할례받은 사람들을 잘 돌보아야 해. 그들이 약속받은 백성이기 때문이지. 지극히 높으신 분의 불가사의한 계획에서 그들을 감안하지 않을 수 없어. 아무래도 나는 이 땅에서 사는 동안에, 하느님께서 고임(이민족들)에게 부여하신 역할을 우리 유다 형제들에게 가르치는 데에 나의 힘 대부분을 쏟아야 할 것 같구나."

"그럴지도 모르죠. 하지만 유다의 그 거짓된 형제들은 예슈아의 가르침에 충실하지 않아요. 그들은 그분께서 하신 일을 잊은 것 같아요. 스승님께서는 고임(이민족들)의 땅에서 열두 제자에게 두 번째

---

[83] 마르코 복음서 7장 3-4절 참조.

로 빵을 나누게 하셨어요. 그것은 모두 한 자리에서 식사할 자격이 있음을 보여 주기 위해서가 아니었나요? 우리가 모두 한 자리에서 식사를 하지 않는 한, 하나의 백성을 이루지 못할 겁니다. 시리아 여자의 증언을 떠올려 보세요."

"그 말은 맞아. 하지만 우리가 나누는 빵은 일치의 빵이야. 우리는 바리사이 형제들과도 끊임없이 일치를 추구해야 해."

상처받은 바르나바가 물었다.

"그런데 바오로는 그런 일치를 이루려고 전혀 노력하지 않아. 그런 식으로 공공연히 우리를 모멸해야 했을까? 바오로를 공동체에 남겨 두어도 될까?"

"바르나바, 우리는 모욕에 모욕으로 답할 수 없네. 그렇게 한다면 우리는 더 이상 스승님의 제자가 아니지. 자네는 몇 년 전부터 바오로와 함께 일했어. 그 사람이 과도하게 반응하고 스스로 통제하지 못하는 성미인 것을 자네도 알지. 그렇다 해도 바오로는 우리 공동체에 주어진 진정한 선물이야. 예슈아께서 그를 선택하셨지. 그가 한 말은 지나치긴 했어도 어떤 뜻을 담고 있고, 우리는 기도하고 대화하면서 그 뜻을 발견해야 해. 화해의 길을 찾아내야 한다네. 당장을 위해서든 10년 뒤를 위해서든 말이야."

바르나바가 다시 말을 이었다.

"그런데 자네의 충실한 서기인 실라스는 어떤가? 그가 어떻게 자네를 배반하고 바오로와 함께 있지?"

"진정하게. 실라스는 우리가 유다인들과 함께 식사하기로 한 선택에 자기는 찬성하지 않는다고 미리 알렸어. 실라스는 공동체 안에서 여러 감성이 발현될 수 있다는 사실을 인지하고 있네. 나는 실라스를 잘 알고, 방금 벌어진 일 때문에 그가 얼마나 슬퍼할지 짐작이 가네."

베드로는 어떻게 계속 그렇게 관대할 수 있을까? 나는 감탄하면서도 이해하지 못한 채 그를 바라보았다. 그런데 나의 놀라움은 그것으로 끝나지 않았다. 베드로가 말을 이었다.

"나는 실라스가 바오로와 계속 함께 있는 것이 좋다고 생각해. 실라스가 우리 사이에서 다리, 일치의 밑거름이 되어 줄 거야. 두고 보게나. 바오로는 우리에게 돌아올 것이고, 우리는 다시 미래를 함께 바라볼 수 있을 걸세."

베드로의 예언은 조만간 이루어질 것이다. 적어도 부분적으로는 말이다. 상처가 완전히 아물려면 시간이 필요했다. 나는 내 방에 꾸려 둔 짐 가방을 집어 들었다. 주님의 날인 그날, 나는 평소보다 더욱 그림을 그리고 싶었다.

뒤이은 안식일 저녁에 우리는 니콜라오스의 집에서 저녁 식사를 하고 있었다.[84] 바오로가 문턱에 나타났다. 그의 얼굴은 굳어 있

---

84 사도행전 15장 36-40절 참조.

었다. 바르나바도 다프네의 작업장으로 일하러 되돌아가지 않고 그 자리에 있었다. 먼저 손을 내밀어야 하는 사람은 바오로였고, 그는 우리가 어디에 있는지 알고 있었다. 그래서 그곳으로 온 것이다. 바오로의 어깨 너머로 실라스의 얼굴이 보였다. 나중에 알게 된 사실이지만, 실라스가 온갖 방법으로 바오로를 설득해서 그가 먼저 손을 내밀게 만들었던 것이다. 일이 순조로이 성사될지는 알 수 없었지만, 그래도 시작은 한 셈이었다.

"베드로는 여기 없나 보군."

바오로가 문턱에 있는 메주자Mezouzah(집 출입구의 문설주에 붙여 놓은 유다교 전통의 작은 상자) 앞에 서서 물었다.

"오늘 아침 일찍 바리사이들이 배를 타고 떠나는 것을 배웅하러 셀레우키아로 갔네."

바르나바가 두 사람 사이에 아무 일도 없었다는 듯이 대꾸했다.

"바리사이들이 온 지 얼마 안 됐는데 벌써 떠난다고?"

"베드로가 그 사람들에게 선택의 여지를 주지 않았지. 늦겨울에 카이사리아까지 근해를 항해하면서 정신들 좀 차리겠지."

바리사이들이 거친 바다를 항해하며 항구에서 항구로 전전한다는 생각에 모두들 재미있어 했다. 그래서인지 분위기가 부드러워졌다.

"나도 떠나고 싶네. 안티오키아에는 더 이상 내가 있을 자리가 없어. 우리가 복음을 선포한 도시들로 돌아가 보아야 할 때야. 그렇게 해서 공동체들을 격려할 수 있을 테지."

"우리라고? 우리와 함께 떠나려고 하나?"

"자네가 원한다면."

침묵이 감돌았다. 바르나바는 그러한 요청이 미치는 어파를 따져 보았다.

"언제 떠나려고?"

"최대한 빨리!"

"키프로스로 가는 뱃길이 이미 열린 게 확실한가?"

"키프로스는 거쳐 가지 않을 걸세."

바르나바는 실망한 기색이었다. 그는 오래전부터 키프로스로 돌아가서 친지들을 다시 보고 싶어 했다. 하지만 그는 지금의 미묘한 화해를 위태롭게 만들고 싶지 않았다.

"어째서?"

"우리가 처음 떠났을 때 경로를 최적화하지 않아 여러 번 뒤로 되돌아가야 했지."

나는 그 말을 들으면서 페르게에 도착했을 때 내가 지닌 견해에 대해 이제는 바오로가 양보했다고 생각했다. 그래서 좋은 징조라고 생각했는데, 그것은 틀린 생각이었다. 바오로가 말을 이었다.

"이번에는 동쪽에서 서쪽으로 갔으면 하네. 먼저 킬리키아에 가서 타르수스에서 있는 나의 형제들을 찾아가려 해. 그다음에 갈라티아와 프리기아로 갈 걸세. 이번에는 아시아, 미시아, 비티니아끼지 가려 하네. 나는 우리 그리스도인 형제들을 서로 떨어뜨리고 편협한 교리에 묶어 두려고 우리를 쫓아다니는 불길한 선동자들에게서 한시 빨리 멀어지고 싶네."

베드로와 바르나바의 태도를 꼬집는 말이었다. 바르나바는 아무런 반감도 드러내지 않았다. 오히려 항상 새로운 모험을 떠날 준비가 된 바오로의 매력에 우리 모두와 마찬가지로 사로잡혀 있었다. 바오로는 선교 여행을 설명할수록 활기를 띠었다. 활력이 얼마나 대단한지! 그의 말이 맞았다. 바리사이는 최악의 적이었다. 최대한 멀리 떠나 모든 사람에게 유일한 복음을 선포해야 했다. 그의 어조와 말하는 내용은 매력을 발산했다. 그 말을 듣고 있자니 내 마음이 뜨겁게 달아올라 지난주에 벌어진 언쟁은 거의 잊을 지경이었다. 그랬기에 내가 뒤이어 느낀 실망은 더욱 컸다. 바르나바가 우리를 돌아보았다.

"마르코, 알렉산드로스, 자네들도 갈 건가?"

우리가 대답하기도 전에 바오로가 끼어들었다.

"두 사람은 데려가지 않겠네. 어쨌거나 마르코는 안 되네."

나는 비수에 찔린 것 같았다! 칼은 나의 마음속 깊숙이 파고들었다. 바르나바는 입을 다물지 못했다. 영영 끝나지 않을 것 같은 무거운 침묵이 감돌았다. 바오로는 분노하지 않고 결의에 찬 얼굴로 나를 바라보았다. 알렉산드로스는 바오로와 나를 번갈아 바라보며 놀란 모습이었다. 바르나바는 신중하되 확실히 격앙된 목소리로 말을 이었다.

"왜 그런지 말해 줄 수 있나?"

"나는 선교 여행 도중에 우리를 저버린 사람과 다시 함께 떠나지 않겠네."

"마르코는 다른 여러 상황에서 충실했어. 한 번 더 기회를 주어도 되지 않겠나?"

"저는 가고 싶지 않습니다."

나는 상처를 입고서 제 발톱을 드러내는 사자처럼 불쑥 말했다.

"자기가 베드로보다 우월하다고 믿으면서 제 잘못은 인정하지 않고, 남의 의견은 묻지도 않고 여행 계획을 강요하는 사람과 함께 하고 싶지 않아요. 자기가 하느님이라도 되는 양 누가 갈 만하고 누가 안 그런지 멋대로 정하지 않습니까?"

바르나바가 말을 이었다.

"바오로, 마르코의 말이 틀리지 않네. 키프로스에 들르지 않는 것은 상관없지만, 마르코 없이는 떠나지 않겠네."

다시 한 번 무거운 침묵이 감돌았다. 나는 그렇게 나를 옹호해 준 사촌에게 고마운 마음이 들었다. 이제는 나의 존재가 결정을 내리는 관건이었다. 바오로는 바르나바가 그러한 요구를 할 것이라고 예상했을까?

"할 수 없지."

비오로기 지체하지 않고 말했다.

"바르나바, 우리가 함께 이룬 일을 결코 잊지 않겠네. 이제 성령께서 우리를 서로 다른 길로 보내시는군. 하느님께서 자네를 축복해 주시기를 바라네. 니콜라오스, 알렉산드로스, 마르코, 주님께서 자네들에게 은총과 평화를 가져다주시고 언제나 함께하시기를 바라네."

그때까지 문턱에 머물던 바오로는 드디어 방 안으로 들어왔다. 바르나바가 일어났고 두 사람은 길고 감동에 찬 포옹을 나누었다. 바오로는 우리들 한 사람 한 사람에게 다가왔다. 나는 불편한 마음으로 그가 내 어깨에 손을 올리게 놔두었다. 그는 나직하게 속삭이듯 말했다.

"우리는 다시 만날 걸세. 그때면 자네는 더 단단해져 있겠지."

그러더니 뒤돌아서서 자리를 떴다. 여전히 문간에 있던 실라스의 앞을 지나가며 바오로가 말했다.

"젊은이, 자네는 이제 자유롭네. 나는 내일 빵을 떼어 나누고 나서 떠나려 하네."

바오로는 그 말을 하고 나서 날이 저무는 가운데 멀어졌다. 실라스는 우리 모두처럼 난처한 표정으로 서 있었다. 나는 마음이 둘로 갈리었다. 내가 바오로에게 느끼는 분노와 감탄을 구분하기 힘들었다. 누군가에게 덤벼들어 할퀴고 싶은 마음과 일치를 이루어야 한다는 헛된 고집도 구분할 수 없었다.

그로부터 얼마 지나지 않아 베드로가 돌아왔다. 그가 방에 들어섰을 때, 우리는 바오로가 찾아와서 작별 인사를 한 상황에 여전히 놀란 채 모두 서 있었다.

"이보게, 무슨 일이 있는가? 머리 위로 하늘이 떨어지기라도 한 것 같군."

바르나바가 방금 벌어진 일을 전했다. 베드로는 눈을 반쯤 감고 주의 깊게 들었다. 그는 그때 이미 바오로가 그렇게 떠나는 일을 포함하는 계획을 세우고 있었다. 베드로는 이야기를 다 듣고 나서 우리 한 명 한 명에게 물었다.

"바르나바, 어떻게 생각하나?"

"우리가 세운 공동체들을 견고하게 만드는 일에 대해서는 바오로가 옳다고 믿네. 나는 키프로스로 떠나겠어."

"그럼 마르코 자네는?"

"저는 바르나바와 함께 떠나겠습니다. 그다음에는…… 잘 모르겠어요."

그러자 알렉산드로스가 환한 얼굴로 말했다.

"물론 그다음에 할 일은 알고 있어요. 베드로가 동의한다면 우리는 바르나바와 함께 키프로스로 갔다가, 더 멀리 항해할 여건이 되면 알렉산드리아로 갈게요. 우리는 바로 그곳에 가도록 부름을 받았습니다."

나는 깜짝 놀라 알렉산드로스를 쳐다보았다. 그의 말이 맞았다. 키프로스에 간 다음에 우리는 알렉산드리아로 떠나 자립해야 한다.

선교 여행을 책임지고 예수님의 메시지를 전해야 하리라! 바오로 가 거부한 일의 의미가 분명해졌다. 그것은 선교를 떠나라는 신호 였다. 우리는 베드로를 바라보았다. 그는 다정하면서도 재미있다는 표정으로 말했다.

"그래, 그렇게 하는 것이 좋겠군. 이집트와 리비아에 이미 가 있 는 형제들을 찾아가 격려하고 그들을 굳건하게 만드는 임무를 자네 들에게 맡기겠네. 실은 그곳에 니게르, 마나엔, 루키오스를 보내려 고 했어. 니게르는 자기 땅을 다시 밟기를 꿈꾸고, 마나엔은 정치적 으로 지원할 수 있고, 루키오스는 키레네를 다시 보고 싶어 하거든. 자네들은 그 사람들과 함께 떠나게. 그곳에서 공동체를 조직하는 일에 협력하게. 그곳의 상황도 여기 상황하고 비슷할 거야. 이스라 엘 사람들이 더 많고 잘 조직되어 있으며 지적인 수준도 높지. 해야 할 일이 많을 걸세. 알렉산드로스는 키레네로 가는 루키오스와 함 께 가고 싶다면 주저하지 말게. 실라스 자네는 어떻게 할 건가?"

"모르겠어요. 다들 베드로와 함께 예루살렘이나 다른 곳으로 가 기를 기대하겠죠? 사실 바오로가 자기와 함께 가자고 했는데, 마르 코와 알렉산드로스와의 우정이 있으니, 마음을 정하기 힘드네요."

내가 그 말을 듣자마자 말했다.

"실라스, 우리와 함께 가자. 베드로가 너를 필요로 하지 않는다 면 말이야. 바오로가 방금 너를 자유롭게 해 주었잖아."

나의 열의는 금세 가라앉았다. 베드로가 다음과 같이 말했기 때문이다.

"내가 보기에는 그것이 최선도 아니고 올바른 일도 아닌 것 같네. 자네의 두 친구도, 나도 아닌 바오로가 실라스 자네를 가장 필요로 할 거야. 파견된 사도로서, 로마 시민으로서, 동행으로서 말이야. 자네는 사도 회의 이후로 바오로와 얼마나 마음이 통하는지 나에게 이야기했지. 또 나는 자네가 얼마나 단단하고 믿을 만한지 알고 있네. 바오로가 자네더러 함께 떠나자고 부탁했다면, 그것은 그도 자네에게 임무에 적합한 자질이 있음을 간파했기 때문이야. 자네가 바오로 곁에 있다고 생각하면 나도 안심이 될 걸세. 바오로는 주님께서 선택하신 특별한 도구야. 그를 돕는 것이 좋을 것 같군."

베드로는 과연 우두머리였다. 나는 어째서 예수님이 그가 공동체를 이끌도록 빚어내고 선택하셨는지 이해했다. 갈릴래아의 어부였던 베드로는 멀리 내다보았다. 그는 결론을 내리며 말했다.

"실라스, 바오로와 함께 떠나기 전에 편지를 한 통 받아 써 주게. 마르코와 알렉산드로스, 니게르, 마나엔, 루키오스가 벤야민에게 전할 편지를 말이야. 벤야민은 알렉산드리아 공동체를 이끌고 있어. 오늘 저녁에는 우리 모두 다프네로 가서 빵을 떼어 나누도록 하지.[85] 예식 끝에 바오로를 하느님의 은총에 맡기도록 하세."

---

[85] 사도행전 20장 7-12절에 따르면, 초기 그리스도인 공동체들은 성찬례를 토요일에서 일요일로 넘어가는 밤에 올린 것으로 보인다.

제3부 밀림

알렉산드리아의 도서관에서 스트라본의 로마 제국 지도를 베껴 그린 지도에 몇몇 지명을 추가했다. 클라우디우스 황제 9년.

10장

입문

우리는 파스카 축제 전에 알렉산드리아에 도착하려고 키프로스를 떠났다. 축제가 지난 후 적어도 8일은 기다렸다가 떠나라고 고집하던 바르나바의 이야기를 들었어야 했을지 모른다. 그 해에는 나비기움 이시디스Navigium Isidis[86]가 오기 훨씬 전부터 항해 조건이 상당히 좋아 보여 평소에 신중한 바르나바도 일찍 떠나는 데 결국 동의했다.

우리는 살라미스에 겨우 3주 동안 머물렀지만, 그동안에 안티오키아 또는 게라사에서 만났던 여러 유다인을 다시 만났다. 올리브

---

[86] 이시스 신을 기리는 이집트의 축제. 3월 5일에 여신을 태운 배를 띄워 보냈다. 이시스 숭배는 지중해 연안 전역에 퍼져 있었다.

와 기름 거래, 또 직물 거래로 광범위한 형제들의 조직망이 만들어져 있었다. 키프로스의 생산자나 도매상인 중에서 이미 우리와 거래하지 않은 사람은 드물었다. 거래는 곧 신뢰, 협상, 대출, 사후 상품 관리, 거래를 성사시키기 위하여 함께하는 식사, 위험을 감수하는 일, 책략을 뜻한다. 그러한 요소들로 생산자와 소매업자, 도매업자, 납품업자, 대부업자, 상인, 고객은 서로 암암리에 연결되었을 뿐 아니라, 거기에 형제들이 이루는 소우주가 더해졌다. 그 도시의 회당 하나는 우리가 처음에 다녀간 다음에 그리스도인들의 회당이 되었다. 살라미스에서 그런 강한 지지를 받았기에 바르나바는 솔리에도 사도를 파견하는 것이 좋지 않을까 생각하고 있었다. 아우구스투스 황제가 키프로스섬 북부에 있는 솔리의 구리 광산을 헤로데에게 넘긴 이후로 많은 유다인이 그곳으로 떠나 노동자 구역에 정착했다. 우리가 이미 안티오키아에서 보았듯이 서민들은 복음을 열렬히 받아들였다.

바르나바는 그 선교 여행을 준비하느라 바빴다. 우리는 그에게 짐이 되고 싶지 않았다. 그래서 알렉산드리아로 떠날 배를 찾기 시작했다. 그때 막 바닷길이 열렸기 때문에 선택의 여지는 많았다. 겨울철 정박기가 끝나가고 있었다. 살라미스 항구는 확실한 정박지였고, 많은 선주船主가 겨울에 쉬는 동안에 배의 밑바닥을 청소하고 수리해 두었다. 그 기간에 선원들은 제우스 신전을 찾아가서 바다의 신 포세이돈의 분노에서 자신들을 보호해 달라고 제우스 신에게 기원했다. 겨울이 끝나기 무섭게 살라미스와 알렉산드리아 사이를 오가는 항해는 신의 변덕과는 상관없이 활발히 이루어질 기세였다.

우리는 그 지역의 항구 선창에 매여 있던 덩치가 크고 모양새가 둥그스름한 화물선을 택했다. 그 배의 돛은 아마포로 되어 있었다. 루키오스는 그러한 장비를 갖춘 배가 바람을 잘 받는다는 사실을 알고 있었다. 선주는 꼼꼼한 사람으로 출항하기 전에 구리 화물을 선적하는 일을 직접 감독하려고 선창을 오가고 있었다. 키가 작아도 몸매가 다부진 그는 신뢰감을 주었다. 우리는 뱃삯을 협상했고, 그는 적당한 가격을 요구했다. 선주는 아마도 튼튼한 남자 다섯 사람을 더 태운다는 사실이 기뻤을 것이다. 항해 거리는 4,000스타디온을 넘지 않았고, 봄에는 바다의 상황이 안정적인 편이었다. 하지만 모를 일이었다. 나중에 알게 되겠지만, 선주의 신중함은 헛되지 않았다.

운명을 예견하는 오디세우스라는 이름을 지닌 선장의 지휘를 받으며 배는 항구에서 빠져나가기 시작했다. 파도에서 훔쳐 온 듯한 푸른색을 띤 그 선장의 눈은 이미 수평선을 응시하고 있었다. '아프로디테 우라니아'호는 하루 만에 페니키아해를 벗어나 이집트해에 이르렀다.[87] 서풍이 배의 우현으로 계속 일정하게 불어와서 진행 방

---

[87] 마레 노스트룸(지중해)는 여러 해역으로 나뉘어 있었다. 이 부분은 마레 포에니키움Mare Phoenicium과 마레 아에깁티아쿰Mare Aegyptiacum에 해당한다.

향을 유지하기가 쉬워 보였다. 우리 일행은 갑판에서 굵은 밧줄 위에 둥글게 바짝 붙어 앉아 이야기를 나누었다. 먼 바다는 알렉산드리아에서 하게 될 모험을 예견하고 있었다. 아무런 한계도 없었고, 아무것도 예측할 수 없었다! 나는 그 순간을 영원히 남기고 싶었다. 그래서 그림 그릴 도구를 꺼내다가 내가 그린 그림들을 바르나바의 집에 두고 왔다는 사실을 깨달았다. 회당장 야이로의 두루마리도 그곳에 두고 왔다. 그래서 기분이 상했고, 열심히 이야기를 나누고 난 다음에야 그 일을 그만 생각할 수 있었다. 나는 다른 사람들의 이야기를 들으면서 베드로가 이번 여행에서 내가 책임지도록 맡긴 사람들을 목탄으로 그렸다.

우리는 먼저 알렉산드리아에 대해 말했다. 디아스포라 출신인 니게르와 루키오스만 그곳에 가 보았다. 우리는 니게르[88]의 어머니가 누비아 사람(수단 북부와 이집트 남부에 거주하는 나일사하라어족 계통의 소수 민족. — 편집자 주)이고 그의 이스라엘 이름이 시몬이라는 사실을 알게 되었다. 니게르는 예루살렘에 가려고 나일강을 따라서 내려가다가 알렉산드리아에 머문 적이 있었다. 한편 루키오스는 알렉산드리아에 있을 때 노예 신분에서 풀려났고, 그 이후로 그 도시를 매우 높게 평가했다. 이야기를 나누면서 알렉산드로스가 비록 그 도시에는 한 번도 가 본 적이 없지만 자기 할아버지에게 많은 이야기를 들

---

[88] '니게르Niger'는 라틴어로 '검은색'을 뜻한다(사도 13,1 참조).

었기에 니게르와 루키오스보다 그곳을 더욱 잘 알고 있다는 사실을 깨달았다. 세 동료의 이야기를 들으며 그 대도시에 한시 빨리 도착하고 싶은 마음이 더욱 강해졌다.

나는 마나엔을 바라보았다. 그는 보면 볼수록 자상한 사람이었다. 마나엔의 몸짓과 말에서는 흔히 접하기 힘든 영혼의 고귀함이 드러났다. 그의 맑은 눈에서는 마음의 평화를 얻은 사람만이 지니는 고요한 자신감이 들여다보였다. 그의 흰 머리칼은 그가 우리보다 나이가 훨씬 많다는 사실을 상기시켰다. 거의 70세에 가까웠으니 말이다! 마나엔은 고귀한 출신에 지혜도 뛰어났지만, 오만함과 우월함을 전혀 보이지 않았다. 오히려 젊은 우리들이 지닌 이상주의를 무척 좋아했다. 그는 아직 자리가 잡히지 않은 나의 권위를 자애로움으로 뒷받침했다. 나는 그를 더욱 잘 알 수 있는 기회를 갖게 되어 기뻤다. 안티오키아에서는 신중하고 말이 적은 마나엔에게 질문할 기회가 없었다. 바람이 불어오는 대로 오랜 시간 항해하는 일은 마음속 깊은 이야기를 털어놓기에 좋은 기회였다.

"어르신도 이야기해 주세요. 헤로데 안티파스의 어린 시절 친구였다면서요?"

"그래. 우리 둘의 어머니 사이가 가까웠지. 나의 어머니는 예리코 출신인데, 안티파스의 어머니 말타케의 유모로 일했어."

"그러면 어떻게 제자가 되었나요? 주님을 알고 계셨나요?"

"그래, 조금. 처음에는 세례자 요한을 알게 되었지. 끔찍한 상황에서 말이야."

"이야기해 주실 수 있나요?"

"그 당시에 나는 아직 안티파스와 가까웠어. 궁궐을 드나들었지. 그래, 말하자면 그 사람의 측근이자 심복 중 하나였어. 안티파스는 세례자 요한과 이야기를 나누려고 마케루스 감옥으로 내려갈 때면 나더러 같이 가자고 했어. 예언자 요한은 임금도 왕실도 사정없이 비판했지만, 우리는 그에게 완전히 매료되었지. 그의 말은 열렬했고, 예언은 놀라웠어. 어느 날 연회가 한창 벌어지던 중에 그의 머리가 쟁반에 얹혀 오는 모습을 보고[89] 모든 것이 바뀌었지. 자기 왕국의 절반을 주겠다는, 임금이라면 절대로 해서는 안 되는 어이없는 약속을 한 바람에 그런 일이 벌어진 거야. 그 임금 이전에도 그런 약속을 한 임금이 한 명 더 있었지. 하지만 한낱 방탕한 여자를 위해서 한 약속은 아니었어. 영예로운 에스테르 왕비를 위해서 한 약속이었지(에스테르기 5장에서 크세르크세스 임금이 에스테르 왕비에게 왕국의 반이라도 주겠다고 한 약속을 말한다. — 편집자 주). 그 당시에 한 그 약속은 변덕이 아니라 선택받은 백성에 대한 진실과 안녕이 달린 문제였네. 그런 슬픈 일이 벌어지다니! 수치스럽기 짝이 없었어! 나는 안티파스를 설득해서 대가를 받지 않고 요한의 제자들에게 유해를

---

[89] 마르코 복음서 6장 17-29절 참조. 역사가 플라비우스 요세푸스는 세례자 요한이 마케루스 요새에서 참수를 당했다고 본다.

돌려주게 했네. 그런 다음에 궁궐을 떠났지. 그 이후로 임금을 다시는 만나지 않았어. 그가 무수히 사자를 보내고 초대를 하며 나를 불렀지만 말이야. 나는 세례자 요한이 계속 이야기한 사람인 예수님을 찾아갔지. 나는 그분의 이야기를 들었고,[90] 그분을 따라갔네. 예수님은 당신이 가셔야 할 도시로 루키오스와 나를 보내기도 했지. 서른 쌍이 넘는 제자들이 지시를 받아 떠났어. 우리는 놀라운 일들을 보았지. 진리의 말씀을 들었다네."

나는 루키오스를 바라보았다. 그도 예수님을 알고 지낸 것이다. 언젠가 내가 그 사람들에게 나도 예수님을 만난 적이 있고, 그 만남이 어떤 상황에서 이루어졌는지 감히 말할 수 있을까? 마나엔이 말을 이었다.

"보게나, 마르코. 이 옷 말이야, 이게 그 당시에 내가 입던 옷일세! 그분께서는 '옷은 두 벌 지니지 말고, 신발만 신어라.' 하고 말씀하셨지."

그 말을 들으면서 나는 새 것으로 바꾸지 못한 신발을 떠올렸다. 그 신발을 버리기보다는 솜씨 좋은 수선공에게 맡겨 수선해야겠다는 생각이 들었다.

마나엔이 말을 이었다.

---

[90] 제3부에서는 헬레니즘 문화권에서 이야기가 펼쳐진다. 그러므로 대화에서 더 이상 아람어 이름을 사용하지 않을 것이다. 이스라엘 사람들도 서로 그리스어로 말한다고 간주한다.

"친구들, 보게나. 내가 참석했던 그 불길한 만찬에서 나는 한 가지를 배웠네. 우리가 떼어 나누는 빵도 치욕스러운 죽음의 열매이지만, 그것은 죽음의 빵이 아니라 생명의 빵이 되어야 한다는 사실이지. 그 빵은 빛의 권세가 암흑의 권세보다 더욱 강하다는 사실을 우리에게 상기시켜 준다네."

바로 그때, 싸늘한 돌풍이 옷자락 속으로 몰아쳤다. 어느 뱃사람이 외치는 소리가 들렸다.

"서쪽에서 멜템Meltem(에게해 쪽에서 부는 강한 바람)이요!"

우리는 벌떡 일어나 서쪽을 바라보았다. 저 멀리에서 검은 구름이 빠르게 다가오고 있었다. 선미에 서 있던 선장은 당황하지 않고 침착하고 정확하게 지시를 내렸다.

"조타수, 배가 흔들리지 않을 때까지 바람 부는 쪽으로 뱃머리를 돌려. 가이우스, 장루원(특히 갑판 위에서 항해 및 돛대 작업을 수행하는 고위 선원. — 편집자 주)들과 지원자 몇 명을 데리고 가서 밧줄을 당기고. 돛을 말아 올려서 꽉 동여매. 이아손과 탈레스는 세 사람을 데리고 가서 딸림배를 끌어 올려. 꽉 매어야 해. 율리우스와 아레스는 다른 선원들과 함께 선체를 동여맨다. 승객 몇 명도 데려가. 다른 승객들은 갑판의 짐과 가방들을 밧줄로 잘 묶도록."

조타수는 바람을 거슬러 항해하며 조작을 쉽게 하려고 키를 밀었다. 돛이 바람을 비스듬히 받아 큰 소리를 내며 펄럭였다. 점점 높아지는 물결에 뱃머리가 앞으로 심하게 곤두박질치며 출렁였다.

갑판 위에서 사람들이 분주하게 사방으로 움직였다. 여자들은 물건이 흔들리지 않고 들이치기 시작하는 물보라에 젖지 않도록 한쪽에 모았다. 루키오스와 니게르는 딸림배를 끌어올렸다. 알렉산드로스와 나는 선체를 동여매는 일을 도왔다. 굵은 밧줄이 이미 그 작업에 대비하여 감겨 있었다. 선체를 동여매는 작업이 별 탈 없이 이루어져서 나는 마음이 놓였다. 우리는 밧줄을 여러 번 감아 매어 힘껏 조였다. 나는 그 일을 부지런히 하면서 서쪽을 바라보았다. 폭풍우가 계속 위험스레 다가오고 있었다. 나는 바르나바의 충고를 듣지 않은 것을 후회하면서도, 루키오스가 능력 있어 보이는 선장이 이끄는 큼직한 화물선을 선택했다는 사실에 진심으로 감사했다. 굵은 빗방울이 머리 위로 떨어지기 시작하는 순간에도 바다는 아직 잠잠했으나 헤아릴 수 없는 검은 빛을 띠었다. 멀리에서 물거품이 일었다. 어두운 평원에서 불투명한 흰빛 유리로 된 꽃들이 제멋대로 마구 피어나는 것 같았다. 물결이 점점 거칠어졌다. 대낮인데도 갑자기 밤이 내린 듯했다.

바다가 순식간에 모양새를 바꾸었다. 돌풍은 폭풍이 되어 물을 들어올렸다. 마나엔은 우리 짐을 줄로 묶고 개인 소지품이 담긴 가방은 각자 자기 몸에 끈으로 두른 채 지니고 있으라고 지시했다. 선원들은 일단 초기 대처를 마치고 나서 파도가 높이 몰아치기 시작하자, 승객에게 마룻줄과 돛 아래를 잡아맨 밧줄을 이용해서 자기 몸을 단단히 고정하는 방법을 보여 주었다. 파도가 이제는 우리를 막 집어삼키기라도 할 듯 거대한 산을 이루었다. 우리는 파도 꼭대기로 솟구쳤다가 별안간 심연으로 떨어졌다. 그랬다가 다시 마법처럼 꼭대기로 올라갔는데, 그곳에는 더 높은 거품 벽이 우리를 기다리고 있었다. 알렉산드로스와 마나엔과 나는 죽을 것처럼 속이 울렁였다. 그 구토감이 불안보다 더 심했다. 나는 차라리 물결에 집어삼켜지는 한이 있더라도 그렇게 심하게 요동치는 일이 한시 빨리 멈추기를 온 마음으로 바랐다.

그 지옥은 몇 시간이나 계속되었다.

세상의 종말과 다를 바 없는 시커먼 밤의 그림자가 우리를 뒤덮었다. 더 이상 심해질 수 없을 것 같던 풍랑이 더 심해졌다. 갑판 위에서 몸을 웅크리던 나의 눈에는 바로 옆에 있는 사람들도 보이지 않았다. 우리 가운데에서 가장 용감한 니게르가 씩씩한 목소리로 우리를 격려했다. 그는 위로하는 말과 적절한 시편 구절을 번갈아 말했다. "이 곤경 속에서 그들이 주님께 부르짖자 난관에서 그들을 빼내 주셨다. 광풍을 순풍으로 가라앉히시니 파도가 잔잔해졌다. 바다가 잠잠해져 그들은 기뻐하고 그분께서는 그들을 원하는 항구로 인도해 주셨다."[91] 하지만 우리가 항구에 닿을 때는 아직 멀기만 했으니……. 파도가 선체에 휘몰아쳤다. 배는 바다의 공격을 받아서 위험스레 마구 흔들렸다. 선장의 목소리가 다시 들려왔다.

---

91 시편 107편 28-30절 참조.

"가이우스, 이아손, 탈레스, 바닥짐을 싣도록 해. 암포라가 있는 화물창에 승객들을 최대한 내려 보내고. 누구도 제 몸을 묶은 줄을 놓지 않도록. 승강구(층계를 오르내리게 되어 있는 출입구. — 편집자 주)를 파도 반대 방향으로 잠깐만 열어. 헥토르, 율리우스, 선원 세 명을 데리고 물돛(수중 저항이 아주 큰 물체를 선수 쪽에 매달아 조류 또는 바람에 의해 배가 밀리는 것을 방지하는 것. — 편집자 주)을 만들어. 선미의 밧줄에 돛대 나무를 묶어서 던지되, 큰 돛은 던지지 않도록 해. 밧줄은 길게 풀고 선체에서 멀리 던져. 아레스, 매 시간 수심을 재고 보고하도록. 화물 중에서 건어물과 보따리들은 버린다."

선장의 권위는 우리가 느끼는 두려움만큼 강해서, 아무도 그러한 조처에 반박하지 않았다. 우리는 배에 달린 밧줄을 있는 힘껏 붙든 채 비틀거리며 바닥에 열린 문을 향해 걸었다. 거품이 가득한 파도를 맞는 나를 선원 세 사람이 붙들어 구멍으로 밀어 넣었다. 나는 사다리를 붙들었다. 내가 죽을 자리가 될지도 모르는 그곳으로 내려가면서 이상하게도 문득, 내 그림들을 키프로스에 두고 와서 다행이라는 생각이 들었다. 나는 꽉 매어져 고정되어 있는 포도주 암포라 두 개 사이에 불편하게 몸을 끼워 넣었다. 바깥만큼 어두운 그곳에서 우리 일행은 서로를 불러가며 한 자리에 모여 앉았다.

배는 끊임없이 심하게 흔들렸다. 파도가 선체에 거세게 부딪쳤다. 흔들릴 때마다 암포라들이 위험스레 흔들거렸다. 갑판 위에서는 선원들이 외치는 소리가 먹먹하게 들려왔다. 늑재(선박의 늑골을 이루는 재료. — 편집자 주)가 삐걱거렸다. 어떤 승객들은 파도가 세차게 부딪치면 새된 소리를 내질렀다. 비좁은 공간에서 온갖 냄새가 뒤섞여 구역질이 났다. 그 모든 것이 갇혀 있다는 끔찍한 느낌을 더욱 강하게 만들었다. 불안은 도무지 가라앉을 틈이 없었다.

몇 시간 동안 화물선은 한 번 요동칠 때마다 뒤집힐 것 같았다. 수심을 측정하는 선원이 큰 소리로 보고하는 소리가 벽을 통해 들려와서 시간의 흐름을 알 수 있었지만, 풍랑이 잠잠해질 기미는 전혀 보이지 않았기에 두려운 마음을 가라앉힐 수 없었다. 우리는 두려움을 몰아내려고 계속 이야기를 나누었는데 루키오스의 목소리가 차츰 들리지 않았다. 그는 잠이 들었다. 요나처럼, 혹은 안드레아가 나에게 이야기했듯 풍랑 중에 잠드신 예수님처럼……[92] 그 두 가지 일화를 생각하자 마음이 놓였다. 우리가 지금 아직도 배를 타고 있는 것인지, 이미 물고기에게 집어 삼켜져 그 배 속에 들어가 있는지는 알 수 없었지만 말이다.

우리에게 영원처럼 느껴졌지만 나중에 따져 보니 하루 낮과 밤을 넘지 않는 시간이 지나자 들려오는 소리가 약해졌다. 아직 남아 있는 강한 물결에 배가 흔들렸지만, 파도는 더 이상 갑판으로 들이치지 않는 것 같았다. 한 시간쯤 지나자 선원들이 우리를 갑판으로

---

[92] 요나서 1장 그리고 마르코 복음서 4장 35-41절 참조. 이 두 이야기는 사실상 문학적으로 서로 연결되어 있다.

올라오게 했다. 갑판은 우리가 생각했던 것보다 덜 혼란스러웠다. 풍랑이 이는 기미가 보이자마자 선구들을 단단히 묶어 놓았고, 화물과 보따리들은 사라져 버려서 풍랑이 일기 전에는 시장 바닥처럼 보이던 곳이 깔끔해져 있었다. 바람이 갑자기 잠잠해졌다.

흩어지는 구름 사이로 해가 비쳤다. 승객들은 아직 멍한 상태로 안도하며 갑판으로 올라왔다. 선원 다섯 명이 선미에 던져 둔 돛대 중에서 떨어져 나가지 않은 것들을 끌어올렸다. 그런 다음에 딸림 배를 다시 바다에 띄웠다. 선장은 처음에 돌풍이 분다고 알린 때부터 보이던 고요하고 확신에 찬 태도를 단 한 번도 저버리지 않았다. 그는 마지막으로 수심을 재게 했다. 바다 밑바닥에 추가 닿지 않았으므로 수심은 스무 길이 넘었다. 그러니 우리는 아직 먼 바다에 있었다. 우리가 있는 위치를 더욱 정확하게 측정하려면 별이 뜰 때까지 기다려야 한다. 선장은 큰 돛을 풀어 다시 올리라고 지시했다. 다행히 활대는 전혀 손상되지 않았고, 아마포로 된 돛도 적시에 밧줄을 늦추어 상하지 않았다.

우리 가운데 뱃일을 가장 잘 아는 루키오스는 오후에 선미의 상갑판에 올라가 선장과 이야기를 나누었다. 그는 여러 정보를 가지고 돌아왔다. 그러한 풍랑은 보통 예측할 수 없고, 그 정도면 우리는 그럭저럭 잘 빠져나온 셈이라고 했다. 배의 크기, 화물칸의 가운데에 실린 맷돌, 알레포산 소나무로 만든 선체, 무거운 암포라들을 실었다는 사실, 풍랑이 오래 지속되지 않은 점, 해안에서 멀리 떨어져 있었다는 사실, 서풍이 강하긴 했으나 일정하게 불어왔다는 사실이 유리하게 작용했다. 우리가 더 남쪽에 있었다면 시르테만에서 참사를 당할 수도 있었다. 리비아 쪽 해안은 모래로 되어 있고 석호가 많았으며, 그러한 지형이 해류를 따라 발달해 암석이 많은 얕은 해저가 해안에서 아주 먼 곳까지 형성되어 있었다. 우리가 이집트해의 북쪽으로 표류해 간 것은 천만다행이었다. 하지만 우리가 목숨을 건진 것은 무엇보다 선장이 상황에 잘 대처한 덕분이었다. 루키오스의 말에 따르면, 그럼에도 선장은 로도스에서 선적한 폰토스산 건어물 상자를 버린 일을 아쉬워했다고 한다.

석양이 비치기 시작할 때, 나는 일행과 멀어져 선미 우현 갑판의 난간에 기대어 바람을 맞으며 홀로 생각에 잠기었다. 물결은 잠잠해져 높이가 둘 또는 세 암마를 넘지 않았다. 바로 그 순간, 나는 방금 겪은 풍랑이 어떤 전환점, 일종의 입문 의식이었다고 느꼈다. 바다와 바람이 순종하는 존재의 권세를 깨달으면서, 모든 것이 그분의 손에 맡겨져 있다는 사실을 이해했다. 나는 화물칸 밑바닥에 있으면서 죽음이 지나가는 것뿐 아니라, 생명이 새로이 주어지는 것도 느꼈다. 그것은 작은 부활과 같았다. 나에게 새로운 출발이 주어진 것이다. 모든 것이 들어맞았다. 나는 알렉산드리아에서 사도로서 일을 시작하기에 앞서 과거와 나의 확신을 버려야 했다. 나는 풍랑 중에 원하지는 않았으나 먼저 나의 짐을 바다에 버렸다. 이제는 나 자신의 날개로 날아야 했다. 더 이상 베드로나 바오로, 바르나바의 지시를 받는 입장이 아니었다. 나는 새로운 모험의 책임을 떠안았다. 어려운 상황에서 나는 동반자 네 사람이 다른 이를 위해 용기를 보인 데에 감탄했고 기쁜 마음이 들었다. 그것은 좋은 징조였다. 함께 겪은 그 시련이 알렉산드리아를 정복해야 하는 우리 작은 무리를 단단히 묶어 줄 것이라는 확신이 들었다.

"파로스입니다. 좌현에 육지요!"

망을 보던 선원이 외치는 소리에 갑판에 있던 사람들은 잠에서 깨었다. 사방이 아직 어두웠고, 승객들은 이른 새벽의 싸늘함에 몸을 부르르 떨었다. 많은 이가 돛을 몸에 두르고 있었지만, 아마포는 우리가 바다로 던져 버린 묵직한 외투만큼 추위를 막아 주지 못했다. 나는 자리에서 일어섰다. 풍랑이 인 지 엿새째인 그날, 나는 알렉산드리아 등대의 불빛을 본다는 생각에 흥분했다. 우리처럼 잠에서 깬 선장이 있는 선미의 갑판으로 올라갔다. 몇 분이 지나서야 어두운 가운데 저 멀리 반짝이는 빛을 가려낼 수 있었다. 얼마나 감동스러웠는지! 그 빛은 어두움 속에서 빛을 발하며 컴컴한 밤에 우리를 인도하고 있었다.

선장은 지시를 내렸다. 그는 풍랑 중에 자기가 생각한 것보다 동쪽으로 덜 표류해 갔다는 사실을 알아냈다.

"등대를 우현에 두도록 침로를 바꿔. 필요하면 돛을 조정한다. 대大항구 동쪽에 짐을 내려. 거기에서는 서풍을 받지 않을 테니."

조타수가 키를 자기 쪽으로 끌어당겼고, 장루원은 돛을 잘 조정하려고 돛 아래를 잡아맨 줄을 풀어 느슨하게 만들었다. 나는 그리스어 실력을 최대한 발휘해서 대화에 끼어들었다.

"바르나바가 선장님에게 내륙 쪽 유역에 있는 항구에 직물을 하역하라고 부탁한 것으로 알고 있는데요?"

"그 화물이 많이 남아 있을지 모르겠습니다. 관리인이 그 짐을 화물창과 갑판 사이에 나누어 실은 기억이 나는데, 밖에 있던 것들은 모조리 바다에 던져 버렸죠. 어쨌든 포도주를 내리고 나면 밀을 실으러 그 항구로 가야 합니다. 여기에서는 그곳을 마리우트 호수라고 부르죠. 그러면서 배에 남은 직물을 내리고 파피루스를 실으려 합니다."

"파피루스라고요?"

"그렇습니다. 이집트는 로마 제국에서 제일가는 파피루스 수출국입니다. 파피루스는 나일강 삼각주에서 재배됩니다. 싱싱할 때에만 가공할 수 있어서 재배지 근처에 작업장이 많죠. 그 엄청난 양이 삼각주에서 수로를 따라 알렉산드리아로 이송됩니다."

"그러면 시내에서 파피루스를 쉽게 구할 수 있나요?"

"그렇죠. 파피루스를 구하고 싶으면 포세이돈 신전 바로 뒤에 있는 클레온의 가게로 가 보세요. 도착하면 어디인지 제가 알려 주겠습니다. 가게가 항구 쪽으로 나 있죠. 내가 소개해서 왔다고 하면 됩니다."

흐린 새벽빛이 우리 머리 바로 위쪽의 하늘을 뒤덮었다. 알렉산드리아의 파로스 등대가 발하던 빛이 선명함을 잃더니 갑자기 꺼졌다. 수심이 얕고 석호가 많았으며 항로 표지로 사용할 그 어떤 곳도 없었지만, 선원들은 이제 육안으로 보면서 항해할 수 있었다. 거대한 파로스 등대만이 뱃사람들의 안전을 지켜 주었다. 역설적이게도 낮보다 밤에 방향을 찾아가기가 더 쉬울 것 같았다. 갑판은 서서히 활기를 띠었고, 알렉산드로스가 우리가 있던 선미로 왔다. 우리 둘은 우현에 팔을 괴고 바다와 하늘 사이를 가르며 미끄러져 지나가

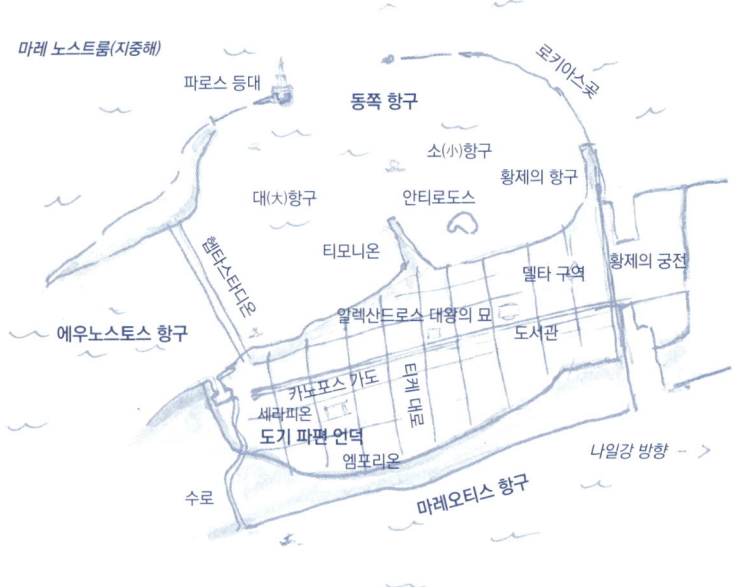

내가 조사한 것을 바탕으로 그린 알렉산드리아 지도. 클라우디우스 황제 7년.

는 길쭉한 밝은 황갈색 땅을 경탄하며 바라보았다. 우리는 행복감에 젖은 채 약속이라도 한 듯 말이 없었다. 드디어 알렉산드리아에 왔다! 황금의 도시! 우리가 꼬마 때부터 이야기하던 도시였다. 나는 지고 있던 걸낭에 계속 담아 가지고 다니던 도기 조각 하나와 아직도 축축한 목탄 한 조각을 꺼냈다.

우리는 서쪽에서 일정하게 불어오는 가벼운 순풍을 받아 몇 시간 만에 파로스섬에 도착했다. 그 섬은 해안과 나란히 나 있으면서 자연적인 경계를 이루어 두 항구를 보호했다. 그 길쭉한 제방의 규모를 호메로스는 과장해서 찬양했다. 우리는 그 섬을 선미의 우현에 두고 동쪽 항구로 들어서며 유명한 등대의 아래쪽을 지나갔다. 얼마나 경이로운 건축물인가! 그 웅장한 등대는 파로스섬의 동쪽 끄트머리와 좁은 길로 이어진 암석 위에 세워져서 바다에 도전하듯 솟아 있었다.

그 놀라운 등대를 지나치자마자, 선장은 돛을 느슨하게 풀기 전에 바람이 부는 쪽으로 뱃머리를 돌리라고 지시를 내렸다. 선원들은 무거운 화물선을 끌기 위해서 딸림배에 올라탔다. 항구의 동쪽을 막는 로키아스곶이 있는 좌현 쪽으로 위험한 암석들이 솟아 있어서 배를 등대에 바짝 붙여서 나아가게 해야 했다. 대항구를 보호하는 제방은 정말 근사했다. 가장 아름다운 제방은 단연 헵타스타디온이었다. 그 지역의 안내자 노릇을 하던 선장은 우리에게 그것을 가리켜 보였다. 그 제방은 대항구와 서쪽에 있는 에우노스토스 항구를 분리하는 동시에 파로스섬을 육지 및 도시와 연결시켰다.

그 웅장한 만으로 들어선 일을 결코 잊지 못할 것이다. 눈에서 눈물이 솟았는데, 그 사실을 알렉산드로스에게 감추었다. 땅에 아직 발을 디디지도 않았건만, 나는 벌써 그곳이 친숙하게 느껴졌다. 내가 마치 알렉산드리아에서 계속 살아온 것 같았다. 고향에 도착하는 듯했다. 얼마나 이상하던지! 니게르와 루키오스와 마나엔이 우리가 있는 갑판으로 왔다. 카이사리아, 심지어 셀레우키아 피에리아의 항구보다 더 큰 그 엄청난 항구에 우리는 완전히 매료되었다. 사람들로 북적이는 부유한 도시를 바라보며 감격했다. 아프리카의 황갈빛과 지중해 특유의 백색이 어우러진 모습이 '클라리시마 clarissima'('밝디 밝은'이라는 의미의 라틴어)라는 별명에 더없이 어울렸다.

화물선의 선원들이 돛을 졸라매고 굵은 밧줄을 준비하는 동안에, 딸림배가 배를 항구의 안쪽으로 끌어당겼다.

"저 좌현 방향 안쪽으로 작은 항구가 보이죠."

선장이 우리에게 말했다. 하고 있는 작업이 무척 까다로운데도 말투는 친절하기 그지없었다.

"크기는 작지만, 사실상 그것이 로마 제국의 항구입니다. 한가운데에 있는 커다란 암석은 안티로도스라고 부르죠. 그것이 알렉산드리아와 에게해의 로도스 사이의 경쟁 관계를 나타낸다고 할 수 있습니다."

"항구 저 안쪽에 있는 것은 뭔가요?"

"황제의 궁전입니다. 그 뒤에는 Δ(델타)라는 문자로 표시된 구역이 있는데, 거기가 유다인 구역입니다. 다른 사람들, 우리 같은 상선은 대항구의 상업 구역이 끝나는 저 작게 튀어나온 길쭉한 땅을 지나가야 합니다. 그 끝을 티모니온이라고 부르는데, 안토니우스가 노년을 조용히 보내려고 했던 곳이죠. 그는 아테네의 티몬[93]처럼 하려고 그곳으로 물러나고 싶다고 말했습니다. 자기도 그 사람이 당한 것과 똑같이 배반을 당했다고 하면서 말이죠."

티모니온 이야기로 마르쿠스 안토니우스에 대한 기억이 떠올랐다. 내가 그의 이름을 받았다는 사실은 잊을 수 없었다. 안토니오, 그리고 게라사를 떠올렸다. 그 이후로 얼마나 먼 길을 왔는지!

"저 작은 반도 쪽에 파피루스를 파는 클레온의 가게가 있습니다. 여기에서 포세이돈 신전이 보이죠?"

선장은 그렇게 말하고 나서 부두에 배를 대는 까다로운 작업에 집중했다. 우리가 탄 화물선은 다른 배들을 완벽하게 피해 해상 무역 거래소인 엠포리온의 창고 앞에 정박했다. 나는 소박한 튜닉과 낡은 신발 차림으로 동전 몇 개, 도기 세 조각, 목탄 몇 개가 든 작

---

[93] 기원전 400년경에 살았던 것으로 추정되는 인물로, 그는 자신의 부를 아테네 사람들에게 나눠 주며 호의를 베풀지만 그가 도움이 가장 필요한 순간에 아테네 사람들은 그를 버린다. 이와 관련된 이야기를 셰익스피어의 《아테네의 타이먼 Timon of Athens》에서 볼 수 있다.

은 걸낭을 들고서, 모험을 함께할 동반자들과 함께 가교를 건너 알렉산드리아에 발을 디뎠다. 낯선 남자 하나가 나에게 다가와 말을 걸었다.

"안녕하십니까. 저 화물선이 언제 어디로 떠나는지 아십니까?"

"그리스로 갑니다. 어쨌거나 로도스로 가고, 아테네까지 갈지도 모르죠. 선장에게 물어보는 것이 가장 확실합니다. 선장 이름은 오디세우스입니다. 저 위쪽에서 밧줄을 살펴보는 사람입니다."

그 남자는 부두에서 큰 소리로 선장에게 물었다.

"선장님, 제가 에페소로 떠나려고 하는데, 혹시 로도스로 떠난다면 저를 데려갈 수 있습니까?"

선장은 자기가 하는 검사 작업에서 눈을 떼지 않은 채 갑판의 난간 위에서 대답했다.

"이레 후에 마리우트 호수의 선착장으로 오십시오. 화물을 싣고 항구에서 디미소리아Dimissoria(무역선 소유주에게 항구를 떠날 허가를 내리는 문서)를 얻어야 하고, 또 돛대로 쓸 재목을 구하려면 그만큼 시간이 걸릴 테니까 말입니다. 배에 타도 좋습니다. 이름이 뭐죠?"

"아폴로입니다. 고맙습니다. 그보다 더 빨리 떠나는 배를 찾지 못하면 그때 오죠."

아폴로라! 멋진 그리스 이름이라고 생각했다. 그때에는 내가 그리스에서 바오로의 소중한 협력자가 될 사람을 마주쳤다는 사실을 알지 못했다.

"하느님 맙소사, 이 망할 실이 안 들어가!"

신발 수선공이 바늘구멍에 비해 굵은 실오라기를 쥐고서 진땀을 빼고 있었다. 나는 그 장인을 찾아내어 기뻤다. 그의 자그마한 작업장은 세라피온이 세워진 인공 산 아래에 자리 잡고 있었다. 나는 클레온의 가게에서 질 좋고 예루살렘보다 값이 훨씬 저렴한 파피루스를 구입한 다음, 티케 대로를 따라 가다가 카노포스 가도에 이르러 오른쪽으로 돌았다. 그 두 길은 너비가 적어도 서른 암마는 되었다. 델타 구역에 사는 형제들이 도시 서쪽에 있는 서민 구역을 알려 주면서 그곳에서 솜씨 좋은 수선공을 찾을 수 있을 것이라고 했다.

"이봐요, 새 신발을 사는 게 나을 것 같아요. 완전히 해어져 버렸으니."

"아끼는 신발이라서요."

"하지만 세상에 하느님, 완전히 해져서 너덜너덜하잖아요."

"저기, 혹시 유다인인가요?"

"아니요. 왜 그렇게 묻죠?"

"보통 할례를 안 받은 사람들은 그런 탄식하는 말을 할 때 제우스나 헤르메스, 포세이돈 같은 온갖 신들 이름을 대고, 바로 옆에 신전이 있는 세라피스의 이름을 대기도 해서요."

"나는 그런 헛소리는 안 믿어요. 우리 머리 위에 무언가, 혹은 누군가가 있다면, 그것은 홀로 있을 테고 우리가 알기에는 너무나 위대한 존재일 거요."

"상식이 있으신 분이군요. 그 말씀이 맞습니다. 원하시면 당신이 모르는 그런 것에 대해 제가 말해 줄 수 있습니다."[94]

"당신이 다른 사람들보다 더 똑똑하다는 건가요? 아니면 신탁을 전하는 사람이든지……. 당신이 그런 것을 어떻게 압니까?"

"저는 유다인인데, 당신이 말하는 '하느님'은 우리 백성에게 말을 걸었고, 하느님께서 우리가 사는 곳에 자신의 아들인 예수님이라는 분을 보내셔서 그 모습을 드러내셨기 때문이죠."

"사람을 아들로 둔 신이라! 그게 사실이면 나는 클레오파트라의 조카요. 또 남을 속여 먹는 허황된 신화로군!"

"이야기를 하나 해 드릴게요. 스무 해 전 어느 날, 예수님께서 갈릴래아 호숫가를 걷다가 시몬과 시몬의 형제인 안드레아가 호수에 그물을 던지는 모습을 보았어요. 두 사람은 어부였죠. 예수님께서는 그 사람들에게 '나를 따라오너라. 내가 너희를 사람 낚는 어부로 만들겠다.'라고 하셨어요. 그러자 두 사람은 곧바로 그물을 버리고 예수님을 따라갔습니다."[95]

놀라웠다. 내가 예수님에 대해 모르는 사람에게 그렇게 대담하게 말하는 것은 난생 처음이었다. 나는 본능적으로 자연스럽게 이

---

94 전승에 따르면 알렉산드리아의 신발 수선공 아니아누스는 이교도였다가 알렉산드리아에서 최초의 그리스도인이 되었고(사실 그랬을 가능성은 거의 없다.), 교회의 역사가인 카이사리아의 에우세비우스에 따르면 마르코의 뒤를 이어 알렉산드리아의 주교가 되었다고 한다.

95 마르코 복음서 1장 16-20절에 나오는 이야기.

야기를 하기 시작했다. 나는 모든 것을 말했다. 수산나(베드로의 장모)의 이야기, 그녀의 집에서 중풍 병자가 회복된 이야기, 씨 뿌리는 사람의 비유, 호수에 풍랑이 인 일, 게라사에서 안토니오가 더러운 영에게서 풀려난 일, 탈리아가 되살아난 일, 세례자 요한이 참수된 일, 빵을 두 번이나 늘리신 일, 시리아 여자의 딸 이야기, 바르티매오의 이야기도 했고, 예루살렘에서 보낸 예수님의 마지막 날들을 이야기했다. 예수님이 체포되신 과정에서 일어난 몇몇 세부 사항은 당연히 생략했다. 예수님이 유죄 판결을 받고 십자가에 매달리신 안식일 전날에 대해서도 말했다. 또 그다음 주간 첫날에 마리아 막달레나와 다른 여자들이 텅 빈 무덤을 발견한 일도 말했다.

신발 수선공은 도구를 내려놓고 홀린 듯 내 말을 들었다. 알렉산드리아 사람들은 이야기를 무척 좋아한다. 나는 특별히 계획하지는 않았지만 좋은 방법을 선택한 것이다. 나는 내 말이 그 남자의 마음속에서 심오한 움직임을 일으킴을 느꼈다. 그저 독특한 이야기에 느끼는 호기심이 아니라, 알 수 없는 어떤 기대에 응답하는 예수님의 삶과 말, 행동에 대해 느끼는 열의였다.

지나가던 사람들이 멈추어 섰다. 그들은 차례로 바닥에 앉거나 아무데나 걸터앉았다. 나는 족히 한 시간은 이야기했다. 사건들을 그런 식으로 오랫동안 열거하며 말하다 보니 두 가지 사실을 새로 깨달았다. 그렇게 줄곧 이야기하면서 예수님이 살아가신 일생을 관통하는 심오한 일관성을 깨달은 것이다. 하지만 무엇보다 이야기가 지닌 힘을 처음으로 깨달았다. 복음을 선포할 때, 예수님의 생애를 이야기하는 것보다 더욱 적절한 방식은 없다는 생각이 들었다.

신발 수선공이 나에게 마실 물을 주며 말했다.

"제 이름은 아니아누스라고 합니다. 당신의 스승이 그런 식으로 아주 가난한 사람들의 집에 들어가서 자기 백성의 형제들에게 다른 민족들을 만나라고 했다는데, 그렇다면 오늘 저녁에 우리 집에 와서 같이 식사를 하지 않겠습니까? 그렇다면 더없이 기쁘겠습니다. 제 아내와 아이들도 당신이 하는 말을 들었으면 좋겠습니다. 우리에게 그 새로운 종교를 가르쳐 주십시오."

"제 이름은 마르코입니다. 당신 집에 기꺼이 가죠."

"지금 바로 갑시다. 가게 문을 닫을 겁니다."

아니아누스가 불쑥 일어서며 말했다.

이야기를 듣고 있던 몇몇 여자가 나더러 그다음 날 와서 그 이야기를 다시 해 줄 수 있겠느냐고 물었다. 그들은 자기 주변 사람들을 데리고 오고 싶어 했다. 나는 내가 한 말이 성공을 거둔 데에 놀라고 감격하며 그러겠다고 했다. 안드레아가 나에게 전한 예수님의 말씀이 떠올랐다. "무슨 말을 할까 미리 걱정하지 마라. 그때에 너희에게 일러 주실 것이다. 사실 말하는 이는 너희가 아니라 너희 안에 있는 하느님의 영이시다."[96]

---

[96] 마르코 복음서 13장 11절 참조.

몇 주 후에 알렉산드로스와 나는 아니아누스의 처제인 아이밀리아의 집으로 거처를 옮겼다. 우리가 알렉산드리아에 도착했을 때, 베드로가 우리에게 소개해 준 벤야민이 델타 구역에 있는 자기 집에 우리를 재워 주었다. 하지만 집이 너무 좁아 계속 머물러 지내기에는 적당하지 않았다. 마나엔은 친분 관계를 이용해서 같은 구역에 있는 거처를 찾도록 도와주었고, 도미틸라라는 부유한 과부가 우리에게 거처를 제공하겠다고 했다. 니게르와 루키오스가 그곳에서 지내기로 했고, 두 사람은 도시 동쪽에 있는 황제의 궁전 바로 뒤, 도시에서 가장 부유한 구역 중 한 곳에서 살게 되었다. 그곳은 유다인이 많이 살았기에 유다 구역[97]이라고 불렸다.

알렉산드로스와 나는 서쪽에 있는 도기 파편 언덕으로 가는 편을 택했다. 아니아누스가 그곳에서 살았는데, 그는 나를 만난 이후로 우리를 변두리 마을의 장인들에게 소개시켜 주었다. 언덕은 세라피온 뒤에 있었다. 세라피온은 남쪽에 있는 마리우트 호수를 굽어보았는데, 그 호수는 내항을 따라가다가 남쪽 수도교를 지나면 있었다. 그 서민 구역에서 우리가 지내는 조건은 델타 구역에 사는 우리 형제들보다 훨씬 나빴지만, 내가 보기에 그곳에 사는 것에는 두 가지 장점이 있었다. 도시의 주요 항구 세 개 중에서 마리우트

---

[97] 알렉산드리아의 필론이 사용한 표현. 그는 기원후 1세기에 알렉산드리아에서 가장 저명한 유다인 학자였다.

호수의 항구는 엄청나게 큰 엠포리온(무역 거점)이 하나 있어 상업적으로 가장 활발했다. 알렉산드로스는 직물 장사 쪽에서 어렵지 않게 일을 구했다. 그가 주로 하는 일은 그리스와 아나톨리아에서 오는 상품의 품질을 확인하는 것이었다. 나는 올리브기름과 말린 과일을 수입하는 도매업자에게 고용되었다. 그는 나에게 회계 일을 맡겼다. 그 모든 상품은 내항을 거쳐 주로 서쪽 수로를 통해 나일강으로 보내졌다. 그런 식으로 우리는 돈을 벌어 집세를 내고 그 누구에게도 신세를 지지 않을 수 있었다.

두 번째 장점은 우리가 사는 구역의 주민이었다. 델타 구역에 사는 형제들은 주민 대부분이 마케도니아로 망명한 유다인으로 이루어진 환경에서 지내고 있었다. 아니아누스와 만난 일, 그리고 그의 주변 사람들이 복음에 점점 더 관심을 갖는 일은 하느님의 섭리로 보였다. 알렉산드로스와 나는 토착민이 더 많이 사는 변두리 서민 구역을 거처로 택했다. 그리스인뿐만 아니라 유다인에게도 경시받는 이집트인이 그곳의 판잣집에 많이 모여 살았다. 우리는 매일 하루 일을 마치고 나서 저녁에 집집마다 돌아다니며 복음을 전할 수 있었다. 가난한 환경은 우리에게 잘 맞았고, 그 사람들은 우리의 말을 귀 기울여 들었다. 우리가 그곳에 완전히 정착하기도 전에 구두 수선공 아니아누스와 그의 온 가족이 세례를 받았다. 주간 첫날이면 이른 아침에 전차 경기장 근처에 있는 우리가 사용할 수 있는 가장 큰 집에서 다양한 사람들로 이루어진 신자들이 모였다. 우리는 먼저 예수님이 행하신 기적을 이야기했다. 그런 다음에 빵을 떼어 나누었다. 뒤이어 주간에는 예수님의 가르침을 전하는 자리를 마련했다. 아니아누스도 설교하는 일에 참여했다. 파스카에는 예수님이 예루살렘에서 보내신 마지막 날들에 대하여 적은 글을 읽었다. 많은 사람이 세례를 베풀어 달라고 했다.

우리는 신자 공동체 내부에서 베드로와 바오로가 한 것과 비슷하게 역할을 분담했다. 알렉산드로스와 나는 할례받지 않은 사람들에게 선교했고, 마나엔과 루키오스와 니게르는 그 도시에 있는 여러 회당에서 벤야민을 도왔다.

그들은 요한파에게 선교하기 시작했다. 요한파는 예수님에 대하여 들었으나 세례자 요한에게 세례를 받은 유다인들이었다. 나는 나중에 에페소에 가서 '아프로디테 우라니아'호에서 내리면서 만난 사람인 아폴로가 요한파 중 한 사람이었음을 알게 된다. 마나엔은 요한이 다른 세례, 즉 성령으로 세례를 주실 분이 올 거라고 선포했다는 사실을 그들에게 전할 최적의 인물이었다. 요한파 중 많은 사람이 설득되었고, 예수님의 이름으로 세례를 받았다. 알렉산드리아에서 오래전부터 존재한 요한파는 조직망이 견고했는데, 이는 다른 유다인들에게 닿을 훌륭한 발판이었다.

델타 구역에서 활동하는 세 사람이 해야 할 두 번째 임무는 더 까다로웠다. 유다인은 알렉산드리아가 처음 세워질 때부터 존재했다. 그들은 여러 도시에서 인정받는 사회 중간 계층을 이루었다. 그렇기 때문에 그들은 자신들을 정치적으로 대표하는 집단인 폴리테우마Politeuma(도시 국가에서 특권을 누린 공동체)를 지니고 있었다. 그것은 유다인 일부가 속한 상류층인 그리스인 폴리테우마보다는 덜 강력했으나 이집트인 폴리테우마보다는 훨씬 더 강력했다. 유다인은 알렉산드리아에서 매우 잘 조직되어 있었다. 그들은 그 도시의 가장 큰 회당에서 원로 71명이 여는 원로 회의의 지도를 받았다. 그 조직에 침투해서 메시아를 이야기하기란 쉬운 일이 아닐 것이다. 예수님의 놀랍도록 새로운 메시지를 받아들이면 유다인의 정치적인 통일성이 흔들릴 위험이 있었기 때문이다. 예루살렘에서와 마찬가지로 그들 대부분은 확신을 뒤흔들고 공동의 기초를 약화시키는 변화에 반대했다. 하지만 마나엔에게는 따로 계획이 있었다. 유다인의 상류층 지식인 몇 사람이 성실하고 영향력 있는 대화 상대가 될 수 있었다. 마나엔은 그들을 통하여 시작하고자 했다.

이집트인 구역이든 유다인 구역이든 할 일은 많았다. 직무를 분배하기는 했으나, 우리 다섯 사람은 안식일마다 회당에서 모였다. 예배를 마친 후, 벤야민과 그의 아내 드보라는 가끔 우리가 아고라 옆에 있는 카노포스 가도에 있는 음식점으로 점심을 먹으러 갈 때 우리와 동행했다.

그러는 날이면 우리는 오후에 파로스섬까지 산책을 갔다. 땅과 이어진 그 작은 섬은 유다인이 아끼는 소중한 장소였다. 옛날에 유다인 현자들이 도시의 소음을 피해 그곳에서 히브리어 성경을 그리스어로 옮겼기 때문이다. 그렇게 옮긴 성경을 '70인역'이라고 불렀다. 그 이후로 토라(유다교 율법)는 '펜타테우코스Pentatemchos'(우리말로는 '오경'이라고 한다. — 역자 주)라는 그리스어 이름으로 불리게 되었다.

우리는 배를 타고 대항구로 들어오면서 눈여겨보았던 인공 제방인 헵타스타디온을 따라 걸으며 파로스섬에 이르렀다. 그 제방은 대항구를 우리 왼쪽에 있는 에우노스토스 항구와 분리했다. 등대까지 걸어가니 등대 아래쪽에 다음과 같은 문구가 새겨져 있는 것이 보였다.

"데시판네스의 아들 크니두스의 소스트라투스가 항해자들의 안녕을 위하여 구원의 신들에게 바침."

이제 우리가 할 일은 구원의 신은 디오스쿠로이, 즉 제우스 신의 아들이자 쌍둥이인 카스토르와 폴리데우케스(싸움과 항해의 수호신)가 아니라 오직 주님 한 분뿐이시라는 사실을 이 도시에 알리는 것이었다.

어느 안식일에 나는 알렉산드로스와 함께 평소에 가던 길로 산책하지 않고 알렉산드로스 대왕의 묘를 찾아갔다. 나의 친구는 자기와 같은 이름을 지닌 인물의 웅대한 기념물 앞에 있는 어느 벽에 걸터앉아 나를 가르쳤다. 이제 우리는 둘이 이야기를 나눌 때조차 그리스어를 사용했다.

"알렉산드로스 대왕은 자기 스승인 아리스토텔레스의 조언을 듣고서 이 도시를 세울 장소를 여기로 정했어. 대왕이 아리스토텔레스가 쓴 《정치학》에 묘사된 이상적인 국가의 특징을 그대로 재현했다는 느낌이 들어."

내가 놀라며 물었다.

"그 책을 읽었어?"

"응, 마나엔 덕분에. 마나엔이 도서관에 들어가는 허가증을 얻어 주었지."

"도서관이 불탄 줄 알았는데."

"그래. 어떻게 그랬는지는 알 수 없어. 할아버지가 이야기해 주신 내용에 따르면, 카이사르가 원치 않게 그 화재를 일으켰다고 하더군. 카이사르가 프톨레마이오스 왕조와 전쟁을 벌이면서 이집트의 배와 무기에 불을 질렀어. 그 불이 옆에 있는 창고로 옮아 붙었는데, 거기에 외국으로 보낼 두루마리들이 보관되어 있었다지."

"도서관이 해안 쪽에 있어?"

"아니. 커다란 도서관이 불탄 것이 아니라, 항구에 있는 그 부속 건물이 불탔어. 그 화재 이후로 페르가몬 도서관(알렉산드리아 도서관과 쌍벽을 이루었던 도서관. ― 편집자 주)과 아테네의 김나지움 도서관에서 엄청난 양의 두루마리를 가져왔지."

"그럼 그곳에 들어가 본 거야? 어때?"

"놀라웠어! 잘 정리된 두루마리가 어디에나 있었지. 모두 그리스어로 쓰여 있고. 심지어 '펜타테우코스'와 70인이 번역한 다른 글도 있어. 두루마리 목록은 그리스어 알파벳 순서대로 정리되어 있는데, 그 일을 처음 시작한 사람이 나와 동향 사람인 키레네 출신 칼리마코스야. 아리스토텔레스의 두루마리를 나한테 가져다주는 데에 15분도 채 걸리지 않았어!"

"대단하군. 그 글에서는 도시 창건에 대해 뭐라고 쓰여 있었어?"

"도시의 이상적인 특징을 설명하고 있어. 바다에 가까이 있어 상업과 공업뿐 아니라 군사적으로도 유리해야 하지. 또한 사방이 요새화되어 있어야 하고 수로 망을 갖추어야 해. 공격을 당했을 때 주민을 대피시키기 쉬워야 하고, 근처에 비옥한 땅으로 주민의 수와 농업 산물이 균형을 이루어 자급자족할 수 있어야 하지. 정말이지 놀라워! 아리스토텔레스는 모든 것을 다 생각했어. 반드시 필요한 공공 업무도 열거하는데 거기에는 식량 공급, 수공업, 무기, 재정, 법, 그리고 종교 업무도 있지."

"그럼 도시가 구역별로 나뉜 것이 그 사람 때문인가?"

"그래. 알렉산드로스는 또 아리스토텔레스에게 영감을 받아 도시 개발을 조직했어. 밀레토스(고대 그리스의 식민 도시)처럼 길을 격자형으로 냈는데, 이동을 원활하게 하려고 길을 더 넓게 만들었지. 하지만 도시의 전략적인 몇몇 지점은 예외라, 길을 아주 좁게 만들거나 장애물을 설치해서 적이 왔을 때 전진을 늦추고자 했어."

"굉장하군! 다음에 네가 도서관에 갈 때, 나도 같이 가고 싶어. 거기에 이 도시의 지도와 로마 제국 다른 곳들의 지도가 있는지 궁금하군."

"마나엔에게 말해 보면 들어갈 수 있을 거야."

우리는 도기 파편 언덕으로 갔다. 대도시 알렉산드리아가 우리를 황홀하게 만들었다. 그 자원과 보물, 독특함이 더욱 풍요롭고 놀랍게 우리에게 드러났다. 그곳에서 복음을 선포하는 일은 현기증이 나면서도 흥분되는 일이었다. 하지만 그렇게 함으로써 얼마나 큰 대가를 치르게 될지 우리는 알지 못했다.

11장

패거리

얼마나 풍요로운지! 알렉산드리아는 무척 분주했다. 주름이 잡혀서 화려하게 빛나는 클라미스[98]처럼 온통 화려하게 치장되어 반짝였다. 동방 전체가 그 기다란 땅에 응축되어 있었다. 그곳에서 삶은, 태양이 몸을 숨겼을 때조차 결코 멈추지 않았다. 그리스인, 유다인, 이집트인이 끊임없이 뒤얽혀 거래를 했고, 자신이 어디 출신인지 내세우는 경우가 있다면 그것은 오로지 거래를 더욱 잘 성사시키기 위해서였다. 그리스도인은 매우 적었다. 하지만 그들에게는 특수한 점이 하나 있었으니, 그것은 바로 그들이 모든 민족에 속한

---

[98] 그리스의 역사가 플루타르코스는 알렉산드리아를 알렉산드로스와 마케도니아 병사들이 입은 군대의 겉옷 이름을 따서 '클라미스'라고 이름 지었다.

다는 사실이었다. 마나엔은 마침내 그리스인 공동체에 파고드는 데 성공했다. 니게르는 누비아인 공동체, 루키오스는 라틴족 몇 사람의 가족, 알렉산드로스와 나는 토착민 사회에 침투했다. 벤야민은 유다인들을 담당했다. 우리 민족 사람들을 대할 때면 모든 일이 더 복잡했기 때문에 벤야민은 해야 할 일이 많았다. 델타 구역의 우리 공동체는 회당에서 자주 격렬한 반론에 부딪쳤다.

반면에 우리가 담당하는 서민 구역에서는 사람들이 복음을 듣고 열렬한 반응을 보여 기쁘기 그지없었다. 알렉산드리아에 도착한 처음 몇 달 동안, 나는 예전에 도기 폐기장이던 곳에서 우리 형제 공동체가 활발히 성장하는 모습을 보면서 놀랐고 감격했다. 알렉산드로스와 나는 해가 질 무렵에 하루 일을 마치고 나서야 시간이 나서 우리를 맞을 수 있는 집들을 찾아가 사람들을 모을 수 있었다. 그들에게 우리 종교를 소개하고, 신앙을 더 굳건하게 하고, 선교할 사람들을 조직해야 했다. 조롱받는 일을 피하기 위해 전차 경기장 뒤쪽에 있는 광장에서 행인들에게 설교하는 일은 그만 두었다. 경기를 광적으로 즐기고 내기하는 사람들은 우리가 우선시하는 대상이 아니었다. 안식일을 지내고 나서 저녁에 빵을 떼어 나누는 예식을 치를 더 큰 집을 간신히 구했지만, 그 집도 금세 비좁아졌다. 많은 사람이 집 바깥에 모여들었다. 함께하는 생활에서 심오한 기쁨이 퍼져 나갔다. 진정한 평화가 그리스도인이라고 불리는 사람들을 한데 묶었다.

이방인들이 놀란 이유는 무엇보다 우리가 그들에게 열려 있었기 때문이다. 자기 민족 내부로 움츠러들며 동시대 사람들을 맞이하는 것을 가로막으려고 하지 않았던 것이다. 도기 파편 구역의 삶이야말로 진정한 삶이었다. 특권층과 귀족들의 삶은 진정한 삶이 아니었다. 복음은 가난한 사람들에게 자연스럽게 다가갔다. 예수님은 가난한 사람, 세리, 죄인과 함께 많은 시간을 보내셨다. 이곳에서 그분이 왜 그러셨는지 이해할 수 있었다. 서민, 상처 입은 사람들, 빈곤한 이들은 우리가 주는 돈이나 물건과 우리가 하는 말을 똑같이 소중하게 받아들였다.

그때 나는 어떤 일에 착수했는데, 그 일이 훗날 나에게 비극적인 영향을 미치리라고는 상상도 하지 못했다. 알렉산드리아에서 지낸 지 몇 년이 흘렀을 때, 나는 매춘부들에게 가서 예수님에 대해 말하는 작은 모임을 조직했다. 포주들에 예속되어 몸을 팔아야 하는 젊은 여성 노예들인 포르나이를 나는 각별히 딱하게 생각했다. 항구 쪽에 그런 여자들이 많았고, 그들의 주요 고객은 뱃사람들이었다.

처음에 나는 알렉산드로스와 아니아누스, 그 구역에 사는 그리스도인 몇 명과 함께 도기 파편 언덕 남쪽에 있는 좁은 골목길, 즉 마리우트 호수부터 시작되는 어두침침한 길들을 누비고 다녔다. 날이 저물면 우리는 나이를 가늠할 수 없는 그 여자들에게 빵을 가져다주었다. 처음에 그들과 접촉하기 힘들었다. 그들은 자신만만하고도 천박하게, 우리를 경계하며 쌀쌀맞게 대했다. 그들의 거만한 말투와 비웃는 소리를 들으면서 의욕을 잃을 만도 했다. 하지만 꿋꿋하게 버텼다! 우리는 그들을 도덕적으로 교화하는 대가로 자비를 베풀려는 것도 아니었고, 어떤 의무를 행해야 한다는 생각도 없었다. 우리에게는 복음이라는 보물이 있었다. 그것을 복음에 가장 깊이 연관되는 사람들과 나누고 싶었다. 나 자신도 인간적인 나약함을 예수님이 다잡아 주신 체험을 했다. 누가 그 매춘부들보다 스승님의 말씀에 더욱 크게 감명을 받겠는가? 스승님이 막달라 여자 마리아와 맺은 우정을 그 여자들보다 더욱 제 자신의 일로 여길 사람이 누구겠는가? 무엇보다 병자와 죄인들을 위하여 오신 예수님께는 하찮은 사람이 아무도 없었다.

네크베트 덕분에 저녁에 그 거리를 돌아다니는 일은 친숙한 거리를 걷는 산책이 되었다. 목소리가 걸걸한 그 여자는 나이에 비해 일찍 늙어 버렸다. 네크베트가 그 직업에 몸담은 지는 이미 오래되었다. 하지만 그녀가 밤에 하는 활동은 그녀의 영혼에 아무런 흠집도 내지 못한 듯, 네크베트의 얼굴은 순식간에 변하며 환하게 빛났고 열의는 다른 사람에게까지 전해졌다. 거리와 항구를 아우르는 작은 세계에서 지낸 지 오래되었고, 거친 입담과 경쾌한 권위를 지닌 네크베트는 같은 일을 하는 여자들에게 평판이 좋았다. 그녀는 그곳에서 아무도 할 수 없는 역할을 담당하면서 포주와 뱃사람들의 횡포에서 거리의 여자들을 보호했다. 네크베트는 우리보다 몇 살

어렸지만, 알렉산드로스와 나를 편하게 대했다. 경험에서 우러나는 상식을 지닌 네크베트는 우리를 순진하면서도 호감이 가는 어수룩한 문외한으로 여기면서 자기 세계에 받아들였다. 그녀는 우리가 하는 설교를 들을 준비는 되어 있지 않았지만 우리를 순박하고 다정하게 친구로 대했고, 그 덕분에 우리는 그녀의 동료들에게 따뜻하게 받아들여질 수 있었다. 몇 주가 지나자 나는 네크베트를 나의 누이처럼 여기게 되었고, 그녀도 나를 오라버니처럼 대했다. 네크베트가 그렇게 중개자 역할을 했고 아니아누스가 명랑하고 단순하게 그들을 대하자, 거리의 여자들이 보이던 공격성이 완전히 누그러졌다. 그 여자들은 아니아누스가 자기들과 항상 가까이 지낸 사람인 양 그를 좋게 대했다. 우리는 이제 문간에 한 발을 들여 놓은 셈이었다.

알렉산드로스는 키레나이카로 몇 달 동안 선교를 떠나려던 참이었다. 그는 예전부터 자신의 부모가 태어난 도시에 가 보고 싶어 했다. 그는 그곳에 완전히 정착하러 떠나는 루키오스와 함께 갈 예정이었다. 알렉산드로스가 그곳으로 떠나기 전 마지막 주님의 날에, 우리는 알렉산드리아에서 동쪽으로 몇 스타디온 떨어진 니코폴리스로 나들이를 갔다. 길을 걸으면서 우리는 며칠 전에 받은 실라스가 보낸 편지에 대해 오랫동안 이야기했다. 아니, 이제는 그를 실리스가 아니라 실바누스라고 불러야 할 것이다. 그도 로마 제국에 더욱 잘 어우러져 활동하려고 별칭[99]을 정했다. 실바누스는 바오로와 함께 한 선교 소식을 전해 왔다. 두 사람은 마케도니아로 갔다가 아카이아로 갔다. 그리고 코린토에서 몇 년 동안 도시 노동자 계층과 함께 지냈다. 바오로가 그곳을 떠난 다음에 실바누스는 그곳에서 아폴로라는 사람을 맞이했다. 아폴로는 알렉산드리아 출신이었지만 에페소에서 왔다. 그로부터 몇 달 후에 실바누스는 에게해를 건너 트로아스로 가서 카르포스라는 사람 곁에서 그 지역의 신자 공동체를 견고히 다지는 일을 했다. 우리는 그 모든 소식을 듣고서 기뻤다. 집으로 돌아가는 길에 알렉산드로스는 우편으로 사용하는 작은 점토판을 보여 주며 말했다.

"마나엔이 푸길라리스Pugillaris(한 도시 내에서 우편으로 사용되던 작은 점토판)를 보냈어. 우리더러 내일 도서관에 같이 가자고 하던데."

"이제는 도서관에 들어가기가 쉽게 않을 줄 알았는데?"

"내일 그곳에서 유다 공동체를 기리는 행사가 열려. 필론이 쓴 글의 사본을 소장본으로 받아들이는 행사를 연다고 하더군."

"죽은 지 겨우 몇 년밖에 안 되었는데, 그 사람의 작품이 로마에서 벌써 그렇게 인정을 받는 거야?"

"그래. 필론의 가족은 로마 사회에 깊숙이 통합되어 있었어. 그

---

[99] 베드로가 서간에서 말하는 실바누스(1베드 5,12 참조)다. 그는 49년쯤에 이미 바오로가 테살로니카 신자들에게 보내는 첫 번째 서간에서 자신을 그 이름으로 부른다.

의 형제 알렉산드로스는 알렉산드리아의 세무를 관리하는 고관으로 그 도시에서 가장 부유한 사람 중 하나였지. 헤로데 임금이 복원한 우리 성전의 문을 만들 금과 은을 조달하기도 했어. 알렉산드로스의 아들 티베리우스는 그 몇 년 전에 이집트 테바이드 지방에서 고위 행정 관리인 에피스트라테고스epistrategos였다가 클라우디우스 황제의 명으로 유다 지방의 총독으로 승격되었지. 또 필론은 10여 년 전에 로마에서 칼리굴라 황제에게 유다인의 입장을 당당히 옹호했어. 그 사람이 로마에서 그렇게 큰 지지를 받으니까 그의 작품이 도서관에 쉽게 받아들여졌을 거야. 결국 그 일은 우리 유다인한테 상당히 좋은 것 같아."

"필론이 도대체 어떻게 했기에 로마에서 그런 좋은 평가를 받을 수 있었을까?"

"여러 측면에서 우리와 비슷한 생각을 펼쳤기 때문일 거야. 그 사람은 로마의 위대함과 보편적인 정당성, 로마법이 균형 잡혀 있다는 사실과 그 법이 민족들을 규제하는 역할을 한다는 사실을 인정했어. 또 경애[100]나 후원 제도 같은 로마의 헬레니즘 문화 특징도 높이 평가했지. 무엇보다 그 사람의 글은 유다 민족이 로마에 충실해야 함을 상기시켜."

---

[100] 알렉산드리아의 필론이 쓴 《플라쿠스 반박》 참조. '피에타스pietas'라는 미덕은 신성 및 자기 가족을 비롯한 주변 사람들과 더불어 올바른 관계를 유지하는 사회를 살아가는 태도다.

"필론의 말이 옳아. 로마! 정말 대단한 문명이야! 그 문명은 복음을 전할 훌륭한 매개지. 아우구스투스가 하느님의 섭리로 팍스 로마나를 장려해서 이미 터를 마련해 놓은 거야. 강도나 해적을 두려워할 필요 없이 육로나 해로로 다닐 수 있으니 교류가 무척 쉬워졌고, 그러니 복음도 쉽게 전파할 수 있지. 로마 덕분에 사람들도 여러 민족이 서로 침략하고 약탈하는 전쟁을 벌이는 대신에 서로를 이해하고 하나의 세계를 구축하기를 바라게 된 거야."

"그건 확실해. 하지만 로마가 보편적이라고 주장하는 것이나 황제들이 자신을 신격화하는 일에는 동의할 수 없어. 한 사회가 잘 조직되어 있고 평화롭다고 해서 행복이 보장된다고 믿게 만드는 것은 로마가 하는 엄청난 거짓말이야. 또 후원 제도는 가난한 사람들을 도울 목적보다는 사회적으로 인정받으려는 마음에서 이루어지잖아. 필론은 로마에 대해 감탄했지만, 할례받지 않은 사람들의 악습도 혹독하게 비판했어."

우리는 우리가 지내는 누추한 방에 돌아와서 촛불을 밝혀 놓고 계속 대화를 나누었다. 내가 토론을 다시 이어 가느라 말을 꺼냈다.

"그렇다면 우리 생각이 필론과 다른 점은 뭐지?"

"내가 보기에는 필론이 중요한 사실 하나를 못 본 것 같아. 기억나? 우리가 필론의 생각에 대해 알게 된 것이 마리우트 호수의 치유자들, 테라페우테Therapeutae(필론을 따른 알렉산드리아의 유다인 수도승들) 덕분이었잖아."

"그래! 작년에 네가 나를 그 밀교 현자들의 집에 데려갔었지?"

"맞아. 그 사람들이 우리한테 필론의 사상을 알려 주면서 필론이 플라톤의 철학과 스토아 철학을 어떤 식으로 우리 성경에 연결시키는지 말했어. 필론이 율법에 대해 내린 해석은 우의적(다른 사물에 빗대어 비유적인 뜻을 나타내는 것.— 편집자 주)이고 이론적이야. 그것이 바로 우리와 다른 점이지. 예수님은 그와 반대로 손으로 만져 알 수 있는 분명한 의미를 성경에 부여하려고 오셨어. 예수님은 다리 저는 사람들이 제대로 걸을 거라고 선포한 이사야 예언자의 말을 인용하면서 그 말을 곧장 실현하시지."

"그건 확실해. 예수님이 성경 말씀을 이루신 순간을 하나 들자면,[101] 그건 바로 골고타에서 돌아가신 때야. 우리가 거리의 여자들에게 복음을 전하면서 배운 것은 바로 예수님의 메시지가 전하는 중요한 측면이야. 예수님은 공허한 말로 만족하지 않으셨어!"

"내일 아침에 도서관에 갈 일이 너무 기대되는군."

우리는 그날 늦게 잠자리에 들었다. 하지만 다음 날 아침에 마나엔과 만나려면 일찍 일어나야 했고, 잠에서 깨는 일은 힘겹기 그지없었다.

우리는 아침 일찍 도서관에 도착했고 모여든 무수한 사람 한가

---

[101] 마르코 복음서에서 예수님이 성경 말씀이 이루어진다고 분명히 말씀하는 유일한 순간은 당신이 체포되신 때다(마르 14,49 참조).

운데에서 마나엔을 찾았다. 많은 유다인 형제들, 특히 가문이 좋은 이들이 예식에 참여하려고 몰려왔다. 도시의 관리들도 많이 왔다. 마나엔이 기척도 없이 다가와 뒤에서 우리 어깨를 붙들었다.

"따라오게. 좋은 방법을 마련해 뒀네."

그러더니 그는 뒤돌아서 계속 불어나는 인파를 거슬러 가까이에 있는 어떤 길로 우리를 데려갔다. 우리는 커다란 도서관의 가장자리를 따라서 걷다가 은밀하게 난 건물의 출입구로 이어지는 계단 위에 앉아 있는 루키오스와 니게르를 만났다. 마나엔이 약속한 신호대로 문을 두드렸다. 우리가 그곳에서 기다리던 형제들과 막 인사를 했는데 왼쪽 문이 살짝 열렸다. 열린 문틈으로 한 남자가 걱정스러운 표정이 서린 작고 동그란 얼굴을 내밀었다. 그는 주위를 휘둘러보더니 재빨리 우리를 들어오게 한 다음에 문을 닫았다.

그가 문에 빗장을 걸자마자 마나엔이 말했다.

"이 사람은 아가피오스네. 지난주에 카노포스 가도 근처에서 만났지. 알고 보니 우리는 혼인 관계로 맺어진 사촌이더군. 아가피오스는 이곳에서 일해. 회랑에서 예식을 보라고 나를 초대했지."

"안녕하십니까. 맞습니다. 저는 이곳에서 우주론 분야를 담당하고 있죠."

"그렇다면 저와 동향인 유명한 에라토스테네스의 뒤를 잇고 계시네요?"

알렉산드로스가 물었다.

"키레네 출신인 그 현자가 알려진 모든 백성에 관한 문헌을 모아서 보존했죠. 그게 벌써 200년도 더 된 일입니다. 저는 특히 스트라본의 방대한 《지리지》를 연구하고 있어요. 스트라본은 각지를 여행한 다음에 이곳에서 그 책을 출간했고, 열일곱 편의 훌륭한 글을 남겼죠. 저는 그의 기념비적인 작품에 번호를 매기고 보존하는 일을 합니다."

그 사람은 자신이 하는 일을 자랑스러워했을 뿐 아니라 열의가 넘쳤다. 말투에서 그 마음이 느껴졌다. 그 열정에 자극을 받아 나는 물었다.

"혹시 스트라본의 지도를 볼 수 있을까요?"

"물론이죠. 하지만 오늘은 필론을 기리는 예식에 참석하러 온 것이 아닌가요?"

"저는 솔직히 의례적인 연설보다는 지도에 더 관심이 많아요."

"지도가 있는 방은 회랑 쪽에 있어요. 연설을 듣고 싶은 사람은 그 위에서 들으면 됩니다. 당신을 스트라본실로 들여보내 줄게요."

인파가 중앙 문을 통해 커다란 홀로 들어서는 가운데, 우리는 회랑으로 이어지는 계단을 올라갔다. 우리가 있는 곳에서는 예식이 벌어지는 단상이 아주 잘 보였다. 나의 동료들은 난간에 자리를 잡았다. 아가피오스는 나를 어느 커다란 방으로 데려가서 선반에 정리된 많은 두루마리를 보여 주었다.

그 방의 중앙에 있는 탁자 위에 두루마리 하나가 펼쳐져 있었다.

거기에는 굴을 닮은 길쭉한 모양이 그려져 있었다. 다가가니 거기에 적힌 문구들이 보였다. 그림의 왼쪽에 적힌 문구가 먼저 눈에 띄었는데, 그것은 마레 노스트룸(지중해)이었다. 그 아래로 조금 더 작게 알렉산드리아라고 적혀 있었다. 나는 파피루스에서 눈을 떼지 못하고 살펴보면서 놀라는 동시에 감탄했다. 사람이 사는 세계를 그린 지도를 처음 본 것이다. 나의 눈앞에 모든 민족이 사는 곳을 나타낸 그림이 있었다. 나는 예루살렘, 안티오키아, 에페소, 코린토, 로마를 찾아냈다. 또 홀린 듯이 키프로스, 셀레우키아, 수사, 파르티아인들의 땅, 더 나아가 동방까지 따라가 보았다.

마나엔이 소리 없이 방으로 들어왔다. 나는 흥분해서 어쩔 줄 몰랐다.

"이걸 보았나요? 온 세상이 눈앞에 있어요."

마나엔은 다가와서 따뜻하고 차분한 목소리로 말했다.

"그래, 몇 년 전에 왔을 때 이미 그 멋진 지도를 감상했지."

"그저 아름다운 게 아니에요. 엄청나요! 온 세상이 눈앞에 있다니요! 이 땅에 사는 모든 사람이 말이에요. 복음을 전해 들을 모든 사람이요. 그림 그릴 도구를 가져오지 않아 너무 아쉽네요."

그러자 아가피오스가 말했다.

"다시 와도 됩니다. 세계 지도를 그렇게 좋아하는 사람을 만나다니 기쁘네요. 비슷한 주제를 다루면서 이 세상의 백성과 나라가 얼마나 다양한지 정리한 다른 문서도 있으니 살펴봐도 됩니다. 알렉산드리아를 그린 어떤 지도들은 놀라울 정도로 정확하죠."

"이 지도를 베껴 그려도 될까요?"

"도서관 문을 닫은 다음에 한번 오세요. 그럼 조금 더 조용할 테니 말이죠."

"고마워요. 정말 고마워요."

연설이 끝난 다음에 우리는 들어왔던 뒷문으로 건물을 나섰다. 동료들과 함께 도시를 걸으며 나는 기뻐 날아갈 것 같았다. 알렉산드리아에서 사는 것이 너무 좋았다. 나는 그 문명의 위대함을 맛보고 있었다. 알렉산드리아는 이스라엘의 종교를 지닌 철학자들을 받아들일 뿐 아니라, 위대한 지리학자들의 작품을 모아 두고 있었다. 감미로운 분위기가 곳곳에서 느껴졌다. 아프리카에서 올라오는 내음과 동시에 그 도시를 창설한 알렉산드로스 대왕의 위대함을 가늠할 수 있었다. 알렉산드리아는 로마의 저 끝만큼이나 광대했고, 동방의 황갈색만큼 부드러웠다. 다양한 거주민이 뒤섞여 있어 도시적이었고, 등대의 지킴을 받는 해양 도시였으며, 마리우트 호수에서 밀과 보리를 옮겨 싣는 수레의 무리를 보면 농업 도시였다. 로마의 곡창, 삼각주의 보석, 나일강의 관문……. 내해의 물결과 대양 사이에 끼어 있는 스트라본의 지도에 그려진 길쭉한 땅 알렉산드리아는 축소된 세계였다.

알렉산드리아의 헵타스타디온에서 바라본 파로스 등대.

　우리는 늘 하던 대로 헵타스타디온을 따라서 파로스섬까지 걸었다. 겨울 햇빛이 동쪽 항구를 부드럽게 비추었다. 나는 열광하는 마음을 마나엔에게 전했다. 우리는 잠시 아람어로 대화했다.
　마나엔이 나에게 말했다.
　"자네가 이곳에서 행복한 걸 알겠군."
　"네, 그래요. 이 행복이 영영 끝나지 않았으면 좋겠어요."
　"그렇다면 더 신중해야 하네."
　"무슨 말씀인가요?"

"몇 년 전에 자네들이 도기 파편 언덕에 거처를 정했을 때, 영향력 있는 유다인 몇 명이 그 일을 탐탁지 않게 생각했어. 형제들 중에서 벤야민도 자네들의 그러한 선택이 무모하다고 했지."

"그럴지도 모르죠. 하지만 우리는 그 구역에서 진정한 공동체를 이루었어요."

"그렇게 거둔 성공이 질투를 불러일으키네. 예기치 못한 대담한 계획을 성공시키면 악감정이 생겨나지. 자네가 길거리 여자들과 함께 지내면서 비판의 표적이 되었어. 사람들이 수군대고 있네. 네크베트가 자네들과 아주 가깝다고 말하지. 네크베트는 매춘부로 유명한 여자고……."

"그게 무슨 말인가요? 우리는 그 여자와 아주 올바른 관계를 맺고 있어요."

"나는 그렇다고 확신하네. 하지만 다른 사람들은 자네들이 평판 나쁜 구역에서 사람들과 친하게 지내며 활동하는 것을 트집 잡을 핑계로 사용할 수 있어. 그래서 신중해야 한다는 거야. 쑥덕공론을 키우는 일은 피해야 하네."

"어떤 사람들이 죄악이 없는 곳에서 죄악을 본다는 이유로 복음을 선포하는 일을 포기하고 싶지 않습니다."

"마르코, 진정하게. 내가 지금 자네에게 한 말을 시간을 두고 잘 생각해 보게나. 자네의 혈기 왕성하고 사람들에게 친근한 성격, 선교하는 기쁨으로 눈이 가려져서는 안 되네."

하지만 나는 그날 마나엔이 하는 자상한 경고를 제대로 듣지 않았다. 나는 신중해야 한다는 지적에 짜증이 나서 그저 어깨만 으쓱인 다음에 찬란한 그 도시에서 내가 하던 일을 계속했다.

뒤이어 몇 주 동안 아가피오스는 나를 지도가 있는 방에 여러 번 들여보내 주었다. 저녁이면 나는 올리브 거래의 회계를 정산한 다음에 아무것도 쓰이지 않은 파피루스를 들고 마리우트의 엠포리온부터 도서관까지 걸어갔다. 알렉산드로스가 키레네로 떠난 참이라 더욱 기꺼운 마음으로 그렇게 했다. 그해 여름에 나는 스트라본의 지도와 도표를 몇 시간 동안 베껴 그리면서 하루를 마무리하곤 했다. 스트라본이 유럽과 아시아, 동방, 또 그의 글 마지막 편에서 아프리카를 묘사한 여러 그림에도 열광했다. 그 문서를 살펴보면서 세라피온부터 파로스섬까지, 에우노스토스 항구에서 알렉산드로스 대왕의 묘까지 알렉산드리아의 이곳저곳을 거닐었다.

그곳에서 나는 지리학에 대한 나의 호기심을 충족시켰을 뿐 아니라 더욱 흥미진진한 또 다른 발견을 하게 되었다. 어느 날 저녁, 나는 궁금한 마음에 아가피오스에게 필론의 새로운 사본들이 보관된 방에 들여보내 달라고 부탁했다. 그곳에서 나는 모세의 생애를 적은 글을 우연히 보았다. 필론은 오경을 바탕으로 그 생애를 작성했다. 그 작품을 전부 읽느라 여러 날 저녁 시간을 보내야 했다. 나는 위대한 예언자 모세의 삶을 재해석한 그 글에 완전히 매료되었다. 필론은 모세의 행동과 말이 서로 조화됨을 보여 주면서, 그 말과 행동을 악기를 연주하여 얻는 멜로디에 비유하기도 했다. 그 글에서 모세는 미덕의 귀감으로 보였고, 그의 죽음도 하늘로 향해 가는 영예로운 출발, 죽어야 할 운명과 불멸 사이의 훌륭한 대화로 묘사되었다. 그렇다면 예수님은 어떨까? 언젠가 누군가 그분의 생애[102]를 글로 적을 수 있을까? 그러한 글은 모든 사람에게 예수님이 비범한 인물이었다고 인정하게 만드는 데 필요하리라. 하지만 그분의 죽음은 어땠는가? 모세의 죽음에 비하면……. 유명한 인물의 죽음은 그들 생애의 가치와 의미를 확증해 준다. 영웅으로 인정받으려면 영예로운 죽음을 맞이해야 한다. 예수님은 그 생애를 글로 남길 만한 인물이 될 수 있을까?《모세의 생애》가 이민족 출신 사람들에게 이스라엘의 종교를 전하는 훌륭한 방법이었는데, 십자가에 못박히신 예수님의 생애도 과연 그러할 수 있을까? 그리스·로마 세계는 나자렛 사람 예수님을 진정으로 알고 인정할 필요가 있었다.

나는 예수님의 생애를 글로 쓴다는 생각에 자극을 받으면서도 당혹스러웠다. 그리고 그 말을 아가피오스에게 했다. 그는 이미 마나엔에게 복음을 전해 들어 알고 있었다. 그는 내 이야기를 듣더니 아무 말 없이 나를 도서관의 다른 방으로 데려가서 두루마리를 하

---

[102] 여러 저자(버리지R. Burridge, 본드H. Bond, 알레티J.-N. Aletti)가 마르코의 복음서는 알렉산드리아의 필론이 쓴 《모세의 생애》와 마찬가지로 그리스어로 '비오스Bios(생애)'라고 부르는 전기 형식을 택한다고 설명한다.

나 꺼내 주었다.

"이걸 읽어 보세요. 《아이소포스의 생애》[103] 초반부입니다."

"하지만 그것은 모세와 전혀 같은 종류의 생애가 아니잖아요. 《아이소포스의 생애》는 우스운 이야기인데요!"

"그건 착각이에요. 아마도 이 글은 흥미로울 겁니다. 예수라는 사람이 서민과 친했고 사람들이 노예처럼 취급했다고 했죠. 아이소포스는 실제로 노예였습니다. 부당하게 고발을 당해 델포이 사람들에게 죽임을 당했죠. 하지만 그가 사형을 당한 이야기는 오히려 사람들한테 엄청난 인기를 거두었어요! 전에 필론이 쓴 《모세의 생애》가 너무 도덕적이고 교훈적이라서 불편하다고 말하지 않았던가요? 이 서민 영웅 이야기를 읽고 많은 생각을 할 거라고 확신합니다."

"내용이 가끔은 노골적이라던데요."

"그럴지도 모르죠. 하지만 그 글은 무엇보다 사회 풍자고 국가기관에 대한 비판입니다. 예수가 했던 것처럼 말이죠. 그리고 생생해요. 그리스어는 코이네Koine(민중이 사용하던 그리스어)라서 읽기 쉬워요. 일화와 문장이 빠르게 이어지고, 아리스토텔레스가 말한 병렬 배치 방식인 파라탁시스Parataxis를 사용합니다. 그런 일상적인 문체로 쓰여서 학식이 없어도 읽을 수 있어요. 모든 사람이 그 글에서

---

[103] 고대 그리스의 작가 아이소포스. 그는 노예였지만 학식과 재치가 뛰어나 자유민이 되었다. 하지만 델포이의 사제들에게 누명을 쓰고 사형을 당했다. 오늘날 사람들에게는 《이솝 우화》로 친숙한 인물이다.

자기 모습을 발견하게 되죠."

나는 《아이소포스의 생애》를 열심히 읽기 시작했고, 매일 저녁에 도서관에 돌아가 이어서 읽었다. 주인공의 외설적인 유머 때문이 아니라, 그 이야기가 로마 전체에 널리 퍼지게 만든 그 생생하고 단순한 문체 때문이었다. 나는 그 글이 그러한 간결하고 일상적인 문체를 사용한 사실을 기억에 담아 두었다.

열심히 글을 읽으며 몇 주를 보내던 어느 날, 저녁에 집에 돌아왔더니 네크베트가 와 있었다. 그녀는 아이밀리아가 우리에게 세를 준 거처의 바깥쪽에 난 작은 계단에서 나를 기다리고 있었다.

"마르코, 얘기 좀 해요."

"들어와서 뭐 좀 먹겠어요?"

"괜찮다면 그렇게 할게요."

빵 조금과 올리브가 몇 개 남아 있었다. 우리는 등받이 없는 의자에 걸터앉았다. 네크베트는 어느 포주의 아들인 아드지브라는 사람과 문제를 겪고 있다고 말했다. 그는 매춘부들을 폭력적으로 대했다. 네크베트가 그와 이야기를 해 보려고 시도했으나, 그는 그녀도 공격적으로 대했다. 그 사람은 점점 더 위험해지고 있었다. 나는 어찌할 바를 모르는 네크베트의 이야기를 귀 기울여 들으며 그녀가 길거리의 여자들에게 얼마나 마음을 쓰는지 깨닫고 감탄했다. 하지만 그녀를 어떻게 도와야 할지 몰랐다. 그래서 일단 네그베트에게 안전한 나의 집에서 밤을 보내고 가라고 제안했다. 그리고 나중에 내가 아드지브를 찾아가서 이야기해 보겠다고 약속했다.

그다음 날, 나는 해가 지기 전에 아니아누스와 함께 가볍게 식사를 했다. 우리는 항구 쪽에 사는 여자들을 보러 갈 예정이었다. 아이밀리아가 우리를 위하여 렌즈콩 요리를 밀빵과 함께 차려 주었다. 나는 네크베트의 걱정거리를 아니아누스에게 전했다. 그러자 그가 이렇게 말했다.

"마침 네크베트에 대해서 형제로서 이야기하고 싶었습니다."

"그 여자가 자기 문제를 아니아누스에게도 말했나요?"

"아니요, 실루안과 니코데모가 오늘 아침 일찍 네크베트가 마르코 집에서 나오는 것을 보았다고 해서 말이죠."

"네, 아드지브라는 사람 이야기를 하러 왔었어요."

"매춘부를 밤에 집에서 재우는 일은 신중하지 않다고 봅니다."

"설마 그런 일로 저를 비난하는 것은 아니겠죠. 그 여자가 저를 보러 왔다고 혹시 질투하는 건가요?"

"비난하는 것이 아닙니다. 질투하는 것도 아니고요. 단지 실루안과 니코데모는 저처럼 마르코를 잘 알지 못하고……. 그 사람들이 입이 가벼워서 하는 얘기입니다."

"그럼 그 사람들이 입을 다물면 되겠네요."

"그게 옳겠죠. 하지만 그런 식으로 행동하면 의심받을 빌미를 스스로 만드는 것입니다."

"예수님도 세리와 죄인, 매춘부와 함께 식사를 해서 비난받으셨죠. 그분의 행동을 두고 사람들이 말이 많았지만, 그렇다고 예수님은 당신의 태도를 사람들의 평가나 훈계하는 자들이 날뛰며 하는 말이나 도덕적인 귀감에 맞추지 않으셨습니다."

"마르코, 저는 당신을 친구로 여겨서 이런 말을 하는 겁니다. 또 신뢰하기에 하는 말이기도 하고요. 당신이 비둘기처럼 순진하다는 사실을 알죠. 하지만 뱀처럼 신중할 줄도 알아야 합니다."

나는 속이 메슥거렸다. 사람들이 떠드는 말을 상상할 수 있었다. 그 소문은 이미 커져 가고 있었다. 그리고 벌써 내 마음을 갉아먹기 시작했다. 그것은 기도하는 나의 머릿속에서 떠나지 않으면서 나를 죽였다. 나는 마나엔이 한 경고를 떠올렸다. 그 모든 일이 어떻게 끝날까? 그날 저녁에 아니아누스와 함께 길거리로 선교를 하러 다니는 내내 나는 답답하고 불안했다.

그로부터 며칠이 지나서야 나는 아드지브를 찾아갈 수 있었다. 그는 내항의 어느 어두침침한 음식점에서 식사를 하고 있었다. 그는 젊었다. 스무 살도 채 안 된 것 같았다. 그는 앉아 있는데도 커 보였다. 두 남자가 그와 함께 이야기를 하고 있었고, 젊은 여자 하나가 그 두 남자 중 한 사람의 무릎에 걸터앉아 있었다. 나는 아드지브 앞에 서서야 내가 무슨 말을 할지 미리 생각해 두지 않았다는 사실을 깨달았다. 놀랍게도 말문을 연 것은 아드지브였다.

"당신이 마르코인가?"

"어…… 그렇습니다."

"그렇다면, 우리 여자들에게 쓸데없는 말은 이제 그만하고 내버려 둬. 네크베트를 집에서 재웠다면서? 그러고는 돈도 한 푼 안 냈더군. 파라오 신세가 되고 싶지 않으면 내 앞에서 당장 꺼져. 그리고 이 구역에 다시는 얼씬도 하지 마."

나는 말문이 막혔다. 아니아누스도 마찬가지였다. 그의 강압적인 명령은 주먹보다 더 강하게 나를 강타했다. 우리는 한 마디도 꺼내지 못했다. 기가 꺾이고 겁이 나서 말없이 있다가 그 자리에서 물러났다.

집으로 돌아오는 내내 온갖 생각이 떠올랐다. 나는 네크베트가 나에게 맡긴 일을 완전히 실패했다. 나는 어리석고 보잘것없었다. 심지어 비겁했다. 어째서 하느님께 아무런 도움도 받지 못했을까? 나는 강한 자가 자신의 규칙을 강요한다는 사실뿐 아니라, 복음이 약하다는 사실에도 화가 났다. 우리 그리스도인은 강한 자, 조롱하는 자, 악한 자를 몰아내기 위해서 도대체 어떤 무기로 무장할 수 있을까? 나는 나 자신만큼 하느님을 원망했다. 그랬다. 나는 비겁했다. 하지만 하느님은 나약했다! 적들 앞에서 예수님이 보이신 수동적인 모습은 그 순간에 나에게 더없이 견딜 수 없었다. 나는 어쩔 수 없이 수동적인 태도를 보였다. 하지만 예수님은 스스로 수동적이 되셨다. 키드론 골짜기의 기억이 떠올랐다. 자기를 학대하는 자들에게 저항하기를 거부하는 포로의 눈길…….

나는 거북한 마음으로 네크베트가 나의 집에 다시 들렀을 때 내가 실패한 이야기를 했다. 그녀는 애정 어린 고마운 눈길로 나를 바라보았다. 나는 그녀의 너그러운 마음을 받을 자격이 없었다. 죄책감이 들었다. 네크베트는 누구보다도 그 사실을 잘 이해했다. 그녀는 나를 위로해 줄 수도 있었을 것이다. 자신이 지닌 부드러운 방법으로 말이다. 하지만 네크베트는 그렇게 하지 않았다. 우리 관계를 존중했기 때문이다. 그것은 천만다행이었다. 왜냐하면 낙심해 있던 내가 그러한 위로에 저항했을지 확신할 수 없으니까 말이다. 그 순간에 나는 처음으로 내가 얼마나 경솔했는지 깨달았다. 네크베트가 떠났다. 나의 형제 알렉산드로스가 아직 키레네에 있었기 때문에 그의 어깨에도 기댈 수 없이 나는 홀로 남았다. 나의 상처에서 다시 피가 흘렀다. 언제가 되어야 나를 뒤흔들기를 멈출지 모를 여진이 또다시 시작된 것이다. 아드지브와 그 짧은 시간 동안 있었던 일이 나에게 큰 타격을 주었다.

그다음 주 첫날, 빵을 떼어 나눈 다음에 벤야민이 나에게 카노포스 가도의 '태양 문' 옆으로 오라고 했다. 그는 나를 홀로 만나고자 했다. 유다인 공동체를 이끄는 벤야민은 온화했다. 우리는 각자 하는 일에 대해 이야기를 나누었다. 나는 그에게 도기 파편 언덕에 사는 할례받지 않은 사람들의 소식을 전했고, 그는 델타 구역의 유다인들의 소식을 전했다. 알렉산드로스와 마나엔, 루키오스, 니세르와 나는 6년 전에 이집트에 도착한 이후로 규칙적으로 만나 소식을 전하며 서로 격려하고 사도직에 대한 생각을 공유했다. 하지만 나는 벤야민이 단지 알렉산드리아 그리스도인의 소식을 나누려고 나를 부른 것은 아니라는 사실을 예감했다. 그는 조심스럽게 나를 만나자고 한 이유를 밝혔다.

"마르코, 델타 구역 공동체는 언덕의 그리스도인이 활발히 활동해서 무척 기뻐하지만, 자네에 대해 걱정하고 있다네."

"아드지브가 협박한 일을 말하려는 건가요?"

"그것만은 아니야. 자네 생명이 위험하고 자네가 더 이상 복음을 자유롭게 전할 수 없게 된 건 확실하지."

"공격적인 젊은 포주가 한 말 때문에 제가 하는 일을 그만두고 싶지는 않아요."

"자네가 그런 식으로 말할 줄 알았네. 그런데 다른 일이 있네."

"뭐죠?"

"자네가 네크베트를 대하는 태도 말일세. 마나엔이 자네에게 미리 주의를 주었다고 말했네. 그런데 자네는 그 말을 귀담아 듣지 않은 것 같군."

나는 격노했다.

"대체 무슨 말을 하려는 건가요? 우리 관계는 아주 건전해요!"

"나는 그 사실을 의심하지 않아. 하지만 자네 공동체에 속한 몇 사람이 나를 찾아왔는데 자네를 의심하는 것 같더군."

"그들더러 저를 찾아오라고 하세요. 직접 설명하게 말이에요."

"지금 상황이 그보다 더 복잡하네. 내가 알 수 없는 이유로, 어쩌면 그저 질투심 때문에, 그 사람들이 자네를 영 탐탁지 않게 여기면서 자칫하면 공동체를 갈가리 분열시키려고 벼르고 있네. 그들은 지금 자기네 패거리를 끌어 모으고 있어."

"그들이 뭘 원하나요? 대체 그게 누구죠? 실루안인가요? 니코데모인가요?"

"이름은 별로 중요하지 않네. 그 사람들은 자네에게 적극적으로 반대하는 집단을 이루었어. 그들의 말을 들자면, 자네를 공동체에서 추방하고 싶어 하더군."

"그들을 불러서 으름장을 놓으면 될 것 아닙니까? 그들이 하는 짓은 비열합니다."

"나도 아네. 그 사람들은 지금 협박을 하고 있지. 그들은 델타 구역의 몇 사람도 입장을 바꾸게 만들었어. 다행히 마나엔과 니게르가 그곳에서 자네를 변호하고 있지. 하지만 그 사람들은 자네가 치안을 어지럽혔다는 명목으로 알렉산드리아 관청에 고소하겠다고도 했네. 강력한 유다인 폴리테우마가 자네를 옹호해 줄 거라는 기대는 할 수 없어. 우리에게는 폴리테우마에 영향력 있는 친구가 거의 없고, 그 자들은 그리스도인에게 타격을 입히는 일이라면 좋아하니까 말일세."

"그긴 완전히 음모잖이요! 그들이 그렇게 하게 둘 수는 없어요."

"우리가 보호하려는 것은 마르코 자네야. 한편으로는 포주들에게서, 다른 한편으로는 비열한 소문에서 말이야. 자네는 지금 위험해. 그 사람들이 자네를 파멸시킬 수 있어."

"그럼 어떻게 할 생각인가요?"

"그들은 자기네 주장을 들어준다는 느낌을 받지 않는 한 잠잠해지지 않을 거야. 우리가 공공연히 자네를 지지하면 그들은 고소할 걸세. 자네는 이제 물러나서 다른 곳에서 복음을 전해야 하네."

"저더러 떠나라고요? 그럴 수 없어요! 알렉산드리아는 제가 있어야 할 곳입니다. 저의 도시라고요. 그것을 몸과 마음으로 느껴요. 알렉산드리아에서 저는 행복하고 또 결실을 맺습니다. 베드로가 저를 보낸 곳이 바로 이곳이에요. 그리스도께서 저를 보내신 곳이 바로 여기란 말입니다."

"예수님께서도 계속 움직이셨고 제자들에게 다른 곳으로 떠나라고 하셨네. 자네도 그렇게 할 때가 온 것이라고 보네."

나는 항변했다.

"만일 제가 떠나면, 직무를 유기함으로써 저에게 죄가 있다고 인정하는 꼴이 됩니다. 적들이 옳다고 인정하는 거라고요."

"하지만 그 덕분에 공동체가 다시 평화로워질 걸세."

몽둥이로 한 대 얻어맞은 것 같았다. 내가 속한 공동체가 나를 버렸다. 나는 악의와 가식의 제단 위에서 희생되었다. 마치 나의 목소리가 아닌 듯한 텅 빈 목소리가 말하는 소리가 들렸다.

"그럼 언제 떠나야 하나요?"

"최대한 빨리."

"어디로요?"

"자네가 원하는 곳으로. 우리가 보기에 가장 좋은 것은 유다로도, 시리아로도 떠나지 않는 거야. 니게르가 이제 막 디미소리아(무역선 소유주에게 항구를 떠날 허가를 내리는 문서)를 얻은 마케도니아 배 한 척을 구해 두었어. 모레 출항하지. 키프로스를 경유해 가는 배네. 그 배는 겨울이 지나면 미시아로 다시 떠날 걸세. 트로아스를 경유해 갈 테니 그곳에서 실바누스를 찾아갈 수 있을 거야."

"모레라고요? 하지만 알렉산드로스가 아직 키레네에서 돌아오지 않았는데요."

"나도 아네. 하지만 그 편이 나아. 어쨌거나 지체해서는 안 돼. 바다는 초막절이 지나면 금세 닫힐 테니까."

"그럼 도기 파편 언덕 공동체는 누가 담당하나요?"

"아니아누스가 그 일을 잘하지 않겠나? 알렉산드로스가 돌아오면 그를 보조할 수 있을 테고."

그런 식으로 모든 일이 이미 준비되어 있었다. 상황이 너무 빨리 진행되었다. 나는 이제 몇 시간 후면 모든 것을 버리고 떠나야 한다는 사실을 깨달았다. 언제나 함께해 온 친구마저도. 그러한 모든 결정에 나는 분노했다. 어째서 그런 부당하고 굴욕스러운 결정에 따라야 한단 말인가? 나는 권리와 정의를 행사해야 마땅했다. 또 나를 지지하는 사람도 많았다. 거리의 여자들, 아니아누스, 아이밀리아 등 서민 공동체 대다수가 나를 지지할 것이다. 어째서 내가 도망쳐야 하고, 권위에 반발하면 안 된다는 말인가? 하지만 내가 복종하는 것 말고 다른 선택의 여지가 있을까?

나는 지금까지도 내가 그렇게 쫓겨난 일에 대해 지닌 책임이 어느 정도인지 알 수 없다. 내가 네크베트를 대할 때 신중하지 않았다는 사실은 인정한다. 하지만 나의 그런 부주의함에 비해 나에게 퍼부어진 증오가 엄청나게 컸다는 사실은 받아들이기가 참으로 힘들다. 희생양의 원칙……. 희생양은 그 누구에게 아무것도 요구하지 않았지만, 사람들은 그에게 모든 짐을 지워 도시 바깥으로 쫓아낸다. 그다음에 그 사람이 제 자신의 잘못이 아니라 그를 추방한 사람들의 잘못 때문에 희생을 당했다는 사실을 한시 빨리 잊으려 한다. 나를 파면함으로써 나 자신의 경솔함보다는 나를 쫓아낸 사람들의 비열함, 어리석음, 증오, 비겁함이 드러났다. 그들은 심지어 내가 추방당할 때 타고 갈 배까지 미리 정해 두었다. 한시 빨리 떠날 수 있도록 말이다. 파문이 일어서는 안 되었다. 실수한 사람을 슬쩍 감추어 버리면 그만이었다! 삶은 다시 평소대로 흘러갈 것이다.

하지만 나는 다음과 같은 사실도 짐작했다. 소문은 전염병보다 더 효과적으로 퍼져 나갈 것이라는 사실을 말이다. 나의 주변 사람들에게, 그리고 내 마음속에서. 그러한 비방은 비좁은 길을 걸을 때 옷자락에 달라붙는 덤불 가시처럼 나에게 달라붙을 것이다. 나는 영영 멀리했어야 할 사람으로 남을 것이다. 그들이 이렇게 말하는 소리가 들리는 것 같다. "아니 땐 굴뚝에 연기가 났으랴."

나는 그렇게 치욕스럽게 알렉산드리아를 떠난 이후로 지금까지도 다른 사람들이 나를 바라보는 눈길이 온전히 호의적일 수 있다는 사실을 의심한다. 심지어 내가 신뢰를 받을 자격이 있는지조차 의심하게 되었다. 나의 형제들에게 그 도시를 떠나도록 강요받음으로써 내가 그때까지 사람들과 선뜻 관계를 맺고 투명하게 드러낸 우정, 계획을 추진하려던 열정이 완전히 깨어졌다.

키프로스에서 바르나바를 다시 만난다는 생각에도 불안했다. 물론 나는 따뜻한 애정을 구하던 순간이었으므로 친지를 다시 만나기를 간절히 원했다. 하지만 나의 사촌이 무엇을 믿을 것인가? 나의 이야기를 믿을 것인가, 아니면 악의에 찬 몇몇 사람들의 말을 믿을 것인가? 그가 나를 어떤 식으로 판단할 것인가? 상처가 더욱 크게 벌어졌다. 그 상처는 매번 더욱 깊고 심해졌고, 언제나 피를 흘렸으며 심지어 곪아 고름이 나왔다.

나는 윗사람인 벤야민이 용기가 부족하다는 사실에 역겨움을 느끼면서 그와 헤어졌다. 내가 보기에 벤야민이 나를 그런 식으로 떨쳐야 할 정당한 이유는 전혀 없었다. 나를 보호하기 위해서라고? 진정으로 누구를 보호한다는 말인가?

파로스 등대는 내가 알렉산드리아에 도착하던 날, 구축해야 할 미래를 예견하듯 아름다웠다. 그로부터 6년이 지난 그해 여름 끝 무렵에 그 등대는 실패의 상징이 되었다. 또 한 번의 실패! 키드론 골짜기, 페르게, 안티오키아, 알렉산드리아……. 내가 언젠가 실패하는 일 말고 다른 일을 할 수 있을까?

해질녘에 '오디세이아'호가 동쪽 항구에서 키프로스를 향하여 출항했다. 니게르, 마나엔, 아니아누스, 아이밀리아가 선착장까지 나를 배웅했다. 제방에 서 있는 그들은 이제 익숙한 실루엣 몇 개에 불과했다. 오래된 우정만으로 그들을 다른 사람들과 구분할 수 있었다. 네크베트는 그곳에 없었다. 그녀는 아직 알지 못했다. 알렉산드로스도 마찬가지였다. 나는 혼자였다. 엄청난 쓸쓸함에 사로잡혔다. 이야기가 바로 그 지점, 돌이킬 수 없는 낭패에서 끝나는 듯했다.

"한창나이에 그런 시련을 겪는 것을 다행으로 여기게."

마나엔이 부두에서 아람어로 한 그 마지막 말은 나의 영혼 깊숙한 곳까지 파고들었다. 나는 그 말을 떨칠 수 없었다. 그 말은 엄청나게 폭력적이었다. 그렇지만 나이 든 마나엔이 크나큰 애정을 가지고 내 귀에 그 말을 속삭였을 때, 나는 그 말이 올바름을 간파했다. 그는 그렇게 말한 다음에 클레온의 가게에서 사 온 깨끗한 파피루스 몇 장을 나의 짐 가방 속에 밀어 넣었다.

나는 모든 것을 잃었다. 나의 도시, 지금껏 함께해 온 친구, 좋은 평판, 내가 사랑하는 남자와 여자들, 내가 해 온 일의 결실, 내가 지닌 환상, 특히 공동체에 대한 환상! 그것은 강탈이었다. 알렉산드리아가 선미의 갑판 뒤쪽에서 밤 속으로 사라지며 파로스 등대의 불빛만 보였다. 그 빛이 어두움 속에서 빛나더니, 차츰 약해졌다.

나는 좌현 상갑판의 난간에 짐을 기대어 놓고 그 위로 풀썩 주저앉았다. 몸을 가려 바람을 피했다. 등대의 불빛이 더 이상 보이지 않았다. 밤은 어두웠다. 잠이 오지 않았다. 돛이 펄럭이는 소리가 들렸다. 새가 사냥꾼을 피하기 위해 날개를 치는 소리 같았다.

시편의 한 구절이 히브리어로 떠올랐다.

> 주님, 저에게 자비를 베푸소서. 제가 짓눌립니다.
> 제 눈이 시름에 짓무르고 저의 넋과 몸도 그러합니다.
> 정녕 저의 생명은 근심으로, 저의 세월은 한숨으로 다해 가며
> 저의 죄로 기력은 빠지고 저의 뼈들은 쇠약해졌습니다.
> 제 모든 원수들 때문에 저는 조롱거리가 되고
> 이웃들에게는 놀라움이, 저를 아는 이들에게는 무서움이 되어
> 길에서 보는 이마다 저를 피해 갑니다.
> 저는 죽은 사람처럼 마음에서 잊히고 깨진 그릇처럼 되었습니다.
> 정녕 저는 많은 이들의 비방을 듣습니다.
> 사방에서 공포가 밀려듭니다.
> 저를 거슬러 그들이 함께 모의하여
> 제 목숨 빼앗을 계교를 꾸밉니다.[104]

---

[104] 시편 31편 10-14절.

시편의 구절을 낭송하면서 갑작스럽고도 기이한 확신이 들었다. 왜일까? 어떻게 그랬을까? 알기 힘들다. 하지만 나는 바로 그 순간에 예수님이 키드론 골짜기에 계실 때 바로 그 구절을 말씀하셨을 것이라는 사실을 깨달았다.[105] 나와 눈길이 마주치기 직전에 말이다. 내가 야반도주하던 그날 밤에 '오디세이아'호의 갑판 위에서, 예수님이 마치 그 구절을 다시 말씀하시는 것 같았다. 나와 함께, 내 마음속에서 말이다. 예수님은 나와 함께 절망하고 계셨다. 아니, 그보다는 내가 그분과 함께 절망하고 있었다. 죄 없으신 예수님, 유일하신 희생양! 그분이 그토록 가깝게 느껴진 적은 없었다.

이제 나에게 남은 것은 하나도 없었다. 아니, 모든 것을 잃으신 예수님이 내 마음속에 계신다는 확신만 남았다. 실패와 안타까운 일들, 가까운 사람들의 배신, 무리 지며 비난하는 패거리, 거부, 부당함, 중상모략, 마구잡이로 가해진 폭력으로 점철된 생애를 살아가신 분! "저의 하느님, 저의 하느님, 어찌하여 저를 버리셨습니까."라는 말로 생애를 마감하신 분! 그 말은 박해받는 의로운 사람의 기도인 또 다른 시편의 첫머리였다. 시련을 함께 겪는 동반자인 것이다.

"누구든지 내 뒤를 따라오려면, 자신을 버리고 제 십자가를 지고 나를 따라야 한다."[106]

---

[105] 시편에 나오는 박해받는 의로운 사람은 마르코가 예수님의 수난을 해석한 주요한 열쇠다.
[106] 마르코 복음서 8장 34절.

십자가에 못 박히신 예수님이 지금까지 그렇게 생생하게 다가온 적은 지금까지 단 한 번도 없었다.

나는 마나엔이 한 마지막 말을 다시 생각했다. 그러자 내 마음은 이해할 수 없지만 억누를 수 없는 환희에 휩싸였다.

12장

포효

"이것은 인공 항구인데, 알렉산드로스 대왕의 부하인 안티고노스가 지었어요. 바로 6년 전 이 부두에서 우리가 대항해를 떠났죠."

티모테오는 흥분하며 말했다. 그 청년은 초록빛 눈을 반짝이며 트로아스의 창고를 등진 채 배를 매는 말뚝 뒤에 앉아 있었다. 그가 열광하는 모습이 재미있고 신선했다.

"대항해라고? 과장이 심하네. 마케도니아가 그렇게 먼 것은 아니잖아. 트로아스와 사모트라케 사이는 순풍이 불면 하룻밤이면 항해할 수 있는 거리인데."

"그건 그래요. 하지만 헬레스폰트(에게해와 마르마라해를 잇는 다르다넬스해협의 옛 이름. — 역자 주)를 건너잖아요. 다른 세상으로 넘어가는 거라고요. 여전히 로마이기는 하지만, 또 다른 세상이죠. 복음이 그

대륙에 처음 전해지는 거예요. 우리가 동방을 벗어나는 거죠. 동방 셈족의 히브리적 사건이 아리스토텔레스와 플라톤, 페리클레스, 마케도니아의 왕 필리포스의 그리스에서 울려 퍼질 겁니다."

"실라스, 아니 실바누스는 아직도 바오로를 보좌하고 있나?"

"물론이죠. 바오로 곁에서 중요한 역할을 하고 있어요. 특히 우리가 신자 공동체를 세운 코린토에서 상당히 중요해졌어요. 그 대도시에서 우리는 쉬지 않고 복음을 전했어요.[107] 또 우리가 세운 공동체 신자들에게 정기적으로 편지를 썼어요.[108] 우리 세 사람은 죽이 척척 잘 맞았어요. 우리는 클라우디우스의 칙령 때문에 로마에서 도망친 아퀼라와 프리스킬라 부부의 집에서 지냈어요. 그 사람들이 천막 제작자여서 자연스레 우리를 고용했고요. 벤야민 지파의 조직망이 있었어요. 코린토에서는 사업이 번창하지 않았지만 말이에요."

"바로 그곳에서 실라스가 별칭을 정한 거지?"

"맞아요. 실바누스는 코린토를 좋아해요. 1년 넘게 거기서 지낸 다음에 제가 바오로와 다른 몇 사람과 함께 에게해를 건너 아시아[109]로 돌아오는 항해를 했을 때, 실바누스는 코린토 신자 공동체를

---

[107] 사도행전 16장 1절-20장 6절 참조.

[108] 그중 신약 성경에서 가장 오래된 글인 테살로니카 신자들에게 보낸 첫째 서간에는 바오로, 실바누스, 티모테오의 인사가 담겨 있다(1테살 1,1 참조).

[109] 여기에서 아시아는 로마에서 말하던 아시아(소아시아)로 현재 튀르키예의 서부 지방에 해당하는 에페소, 콜로새, 필라델피아, 라오디케이아, 히에라폴리스를 뜻한다.

이끌려고 아카이아에 남아 있었어요. 2년 전에 아폴로가 에페소에 도착했고, 코린토 교회를 책임지게 되었죠. 그러자 실바누스가 트로아스로 와서 카르포스를 돕기로 결정된 거예요."

"그랬다가 결국 비티니아로 떠난 건가?"

"카르포스가 어제 저녁에 말했듯이 그건 예정에 없던 일이었대요. 지난 초막절에 카르포스가 안드레아의 편지를 받았는데, 그 편지에서 안드레아는 더 북쪽 지방인 소소스키티아[110]에 복음을 전해야 하니 누가 니코메디아에서 자기 일을 대신하게 해 달라고 간청했어요. 카르포스는 몇 주 전에야 그분이 떠나도록 했죠."

"그럼 자네는 그렇게 오가는 중에 언제 바오로와 실바누스와 합류했지?"

"7년 전 즈음에요. 두 분이 안티오키아를 떠나고서 얼마 안 된 때였어요. 저는 바오로와 바르나바가 리스트라에 처음 왔을 때, 할머니에게 떠밀려 어머니와 함께 세례를 받았었죠."

그 말을 듣고 내가 페르게로 가는 것을 포기하지 않았다면 그 시기에 티모테오를 만났을 수도 있다는 사실을 알게 되었다. 그때 경험한 좌절이 떠올라 마음이 아팠다. 내가 저지른 과오들은 끝까지 나를 놔두지 않을 것이다. 티모테오는 나의 불편한 마음을 느낀 것 같았으나, 그런 내색은 하지 않고 계속 말을 이었다.

---

[110] 불가리아, 루마니아, 우크라이나에 부분적으로 걸쳐 있는 지역.

"저는 몇 년 동안 리스트라와 이코니온에서 복음을 전했어요. 바오로가 실바누스와 함께 리스트라에 다시 왔을 때, 저더러 함께 떠나자고 했어요. 저는 할머니 덕분에 성경을 잘 알고 있었어요. 그리스어를 제법 말하고 글도 썼고요. 바오로는 저를 자기 서기로 삼고 싶어 했어요. 그래서 그분이 저에게 할례를 주고 데려갔죠."

"자네는 이스라엘 사람이 아니지 않은가? 그런데 어째서 할례를 주었지? 세례받은 것으로는 부족했나?"

"그게 좀 복잡해요. 제 어머니는 이스라엘 사람인데 종교적인 의무를 별로 행하지 않았고, 아버지는 그리스인이라서 저는 아예 할례를 받지 않았어요. 그런데 유다인 출신 그리스도인들이 바오로가 저를 데려가려면 제가 반드시 할례를 받아야 한다고 요구했어요."

"여전히 고집스럽기 짝이 없는 사람들 같으니라고! 바오로가 그 사람들에게 양보하다니 놀랍군."

"보면 알게 될 거예요. 그분은 더욱 깊어졌고, 전술 감각도 늘었어요."

"보면 알 거라니……. 바오로가 여기로 오나?"

"네. 아카이아에서 여기로 와요. 며칠 후면 도착할 겁니다. 여러 교회에서 모은 돈을 가져다주려고 예루살렘에 가려고 해요. 몇 주 전에 우리가 배를 타고 시리아로 떠날 준비를 하느라 켕크레애에 있는데, 바오로를 모함하는 음모가 진행되고 있다는 사실을 알게 되었어요. 그래서 배로 가는 대신에 마케도니아 쪽으로 멀리 돌아서 걸어왔죠. 가이오스와 티키코스와 트로피모스를 어제 만났을 텐데, 바오로가 저를 그 사람들과 함께 트로아스로 먼저 보냈어요. 미리 살펴보게 말이죠. 바오로가 이곳에서 자기를 기다리라고 했어요. 그분은 루카와 아리스타르코스와 몇몇 형제들과 함께 파스카가 지나서 올 겁니다."

시간이 벌써 오래 흘렀기에 바오로를 다시 만나는 것이 두렵지 않았다. 그 사이 나는 더 깊어졌기에, 그를 만날 준비가 되어 있다고 느꼈다. 원망으로 오그라들지 않은 사람의 마음은 시간이 흐르면 열리는 법이다.

게다가 티모테오가 있다는 사실에 마음이 놓였다. 그는 맑고 순수한 청년이었다. 그의 목소리는 차분하고 청명했다. 우리 사이에서 피어나는 우정은 단순했다. 몇 시간밖에 지나지 않았건만, 사람들은 우리가 어린 시절부터 알고 지낸 사이라고 여길 것이다. 그의 원숙함, 출신이 좋은 사람이 발산하는 원숙함이 우리의 나이 차이를 지워 버렸다. 그 젊은 사도에게서는 이중적인 모습이라고는 전혀 찾아볼 수 없었다. 그는 나보다 며칠 전에 트로아스에 도착했고, 바오로와 실바누스가 도착하기를 기다리는 동안에 카르포스의 집에 머물렀다. 나는 키프로스에서 배로 떠나 그 전날 도착했는데, 카르포스의 집에서 티모테오를 만났다. 그는 나를 만나자마자 자기 동료들과 더불어 나를 형제로 대했고, 우리는 바로 그날 저녁 시간을 음식점 스카포스에서 함께 보냈다.

내가 도착한 다음 날인 그날 아침, 봄 날씨가 따스했기에 우리는 함께 트로아스의 부두를 거닐며 서로를 더욱 잘 알기 위해 이야기를 나누던 참이었다. 맞은편에 있는 테네도스섬이 아침 햇살을 받아서 분홍빛으로 밝게 빛났다.

"6년 전에 자네 일행이 마케도니아로 떠났다고 했지. 그런데 어째서 그곳으로 가게 됐나? 바오로가 안티오키아를 떠날 때만 해도 헬레스폰트(다르다넬스해협)를 건너는 계획은 없던 것으로 아는데……."

"바오로는 아시아 지방으로 가고 싶어 했어요. 하지만 그곳에는 오니아스의 아들인 요한이 세운 공동체가 이미 정착해 있었어요. 그래서 비티니아를 목적지로 삼았는데, 아까 말했듯이 안드레아가 이미 비티나아에서 형제인 베드로를 위해 교회들을 세웠어요."[111]

"자네들이 어떻게 해야 좋을지 정하기 힘들었겠군."

"그랬는데 예기치 않게 루카를 만나 모든 일이 술술 풀렸어요. 우리는 호메로스의 《일리아드》에 나오는 바로 이곳에서 벌어진 아킬레우스와 헥토르의 싸움을 이야기하고 있었죠.[112] 루카가 도착한 순간이 참 적시였다고 생각했기에 똑똑히 기억나요. 아킬레우스가

---

[111] 사도행전에는 성령과 예수님의 영이 그곳에 가는 것을 막았다고 간략하게 나와 있다(사도 16,6-7 참조). 그것은 아마도 다른 사도들이 그곳에 이미 정착해 있었기 때문이라고 보인다. 요한 묵시록과 베드로의 서간에서 요한 공동체와 베드로 공동체가 언급된다. 바오로는 다른 사도들이 복음을 선포하러 간 곳에는 가지 않는 것을 명예로 여겼다(로마 15,20-21 참조).

[112] 트로아스는 호메로스가 서사시로 표현한 트로이 전쟁이 벌어진 장소로 여겨진 곳이다.

파트로클레스의 죽음에 복수하려고 싸우러 되돌아간 이야기를 실바누스가 하고 있는데, 루카가 테라스에 있던 우리 앞에 불쑥 나타나 인사를 했어요. 루카는 호메로스의 영웅처럼 아카이아인은 아니지만 마케도니아 사람이니 그리스 출신이죠. 그는 바오로가 트로아스에 있다는 이야기를 들었다고 했어요.[113] 우리가 이 도시에 도착한 같은 날 저녁에 배에서 내렸어요. 그런데 루카가 식탁 뒤쪽에 그렇게 서서 우리가 가야 할 곳은 그리스라고 우리를 설득하는 것이 아니겠어요? 그래서 대화가 밤중까지 한참 이어졌어요. 그러다가 바오로가 설득당했고요. 바오로는 그 만남이 부름이라고 생각했어요. 바로 그다음 날 우리는 네아폴리스로 떠나는 배를 구했어요. 필리피, 테살로니카, 베로이아에 갔고, 코린토에서 1년 반을 보냈죠. 그동안에 바오로는 동방과 예루살렘, 시리아, 프리기아에서 잠깐 머물렀고, 끝으로 우리는 에페소에서 총집결했어요. 아르테미스의 도시 에페소에서는 놀라운 일들을 경험했는데, 나중에 그 이야기를 해 드릴게요."

"그런데 어째서 에페소를 떠났지?"

"그곳에서 2년 넘게 지냈는데, 상황이 안 좋아졌어요. 그래서 작년에 아카이아로 돌아갔어요."

---

[113] 나는 사도행전 16장 9절의 마케도니아 사람이 루카라고 본다. 그렇게 여기면 그다음 절부터 사도행전이 '우리'로 서술되는 것이 이해된다. 사도행전의 저자인 루카는 트로아스에서 바오로, 실바누스, 티모테오와 합류한다.

"그랬다가 에게해 이쪽 편으로 돌아온 것이로군."

"모금을 하는 동안 3개월 정도 지내다가 코린토를 떠났어요. 바오로는 한 자리에 가만히 머물러 있지 못해요. 예루살렘에 간 다음에는 로마로 떠나고 심지어 에스파냐까지 가기를 바라고 있어요. 로마 공동체에 편지를 보내 자신이 간다고 알리기도 했어요. 코린토 공동체는 아폴로가 잘 관리하고 있어 바오로가 그곳에 설 자리가 없어요. 마르코도 경험했겠지만, 수컷 우두머리 둘이 한 영토에서 활동할 수는 없으니까요."

티모테오는 매우 솔직할 뿐 아니라 참으로 명민했다.

나는 트로아스에 도착하기 전에 키프로스에서 6개월 가까이 지냈다. 알렉산드리아를 떠나 키프로스에 도착한 나는 살라미스에 있는 바르나바의 집에 머물렀다. 그와 함께 보낸 겨울 몇 주는 겉보기에는 평화로웠다. 바르나바의 친구들이 운영하는 농장에서 가을철에 올리브 수확을 한 일, 바닷가에서 바람을 맞으며 산책을 다닌 일, 여러 장면과 풍경을 그리며 오랜 시간을 보낸 일은 나의 상처를 아물게 하기보다는 깊숙이 파묻었다. 나는 회당장 야이로가 준 비유들이 적힌 두루마리를 바르나바의 집에서 되찾았고, 그것을 언덕에 앉아 다시 읽곤 했다. 특히 사람이 어떻게 그리 되는지 모르는 사이에 싹이 터서 자라는 씨에 대한 비유를 자주 읽었다.

사람들에게 모함을 당한 일은 탈리아를 잃은 것보다 더욱 깊은 상처를 입혔다. 키드론 골짜기에서 처음 입은 상처는 그 이후로 역경과 나약함이 뒤섞여서 더욱 크게 벌어졌다. 그 상처는 죽음과 같은 위력을 발휘했다. 진정한 애도는 항상 오랜 시간을 필요로 하고, 어떤 때에는 아예 불가능하다. 나는 일상적인 행동을 다시 하거나, 세상의 아름다움을 음미하려고 노력했다. 가능하다면 그 둘을 모두 하려 했다. 전자는 일상생활의 틀을 잡기 위해서, 후자는 마음의 고통에서 눈길을 돌리기 위해서였다. 나의 사촌 바르나바는 자신이 나를 아끼는 만큼 섬세하고 묵묵하게 나에게 마음을 썼다. 우리가 혈육이라는 사실로 나는 더욱 큰 위로를 받았다. '위로의 아들'이라는 바르나바라는 이름이 그에게 참 잘 어울렸다. 알렉산드로스가 알렉산드리아로 돌아온 이후로 나에게 보낸 모든 편지도 나의 마음을 향기롭게 해 주었다. 향기롭게 한다! 그 말에는 시체를 향기롭게 방부 처리한다는 뜻도 있으니, 나의 기분이 어떤지에 따라 그 말은 두 가지 뜻을 오갔다.

겨울이 깊어 가며 트로아스에서 실바누스와 함께 사도로서 일하고 싶은 갈망이 점점 커졌다. 바르나바는 항해하기에는 아직 너무 이르다며 나를 만류했다.

"무교절까지는 기다려야 해. 처음 항해할 때 그렇게 심한 풍랑을 겪었는데, 아무런 교훈도 못 얻은 건가? 겨울에 너무 일찍 출발하면 똑같은 일을 겪을 수 있어."

"그 경험에서 얻은 교훈은 딱 하나예요. 하느님께서 저를 보살피신다는 사실이요. 이것 보세요! 천만다행으로 이 집에 제 그림들을 두고 가지 않았던가요? 그래서 그것들을 되찾을 수 있었어요. 그 이후로 알렉산드리아에서 가져온 파피루스에 그림을 그린 덕분에 그림이 더 많아졌고요. 이번에는 그것들을 갖고 떠나겠어요."

바르나바는 무슨 말을 해도 내가 떠나는 것을 막을 수 없으리라는 사실을 깨달았다. 그러자 태도를 바꾸어 재미난 이야기를 했다.

"페르가몬 왕국 시절에는 파피루스를 트로아스에 그런 식으로 들여오는 것이 엄청난 범법 행위였다는 사실을 알아? 알렉산드리아에 있던 프톨레마이오스 5세는 자기 도서관이 페르가몬 도서관과 경쟁이 된다는 데에 화가 나서 이집트의 파피루스를 소아시아 북부로 수출하는 것을 금지했어. 그 규제 때문에 페르가몬 주민들은 글을 쓰려고 새로운 재료를 만들어 냈지. 말린 짐승의 가죽인데, 그들은 거기에다가 자기네 도시의 이름을 붙였어. 양피지 책이 바로 그곳에서 유래한 거야."

"풍랑도, 수출 금지도, 그 무엇도 제가 두루마리들을 가져가는 것을 막지는 못할 겁니다. 한시 빨리 떠나고 싶어요. 실바누스를 정말 다시 보고 싶어요!"

하지만 그 후 내가 트로아스에서 만날 사람은 실바누스가 아니었다. 정말 소중한 또 다른 우정이 그곳에서 탄생할 것이다.

고집스러운 나는 '오디세이아'호를 다고 가고 싶었다. 내가 《일리아드》의 도시에 가는 만큼 그 배의 이름이 하느님의 섭리인 것처럼 생각되었다. 나는 알렉산드리아에서 그 배를 타고 항해한 이후로 선장과 신뢰 관계를 맺게 되었다. 겨울에 키프로스에 정박해 있던 그 배는 바닷길이 열린 다음에 살라미스를 처음으로 출항하는 배 가운데 하나였다. 나는 스바트Shvat(1~2월) 달 끝 무렵에 곧바로 배에 올랐다. 다행히 항해는 순조로웠다. 순항이라고 할 수 있다. 파타라와 할리카르나소스를 경유했는데도, 키프로스에서 출발한 지 4주도 채 걸리지 않아 파스카가 오기 전에 트로아스에 도착했다. 그 도시의 공식 이름은 트로아스의 알렉산드리아인데, 리시마코스 임금이 알렉산드로스 대왕을 기리는 뜻에서 그렇게 이름 지었다. 마케도니아의 호전적인 왕은 알렉산드리아에서 다른 알렉산드리아로 나를 매번 따라다니는 것 같았다. 내가 알렉산드리아를 도망친 기억이 다시 떠올랐다. 나의 친구 알렉산드로스도 그리웠다.

나는 트로아스에 도착해서 어느 천 짜는 장인에게 실바누스가 편지에 적어 준 카르포스라는 사람의 집으로 가는 길을 물었다. 그 사람은 '곧은 길'이라는 거리 위쪽에 살았다. 부유해 보이는 집에서 카르포스의 아들 에우티코스가 나를 마치 알아 왔다는 듯 맞이했다. 그 10대 소년의 서글서글한 미소와 다갈색 눈에는 아름다운 영혼이 내비쳤다. 그는 어른이 되어 가며 그 나이에 겪는 풍랑을 피해 가는 듯했다. 그는 실바누스가 프로폰티스로 떠났다고 말했다. 얼마나 실망스러웠는지! 친구를 만나려면 또 기다려야 한다.

카르포스는 그날 저녁에 집에 돌아왔을 때 녹초가 되어 있었지만 나를 위해 시간을 내주었다. 그는 실바누스가 떠난 정황을 더 자세히 설명했다. 그의 아내 키르케가 멋진 저녁 식사를 차렸다. 그들의 집은 여러 사람을 맞이하는 식당 같았다. 티모테오, 가이오스, 티키코스, 트로피모스가 일주일 전부터 그곳에서 식사를 했다. 나는 가장 마지막에 도착했기에 사람들이 나에 대해 매우 궁금해했다. 나는 알렉산드리아를 이야기하면서 그곳에서는 모든 것이 훌륭한 듯 말했다. 내가 낭패를 본 일에 대해서는 나중에 이야기하리라. 내가 도착한 것을 축하하려고 우리는 루카가 그로부터 6년 전에 와서 바오로가 동방을 떠나게 설득한 바로 그 음식점 스카포스로 자리를 옮겨서 저녁 시간을 마무리했다.

바오로와 루카, 아리스타르코스, 소파테르, 세쿤두스가 무교절이 지나 며칠 후에 카르포스의 집에 왔다. 그들은 필리피에서 곧바로 오는 길이었다. 순풍을 받아 항해에 닷새밖에 걸리지 않았다. 바오로가 오순절이 오기 전에 예루살렘에 갈 계획이었으므로 다행인 일이었다. 그는 트로아스에서 딱 일주일 머물다 떠날 생각이었다. 그는 자신이 가져온 모금한 돈을 카르포스의 집에 안전하게 보관해 두었다. 또 카르포스의 방 하나에 많은 두루마리를 쌓아 두었다.

나는 티모테오와 관계가 돈독해졌기에 바오로와 다시 만나기 수월했다. 바오로가 도착한 날, 나는 저녁에 트로이스를 굽어보는 언덕을 내려갔다. 그날 새벽에 그 언덕으로 올라가 그림을 그렸던 것

트로아스 언덕에서 바라본 테네도스섬, 항구, 바다.

이다. 전면에는 도시의 성벽을 그렸고 그 뒤로는 아직 잠들어 있는 항구를, 배경에는 테네도스섬의 산을 그렸다. 티모테오는 바오로에게 내가 트로아스에 와 있다고 미리 알렸고, 바오로는 나를 친절하게 대했다. 우리는 함께 있는 자리에서 페르게와 안티오키아에서 겪은 갈등을 단 한 번도 말하지 않았다. 그 사이에 오랜 시간이 흘렀다. 우리 둘이 지닌 원망은 이미 가라앉아 있었다.

바오로와 나는 그가 도착한 첫날 저녁에 카르포스의 집 테라스에서 루카와 티모테오와 함께 우리가 선교를 간 일에 대해 오래 이야기를 나누었다. 루카와 티모테오는 조심하느라 그랬는지 아니면 자신들의 지도자에 대한 경외심 때문인지 말이 별로 없었다. 바오로는 내가 탈리아가 죽었다는 소식을 들은 날, 게라사에 있는 안토니오의 집에서 나와 어떤 식으로 만났는지 사람들에게 이야기했다. 그런 다음에 알렉산드리아에 대하여 무척 궁금해하며 나에게 물어보았다. 그는 마나엔, 니게르, 루키오스, 알렉산드로스의 소식을 들어서 기뻐했다. 나는 그에게 파로스 등대, 도서관, 헵타스타디온, 마리우트 호수 등을 그린 그림을 보여 주었다. 그는 도기 파편 언덕의 좁은 골목길을 그린 그림 몇 점에 각별히 관심을 보였다. 나는 신발 수선공 아니아누스를 만난 이야기를 하면서 서민들에게 이야기하듯 말하는 것이 얼마나 효과적인지 알게 되었다고 말했다.

바오로는 내가 알렉산드리아에서 겪은 일이 자신이 코린토의 서민 구역에서 한 경험과 비슷하다고 생각했다. 그도 같은 현상을 보았다. 하느님은 이 세상의 강한 자들과 현자들을 무력하게 만들려고, 힘없고 출신이 미천하고 멸시받는 이들을 택해 예수님 안에 담으셨다. 우리는 마치 지난 6년 동안 같은 장소에서 지내기라도 한 듯 비슷한 경험을 열심히 이야기했다. 알렉산드리아는 코린토와 마찬가지로 끊임없이 교역을 했고 풍요로운 상업 활동으로 번창했다. 두 대도시는 모두 항구가 두 개씩 있어 각기 두 세계 사이에서 화물이 확실히 운송되도록 했다. 다시 말해, 이집트의 수도 알렉산드리아는 아프리카 대륙을 지중해와 연결시켰고, 아카이아의 총독이 다스리는 코린토는 에게해를 에워싼 세계와 이탈리아 반도를 연결했다. 알렉산드로스와 내가 도기 파편 구역과 마리우트 호수의 내항에서 집중적으로 활동한 것과 마찬가지로, 바오로와 그의 동료들은 도시의 중심부와 켕크레애 항구에서 활동했다. 비슷한 점은 그뿐이 아니었다. 알렉산드리아에서 우리는 유다교 회당과 거리를 두었다. 코린토에서 바오로는 유다교를 신봉하는 일부 사람들이 보이는 편협함을 견딜 수 없었다. 바오로는 코린토에서 로마인 형제 유스투스라는 사람의 집에서 지냈다.

밤이 따뜻했기에 우리는 계속 이야기를 나누었다. 바오로는 코린토에서 처음 머문 일에 대해 끝없이 이야기했다. 그는 실바누스, 뒤이어 아폴로가 자기 뒤를 잇기 전에 코린토에서 고작 열여덟 달 지냈다. 하지만 그는 그곳에 마음 일부를 남겨 두고 왔다. 밤이 깊었기에 바오로는 자신이 에페소에서 보낸 몇 년을 간략히 이야기했다. 그는 아르테미스의 도시 에페소에서 겪은 반발과 실패를 겸허히 전했다. 그에 대한 응답으로 나는 내가 알렉산드리아를 떠나야 했던 이유를 간단히 말했다. 그러면서 실바누스를 다시 만나고 싶은 마음을 강하게 표현했다. 바오로는 나의 마음을 예리하게 눈치챘으나 내색을 하지 않고서 그쯤에서 질문 던지기를 멈추었다.

그 온화한 여름 저녁, 과거에 풀어 헤쳐졌던 이야기가 단지 몇 시간 만에 다시 엮였다. 우리 삶의 씨실과 날실은 피륙 장인의 베틀에서 짜이는 천보다 더욱 단단하고 빠르게 다시 엮였다. 피륙을 짜는 일에 있어 바오로는 단연 최고였다! 우리는 가난한 이들에 대한 연민과 사도직에 대한 열정으로 다시 만났다. 로마 시민으로 태어난 바오로는 내가 갖은 시련을 겪고 나서야 얻은 것을 본래 지니고 있었다. 그것은 성서적, 역사적, 지리적으로 유다인에게 벌어진 일이지만 사실은 모든 민족에게 전해져야 하는 사건을 복음이 전한다는 신념이었다.

그다음 날 저녁, 바오로가 카르포스와 다른 몇 사람과 함께 항구 쪽으로 내려간 사이에, 나는 티모테오와 함께 다시 테라스에 앉아서 이야기를 나누었다. 지는 해가 바다를 거울삼아 반사되었다. 내가 그 전날 이야기를 나누며 느낀 기쁨을 말하고 있는데, 루카와 아리스타르코스가 왔다. 아리스타르코스와 티모테오는 평소처럼 물러나 있는 가운데 루카가 나에게 질문을 퍼부었다.

그날 저녁에 내가 루카와 나눈 대화는 이후에 내가 글을 쓰기로 결심하는 데에 있어 결정적이었다. 나는 알렉산드리아에서 예수님의 생애를 이야기로 전하는 일이 유익하다는 사실을 이미 경험했다. 《모세의 생애》와 《아이소포스의 생애》를 읽고 나서, 위대한 인물들의 인생을 글로 적듯 예수님의 생애를 글로 쓸 가치가 있다는 확신이 더 강하게 들었다. 하지만 주인공이 특별하기 때문에 서술자가 그 일을 어떻게 해낼 수 있을지 도무지 감이 잡히지 않았다. 특히 나 자신이 그런 글을 펴낼 생각은 한 번도 해 본 적이 없었다.

하지만 루카와 대화를 나눈 그날 이후로 그 계획은 내 마음을 결코 떠나지 않았다.

"바오로가 지난번에 예루살렘에 갔을 때, 당신이 살던 옛 농지에서 머물렀다고 하던데요. 솔로몬이라는 사람의 집에서요. 그러면 예루살렘 출신인가요?"

루카가 물었다.

"맞아요. 열두 사도가 제 어머니 집에서 모이곤 했어요. 솔로몬이 올리브 농장을 이어 받았고, 그곳을 지나가는 사도들을 계속 맞이하고 있죠. 예수님께서도 마지막 주간을 우리 집에서 보내셨어요."

"그렇다면 예수님을 만났나요?"

"오, 슬쩍 뵈었을 뿐이에요! 그것만 해도 우리 중에서 누린 사람이 거의 없는 드문 영광이겠지만요."

"저는 그 농지를 모르는데, 언제 한 번 가보고 싶네요. 이해하고 싶어서 말이에요. 불행히도 저는 벌어진 사건들에 대해서는 남을 통해서만 들었거든요."

"사실 그건 저도 마찬가지예요. 특히 베드로, 안드레아, 열두 사도에게서 예수님과 그분의 생애, 그분께서 만나신 사람들에 대해 들었어요. 그분들 덕분에 예수님의 말씀과 가르침 일부를 알게 되었고 어떤 것은 글로 적었어요. 나중에는 갈릴래아 호숫가에서 지내기도 했어요. 주님을 만나서 알고 지낸 사람들을 만났어요."

"그런 증언을 모두 들었다니 귀한 보물을 가지고 있군요! 바오로에게 보여 준 그림들도 슬쩍 보았어요. 유다와 갈릴래아를 그린 그림이 특히 흥미롭던걸요. 장소를 생생하게 만드는 재능이 있군요."

"고맙습니다. 하지만 그 소중한 것들을 가지고 무엇을 해야 할지 모르겠어요."

"글을 써 보면 어떨까요?"

"그리스도께서 살아가신 마지막 시기부터 묻히신 때까지 다룬 이야기는 이미 파스카 때 읽고 있고 사람들에게 전해지는데……."

"그건 맞지만, 그것만으로는 부족해요. 예수님의 모든 행동과 말씀이 그분의 마지막 날들을 어떤 식으로 준비했는지 보여 주어야 해요. 그러지 않으면 결말을 이해할 수 없으니까요."

"저도 알렉산드리아에서 같은 생각을 했어요. 예수님께서 하신 모든 일을 예루살렘에서 벌어진 비극적인 사건에 비추어 다시 읽어야 한다고요."

"그러면 당신이 직접 그 일을 하면 되겠군요."

"저는 그림은 그리지만 글은 못 씁니다. 그리스어도 잘 못하고요. 게다가 그 일을 어떻게 하겠습니까? '예수님의 생애'를 어떤 식으로 글로 쓴다는 말인가요? 위대한 작가들이 생애를 글로 쓴 사람 가운데 그 누구하고도 닮지 않은 분인걸요!"

"문체 때문에 그 일을 못 할 거라고는 생각하지 않아요. 오히려 당신이 하는 말의 투박함이 정교하게 잘 다듬어서 쓴 생애보다 대중에게 더 큰 결실을 맺을 겁니다. 당신의 성격이 그 문체에 반영될 수 있겠죠. 그렇기에 예수님의 메시지, 칼처럼 날카로운 말씀이 지니는 진실함이 드러날 거예요."

"모르겠어요. 여러 글을 읽으면서 헬레니즘 세계에는 전기 형식에 고유한 규칙이 있다는 사실을 알게 되었어요. 제가 글을 쓴다면, 그 글은 전혀 학술적이지 않을 겁니다. 그런데 작품이 인정받으려면 학술적인 글을 써야 할 텐데요."

"일단 할 수 있는 것을 해 보세요. 학술적인 부분은 나중에 다른 사람들이 손볼 수 있을 테니 말이에요."[114]

에우티코스가 차가 담긴 자기 사발 세 개를 쟁반에 받쳐 가져왔다. 명랑하고 서글서글한 그를 보니 안티오키아에서 바오로의 설교에 열광하던 소년 이냐시오가 생각났다. 우리는 고마운 마음으로 차를 받아들였고, 소년은 자리를 떴다. 내가 알렉산드리아의 도서관에서 필론이 쓴 《모세의 생애》를 읽고 느낀 망설임이 떠올랐다.

"우리 영웅을 인정하는 일은 어떻게 할까요? 어떻게 그 일이 가능할까요? 오디세우스[115]가 바로 이곳을 떠나 이타카로 갔을 때는 최소한 아르고스와 에우리클레이아, 텔레마코스가 그를 인정했어요. 오디세우스는 온갖 시련을 극복한 용감한 인물입니다. 하지만

---

[114] 루카 자신도 20년 후에 그리스 문학의 규칙을 준수하는 일로 고심하게 된다(루카 1,1-4에서 루카가 쓴 서문 참조).

[115] 그리스 신화에 나오는 영웅이자 이타카의 왕으로 트로이 전쟁에서 활약했다. 호메로스의 서사시 《오디세이아》는 오디세우스가 전쟁 후 귀향길에 겪은 여러 모험을 노래한다.

예수님께서는 십자가에 매달려 돌아가셨고, 가까운 동료들에게 버림을 받으셨죠. 게다가 그중 한 사람에게는 배반당하고, 또 다른 한 사람은 그분을 부정하지 않았던가요? 누가 그런 인물을 인정할까요? 누가 지지할 수 있을까요?"

"그러면 당신은 어째서 예수님한테 이끌렸나요?"

"모르겠어요. 아마도 제가 실패할 때 예수님께서 여러 번, 여러 모습으로 함께하셔서 그런 것 같아요. 또 그분에게는 놀라운 점이 있기 때문이에요. 인간적인 것으로 볼 수 없는 무언가 말이에요."

"그것이 바로 마르코 당신이 전해야 할 내용이에요. 당신의 체험과 감동, 당신이 겪은 풍랑과 져야 했던 십자가 말입니다. 당신이 만났고 바오로가 말한 탈리아, 안토니오 같은 증인이 겪은 일도 마찬가지예요. 그 사람들은 당신처럼 자신의 시련과 죽음을 함께하신 분이 행하는 놀라운 일을 경험했어요. 예수님께서 하느님의 아드님이라는 사실을 가장 잘 알아볼 수 있는 것은 아마도 십자가 위에서일 테죠."

"알아본다고요? 더없이 치욕스러운 죽음이었죠. 그 순간에는 아무도 그분을 알아보지 못했어요."

"완전히 그런 것은 아니죠. 골고타 아래에 여자들이 있었어요. 또 예수님의 마지막 순간을 적은 두루마리에 나오는 그 백인대장도 있었고요. 또 주간 첫날에 엠마오로 가던 두 제자도 있잖아요."

"그것으로 충분할까요? 무덤에서 되돌아 온 사람을 본 증인 몇 명으로 그분의 명예를 회복할 수 있을까요? 겁에 질린 여자들과 길을 가던 눈이 가린 사람 몇 명으로 십자가에 매달린 인물이 의롭게 죽었다고 생각하게 만들 수 있을까요? 솔직히 말해, 그런 치욕을 겪은 사람의 명예를 되살리는 것이 가능할까요?"

나는 내가 알렉산드리아를 떠난 정황을 떠올렸다. 그리고 어느 시편의 기도를 읊은 일이 나에게 어떤 효과를 발휘했는지 생각났다. 그러자 생각이 바뀌었다.

"아니, 만일 제가 어떤 글을 써 볼 수 있다면, 그것은 예언일 겁니다. 시편에 나오는 박해받는 의인과 이사야 예언자의 고통받는 종······.[116] 키드론 골짜기에서 예수님께서 체포되셨을 때, 그분께서 그 모든 일은 성경 말씀이 이루어지려고 일어난다고 말씀하신 것을 제 귀로 직접 들었어요. 예수님께서는 우리가 해석할 열쇠를 주신 것이 틀림없어요."

"그 말이 옳습니다. 그건 클레오파스가 엠마오에서 돌아와서 한 말하고도 일치해요. 그 순간에는 아무도 알아보지 못한 의인이 처참하게 죽음을 당할 것이라고 성경에 나와 있다는 사실을 더 깊이 파고들어 가야 합니다. 이야기의 결말을 쓰기가 쉽지 않겠네요."

나는 그 글을 쓰는 일을 내가 이루어야 할 계획으로 삼기로 했다.

---

[116] 마르코 복음서에서는 루카 복음서와 달리 아무도 부활하신 예수님을 알아보지 못한다. 마르코는 구약 성경의 모델을 활용하면서 아무도 메시아를 알아보지 못해야 하고, 바로 그 사실로 메시아를 알아볼 수 있다는 사실을 보여 준다.

"결말이 신화적인 측면으로 빠지지 않도록 이야기해야 할 겁니다. 또 다른 어려움은 도입부예요. 도대체 무슨 이야기로 시작해야 할까요? 보통 생애는 주인공의 계보, 즉 그 출생과 어린 시절을 분명히 밝히죠.[117] 그런데 열두 제자는 스승님의 출생과 어린 시절에 대해 한 번도 저에게 이야기한 적이 없어요. 게다가 그분들도 나자렛에서 생긴 일은 전혀 모르고 있을 겁니다. 그렇다면 예수님께서 어른이 되신 이후부터 서술해도 될까요?"

"안 될 것이 있나요? 모든 일은 예수님께서 세례자 요한에게 세례를 받으면서 훗날 자기 제자가 될 사람들에게 처음으로 모습을 드러내며 시작되니 말이에요. 기회가 닿고 시간이 있는 누군가가 오니아스의 아들, 그러니까 예수님의 어머니 마리아를 모시고 간 그 사람[118]이 세운 공동체에 물어 보아 예수님의 어린 시절에 대해 알아볼 수 있을 겁니다. 하지만 솔직히 말해, 그런 내용을 꼭 적어야 할까요?"

"그 말이 맞습니다. 그 내용이 반드시 필요하지는 않을 겁니다. 예수님의 생애를 적는 일은 무엇보다 그분의 생애를 완벽하게 다룬

---

117 고대의 전기에 나오는 게노스genos와 파이데이아paideia다. 이 두 요소로 영웅의 자질과 운명을 미리 밝힌다. 마르코는 그 둘 중에서 아무것도 전하지 않는다. 훗날 마태오와 루카는 고대의 전기 형식에 더욱 잘 들어맞도록 어린 시절 이야기를 덧붙인다.

118 오니아스의 아들인 요한이 신약 성경의 네 번째 복음서의 저자인 "예수님께서 사랑하신 제자"일 수 있다. 본문 50쪽 각주 10번 내용 참조.

연대기를 쓰려는 것이 아니니까요. 그보다는 그 당시에 그분을 따르지 않은 사람들이 그분을 따르도록 만들려는 것이에요. 따라서 읽는 사람이 자기 삶을 글에 등장하는 영웅의 삶과 일치하게 만들 이야기를 써야 해요. 지금 우리가 그렇게 하듯이 말이에요. 우리는 그리스도를 믿을 뿐 아니라, 그분을 따르고 있죠."

이제 확실하게 감이 잡혔다. 예수님의 생애를 전하는 이야기의 틀을 궁리해야 했다. 아, 시간이 많이 걸릴 일이었다! 현재 사람들 사이에서 전해지는 여러 일화, 신자 공동체들이 모아 둔 모든 일화를 전부 수집해서 다듬어야 한다. 또 내가 겪은 사건들도 기억을 헤집어 떠올려야 했다. 안드레아나 베드로, 열두 제자 중 다른 사람을 만나야 한다. 그들이 기억하는 내용이 반드시 필요했다. 그 글을 쓰는 작업은 길고 힘겨우리라 예상되었지만, 모든 것이 제자리를 찾는 것으로 보였다.

하지만 바로 그 순간, 퍼즐의 중요한 조각이 하나 빠져 있다는 느낌은 지울 수 없었다.

그 주간은 빠르게 지나갔다. 바오로는 시내나 항구로 내려가서 트로아스에 사는 아는 사람들을 만났다. 아리스타르코스, 루카, 소파테르, 세쿤두스, 티키코스, 트로피모스, 티모테오가 그와 함께 다녔다. 나는 실바누스를 만나러 비티니아로 가서 그가 하는 일을 도우면 어떨까 생각했다. 안드레아가 아직도 그곳에 있을지 몰랐다.

예수님의 제자 안드레아에게 여러 가지를 물어 본다면 내가 글을 쓰는 계획에 도움이 될 것이다. 바오로가 아쏘스로 떠나기로 계획한 날 하루 전인 안식일에 나는 회당에서 집으로 돌아오는 길에 티모테오와 한가로이 이야기를 나누면서 그러한 계획을 세웠다. 도시 저지대에서 카르포스의 집까지 가는 길은 구불구불했다. 내가 트로아스에 도착한 날에 걸은 길이었다.

"바오로가 저더러 에페소에 머물면서 하던 일을 계속 하라고 부탁했어요. 제가 공동체를 다스리는 사도직을 맡기를 바라시더라고요. 그러니 저는 바오로와 함께 예루살렘에 가지 않을 거예요."

"그분이 자네에게 훌륭한 일을 맡기셨군. 그 사실을 언제부터 알고 있었지?"

"우리가 마케도니아로 가려고 켕크레애를 떠날 때 바오로가 그 말을 했어요. 다른 원로들과 함께 제가 그렇게 하지 않을 수 없도록 강요했고, 그다음에 이곳을 미리 살펴보도록 가이오스, 티키코스, 트로피모스와 함께 저를 이곳으로 보냈죠."

"바오로가 자네에게 무엇을 기대하고 있나?"

"우리가 코린토에 있을 때, 바오로가 에페소의 소식을 받았어요. 바오로는 그곳에서 우후죽순으로 늘어나는 여러 교리를 경계해요. 예수님이 전하신 메시지가 완전히 새로워서 그 주위로 이상하고 기묘한 것들이 이끌리고 있어요. 바오로는 사도들이 그곳에 있으면서 공동체의 중심을 잡아 주기를 원해요. 바오로는 로마 공동체를 도우러 떠난 프리스킬라와 아퀼라에게도 편지를 보냈어요. 돌아와서 저를 도우라고 말이죠. 그 사람들은 에페소와 그곳의 여러 함정을 잘 알고 있거든요. 하지만 두 사람이 돌아와서 저를 도울 수 있을지는 모를 일이고, 저는 누구에게 도움을 받지 않고서 공동체를 다스릴 자신은 없어요."

"티키코스와 트로피모스는?"

"바오로는 예루살렘에서 두 사람이 필요해요."

"무슨 말을 하려는지 알겠군."

"저는 정말 당신이 필요해요."

"자네는 지금 무슨 말을 하는지 모르네. 나는 자네를 도울 능력이 없어."

"그런가요? 왜 그렇죠?"

나는 원치 않게 예전에 야이로에게 한 것과 비슷하게 마음을 털어놓았다. 티모테오는 신뢰 가득한 눈빛으로 내 말을 주의 깊게 들었다. 나는 알렉산드리아를 황망히 떠난 일을 이야기했다. 네크베트, 아드지브, 벤야민……. 모든 것을 말했다. 내가 신중하지 못했고 경고를 제대로 듣지 않았으므로 비난받아 마땅했으며, 반대하는 시선, 신랄하게 헐뜯는 소문이 얼마나 견디기 힘들었는지 설명했다. 무엇보다 그런 식으로 수치스럽게 떠난 일로 내가 지닌 사도직에 대한 열정이 얼마나 큰 타격을 입었는지 말했다. 공동체를 다스리는 사람들이 그 무엇보다 추문을 두려워하는 비겁한 모습을 보여서 얼마나 실망했던가! 교회를 위하기보다는 교회 때문에 더 큰 고통을 받은 데 대한 엄청난 씁쓸함을 토로했다. 나는 이제 더 이상 복음을 전할 수 없을 것이다. 그러면서 눈물을 흘렸다. 티모테오는 걸음을 멈추었다. 그는 오래된 올리브나무의 가지 아래에 그늘이 진 어느 우물 테두리 돌 위에 나를 앉게 하고 자기도 앉았다.

"마르코, 저는 정말 당신이 필요해요."

"내가 지금 한 말을 이해하지 못한 건가?"

"이해했어요. 그래서 더욱 필요해요. 당신은 나보다 나이가 많아요. 그리고 시련을 겪었어요. 당신에게 복음은 그저 아름다운 담론이 아니에요. 복음을 몸소 체험했어요. 십자가를 져 본 사람보다 더 진정한 그리스도인인 사람이 누가 있겠어요? 당신은 비방, 불명예, 비겁함, 그렇게 그리스도와 같은 십자가를 져 본 사람이에요."

"티모테오, 나는 자네에게 짐밖에 안 될 거야. 나를 비방하는 사람들이 에페소에 오기라도 하면 공동체 전체가 피해를 볼 테니까. 나는 이제 더 이상 제일선에 설 수 없어. 그러고 싶지 않네."

"앞에 설 필요는 없어요. 우리는 지혜로운 사람이 필요해요. 자신의 한계를 경험하고 자기 힘으로 세상을 바꾸기를 포기한 사람, 좌절하는 가운데 예수님의 존재를 느낀 사람 말이에요. 어제 저녁에 루카와 글 쓸 계획을 이야기하는 것을 들었어요. 그것이야말로 공동체한테 유용한 일 아닌가요? 형제들에게 진짐으로 도움이 될 일 말이에요."

나는 마음이 흔들렸다. 티모테오는 영적으로 놀랍도록 성숙했다. 무엇보다 나를 신뢰했다. 모든 상황을 알면서 말이다. 그는 내가 알렉산드리아를 떠난 이후로 감히 더 이상 믿지 못하던 전망을 나에게 열어 보이고 있었다. 나는 어째서 바오로가 그런 중요한 일을 위해 그를 택했는지 알 것 같았다.

"티모테오, 나에게 그런 제안을 하다니 정말 감격했네. 하지만 생각해 볼 시간이 필요해."

우리는 다시 길을 걷기 시작했다. 동료들이 이미 카르포스의 집에 와서 위층의 방에서 빵을 떼어 나눌 준비를 하고 있었다.

날이 저물녘에 우리는 마케도니아 군대의 팔랑크스 밀집대형을 이루는 창기병들처럼 바짝 모여 앉아 빵을 떼어 나누었다. 사람의 수가 많아져 이제는 공간에 모두 함께 모이기 힘들었다. 원래 있던 공동체에 바오로의 동료들과 내가 더해졌을 뿐 아니라, 집주인이 바오로가 떠나기 전에 마지막 가르침을 주는 자리에 트로아스 주민 전체를 초대하기라도 한 것 같았다. 나는 문간의 바닥에 비스듬히 앉았다. 바오로는 보이지 않았지만 목소리가 들렸다. 그는 성경을 읽은 다음에 오랫동안 설교했다. 모든 사람이 그의 가르침에 집중했다. 딱 한 사람, 어린 에우티코스만 빼고 말이다. 내가 있는 곳에서 그 소년이 보였는데, 창틀에 기대어 앉아 선잠에 빠져들고 있었다. 아무리 좋은 설교라도 모두의 마음에 들 수는 없는 모양이다.

사도(바오로는 자신을 그렇게 불렀다)는 청중을 사로잡았다. 성경 해석에 빼어난 그는 그리스의 섬세한 수사법을 활용해 통찰력 있는 미드라시Midrash(유다교의 율법 학자가 성경을 해석한 내용)를 전개했다. 아브라함부터 모세까지, 또 사무엘부터 벤야민 지파의 사울 임금[119]에 이르기까지, 다윗 임금부터 시편까지, 바오로는 예언을 차근차근 짚어 가며 그것들이 어떻게 예수님으로 귀착되는지 설명했다.

기묘한 상황은 순식간에 벌어졌다. 나는 전혀 예기치 못한 움직임을 느끼며 그쪽을 보려 했다. 내가 고개를 드는데 두 다리가 기울더니 허공으로 사라지는 모습이 보였다. 에우티코스였다! 내가 무슨 일이 벌어진 것인지 생각을 가다듬는 사이에 둔탁한 소리가 들려왔고, 등골이 싸늘해졌다. 키르케가 비명을 질렀다. 나는 허겁지겁 계단을 내려갔다. 집의 앞쪽으로 난 창문은 정원에서 세 층 높이에 있었다.

그곳으로 가 보니 소년의 몸이 굳은 채 꿈쩍하지 않았다. 루카가 나의 뒤를 따라왔다가 소년의 머리 쪽에 무릎을 꿇고 앉아서 커다란 손으로 머리를 부드럽게 들어올렸다. 사람들이 비극이 벌어진 장소 주위로 몰려들었다. 유능한 의사 출신인 루카는 다른 손으로 소년의 손목을 잡았다. 그는 맥박을 느끼려고 눈을 감고 상반신을 한참 동안 수그리고 있었다. 그러더니 마침내 고개를 들고 눈으로

---

[119] 바오로는 벤야민 지파 사람으로서 이스라엘 최초의 임금인 사울과 이름이 같았다.

카르포스를 찾았다. 경악한 사람들 맨 앞에 서 있던 소년의 아버지와 눈길이 마주치자 루카는 고개를 가로저었다. 카르포스는 이해했다. 그는 의연하게 한 마디도 하지 않고 계단으로 돌아가 제자들이 계단에서 더 이상 못 가게 붙들던 자기 아내에게 갔다. 문턱에서 그는 바오로와 마주쳤다. 바오로는 사람들을 헤치고 소년의 시신 곁으로 다가왔다. 그리고 소년을 들어올렸다.

"여러분, 진정하십시오. 이 아이의 영혼은 아직 그 안에 있어요. 부모를 데려오고, 아이를 위해 침대를 마련해 주십시오."

아무도 감히 움직이지 못했다. 바오로가 제 정신을 잃은 것일까? 티모테오가 가장 먼저 움직였다. 그는 단호하게 지시를 내렸다.

"바오로가 지나가게 길을 트세요. 계단 아래쪽에 침대가 있어요."

티모테오, 그리고 그 뒤를 따라 바오로가 지나가자 모여 있던 사람들이 갈라지며 길을 내었다. 바오로는 집 안에 들어가서 소년을 긴 의자에 내려놓았다. 티모테오는 계단을 올라가서 부모에게 희망이 완전히 없는 것은 아니라고 알렸다. 바오로는 문간으로 나오더니 호통을 쳤다.

"왜 그렇게 멍하니 머뭇거리고 있습니까? 이제 우리는 빵을 떼어 나누어야 합니다. 나의 설교가 너무 길었습니다."

나는 너무 놀라 정원에 몇 분 동안 더 머물러 있었다. 바오로의 행동에 당황했다. 그는 마치 아무 일도 없다는 듯 말했다. 또 티모테오가 보인 그 신뢰는 어떤가? 탈리아에 대한 기억이 떠올랐다. 그녀는 모두 자기가 죽었다고 말했지만 예수님이 어떻게 자기를 일으켜 세우셔서 부모에게 되돌려 주었는지 이야기했다. 루카가 다가왔다. 그가 나의 생각을 짐작한 것일까?

"보십시오. 예수님께서 하신 일을 그 제자들도 할 수 있습니다."

"베드로가 죽음에 빠진 어린 소녀를 야포에서 일으켜 세운 이야기를 실바누스에게 들었어요."

루카는 기쁜 눈길로 나를 힐끗 쳐다보았다.

"그러니 이제는 바오로 차례입니다. '예수님의 생애'에 예수님께서 파견하신 사람들의 생애도 더해 적어야 하지 않을까요."[120]

우리는 위층 방으로 올라갔다. 바오로가 사람들을 위하여 빵과 포도주를 놓고 있었다.

빵을 떼어 나눈 다음에 바오로는 위층 방에 머물러 있으면서 손님 몇 명과 이야기를 나누었다. 그는 우리에게 자신이 예루살렘으로 올라갈 일을 이야기하면서 자기가 예견하는 일도 전했다. 그는 자신이 예루살렘에서 반대에 부딪치고 고난을 겪을 것을 확신한다고 말했다. 바오로도 사슬에 묶여 처형을 당할까? 아리스타르코스는 그러한 상황에서 유다로 가다니 당치 않은 일이라고 말했다. 바오로는 자신의 목숨은 별로 중요하지 않다고 대답했다. 그는 예수님이 겪으신 일을 감내할 준비가 되어 있었다. 무엇보다 성스러운

---

[120] 루카는 루카 복음서뿐 아니라 사도행전도 썼다.

도시 예루살렘을 피하고 싶지 않아 했다. 바오로는 자신이 복음을 증언해야 할 곳이 바로 예루살렘이라고 여긴 것이다.

바오로가 자신이 떠날 다음 여행에 대해 말하는 것을 들으며, 나는 예수님이 가신 길을 다시 생각해 보았다. 키드론 골짜기에 머무르면서 예수님의 생애는 오로지 예루살렘을 향해 가는 유일하고 비극적인 여정이었다고 느꼈다.

나의 마음을 사로잡은 것은 예수님이 앞으로 벌어질 사건을 예견하고 미리 알리신 방식이었다. 안드레아는 예루살렘에서 벌어질 일을 스승님이 세 번 미리 예견하셨다고 이야기했다. 바오로도 지금 똑같이 하고 있었다. 어떻게 그는 자신을 묶을 사슬, 심지어 자신을 기다리는 죽음을 예견할 수 있었을까? 그러한 마음 상태는 그가 더없이 자유로움을 확증했다. 그러한 마음을 광신狂信이라고 간주할 수도 있겠지만, 사실 그것은 초연함이자 받아들임이었다. 어떤 사람들은 자신의 운명을 관대하고 자유롭게 받아들이기에 그 어떤 사건에서도 영향을 받지 않는다.

나는 바오로가 그렇게 도량이 넓다는 사실을 새벽녘에 확신하게 되었다. 바오로는 에우티코스의 상태가 어떤지 묻지도 않고 길을 떠났다. 그는 그 소년이 살아 있음을 알고 있었던 것이다. 그러니 확인할 필요가 없었다. 바오로의 온 존재는, 생명은 그 어떤 형태를 띠든지 죽음보다 더 강하다는 확신에 뿌리박고 있었다. 그는 밤새도록 우리와 이야기를 나누고 나서 잠깐 눈을 붙이지도 않은 채 외투를 카르포스에게 맡기더니 동료들에게 아쏘스에서 만나자고 말하고 길을 떠났다. 그는 여행길의 초반을 홀로 가고 싶어 했던 것이다. 아리스타르코스가 찾아내어 가격을 흥정한 배는 이틀 후에 트로아스를 떠날 예정이었다.[121] 우리는 배를 타고 가다가 해안의 조금 더 남쪽에서 바오로와 합류할 것이다.

나는 '우리'가 바오로와 합류할 것이라고 말했는데, 그 이유는 그날 밤에 내가 결정을 내렸기 때문이다. 바오로의 말을 듣고 에우티코스에게 벌어진 일을 보고 나서 나는 바오로 곁에 머물러야 한다는 확신이 들었다. 티모테오는 내가 필요했다. 그는 나의 과거를 기꺼이 받아들일 마음의 준비가 되어 있었다. 나는 실바누스를 찾아가겠다고 완전히 결정하지 않은 상태였고, 실바누스에게 그러한 사실을 알릴 기회도 없었다. 그래서 실바누스는 나를 기다리지 않았다. 더욱이 안드레아가 아직 비티니아에 있어 주님의 생애에 대한 기억을 나에게 알려 줄 가능성도 적었다. 그러니 나는 에페소로 떠날 것이다. 사도들의 증언을 수집하는 일은 조금 더 있다가 하리라. 나는 글을 쓰기 위해 시간을 두고 깊이 생각해 보아야 했다. 바오로의 선교 사업 하나에 깊이 가담하면서 그 계획을 무르익게 만들 수 있을 것이다. 하지만 나는 글을 쓰기 위해서, 눈으로 직접 본 증인들의 말을 수집하는 것 말고도 아직 중요한 요소 하나가 부족하다

---

[121] 에우티코스가 난간에서 떨어진 일과 관련된 이야기는 사도행전 20장 7-16절 참조.

는 느낌을 떨칠 수 없었다.

며칠 후, 오순절이 5주도 남지 않은 때에 우리는 '아폴로'호를 타고 남쪽을 향해 항해하고 있었다. 바오로는 아쏘스에서 우리가 탄 배에 올랐고, 우리는 함께 미틸레네에 잠시 머물렀다. 순풍을 받으며 키오스섬 앞바다를 거쳐 사모스섬을 향해 갔다. 트로피모스는 뱃멀미가 심해 배 앞쪽에 있었다.

나는 갑판의 난간에 기대어 티모테오와 오랫동안 이야기를 나누었다. 동쪽에 있는 대륙을 바라보며 우리는 소아시아를 에워싼 섬들의 아름다움에 대한 소감을 나누었다. 저 멀리 해안의 굴곡진 땅 너머에 있는, 우리가 훗날 함께 일할 장소인 에페소에 대해서도 말했다. 바오로는 시간을 허비하기 싫어서 에페소에 머물지 않으려 했다. 티모테오와 나는 밀레토스에서 배에 내려 에페소로 갈 예정이었다.

나의 동료이자 선교를 이끄는 지도자가 된 티모테오는 나에게서 멀어져 선미 갑판 우현에 파플라고니아에서 수입한 건축용 목재에 기대어 늘어놓은 짐 위에 드러누웠다. 바오로가 나에게 다가왔다.

"마르코, 티모테오가 자네가 에페소로 갈 거라고 말했네. 좋은 일이라고 봐."

"제가 티모테오에게 큰 도움이 될지는 잘 모르겠어요."

"그건 잘못 생각하는 걸세. 나는 사람을 볼 줄 아네. 언젠가 내가 말했지. 우리가 다시 만날 때면 자네가 단단해져 있을 거라고 말일세. 지난번 밤에 우리가 이야기를 나눌 때, 나는 자네가 한 경험이 소중하리라는 것을 확실히 알았네. 알렉산드리아로 간 경험도 포함해서 말이야."

나는 얼굴을 붉혔다.

"그게 무슨 말인가요?"

"티모테오가 자네가 모함당한 일을 이야기해 주었네. 벌어진 일을 되씹는 것은 아무 소용이 없어. 신중함이 부족한 것과 비방을 당하는 일은 미묘하게 뒤얽히는 법이지. 무엇보다 그 상처를 바탕으로 자네가 무엇을 이루어야 할지 알아야 하네. 자네는 십자가의 신비를 여러 번 경험했어. 나는 그게 무엇인지 잘 알지! 자네는 그리스도께서 자신과 같은 운명을 당하는 사람들에게 얼마나 가까이 다가가시는지 느꼈어. 자네는 끊임없이 그분께 순응해야 했던 거야."

"제가 티모테오에게 어떻게 도움이 될까요? 티모테오에게도 이야기했지만, 만일 저에 대한 비방이 그곳까지 미치면 공동체 전체가 피해를 입을 겁니다."

"공동체가 진리에 충실하기만 하다면 그런 난관에서 벗어날 걸세. 박해를 감내하는 것은 자네의 운명일 뿐 아니라 모두의 운명이야. 두려워하지 말게. 진정한 사도라는 보증은 바로 난관과 모순, 박해를 지고 가는 것이지. 우리는 쓰러지지만 패배하지는 않아. 오히려 죽음이 우리를 쓰러뜨릴 때, 생명은 우리가 복음을 전하는 사람들에게 작용하지."[122]

나는 바오로의 마음을 읽어 내는 능력에 놀라워하며 그의 말을 들었다.

"무슨 말씀인지 충분히 이해합니다. 하지만 아쉽게도 그것은 제가 당한 박해일 뿐만 아니라, 제가 지닌 결점, 경솔함, 비겁함이기도 합니다. 그런 상처를 가지고서 도대체 무엇을 할 수 있을까요? 그것들이 저를 갉아먹으면서, 저의 열정과 말씀을 전하는 힘을 마비시킵니다."

"착각하지 말게. 사람은 약할 때 비로소 강한 것일세! 우리는 모두 옹기그릇에 담긴 복음이라는 보물을 지니고 있어. 그리스도의 권세는 우리의 나약함 안에서 발휘되지. 거룩함은 완벽해지는 데 있지 않아. 거룩함은 바로 우리가 쓰러질 때 그리스도에 의하여 일으켜 세워지도록 놔두는 일이지. 자네의 나약함을 오히려 영광스럽게 여겨도 돼. 그건 자네가 진실하다는 증거니까."

나는 바오로의 말 한 마디 한 마디를 진지하게 받아들였다. 그 말은 나 자신이 직감하던 것을 말로 표현해 주고 있었다. 그것은 나와 모든 사람을 위한 새로운 지혜로서 먼 길을 거쳐서 온 말이었다. 그 모든 세월을 거치며 무르익은 바오로의 가르침이 나 자신의 모습을 드러내어 보여 주었다. 언젠가 내가 스승의 생애를 글로 적게

---

[122] 코린토 신자들에게 보낸 둘째 서간 4장 7-12절과 12장 7-10절 참조.

된다면 절대로 잊어서는 안 될 해석의 열쇠가 바로 그 말에 담겨 있었다.

예수님의 권세는 사도들의 나약함을 그 안에 받아들였다. 베드로가 예수님을 부정한 일, 열두 사도가 겟세마니에서 도망친 일, 배신자의 불충······. 그리고 나 자신의 결함, 그 무엇도 우리를 그리스도에 대한 신의에서 떼어 놓지 못할 것이다. 나는 키드론 골짜기에서 벌어진 일들을 떠올렸다. 예수님은 어떤 상황이 벌어질지 온전히 알고서 스스로 그곳으로 가셨다. 바로 그곳에서 예수님은 베드로와 다른 제자들에게 이렇게 말씀하셨다. "너희는 모두 떨어져 나갈 것이다. 그러나 나는 되살아나서 너희보다 먼저 갈릴래아로 갈 것이다."[123] 예수님은 제자들이 그 일을 감당할 능력이 없으리라는 사실을 알고 계셨다.

나는 바오로와 눈길이 마주쳤다.

"그럼 바로 그 이유 때문에 예루살렘으로 가는 건가요? 트로아스에서 지난 저녁에 우리에게 말했듯이 그곳에서 그리스도를 따르려고요?"

"나는 내가 예루살렘에서 무슨 일을 겪을지 알지 못하네. 그곳에서 증언을 하게 되겠지. 족쇄에 묶인 채 말이야. 하지만 그것이 내가 하는 여행의 끝은 아닐 걸세."

---

[123] 마르코 복음서 14장 27-28절 참조.

"그것을 어떻게 알죠?"

"그런 예감이 들어. 나는 로마를 보아야 해. 다른 사도들이 그곳에 이미 공동체를 세웠으니, 어느 기회에 그곳을 보게 될지는 모르겠지만 말이야. 그곳에는 내가 아는 사람도 많이 살고 있지. 내가 예루살렘에서 로마로 가야 한다는 부름이 느껴져. 예수님은 예루살렘으로 올라가셨지. 그건 예언자가 성스러운 그 도시 바깥에서 죽는 것이 적절하지 않았기 때문이야. 하지만 그곳에서 그분이 맞선 것은 바로 빌라도라는 사람으로 대표되는 로마였지. 그리스도 안에서 예루살렘은 로마를 가리킨 거야. 그리고 로마를 넘어 사람이 사는 세계 전체를 가리킨 것이고. 그렇기 때문에 나는 예루살렘에 간 다음에 로마, 이른바 영원한 도시에 가 보아야 해.[124] 그곳에 가는 일은 어떻게 보면 세상의 끄트머리로 파견되는 것이지. 바로 로마에서 복음이 모든 민족에게 선포될 거야."[125]

갑자기 머릿속이 환하게 밝아졌다. 빠져 있던 조각이 맞춰졌다. 나도 로마로 가야 했다. 글을 쓰기 위해서 말이다. 내가 이야기를 쓰려는 계획에 이제껏 빠져 있던 것은 바로 그 글을 읽을 독자였다. 모든 사람에게 말을 걸지 않는 '예수님의 생애'를 어떻게 펴낸다는

---

[124] '영원한 로마Urbs aeterna'라는 표현은 라틴어로 된 글에서는 이미 등장했지만, 훗날 하드리아누스 황제 시대에 사용된다. 사도행전 19장 21절에서 바오로는 "로마에도 가 보아야 하겠습니다."라고 필연성을 나타내는 표현을 쓴다.

[125] 마르코가 사용한 표현이다(마르 13,10 참조).

말인가? 로마에서 복음은 전 세계로 퍼져 나갈 것이다.

바로 그 순간, 나는 예루살렘을 떠날 때부터 나의 온 생애가 영원한 도시 로마를 향하여 이끌리고 있었음을 깨달았다. 예루살렘에서 모든 일이 시작되었고, 로마에서 모든 일이 펼쳐져야 했다. 게라사, 카이사리아, 안티오키아, 알렉산드리아, 트로아스를 거친 여정은 로마의 두근거리는 심장, 그리스 세계와 민족들의 세계의 심장으로 향해 가는 여행을 예견하는 기나긴 과정이었다. 나는 로마가 보편적이라는 사실을 더욱 잘 이해하기 위해 로마가 투영되는 그 모든 도시를 거쳐야만 했다. 하지만 나의 여정은 세상의 저 먼 곳들이 집중되는 바로 그 도시로 이어질 것이다. 하느님의 섭리로 나는 더없이 로마적인 이름, 전쟁의 신 마르스의 이름을 얻었다. 내가 언젠가 정착해서 글을 써야 할 장소는 바로 로마였다. 내가 쓸 이야기는 로마에 뿌리를 박지 않으면 이민족 출신 사람들에게 파고들지 못할 것이다. 그 이야기는 그들과 동떨어진 것으로 남으리라.

나는 그제야 깨달았다. 나의 마음속에 새겨진 이야기가 완성되는 것은 내가 로마로 향하는 기나긴 여정을 겪고 나서야만 얻을 수 있을 결실이라는 사실을 말이다. 이야기를 하려는 사람에게 여행은 필수적이다. 이야기하는 사람은 여행을 통해 자신의 이야기를 끌로 새기고 이야기 속 인물들을 다듬는다. 내가 예루살렘에서 로마로 가는 대담한 여정을 거치지 않는다면, 예수님은 지방에서 떠도는,

뜬소문에 등장하는 핏기 없는 주인공에 불과할 것이다. 내가 쓸 이야기에 나 자신의 일부, 나의 여정과 발견, 실패와 열망, 내가 세상에 맞서며 감내한 그 모든 것을 담아야만 그 글에 생기와 의미가 부여될 것이다. 그렇다. 나는 랍소이도스Rhapsodos(고대 그리스 시대에 이동하며 시를 낭송하던 사람)로서 예수님의 생애를 펼쳐 보여야 하리라.

13장

할큄

[126]"기쁜 소식을 전하는 종 마르코가 어릴 때부터 영원한 친구인 알렉산드로스에게, 하느님 아버지께서 사랑하신 아드님 예수 그리스도의 평화가 함께하기를.

최근에 에페소에서 벌어진 일로 평소보다 더 빨리 편지를 써서 소식을 전해 주겠네. 실은, 아시아를 떠나게 되었어. 몇 주 전에 티모테오가 바오로에게 편지를 한 통 받았는데,[127] 그 편지에서 자기가 아직 로마에서 구금 생활을 하고 있다고 알려왔지.[128] 바오로는

---

[126] 13장은 마르코가 알렉산드로스에게 보낸 편지 형식으로 구성했다.

[127] 티모테오의 둘째 서간을 이른다.

[128] 바오로가 트로아스에서 로마까지 간 여정은 사도행전 20장 13절-28장 30절을 참조할 것.

로마 제국 법정에서 두 번째 판결을 받을 날을 기다리고 있어. 그는 로마에서 우리가 에페소에서 보낸 사람인 오네시포로스에게 참으로 귀한 도움을 받았어. 하지만 지금은 고립된 상황이야. 고난을 겪는 와중에 많은 사람이 바오로를 저버렸지. 루카만 남아 바오로가 병사에게 감시를 당하며 지내는 집으로 찾아가 만나고 있어. 바오로는 티모테오에게 자신이 그렇게 구금당해 있다고 해서 죄책감을 갖지 말고 로마로 와서 자기와 함께해 달라고 부탁했어. 또 내가 그와 함께 가기를 원하지. 바오로는 내가 그곳에서 하는 일에 도움이 될 거라고 생각하네. 그렇게 구금을 당하는 상황인데도 여전히 끊임없이 계획을 세우고 있다니! 어쨌든 나는 그곳으로 가기로 했어. 나는 에페소에서 지내면서 많이 배웠고 원숙해진 것 같아. 하지만 무엇보다 내가 처음 보낸 편지에서 말했듯이 예수님의 생애를 글로 적는 일을 해야 할 곳은 로마라고 생각해. 이제는 멀리 떠날 준비가 되었다고 느껴. 그리고 일상에서 자네를 (거의) 대신하게 된 사람과 함께 떠나게 되어 무척 기쁘다네.

며칠 후면 티모테오와 나는 에페소를 떠날 거야. 로마로 떠났던 티키코스가 티모테오를 대신하러 돌아오기를 기다리는 동안에, 프리스킬라와 아퀼라가 공동체를 이끄는 일을 담당할 걸세. 내가 4년 전에 이곳에 처음 왔을 때, 그 두 사람이 나를 얼마나 친절하게 맞이했는지 기억나. 그 이후로 얼마나 많은 일이 있었는지……. 몇 년이 번개처럼 지나갔어. 나는 티모테오에게 깊이 감사해. 그는 내가 조사에 열중하고 증언을 수집하게 해 주었어. 내가 복음을 직접 선포하지 않아도 된다고 허락한 거지. 알렉산드리아에서 당한 일에 너무 심하게 상처 입어 제일선에서는 도저히 일할 수 없었어. 그 덕분에 시간을 두고 조용히 생각할 수 있었지. 나는 이렇게 조금 더 지적인 활동을 하는 데에서 진정한 소명을 발견한 것 같아. 목자로서 다른 일을 못해서 마지못해 글을 쓰듯이 보일 수도 있겠지만, 내가 하는 이 일이 결국은 공동체를 풍성하게 만들 것이라고 확신해.

에페소에서 보낸 몇 년은 멋진 기억으로 남을 걸세. 이오니아는 황홀한 곳이지. 멋진 기둥 사이로 시인 사포의 칠현금 가락과 호메로스의 시구가 언제나 울려 퍼져. 그 도시를 떠나는 이 순간, 벌써부터 엄청난 향수가 느껴진다네. 어제 음악당에서 포룸으로 내려가는 길을 도기 조각에 그리면서 그리스 시인들이 돌을 통해 여전히 속삭이는 소리를 들었어. 철학자 헤라클레이토스가 존재의 생성과 우주의 영원한 내재 원리를 성찰한 곳이 에페소야. 이곳에서 처음으로 '로고스logos'라는 말이 언급되었고, 피타고라스가 금욕과 지혜를 강조한 학파를 창설했고, 헤로도토스가 역사학의 기초를 세웠지. 또 탈레스가 물이 모든 존재의 근본이라고 선포했어. 에페소에서 소크라테스 훨씬 이전에 그리스 사상이 탄생한 것이지.[129]

---

[129] 바오로를 다룬 기념비적 작품인 요제프 홀츠너Joseph Holzner의 《바오로Paulus》를 여기에 인용한다.

쿠레테스 거리 위쪽에서 바라본 에페소의 도서관과 항구.

이 지역의 지세는 아름답기 그지없다네. 남쪽에는 깎아지른 프레온산, 동쪽에는 피온산, 남쪽에는 코레소스산이 있는데, 도시가 산자락에 기대어 화려한 조개껍데기처럼 펼쳐져 있어. 안티오키아에 있는 것보다 더 아름다운 근사한 저택들이 산비탈에 다닥다닥 붙어 있어서, 멘데레스강을 포함한 네 개의 강이 합쳐지는 곳에 있는 극장을 한가운데에 둔 화려한 보석 상자처럼 보여. 끝없이 감탄하게 되는 멋진 풍경이라 거리마다 멈추어서 그림을 많이 그렸어. 특히 '쿠레테스 길'이라는 거리 위쪽에서 도서관을 내려다보면서 그린 그림이 참 마음에 들어.

우리 형제들이 아시아의 제일가는 대도시 에페소에서 훌륭하게 일을 해내고 있어. 이 도시는 아르테미스 여신을 숭배하러 신전을 찾아오는 순례자들로 북적이지. 종교적이고 영적인 것을 구하는 것은 살아 계신 하느님을 발견하는 첫걸음이라고 봐. 많은 사람이 복음에 이끌려 세례받기를 원해. 이곳에서 사도 수십 명이 콜로새, 히에라폴리스, 밀레토스, 디디마 등 아시아의 다른 도시로 떠나고 있어.[130] 티모테오도 멘데레스강 골짜기의 도시들을 돌아보고 왔지. 그는 에페소에서 놀라운 원숙함과 사랑으로 지역 공동체의 운명을 돌보고 있어. 티키코스도 그만큼 잘 해낼 거라고 믿는다네.

나는 이제 막 니코메디아에서 돌아왔어. 지난 파스카 때 보낸 편지에서 잠깐 말했듯이 올 봄과 초여름에 비티니아로 갔지. 그곳에서 안드레아를 만날 수 있기를 기대했지만, 그분은 아직 소(小)스키티아에 있어. 실망하긴 했지만, 실바누스와 함께 멋진 석 달을 보냈지. 그러면서 예루살렘에서 우리가 보낸 젊은 날이 떠오르더군. 그 공동체에서 실바누스는 잘 지내는 것 같아 보였어.

나는 비티니아에서도 에페소에서 했듯이 시간을 내어 예수님에 대한 증언을 수집했어. 안드레아를 비롯한 초창기 사도들이 가져간 예수님의 행동과 가르침을 적은 수사본 몇 점이 그곳에서 전해지고 있지. 우리 고향에서 그랬듯이, 그 글들은 새로 개종한 사람들을 대상으로 하는 교리 교육뿐 아니라 빵을 떼어 나누는 예식 중에도 사

---

[130] 영토 분할 원칙에 따라 바오로 공동체는 요한 공동체가 세워진 도시들(요한 묵시록에 나오는 교회인 스미르나, 티아티라, 필라델피아, 라오디케이아 등)을 피한 것으로 보인다.

용된다네. 그중에서 특별히 흥미로워 보이는 글 몇 개를 베껴 적었어. 그 내용의 진위 여부를 베드로에게 확인해 보려고 하네.

　일주일 전에 에페소로 돌아와서, 밀레토스에서 질병으로 오래 고생하던 트로피모스가 죽었다는 소식을 알게 되었어. 바오로가 그 사실을 알면 슬퍼할 걸세. 4년 전에 슬프게 작별을 했던 것도 에페소에서였는데…….

　이곳으로 돌아왔을 때, 또 다른 나쁜 소식 하나가 기다리고 있더군. 실루안과 니코데모가 몇 주 전부터 에페소에 와 있었어. 비겁하게도 내가 없는 틈을 이용해서 알렉산드리아에서 있었던 일을 가지고 나에 대해 나쁜 소문을 퍼뜨리기 시작했지. 그야말로 저열하게 나를 할퀸 걸세.

　그 일이 사라지지 않고 저주처럼 나를 계속 따라다닐 거라는 사실은 알고 있었어. 벤야민은 내가 이집트에서 몰래 도망치게 만들어서 온갖 낭설과 소문과 의심, 비방, 험담이 떠돌 빌미를 남겨 놓았으니까. 의심이 자리 잡게 만든 것이지. 아니, 그보다 더 심하게, 의심이 더 커지게 만들었지! 상황이 처리하기 힘들었던 것은 사실이야. 그래도 벤야민은 티모테오가 이곳에서 한 것처럼 일을 처리해야 마땅했어. 티모테오는 협박에 굴복하지 않았지. 사흘 전에 그 두 선동자를 따로 불러 그들이 떠들고 다니는 말이 아주 심각하다는 사실을 분명히 알렸어. 아주 단호하게 말이지. 그들에게 증거를 대거나, 아니면 입을 다물어야 한다고 말했어. 자네가 보내 준 네크베트의 증언 때문에 그들은 아무 말도 할 수 없었지. 실루안은 자기가 선입견 때문에 눈이 가려졌다는 사실을 깨닫고 나에게 용서를 구했어. 하지만 니코데모는 마음이 굳어 내가 거짓말을 하고 사람들을 조작한다고 확신하지. 나를 그렇게 증오하다니, 니코데모는 아주 깊은 마음의 상처로 고통받는 것이 틀림없어. 내가 지닌 상처만으로 벅찬데, 다른 사람들의 상처까지 짊어져야 할까? 죽는 날까지 나에게 영향을 미칠 행동을 한 니코데모를 내가 언젠가 용서할 수 있을까?

그 모든 상처가 아직 아물지 않아 마음이 아파. 내가 사람들에게 다정하고 살갑게 구는 성격이다 보니 신중하지 못했다는 사실은 인정해. 나는 무모했을 뿐 아니라 건방졌고, 그래서 공공연히 분란을 자초했지. 나는 그 일로 큰 타격을 입었어. 하지만 거기서 야기된 결과는 지나치고 부당해. 어째서 사람들은 사실보다 겉모습에 더 집중할까? 나는 선동자들이 내뱉은 비방의 효력이 얼마나 강한지 매일 느끼고 있어.

내가 로마에서 무엇을 찾게 될까? 티모테오처럼 진리로 향하는 길을 용감하게 걸어갈 윗사람이 그곳에도 있을까? 내가 언제나 간직할 것은 바로 진정한 친구들이라는 사실을 아네. 무슨 일이 생기든, 누가 무슨 말을 하든, 진정한 친구들은 나를 결코 저버리지 않을 기야. 그런 친구 중에서 자네는 정말 중요해. 그러한 우정이 나에게는 위안일 뿐 아니라 구원이지.

13장 할큄

곰곰이 생각해 보면 내가 겪은 그 나쁜 일은 내가 처음 입은 상처가 반복된 일인 것 같네. 그러면서 너그러움, 경솔함, 적들의 과격함, 나의 비겁함 따위가 온통 뒤얽혔지. 유다의 사막에서 벌거벗은 채 지샌 그날 밤이 계속 생각나. 그때 나는 적들에게 쫓기는 다윗처럼 두려움에 쫓기는 어린 사자에 불과했지.

지금 나는 어떤 확신이 들어. 과거에 겪은 실패에 매달리기를 그만두는 것이 좋을 거라는 확신 말이야.

그러면 어떻게 해야 할까? 예수님께서 그날 저녁에 나의 나약함에 보내신 그 유일하고 잊을 수 없는 눈길을 받아들여야지. 나의 흉터를 비옥한 터전으로 만드는 것, 그것이 바로 하느님께서 내 안에서 이루시는 반전이야. 이집트에서 요셉이 자기 형제들에게 '형님들은 나에게 악을 꾸몄지만, 하느님께서는 그것을 선으로 바꾸셨습니다.'[131]라고 말한 것처럼 말이지.

하느님의 계획을 알 것 같아. 내가 '예수 그리스도' 사건 전부를 하나의 글로 모으는 것이지! 이제 와서야 그 일을 시작할 수 있다고 느껴. 사실 바오로 덕분에, 그리고 매일 시편을 읽은 덕분에 그 시련들이 나를 변화시켰고 심지어 풍성하게 만들었다는 사실을 깨닫게 되었어. 그 시련을 겪음으로써 나는 글을 쓸 수 있게 되었지. 내가 불행한 사람들에 더 큰 연민을 갖게 되었고, 나 자신의 장점에

---

131 창세기 50장 20절 참조.

대한 확신이 줄었고, 또 내가 이루려는 계획에 덜 집착하게 되었기 때문이야. 그래, 내가 겪은 그 치욕이 무모한 사자 같은 나의 오만함을 정화했고, 나를 갈릴래아의 예수님과 가까워지게 만든 거야. 그분께서도 레위의 집에서 세리와 죄인과 더불어 지내셨어. 그래서 어떤 결과가 벌어졌는지 우리는 알지. 나는 예수님에게서 나처럼 중상모략을 당하는 모습을 발견했고, 그분이 없었다면 그 모든 일에는 아무런 의미가 없었을 거야. 내가 부정당하고 모욕을 당하는 예수님과 그토록 가깝다고 느끼지 않았다면, 그분의 생애를 글로 적는다는 계획은 탄생할 수 없었을 테지. 내가 로마로 떠남으로써 내가 쓸 이야기가 진정으로 진실해질 거라고 자네에게 이야기했었지. 내가 시련의 한복판을 거친 마음속 여행도 마찬가지야. 나의 고된 여정이 힘겹고 무거웠기에 이제 나는 가식이나 기교를 부릴 것을 두려워하지 않고서 글을 쓸 용기를 얻었어.

 요셉과 이집트 이야기가 나왔으니 말인데, 나의 형제 아니아누스에게 인사를 전해 주게. 자네가 그에게 계속 충실하고 서로 친하게 지낸다는 사실을 알고 있네. 그는 자네보다 늦게 세례를 받았지만, 훌륭한 목자야. 우리 가운데에서 가장 높아지고자 하는 사람은 섬기는 사람이 되는 법이니, 자네가 그를 헌신적으로 보조할 거라고 확신하네. 아니아누스가 이끄는 도기 파편 언덕 공동체는 보석과도 같아. 그 공동체에서 복음이 온 도시로 퍼져 나갈 기야. 알렉산드리아 교회에는 미래가 있어. 이민족 출신 사람들이 신앙에 있어 자기보다 나이 많은 형제들에게 받은 유산을 존중한다면, 그들이 우리 이스라엘의 형제들을 자극해서 그리스도를 발견하게 만들 것이라고 확신하네.

니게르에게도 인사를 전해 주게. 또 이제는 내가 전혀 원망하지 않게 된 벤야민에게도 말일세. 그리고 도서관에 들르면 아가피오스에게도 안부를 전해 주기를 바라네. 스트라본의 지도를 베껴 그린 그림들이 나에게 얼마나 소중한지 전해 주게나. 네크베트에게도 안부를 전해 줘. 단, 남들에게는 들리지 않게……. 자네가 키레네로 돌아가게 되면, 루키오스에게 내가 평화를 전한다고 말해 주게. 그리고 마나엔의 무덤 위에는 나를 위해 돌을 하나 얹어 주게.

실루안이 자네에게 인사를 전하네. 티모테오도 그렇고. 티모테오는 내가 하도 자네에 대해 말해서인지 마치 자네를 아는 사람처럼 아끼게 되었어. 실바누스도 자네에 대한 충실한 우정을 미리 전해 달라고 부탁했으니 그렇게 전하겠네.

로마에서 자네 동생 루포스를 찾아갈 생각이야. 아벤티누스 언덕 아래쪽에 산다고 프리스킬라가 가는 길을 알려 주었거든. 그곳에 도착하자마자 자네에게 편지를 쓰겠네. 그 편지에서 자네는 나의 흔적을 알아보겠지.

주 예수님께서 자네와 함께하시기를 바라며."

14장

사바나

바오로는 편지를 보내 겨울이 오기 전에 자기가 있는 곳으로 와 달라고 요청했다. 그래서 우리는 초막절이 오기 한 달은 족히 남았을 때 에페소를 떠났다. 티모테오는 코린토에 들러 형제들을 만나고 싶어 했지만, 바오로가 카르포스의 집에 두고 온 자기 외투와 양피지 책들을 가져다주기를 바랐기 때문에,[132] 아카이아까지 들르려면 너무 멀리 돌아서 가야 했다. 그래서 우리는 마케도니아로 향하는 북쪽 길로 갔다. 트로아스에서 에우티코스를 잠깐 만났는데 정말 감격스러웠다. 그는 추락해서 다친 흔적이 전혀 없었다. 카르포스와 인사하고 바오로의 물건을 되찾은 다음에 배를 타고 떠났고, 출항한

---

[132] 티모테오에게 보낸 둘째 서간 4장 13절 참조.

지 하루 만에 배의 왼쪽으로 바라다 보이는 임브로스섬과 사모트라케를 지나 에노스에 이르렀다. 그곳에서 서쪽으로 직선 방향이었으니, 아드리아해까지 에그나티아 가도를 따라 걸으면 되었다.

티모테오는 코린토에 들르지 못했지만 마케도니아 공동체들을 다시 가게 되어 무척 기뻐했다. 우리는 네아폴리스를 떠나 필리피에 잠시 들렀는데, 그곳 형제들이 우리를 따스하게 맞이했다. 그들은 바오로에게 받은 편지를 읽어 주면서 뿌듯해했다. 바오로는 그 편지에서 그들을 '하늘의 시민'이라고 했다. 우리는 리디아라는 여자의 집에서 머물렀다. 리디아는 예전부터 그곳을 들르는 바오로의 동료들을 너그럽게 맞이했다. 티모테오도 10년 전 아직 나이가 어렸을 때 그곳에 처음 머문 사람들 중 하나였다. 그때 추억이 너무도 강해서인지 그다음 날 아침에 길을 다시 떠나야 한다고 티모테오를 독촉하느라 애를 먹었다. 우리는 여행길에서 먹을 많은 음식과 바오로에게 전하는 서신을 한 통 받아들고 그 집을 떠났다.

그로부터 며칠 후에 우리는 암피폴리스, 뒤이어 테살로니카에 이르렀다. 그곳에서도 신자 공동체는 티모테오를 따스하게 맞았다. 그가 바오로와 함께 그곳에 처음 머물렀던 기억이 형제들에게 생생하게 남아 있었다. 예수님의 제자들이 맺는 신의와 우정이 그토록 강하다는 사실을 목격하며 얼마나 기뻤는지 모른다. 친절하기 그지없는 교회 공동체와 매번 작별하는 일이 너무 힘들었기 때문에 티모테오는 결국 베로이아를 들르지 않기로 했다. 우리는 곧장 펠라로 갔다. 에데사를 들른 다음에 바다 쪽으로 가려면 에페이로스의 북쪽에 있는 산맥을 거쳐야 했기 때문에 나아가는 속도가 느렸다. 로마의 길이 완벽하게 정비되어 있어서 천만다행이었다. 헤라클레아와 리크니도스에서는 잠시 편안하고 아늑하게 머물렀다. 그렇게 한 걸음씩 나아갈 때마다 우리는 로마에 점점 가까워졌다.

열흘 후에 우리는 일리리아 지역을 가로질러 아드리아해 기슭에 이르렀다. 그리스도인이 된 눔물라리우스Nummularius(환전상 은행가)가 우리를 집에 초대했다. 그는 유다인 몇 명으로 이루어진 소박한 공동체에 속해 있었고, 우리는 사람들과 함께 회당에서 초막절을 보냈다. 축제일 저녁을 함께 먹으면서 우리는 티토의 소식을 물었다. 바오로는 예전에 티토를 조금 더 북쪽에 있는 일리리아로 보냈다. 하지만 형제들은 티토의 소식을 알지 못했다. 축제일 다음 날, 그들은 그 지역에서 느지막이 시작되는 마레 클라우숨Mare Clausum(바다가 닫힘) 전에 브룬디시움으로 항해하는 배를 한 척 구해 주었다.

우리가 탄 그 작은 화물선에서 나는 선장과 이야기를 나누었다. 그는 지도를 좋아하는 사람을 만나 기뻐하며 페리플로이Periploi(바다에서 본 해안선을 그린 도면)를 펼쳐 보였다. 그는 파이살루스 전투 전에 폼페이우스, 그리고 그를 쫓아간 카이사르가 우리와 같은 뱃길로 항해를 했는데, 단지 방향이 반대였다고 이야기했다. 그렇게 열심히 대화를 나누던 중, 선장은 갑자기 말을 멈추었다. 바람의 방향이 바뀌었음을 느꼈기 때문이다. 시로코Sirocco(초여름에 아프리카에서 지중해를 넘어 이탈리아에 부는 더운 바람)가 불어오기 시작했다. 우리는 소중한 양피지 도면을 잽싸게 다시 말았다. 그것들이 날아가 버리면 안 되었고, 남쪽에서 불어오는 바람에 실려 온 모래 먼지로 훼손되어서도 안 되었다. 나는 티모테오와 함께 장막으로 우리 짐을 덮어 감싸 묶었다. 그리고 상갑판의 좌현에 있는 난간에 바람을 피해 앉았다. 티모테오가 바오로에게 주려고 가져가던 외투를 끄집어냈다. 그 외투는 널찍해서 우리 두 사람이 그 안에 쪼그려 들어가 몸을 피하기에 충분했다. 우리가 있는 곳에서 돛을 조절하는 모습이 잘 보였다. 특히 안정적으로 방향을 잡는 데 중요한 앞쪽에 달린 삼각형의 작은 돛인 수파룸Supparum(앞에 달린 삼각형의 작은 돛)을 장루원이 힘차게 끌어올려 능숙하게 밧줄로 묶어 활짝 펴는 모습이 훤히 보였다. 다른 배를 여러 척 마주쳤지만, 바다에서 먼지가 너무도 심하게 소용돌이치는 바람에 신비롭고 유령 같은 배들의 실루엣만 간신히 짐작될 뿐이었다. 퀸퀘레미스Quinquerémis(노가 다섯줄 있는 오단노의 배) 한 대가 박자를 맞추어 노를 저어 물결을 가르며 앞으로 나아가는 웅장한 모습을 보고 우리는 깊은 인상을 받았다. 흐리고 탁한 바람 속에서 5열로 배치된 사람들이 힘차게 노를 움직이는 모습은 놀라웠다. 모래 바람이 심하고 항해하는 배들이 밀집해 있는 위험한 상황에서, 다른 배와 충돌하는 일을 피해야 했다. 브룬디시움과 디라키움 사이의 물길은 영원한 도시 로마를 그리스 및 그 너머에 있는 아시아와 끊임없이 연결하는 지점이었기에 지중해 전체에서 배가 가장 많이 다니는 바닷길이었다. 로마부터 이어지는 아피아 가도가 브룬디시움에서 끝났고, 마케도니아를 거쳐 해협까지 이어지는 에그나티아 가도가 디라키움에서 시작되었다.

바람의 도움을 받은 덕분에 항해는 하루도 채 걸리지 않았다. 시로코가 실어 온 모래가 배의 갑판을 사프란(붓꽃과에 속하는 식물인 사프란 크로커스 꽃의 암술대를 건조시켜 만든 향신료)을 담은 바구니마냥 노란색으로 칠해 놓았다. 우리 머리칼도 황금빛을 띠었다. 목도리를 묶어 얼굴을 가려 두었지만 모래 때문에 목이 마르고 칼칼했다. 우리가 가방을 가지러 가려고 몸을 피해 있던 바오로의 외투에서 나올 때, 먼지 구름이 일었다.

아침 일찍 예인선이 배를 끌어 부두에 대었고, 우리는 브룬디시움에서 하선했다. 그다음 아피아 가도로 들어섰다. 로마의 영예로운 대로의 양쪽으로 줄기둥이 세워져 있었다. 우리는 그다음 날 저녁에 타렌툼에 도착해서 쉬면서 몸을 씻고 옷을 빨 생각이었다.

나는 아시아에서 이미 로마의 훌륭한 가도들을 보았지만, 끝없이 이어진 그토록 웅대한 길을 어떻게 상상이나 할 수 있었을까? 아피아 가도는 허허벌판 시골에서조차 한쪽 경계석에서 다른 쪽 경계석까지 너비가 여덟 암마나 되었다.[133] 그 가도는 잘 정비되어 있어 로마를 알리는 사절 노릇을 하며 제국의 영예를 짐작하게 했다.

---

[133] 아피아 가도는 로마와 브룬디시움 사이 500여 킬로미터 내내 4.1미터 너비를 유지한다.

나는 로마 본토에서 처음 몇 스타디온을 걸으며 마음이 들떠 말을 장황하게 늘어놓았다. 티모테오는 나처럼 흥분해 있었으나 더 점잖았다. 우리가 나누는 단순하고도 깊은 대화 덕분에 가는 길은 멀게 느껴지지 않았고, 서로 통하는 마음은 더욱 깊어졌다. 우리가 티레니아해에 면한 시누에사에서 도착할 때까지 본토를 걷는 10여 일 동안 열정은 단 한순간도 가라앉지 않았다. 우리는 해안을 따라 안쿠르까지 갔다. 여행의 마지막 날 아침에는 알바누스산의 독특한 화산 실루엣이 보이면서 로마에 가까이 왔음을 알렸다. 예전에 아니아누스가 수선해 준 신발은 아직도 잘 버텼다.

"루포스!"

"마르코 형! 웬일이에요! 여기에는 무슨 일로 왔어요? 제가 여기에 있는지 어떻게 알았죠?"

알렉산드로스의 동생 루포스가 벌떡 일어나면서 의자가 뒤로 넘어졌다. 그는 나를 힘차게 얼싸안았다.

"자네가 형제 몇 명과 함께 아벤티누스 언덕에 있는 집에 세를 얻었다고 프리스킬라와 아퀼라가 알려 주었어.[134] 카페나 성문에 도착해서 키레네 사람들이 어디에 사냐고 물어 봤지. 그리고 몇 사람

---

[134] 아벤티누스 언덕에 있는 산타 프리스카Santa Prisca 교회는 프리스킬라와 아퀼라의 흔적을 간직하고 있다. 고고학적 연구에 따르면, 그곳에서 유다인들이 살았음이 확실하다.

한테 더 물어 여기까지 찾아왔어. 이 사람은 티모테오일세."

"잘 왔습니다. 로마에 도착한 지 오래 됐나요? 어서 앉으세요."

루포스는 비탈길에 지은 소박한 집의 1층에 살았다. 지은 지 얼마 안 되어 보였는데, 아마도 티베리우스 황제 치하 끝 무렵에 언덕에서 화재가 난 이후에 지은 집인 듯했다.

"바로 오늘 아침에 도착했어! 포룸을 거쳐 오지 않았지. 어젯밤에는 알바 롱가 아래쪽에서 밤을 보냈고, 날이 밝자마자 소나무 그늘에 햇볕을 피해 가며 아피아 가도를 걸어 곧장 여기로 올라왔지."

"우리 집이 곧 여러분의 집이에요! 바오로도 병사 한 명과 같이 와서 시내에서 구금 생활을 할 집을 구하기 전에 이 집에서 며칠 지내다 갔어요. 저희 어머니가 돌아가시기 전이었어요."

"어머니 일은 애석하게 되었네. 그게 언제였나?"

"올 여름이요. 어머니는 평화롭게 돌아가셨어요. 그 당시에 많이 약해져 계셨죠. 마지막 말씀은 알렉산드로스 형에게 전하는 것이었어요. 어쨌든 모두 하느님의 뜻이에요. 방이 하나 더 있으니 말이에요. 그곳에서 지내면 돼요."

티모테오가 대꾸했다.

"고마워요, 루포스. 낯선 사람밖에 없는 이 거대한 도시에 지낼 곳과 친절한 친구들이 있다니 정말 위안이 됩니다. 하지만 너무 오래 부담이 되시는 잃도록 하겠습니다."

"절대로 부담되지 않아요! 제가 혼자서 지내기에는 집이 너무 커서요. 두 사람이 이곳에서 지내기로 한다면, 집세를 일부 부담해서 저에게 도움을 줄 수도 있어요. 하지만 일단 배가 무척 고프겠죠? 같이 식사해요. 그런 다음에 시내로 가요. 바오로를 찾아가도 되겠네요."

"여기에서 가깝나?"

"조금만 걸으면 돼요. 로마에서는 지낼 곳이 드물고 비싼데, 바오로는 타르수스 사람들의 조직망 덕분에 그 사람들의 스타티오Statio(지역 출신에 따른 행정 구역)에서 멀지 않은 곳에 집을 구했어요. 팔라티누스 언덕 반대편인데, 포룸에서 가까워요. 그곳에서 지내고 있죠. 아리스타르코스가 함께 있으니 안심할 수 있어요."

우리가 로마에서 보낸 처음 몇 주는 흥미진진했다. 티모테오는 바오로의 친척인 안드로니코스의 소개로 타르수스 사람들의 동업조합에 고용되었다. 그는 예전에 바오로에게 배워서 직물 거래에 관한 모든 기술과 요령을 알고 있었다. 나는 강력한 유다-키프로스인 조직망을 가동했다. 그 지역에서 올리브기름이 생산되었으므로, 그것을 수입하는 일은 당치 않았다. 하지만 나는 알렉산드리아의 항구에서 익힌 능력을 내세워서 살라미스의 콜레기움Collegium(직업 또는 종교 연합)에서 행정직을 구했다. 구리를 수입해서 주물 제조업자의 타베르나Taberna(상품을 소매로 판매하는 장소)에 다시 나누어 파는 거래소의 통관 비용을 관리하는 일로, 그 거래소의 주인은 테오도로스라는 사람이었다. 우리 스타티오는 포룸에 있는 티모테오가 일하는 곳 바로 옆에 있었다.

안식일에, 또 가끔은 주중에 하루 업무를 마친 다음에 우리는 바오로의 집으로 가곤 했다. 바오로는 아리스타르코스와 에파프라스와 함께 구금 생활을 했다. 그곳에서 루카와 오네시포로스도 자주 만났다. 바오로는 비록 구금 생활을 했지만, 혈기만큼은 여전했다. 그의 영향력은 점점 늘어났다. 그는 우리가 와서 안심했다. 첫 재판을 받은 다음에 많은 형제가 그를 저버렸기 때문이다. 바오로는 매일 찾아오는 사람들을 만나고, 파견할 이들을 조직하고, 설교하고, 글을 썼다. 그는 모든 일에 대해 계획을 세웠다. 바오로는 우리가 주일에 나르키소스의 집에서 모일 때 참석할 수 없었지만, 확실한 권위와 당당한 열정, 놀라운 솜씨로 모든 일을 이끌었다.

그는 로마의 법정에서 두 번째로 재판받기를 기다리는 동안에 자신이 편지 몇 통을 작성하려 하니 그 일을 도와 달라고 우리에게 부탁했다. 그는 먼저 콜로새 신자들에게 편지를 쓰고자 했다. 티모테오는 지난겨울에 내가 비티니아에서 실바누스의 집에 머무는 동안에 자신이 에페소를 떠나 그 도시의 형제들을 만나러 갔고, 또 라오디케이아와 히에라폴리스의 형제들도 만나러 갔다고 바오로에게 전했다. 바오로는 그 말을 듣고 무척 기뻐했다. 그는 한 번도 그 두 곳에 가 본 적이 없었다. 그는 로미에 미물리 있이야 하는 신세였으므로 가까운 미래에 아시아로 떠날 계획을 세울 수 없었다. 그래서 콜로새 신자들에게 서신을 보내 자신이 기뻐한다는 사실을 알리면서, 거짓된 가르침을 경계하고 하늘의 것들을 추구하라고 격려하고 싶어 했다. 티모테오와 바오로는 서신을 쓰느라 며칠 밤을 꼬박 새웠다. 편지는 훌륭했다. 단, 내가 예수님에 대해 말한다면 그와는 다르게 접근했을 거라는 생각은 들었다. 나라면 설명하기보다는 이야기를 했을 것이다. 바오로는 그 글을 읽는 사람들에게 언젠가 내가 그들이 있는 곳에 간다면 나를 잘 받아들이라고 부탁하는 말로 편지를 마무리했다. 티모테오는 그곳에 갔을 때, 나에 대한 뜬소문을 믿지 말라고 그들에게 이미 당부해 두었다.[135]

콜로새 신자들에게 보내는 편지를 마치자마자 바오로는 라오디케이아의 형제들,[136] 뒤이어 소중한 에페소의 형제들에게도 편지를 쓰고자 했다. 에페소로 떠나려다 가지 못한 티키코스가 드디어 아시아로 떠나게 되었는데, 바오로는 자신이 쓴 편지를 그에게 맡겨 그곳에 전하도록 부탁했다. 도망친 노예로서 그리스도인이 되었고 바오로를 따라 로마로 온 오네시모스가 티키코스와 함께 떠날 예정이었다. 바오로는 오네시모스의 옛 주인인 필레몬에게 오네시모스를 돌려보내면서 그를 잘 부탁한다는 편지도 써서 보냈다. 나는 그

---

135 콜로새 신자들에게 보낸 서간 4장 10절 참조.

136 콜로새 신자들에게 보낸 서간에 라오디케이아 신자들에게 전하는 편지가 언급된다(콜로 4,16 참조). 하지만 그 편지는 유실되었다.

편지의 단순함과 겸허함에 감동했다. 그 짧은 편지는 거창하지 않았지만 신자 공동체가 어떻게 로마 사회를 내부에서 변화시킬 수 있는지 함축적으로 보여 주었기 때문이다.

이외에도 바오로는 자신이 예루살렘, 안티오키아, 피시디아, 아시아 등지에서 맞서 싸운 유다교를 내세우는 당파에 대한 경계를 게을리 하지 않았다. 그 세력이 큰 형제들은 로마에서도 율법의 규정을 강요하려 했다. 예루살렘에서 격한 토론이 벌어진 회의에서와 똑같은 대립이 벌어졌다. 나는 그 당시에 내려진 결정으로 아무것도 해결되지 않으리라고 분명히 말했다. 바오로는 이민족 출신 사람들이 이스라엘 율법의 가르침에 구속받지 않으면서 세례를 받도록 애쓰고 있었다. 그는 간극을 뛰어넘게 만들고, 이사야 예언자가 말했듯이 천막 터를 넓히고 천막 줄을 길게 늘여 말뚝을 박아 그리스도가 주신 해방에 다가서는 장애물을 없애고자 했다.

바오로는 티모테오와 나에게 대도시 로마에 친숙해지라고 격려했다. 즉 우리가 그 도시를 속속들이 알고, 사람들과 관계를 맺고, 유다인들을 만나고, 할례받지 않은 사람들과 친교를 맺으라고 권했다. 그렇게 함으로써 그 도시의 복잡성을 이해하고, 각종 제도가 기능하는 방식을 파악하고, 권세 있는 자들이 보이는 모순과 하층민이 겪는 시련을 알게 될 것이기 때문이다. 바오로는 우리가 격동하는 인류를 느끼면서 복음이 그러한 세계에 어떻게 말을 걸 수 있는지 이해하기를 바랐다. 그 계획에 나의 마음은 뜨겁게 달아올랐다.

14장 사바나

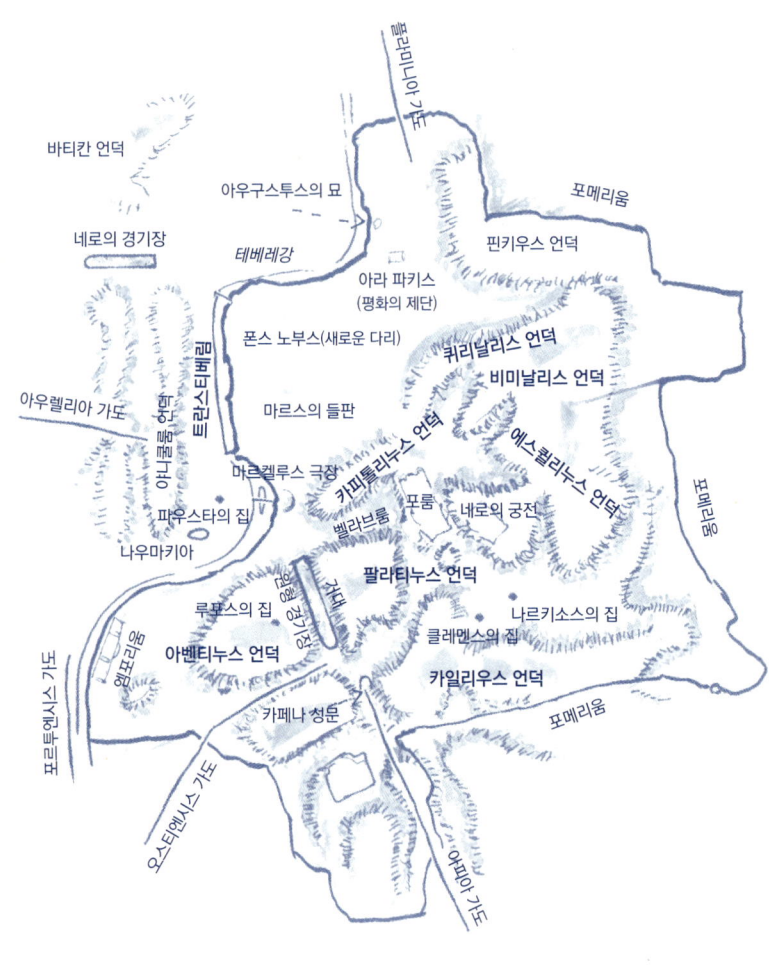

로마의 언덕들과 포메리움(신성한 영역).

그것은 나의 목표에도 들어맞았다. 내가 언젠가 글을 써야 한다면, 무엇을 써야 할지 알아야 할 뿐 아니라, 누구에게 써야 할지도 알아야 했다.

    티모테오와 나는 함께 로마를 사방팔방 누비고 다녔다. 일을 하러 포룸으로 가기 위해서 가끔은 오른쪽으로 카페나 성문, 왼쪽으로는 거대 원형 경기장을 두고, 카일리우스 언덕과 팔라티누스 언덕 사이에 난 길을 따라 남쪽으로 돌아갔다. 또 가끔은 반대로 우리 오른쪽으로 보이는 경기장을 지나 북쪽으로 가서 마르켈루스 극장을 따라 카피톨리누스 언덕과 팔라티누스 언덕 사이에 있는 벨라브룸으로 걸어 올라갔다. 로마는 내가 이제껏 본 도시들과 전혀 비교할 수 없었다. 로마는 알렉산드리아의 매혹적인 진주빛 광택도, 안티오키아가 지닌 동방의 풍성함도 지니지 않았지만, 영원히 중요하고 굳건하고 역동적인 도시였다. 그 도시는 밤낮으로 북적였다. 절름발이 주물 장인, 거만한 베스타 무녀, 기운 없이 주저앉아 있는 병사, 집요하게 들러붙는 매춘부, 사람 좋은 빵집 주인, 옷자락에 목이 파묻힌 원로원 의원, 소매치기 아이, 부패한 소작인……. 그 모든 사람이 거대 원형 경기장를 향해 몰려가는 모습을 보지 못한 사람은 로마를 진정으로 안다고 말할 수 없었다. 오만하고 입담 좋은 그 지역 주민에 세계 각지에서 온 무수한 사람들이 더해졌다. 그 도시는 라틴족의 도시가 아니라 온 세상이었다. 그 도시에 도착하고 처음 며칠 동안 우리는 로마의 거리에서 이방인이라는 느낌을 받았다. 하지만 그 이후로는 그렇게 느끼지 않았다. 로마에서는 모든 사람이 제 고향에 와 있다고 느꼈다.

우리는 안식일이면 회당과 바오로의 집에 들렀다가 동쪽의 언덕들로 산책을 갔다. 최근에 황제의 궁전을 확장한 곳 너머에 있는 에스퀼리누스 언덕에 올라갔다. 그랬다가 언덕 위로 난 굴곡진 좁은 길을 따라서 비미날리스 언덕과 퀴리날리스 언덕까지 갔다. 하얀 석조로 된 로마의 공식 건물들의 모습과, 동방의 대도시들처럼 온갖 서민이 뒤섞여 사는 모습이 얼마나 대조적이던지! 도시가 격자 모양으로 시원시원하게 정비된 알렉산드리아에 사는 주민이 이 도시에 온다면, 구역들이 얼기설기 맞물려 있는 모습에 놀랄 것이다.

이따금 우리는 포메리움[137]의 경계 안에 포함된 지 얼마 안 된 핀키우스 언덕까지 걸어갔다. 어떤 때에는 플라미니아 가도를 따라 몇 스타디온을 더 걸었다가 되돌아왔다. 안식일의 해가 저물녘에는 마르스의 들판[138]을 크게 한 바퀴 돌았다. 마르스! 나는 그 전쟁의 신, 영원한 도시의 보호자의 이름을 지니고 있었다. 게라사에서 안

---

[137] 클라우디우스 황제가 아벤티누스 언덕과 테베레강 기슭 및 화물 창고들을 로마의 신성한 영역을 뜻하는 포메리움에 통합했다.
[138] 마르스의 들판은 트란스티베림 구역 다음으로 유다인이 많이 살던 구역이었을 것이다.

토니오가 그 이름을 지어 주어서 인류 전체의 심장이 고동치는 로마를 나와 연결시킨 것은 미래를 예견하는 일이었다.

우리는 대리석으로 훌륭하게 장식된 아라 파키스(평화의 제단) 앞이나, 알렉산드로스 대왕의 묘에서 영감을 받아 지었을 아우구스투스의 묘 근처에 멈추어 대화를 나누곤 했다. 모든 사람이 지중해의 모국어인 그리스어로 말했다. 우리가 만나서 이야기를 나누는 사람들 대부분은 하나같이 팍스 로마나를 칭송했다. 팍스 로마나는 아우구스투스가 확립했고 네로 황제[139]가 되살렸는데, 칼리굴라와 클라우디우스의 혼란한 치정을 겪었기 때문에 우리는 그 정책을 좋게 여겼다. 그런 이야기를 하다가 우리가 진정한 '평화의 군주'[140]라고 생각하는 황제에 대해 이야기하곤 했다. 나는 그 도시를 살아가는 다양한 사람들이 올바른 의도와 흐려진 지성이 뒤섞인 가운데서 의미를 찾아 헤맨다는 사실을 알고 놀랐다. 티모테오와 나는 훌륭한 학자는 아니었지만, 게라사의 안토니오에 대한 이야기, 시리아 여자의 딸 이야기, 골고타의 백인대장 이야기 등 예수님이 이방인들에게 말씀하신 일화를 사람들에게 즐겨 말했다. 그 이야기를 듣고서 감동을 받지 않은 청중은 드물었다. 그들은 예수님에 대한 이야

---

[139] 네로 황제는 5년 동안 선정을 펼치다가 마르코가 로마에 도착한 해인 59년에 어머니 아그리피나를 살해하고, 살인적인 광기로 빠져든다.

[140] 로마의 정치가 키케로가 팍스 로마나를 확립한 아우구스투스 황제를 지칭한 용어.

기를 들으면서 얼마간 자신이 직접 예수님을 만난 것처럼 느꼈다.

저녁이면 우리는 그렇게 돌아다니느라 지친 몸을 이끌고 로마 포룸을 가로질러 카일리우스 언덕에 새로 생긴 시장인 마켈룸 마그눔까지 가서 하루 일을 마치는 나르키소스를 만났다. 그는 바로 그 근처인 에스퀼리누스 언덕 쪽에 살았기 때문에 우리를 자기 집에 데려갔고, 우리는 함께 저녁을 먹었다. 그의 집은 부유한 편에 속했기에 공동체의 신자들 일부를 맞이할 수 있을 만큼 넓었다. 밤에 우리는 빵을 떼어 나누는 예식을 올렸다.

그 이듬해, 네로 황제 치하 여섯 번째 해의 봄에 공동체에 여러 사건이 생겼다. 먼저 파스카가 오기 조금 전에 실바누스의 편지를 받았다. 그는 베드로가 비티니아에 있는 자기 집에서 겨울을 보냈고, 두 사람이 함께 로마로 오려 한다고 알렸다. 베드로는 로마에서 하느님의 양 떼를 이끌도록 부름을 받았다고 생각했다. 열두 사도 중 으뜸인 베드로가 온다는 생각에 나는 열광했다. 그가 충실한 실바누스의 보조를 받는다는 생각에 마음이 더욱 달아올랐다. 베드로는 처음에 사도로 선교를 다니면서, 그 당시만 해도 아직 실라스라고 불린 그에게 많이 의지했다. 리따로 가는 여행길에서, 그리고 카이사리아에서 코르넬리우스가 세례를 받았을 때, 분위기를 명랑하게 만들던 실라스가 떠올랐다. 예루살렘에서 베드로가 로마 시민인 그의 덕을 보면서 비서로 삼기 위해 그를 자기 곁에 두려 했다는 사실이 기억났다. 실바누스는 이번에도 베드로가 서신을 쓸 때 도움을 줄 수 있을 것이다. 그는 친교를 가져오는 사람으로서 믿을 수 있었다. 실바누스는 바오로와 함께 여행을 많이 다녔고, 바오로의 협력자 대부분이 그를 좋게 평가했다. 베드로와 바오로 두 사도 모임의 관계는 실바누스가 있음으로써 원활해질 것이 틀림없었다.

또 다른 변화도 생겼는데, 그것은 더욱 예상하지 못한 일이었다. 내가 아침에 일을 하러 포룸에 가기 전에 루포스와 티모테오와 함께 간단히 식사를 하고 있는데, 바오로와 아리스타르코스가 환히 미소를 띤 채 우리가 있는 집으로 왔다. 바오로의 재판일이 아직 정해지지 않았으므로 처음에 우리는 특별 외출 허가가 내려졌다고 생각했다. 그런데 그것이 아니었다. 두 사람은 이제 자유로웠다! 그 전날, 로마의 관리 한 사람이 그들을 찾아와서 황제의 법정에서 처리할 사안이 너무 많았기 때문에 그들이 무혐의 처분을 받게 되었다고 알렸다.[141] 가벼운 사안은 당사자를 아예 심문하지 않고 처리하기로 한 것이다. 그렇게 석방된 일은, 바오로가 예전에 심문을 받지 않고 자신을 변호했기 때문에 더욱 예상 밖이었다. 그때 바오로는 유죄 판결은 받지 않았지만, 그래도 족쇄를 차고 있어야 했다. 이제 바오로는 다시 직무를 수행할 수 있었고, 우리는 얼마 안 되어 그의 계획을 알게 되었다.

---

[141] 나는 바즐레M.-F. Baslez의 신빙성 있는 추정을 받아들인다(*Saint Paul*, p.274).

오순절이 지나서 바오로는 사이가 갈라졌다가 화해한 데마스의 집에 우리를 불러 모았다. 바오로를 보좌하는 루카, 에파프라스, 아리스타르코스, 티모테오, 루포스, 오네시포로스, 유스투스, 그리고 나까지 모두 모였다. 켕크레애로 다시 떠나지 않은 포이베가 모두를 편안하게 맞이하며 봉사를 맡았다. 긴 오후가 될 것이 틀림없었다. 바오로는 우리에게 자신이 구상하는 작전을 밝혔다.

"형제 여러분, 저는 로마를 떠나 에스파냐로 가려 합니다."

그 계획을 미리 알았던 듯한 루카와 아리스타르코스만 빼고 모두가 놀랐다.

"저는 몇 가지 이유로 그런 결정을 내리게 됐습니다. 첫째는 제가 항상 정해서 지켜 온 원칙 때문입니다. 저는 다른 사람들이 먼저 와 있던 곳에서 사도직을 수행할 수 없습니다. 트란스티베림 Trastiberim[142] 공동체, 아벤티누스 공동체, 카일리우스 공동체가 이미 조직된 상황에서 제가 로마에서 복음을 선포하면 우리가 하는 일의 효율성이 떨어질 뿐입니다. 그러니 저는 베드로가 이곳에서 그리스도인을 한데 모을 수 있도록 그에게 자리를 내어 주어야 합니다."[143]

그러자 내가 나섰다.

---

[142] 테베레강 서쪽에 있는 구역.

[143] 바오로가 떠난 다음에 베드로가 그곳에 왔는지 여부는 확실하지 않다. 하지만 외경인 베드로 행전에는 그렇게 나와 있으며, 나는 여기에서 그 내용을 따른다.

"로마는 충분히 넓으니 구역을 나누어 활동하면 됩니다. 워낙 대도시라서 우리 수가 많아도 상관없습니다. 베드로도 그렇게 하는 것이 전혀 곤란하지 않다고 생각할 테고요."

"나도 안다네. 베드로는 내가 이곳에 있는 것을 전적으로 찬성할 걸세. 하지만 다른 사람들은 베드로처럼 그 일을 선선히 받아들이지 않을 거야. 로마가 그리스도인들 사이에 분열이 일어나는 장소가 되어서는 안 되네. 다른 사람이 기초를 닦은 곳에서 활동하지 않는 것이 복음을 널리 전하기 시작한 초기부터 암묵적으로 정한 규칙이야. 게다가 나는 오래전부터 에스파냐에 가고 싶었네."

"하지만 그곳에는 바오로를 받아 줄 공동체가 하나도 없는걸요. 유다인 공동체[144]도 없다고요!"

"바로 그걸세. 나는 내가 복음을 민족들에게 직접 전하라는 부름을 받았다고 확신해. 로마에서 이스라엘 형제의 일부가 거부하는 상황은, 이민족에게 하느님의 구원을 선포할 기회네. 우리가 선교를 떠난 여정을 잘 살펴보면, 동방에서 서방으로, 유다인이 많은 곳에서 더 먼 곳으로 넘어가야 하네. 그런데 에스파냐는 서방의 경계, 땅의 끄트머리지."

나는 바오로의 통찰력에 감탄하지 않을 수 없었다. 그는 항상 그리스도의 이름으로 더욱 멀리 떠날 준비가 되어 있었다. 에파프라

---

[144] 스페인에서 초기 유다인 공동체의 흔적은 기원후 3세기에 보인다.

스도 우리 모두가 그랬듯이 바오로의 말에 귀를 기울이고 있었다. 그가 물었다.

"하지만 어디로 가시려고요? 히스파니아 키테리오르(에스파냐 북부)로 가시나요, 아니면 히스파니아 울테리오르(에스파냐 남부)[145]로 가시나요?"

바오로가 미소를 지으며 영리하게 답했다.

"당연히 가데스[146]로 가야지. 내가 어떻게 우리 성경에서 타르시스라는 이름을 붙인 옛 페니키아의 식민지인 그곳 말고 다른 곳에 갈 수 있겠는가. 그곳은 솔로몬의 배들이 가던 곳이었어. 하지만 무엇보다, 이사야 예언자가 장대한 예언을 전하는 글 끝에서 하느님의 말씀을 전해야 할 마지막 사람들이 있다고 말한 곳이 거길세."

"언제, 누구와 함께 떠나려 하나요?"

"상당히 야심찬 계획이니 일단 그 일을 이루는 데 필요한 자금을 모아야 해. 그런 다음에 곧바로 떠나려 하네. 같이 갈 사람들로 말하자면, 지금 모인 사람들 중에서 가고 싶은 사람들을 데려가겠네."

참으로 마음이 끌리는 모험이었다. 그 미지의 땅까지 떠난다는

---

[145] 히스파니아는 고대 로마 제국에서 이베리아반도(현재의 포르투갈, 스페인, 안도라, 지브롤터)를 통칭해 일컫는 말이다.

[146] 히스파니아 울테리오르에 있다. 그로부터 몇 년 전에 바오로는 이미 로마인들에게 자신이 에스파냐로 가고자 한다는 의도를 적어 보냈다(로마 15,22-29 참조). 로마의 클레멘스는 바오로에 대해 "그는 온 세상에 의로움을 가르친 다음에, 서방의 경계로 갔다."라고 말한다.

생각에 모두가 흥분했다. 나도 마찬가지로 그 계획에 마음이 들떴고, 이베리아 바다 건너편으로 떠나는 모습을 벌써부터 상상했다. 하지만 주저하는 마음이 들었다. 나는 예수님의 생애를 글로 쓴다는 계획을 이루지 못했고, 베드로의 증언을 수집할 유일한 기회를 활용해야 했다. 몇 년 전 배 위에서 바오로와 대화를 나눈 이후로, 로마가 주민이 다양하고, 여러 긴장감이 존재하며, 다양한 종교를 선택할 수 있는 곳이라는 사실 때문에 내가 쓰려는 이야기를 구상할 환경이라는 확신을 계속 지니고 있었다. 로마에 있는 것은 그 이야기가 보편적이기 위해서 꼭 필요한 조건이었다. 나는 예루살렘에서 이곳 로마에 이르는 여정을 거치면서, 30년 전에 유다에서 벌어진 사건이 단지 일부 사람들에게만 전해질 수는 없다고 확신하게 되었다. 그것은 모두에게 말을 거는 이야기였다. 그런데 바로 로마가 온 세상이었다! 그렇다면 과연 가데스도 그럴까?

나와 티모테오가 그러한 대담한 전망에 여전히 흥분한 상태로 아벤티누스 언덕으로 올라가려고 데마스의 집을 나서는데 바오로가 우리에게 왔다.

"자네들과 함께 걸어도 되겠나?"

"물론이죠!"

바오로는 내가 느끼는 의문과 열정, 또 로마를 떠나는 계획에 대해 신중함을 보인다는 사실을 알아차린 것이 분명했다.

"마르코, 내 계획이 어떤 것 같나?"

"잘 모르겠어요. 흥분되는 제안이긴 하지만, 로마에 조금 더 머물러 있어야 한다는 생각이 들어 어떻게 해야 할지 고민이 돼요."

"나는 자네가 이 선교 여행을 떠나지 말고 베드로를 도와야 한다고 확신하네. 실바누스와 함께 둘이서 베드로를 돕는다 해도 할 일이 많을 거야. 게다가 자네는 자네가 특별히 받은 소명을 이루어야 해. 예수님께서 성경 말씀대로 살아가셨고, 고통받으셨고, 돌아가셨고, 부활하셨다는 사실을 말이야. 글을 쓴다는 자네 계획을 실현할 때이네. 자네는 베드로가 기억하는 것을 모아 정리해서 이야기로 담아, 그것을 모든 사람이 읽고 진리를 확실히 알도록 해야 하네."

바오로가 나를 베드로에게 보내는 것은 이번이 두 번째였다. 하지만 상황은 지난번과 달랐다. 카이사리아에서 나는 바오로가 나를 파면하는 일로 받아들였다. 이번에는 그 일이 마치 나에게 임무를 맡기는 것처럼 느껴졌다.

"그렇게 솔직하게 말해 주니 마음이 한결 가벼워집니다. 고맙습니다. 하지만 가데스로 가는 일이 글을 쓰는 계획에 도움이 될 수 있을지 몰라요. 세상의 먼 곳까지 가 보면 진정으로 보편적인 이야기를 쓸 수 있을 테니까요. 또 가능하다면 그곳에 갔다가 비단 대상들과 함께 반대편인 동방 세레스(중국)까지 가 보려 합니다."

"그럴 필요 없네. 로마에 있는 사람들과 말해 본 사람은 온 세상을 만난 것과 다름없으니 말일세! 자네는 알렉산드리아에서 세상의 남쪽을 만났고, 안티오키아에서 동방을, 에페소에서 그리스를 만났네. 이곳에는 그 모든 것이 모여 있지."

"그 말씀이 맞습니다. 전 로마에 머무를게요. 티모테오 자네는 어떻게 할 텐가?"

여러 시간을 함께하며 나에게 소중해진 티모테오가 말했다.

"결정하기 어렵네요."

지난 세월을 거치면서 나는 원숙해졌다. 내가 티모테오에 대해 지닌 애정은 내가 어린 시절에 알렉산드로스에게 지닌 애정만큼 강했지만 독점하려는 욕구는 덜했다. 나는 마음이 아팠지만 온전히 자유롭게 이렇게 말했다.

"자네는 바오로와 함께 가야 해. 루카와 함께 바오로의 가장 오래되고 충실한 협력자 아닌가. 바오로는 자네가 필요할 걸세."

티모테오의 눈길에서 고마움이 읽혔다. 내가 그를 무거운 딜레마에서 풀어 준 것이다. 헤어지는 순간 우리의 우정은 더욱 깊어졌다.

그로부터 몇 주 후에 카라반처럼 거창한 바오로 일행이 포르투엔시스 가도에서 150스타디온 떨어진 오스티아 북쪽에 있는 로마의 항구로 이동했다. 클라우디우스 황제가 최근에 축조한 신식 항구였다. 그곳에서 바오로, 루카, 에파프라스, 아리스타르코스, 오네시포로스, 루포스, 티모테오가 배를 타고 떠날 예정이었다. 그들이 에스파냐로 떠나는 여행을 하도록 노운 친구들이 배웅하러 부두까지 왔다. 기억을 더듬어 보면, 그 자리에는 신분이 높은 에퀴테스

Equites(로마의 사회 신분 중 하나로 원로원 다음 가는 신분의 사회층)들인 암플리아투스와 디오니시오, 발부스가 있었고, 우르바노, 데마스, 로마의 행정관인 데메트리오스, 스타키스, 바오로의 사촌인 헤로디온, 또 안드로니코스, 나르키소스, 클레오비우스, 이피투스, 리시마코스, 아리스타이오스, 트리패나, 트리포사, 그리고 페르시스, 베르니케, 필롤로고스, 율리아를 비롯한 몇몇 여자가 있었다. 우리는 신뢰와 감탄, 격려로 가득한 동시에 슬픔이 어린 작별 인사를 나누었다. 에스파냐로 떠난 그 모든 사람 중에서 지금껏 내가 다시 만난 사람은 티모테오뿐이다.

나는 로마로 돌아와 파우스타의 집에 정착했다. 바오로가 작별을 기념하여 만들어 준 짐 가방을 비롯한 물건들을 이미 그곳에 옮겨 두었다. 루포스는 아벤티누스 언덕에서 자기가 살던 집을 나갔고, 내가 집세를 혼자 낼 형편이 아니었기 때문이다. 그래서 나는 좋아하던 그 언덕을 떠나 변두리인 트란스티베림으로 갔다. 그곳에는 많은 유다인이 정착해 살고 있었다. 그 구역에는 기도처[147]가 몇 군데 있었지만, 그리스도인은 거의 받아들이지 않았다. 나는 그곳에서 베드로를 맞이할 준비를 하고 싶었다. 나의 거처는 베드로와 실바누스가 도착해서 머물러 지내기에 충분했다.

---

147 프로슈케proseuche라고 불린 곳. 고고학 연구에 따르면 아우구스투스 황제 치하에서 그러한 종교 시설이 아홉 곳 있었다. 그 당시에 외국의 종교는 완전히 자유롭지 않았고 감시를 받았으며, 가끔은 로마의 포메리움(신성한 영역) 내부에서 추방당했다.

파우스타는 테베레강 바로 건너편에 있는 허름한 건물에서 살았다. 그녀는 전형적인 로마 여자였다. 강인한 파우스타의 걸걸한 목소리는 그녀가 거리 모퉁이를 지나가고 나서도 오랫동안 울렸다. 나를 아들로 간주하기에는 내 나이가 많았지만 그래도 그녀는 나를 어머니처럼 아꼈다. 파우스타는 평민의 억양이 강한 그리스어로 지나치게 빨리 말해서 알아듣기 힘들었다. 그녀가 만드는 음식은 그녀를 닮아 푸짐하고 매콤하고 신선했다. 파우스타는 트란스티베림의 주요 시장에서 잘 알려져 있었기에 카르타고에서 갓 도착한 양배추나 누에콩, 아티초크를 사 오곤 했다. 심지어 괜찮은 가격으로 생선을 사기도 했다. 그러면 파우스타는 생선을 주간 첫날까지 보관해 두었다가 먹으려고 훈제해 두었다. 그녀는 고수를 넣어 생선을 요리했는데, 그야말로 일품이었다!

나는 쉬는 날이면 시간을 내어 그동안 수집한 문서를 정리했다. 한편, 멋진 장면을 그리는 습관은 계속 유지했다. 나는 그해 여름에는 공동체와 거리를 두었다. 내부 분열이 지겨웠기 때문이다. 바오로가 로마에 있었을 때에는 비록 구금 상태였지만 그의 권위 덕분에 공동체가 일치를 이룰 수 있었고, 그래서 거짓된 가르침이 기승을 부리지 못했다. 바오로가 떠난 이후로 괴상한 몇 사람이 복음을 자신에게 유리하게 곡해했다. 그중에서 시몬[148]이라는 사기꾼은 믿

---

[148] 외경인 '베드로 행전'에 마술사 시몬의 이야기와 크리세스의 이야기가 나온다.

음이 약한 몇몇 형제들을 공동체에서 돌아서게 만들었다. 사람들을 속이는 그 자는 자신의 모호한 교리를 가지고 원로원 의원인 마르켈루스라는 사람을 홀려 아예 그의 집에서 지내기 시작했다. 마르켈루스는 가난한 형제들에게 자선을 베풀던 사람이었다. 원래 의롭고 지혜로웠지만, 시몬이 온 이후로 신자 공동체와 관계를 완전히 끊었다. 로마 교회는 온통 뒤죽박죽이었다. 나는 그러한 상황이 매우 불쾌했지만, 비겁함 또는 게으름 때문에 베드로가 오기 전에는 끼어들지 않기로 했다. 또다시 나서서 고생할 준비가 아직 되어 있지 않다고 느꼈던 것이리라. 알렉산드리아에서 받은 충격은 그때까지도 가시지 않았다.

여름이 끝날 무렵에 베드로와 실바누스가 남쪽에서 도착했다. 두 사람은 푸테올리에서 쉬어 갈 때, 자신들을 집에 맞이한 아리스톤이라는 사람과 왔다. 그 사람은 바오로가 로마 본토에 도착했을 때 그를 맞이한 공동체와 같은 공동체 소속이었다. 그는 베드로와 실바누스를 나르키소스의 집으로 데려갔고, 그들은 그곳에서 몇 주 동안 머물렀다. 그런 다음에 아리스톤은 캄파니아로 다시 떠났.

베드로는 빠른 속도로 형제 가운데서 우세한 지위를 차지했다. 하지만 현명하게도 그러한 권위를 결코 남용하지 않았다. 그는 자신의 약점을 알았고, 그 때문에 그의 의견이 모두에게 중요하게 여겨졌다. 베드로는 매일 다양한 그리스도인들의 방문을 받았다. 또 형제들의 요청을 받고 마르켈루스를 찾아가 그를 올바른 길로 돌아오게 만들었다.

베드로는 오래전부터 시몬을 알고 있었다. 사마리아에서 그는 시몬을 꼼짝 못하게 만든 적이 있었기 때문이다.[149] 베드로는 예전보다 더욱 능숙하게 그 사람의 교활함을 모든 사람에게 증명해 보였다. 마르켈루스는 눈을 떴고, 시몬을 쫓아내고 진정한 종교로 되돌아왔다. 그해 가을에는 마르켈루스, 그리고 영향력이 상당히 큰 나르키소스 덕분에 베드로는 포럼에서 관심이 별로 없던 원로원 의원과 지방관, 관리 몇 사람뿐 아니라, 그들보다 더 주의 깊게 경청하는 시민 계급의 부인들과 상인들 앞에서 설교를 할 수 있었다.

나는 베드로와 실바누스가 트란스티베림 구역에 있는 파우스타의 집에 정착하지 않아서 실망했다. 두 사람이 신흥 부유층이 사는 카일리우스 언덕보다 도시의 변두리에서 지내는 것이 복음에 더 충실한 일이라는 생각이 들었다. 그래도 나는 이따금 그들이 사는 곳을 찾아가서 함께 빵을 떼어 나누었다. 어느 가을 날, 저녁에 예식을 마치고 나서 베드로는 실바누스, 그리고 나와 이야기를 나누고 싶어 했다. 그래서 우리는 나르키소스의 집에서 밤이 깊을 때까지 함께 시간을 보냈다.

---

[149] 사도행전 8장 18-24절 참조.

"마르코, 자네 말이 옳다고 생각하네. 실바누스와 함께 지내야 할 곳은 트란스티베림이야. 풍족한 사람들이 사는 이곳에서 내가 지내면, 안 그래도 분열이 많은 도시에서 분열을 더 키울 뿐이라는 사실을 잘 알겠네."

"파우스타가 기꺼이 두 분을 맞이할 거예요. 또 그런 결정은 취지에 맞게 좋게 생각될 겁니다."

"확실히 그럴 걸세. 가난한 사람들과 가까이 지내면 우리가 로마에서 하는 일의 흐름이 바뀔 수 있어. 이 도시에는 얼마나 괴로운 대립만 가득한지……. 무엇보다 유다인과 로마의 귀족들 사이가 그래. 나르키소스가 그 이유를 설명해 주었어. 지금으로부터 100년도 넘는 과거에 폼페이 전쟁이 벌어졌을 때, 포로들이 로마로 대거 유입되면서 유다인이 늘어났지. 지금은 그들 거의 대부분이 풀려났어. 유다인은 포룸에서 영향력이 큰 상인이 되었지. 또 외국에서 유래한 종교를 믿는 사람들에게 로마가 부여하는 공식 외국 종교의 지위를 얻었어. 율법을 지키고 안식일에 모일 특권을 지녔지. 심지어 예루살렘 성전을 위해 성스러운 조세를 걷을 수도 있고, 이 도시의 신들을 숭배하거나 공식적인 종교 예식에 참여하는 일을 면제받지. 그 모든 이유 때문에 로마 귀족 일부는 유다인에 대해 불만을 품고 있어. 키케로가 성전을 위한 조세를 빼돌렸다고 고소를 당한 플라쿠스를 옹호하는 유명한 변론에 대해 자네도 들어본 적이 있겠지? 심지어 일부 유다인도 플라쿠스를 비난하지 않았나. 그러한 공격에 맞서려고 유다인들은 자기네 권리를 집요하게 지키려 하지."

"알렉산드로스와 저는 알렉산드리아의 필론이 유다인을 옹호하고 유다인의 권리가 인정받게 만들려고 어떻게 했는지 적은 글을 읽었어요. 그건 우리에게 좋은 일이죠. 그러한 권리의 혜택을 볼 수 있으니까요."

"그건 착각일세. 거의 예루살렘만큼 이곳에서도 일부 유다인은 자신들이 지닌 특권을 꽉 움켜쥐고서 그 권리를 그리스도인이 된 유다인과 나누려고 하지 않네. 그들이 이스라엘의 종교 내에서 우리를 더 이상 인정하지 않을까 두렵네. 그러면 우리는 로마 당국에게 불법적인 미신을 신봉하는 사람으로 간주될 위험이 있어. 그리스도인은 20여 년 전에 내려진 클라우디우스의 칙령에 대한 기억을 동족상잔의 상처로 간직하고 있지. 일부 유다인이 황제에게 그 칙령을 얻어 냈으니까. 메시아 문제에 대해 의견이 일치하지 않아 갈등이 생겨 같은 유다인의 일부를 로마에서 쫓아내려고 말이지."[150]

그러자 실바누스가 말했다.

"저도 기억납니다. 그 일 때문에 프리스킬라와 아퀼라가 코린토로 갔죠."

---

[150] 로마의 역사가 수에토니우스에 따르면, 클라우디우스 황제는 크레스토스라는 사람이 선동하여 소요를 일으킨 일부 유다인을 로마에서 추방했다. 이는 메시아에 대해 유다인들 사이에서 생긴 불화 때문이었다. 오늘날 역사학자들은 그 칙령이 41년에 내려졌다는 데 의견이 일치한다. 그때에는 로마인이 메시아를 믿는 유다인들 가운데서 그리스도인을 구분하지 않았다.

"우리 그리스도인을 위해서는 로마 당국에 대한 그러한 모습은 본받지 않는 것이 좋아. 당국에 도전하기보다는 순응하는 편이 낫지. 그래서 나는 영향력 있는 사람들이 사는 곳을 떠나려 하네. 복음은 권세 있는 이들의 다툼에 끼어들 수 없어. 그 사람들은 자기네 특권과 권리를 행사하고 자기 생각을 강요하려 하지. 그런데 우리가 전하려는 메시지는 단순히 여러 견해 가운데 하나가 아니라, 모든 인간을 구원하기 위한 유일한 길이야. 우리가 이민족 출신 사람들이 하느님의 영광을 찬미하도록 이끌 수 있는 길은, 허물어질 것이 틀림없는 보루를 지키려고 특권 계급이 되는 것이 아니라 선행을 많이 하는 것이지."

"카파르나움에서 데키무스라는 백인대장을 만났는데, 그 사람은 형제들의 사랑에 감복했고, 편을 가르려는 일부 유다인들의 태도에 분노했어요."

"그 사람이 기억나네. 우리가 스승님과 함께 있을 때 그를 만난 적이 있지. 하지만 유다인과 로마인, 그리스도인 사이의 그러한 분열은 내가 겪은 가장 큰 시련에 비하면 아무것도 아니야."

"가장 큰 시련이요?"

"바로 우리 공동체 내부에서도 그리스도인들이 서로 헐뜯고 있어. 도대체 어떻게 그런 상황이 벌어질 수 있지? 우리가 모두 주님의 가르침, 연민, 겸허, 온화함에 따라 살려는 마당에, 형제들끼리 서로 상처를 입히는 그런 행동을 보면 괴롭네. 가난한 형제들과 부유한 형제들은 서로 이해하지 못하네. 하지만 무엇보다 할례받은 형제들과 이민족 출신 형제들 사이의 분열이 심하지. 예루살렘이나 안티오키아에서 그랬듯이 어떤 이들은 아직도 율법의 규정을 이민족 출신 그리스도인에게 강요하려 해. 로마에서 세례를 받은 할례받지 않은 사람들은 자주 소외된다는 느낌을 받지. 공동체 내부에서 할례받은 사람과 할례받지 않은 사람이 하느님의 계획에서 각자 맡은 역할을 서로 인정할 수 있다면 얼마나 좋을까! 한쪽은 자기들이 선택받았다는 특권을 나누려 하지 않고, 다른 쪽은 하느님께서 이스라엘 민족에게 부여한 돌이킬 수 없는 자격을 무시하려 하니."

"바오로도 그런 분열에 난감해했어요."

"지금 복음을 전해야 하는데, 양 떼를 하나로 모으느라 시간을 허비하고 있다니. 게다가 그 일마저도 제대로 못하는 상황이야. 양편이 각자 자기가 바라는 것에만 눈이 멀어 있어. 어떤 사람들은 공동체 안에서 권력을 잡는다는 야망에만 열중하지. 온통 악의, 사기, 위선, 질투, 비방뿐이네."

"무슨 말씀을 하시려는 것인지 이해가 되고도 남아요."

"나도 알고 있네. 자네가 알렉산드리아에서 겪은 고난에 대해 들었어. 비방은 항상 칭찬보다 더 빠르게 퍼지는 법이야. 이곳 사람들이 말하듯, 타르페이아 바위는 카피톨리누스 언덕에서 참으로 가깝지(로마를 배신한 변절기는 타르페이아 바위에서 떨어뜨려 처형했으며, 카피톨리누스 언덕은 종교 및 권력의 중심지였다. ─ 역자 주). 공동체가 그런 식으로 분열되는 것은 정말 나쁜 일이네."

"그렇다면 우리가 그런 상황을 극복할 수 있다고 믿나요?"

"아니. 그러지 못할 걸세. 하지만 예수님께서는 이런 상황이 벌어질 것을 이미 알고 계셨어. 키드론 골짜기에서 그분께서 '너희는 모두 떨어져 나갈 것이다.'라고 하며 보이신 선견지명을 기억하네."

"하지만 실망스러운 일 아닌가요! 교회가 그토록 파렴치한 일이 벌어지는 장소라니요."

"그것이 바로 그리스도인의 삶이 지니는 역설이네, 마르코. 우리가 언제까지나 부족하리라는 확신 말이야."

"그렇다면 그런 식으로 계속 해 나가는 게 무슨 소용이 있나요?"

"예수님께서는 전혀 부족함이 없으셨어. 또 충실하셨고. 그분께서는 죽기 전에 갈릴래아에서 만나자고 약속하셨지. 우리가 당신을 배신하고 저버리고 부정할 거라는 사실을 아시면서도 말이야. 그분께서는 그렇게 당신이 인간성의 가장 비열한 지점까지 우리를 찾으러 내려오실 준비가 되어 있다는 사실을 알리신 거야. 그분께서 보기에 더없이 비천한 사람은 없어. 예수님께서 키드론 골짜기에서 자네를 바라보신 그 눈길을 떠올려 보게. 그러면서 자네에게 만나자고 약속하신 거야. 자네가 더없이 약해진 상황에서도 그분께서는 자네를 단단하고 흔들림 없이 만들 수 있다고 자네에게 속삭이신 것이지. 예수님께서 자네에게 하신 일을 보게! 나약한 자네는 바위보다 더욱 단단해지지 않았는가! 탈리아가 그토록 일찍 죽은 일,

페르게에서 자네가 바오로에게 보인 소심함, 이집트 바다에서 겪은 풍랑, 알렉산드리아에서 겪은 일……. 예수님께서는 자네가 더 이상 자기 자신에게만 의존하지 않을 결정적인 이유를 만들려고 모든 것을 활용하셨어. 그리고 똑같은 이유로 자네가 오로지 그분께 의존하게 만드셨지. 바로 그것이 예수님께서 갈릴래아에서 자네에게 하신 약속이라네. 각자가 받은 약속이 다르지."

나는 예수님의 생애를 글로 쓰겠다는 계획을 아직 베드로에게 이야기하지 못하고 있었다. 하지만 그때 깨달았다. 내가 언젠가 그런 글을 쓴다면, 그 이야기는 제자들이 겪은 실패와 예수님이 갈릴래아에서 만날 것이라고 하신 약속으로 끝나야 한다는 사실을……. 예수님이 예견하신 그 약속이 이루어진 일은 이야기의 바깥에 머물러야 했다. 각자가 자기 자신의 나약함을 지니고 그분을 만나러 가겠다고 자유롭게 선택해야 했으니까 말이다.

실바누스는 대화에 귀 기울였다. 바로 그날 저녁 나는 파우스타에게 동료들을 집에서 머물게 해도 될지 물어보기로 했다. 나는 베드로를 매일 접할 수 있다는 사실에 기뻤다. 글을 쓴다는 계획을 진전시키기 위해서는 베드로의 증언뿐 아니라 그의 비전도 소중했다.

그로부터 며칠 후, 실바누스와 베드로가 파우스타의 집으로 거처를 옮겼다. 파우스타는 예수님의 제자들 중 가장 유명한 분을 모신다는 사실을 영예롭게 여긴 나머지 조심스러워했다. 그래서 평소보다 말을 적게 했고, 음식을 거하게 차렸다. 그녀는 생선을 자주 요리했다. 베드로는 예전에 자신이 호수에서 낚던 생선만큼 그 생선이 맛있는 듯 행동했다.

베드로와 실바누스, 나는 항상 붙어 다녔다. 베드로는 카파도키아, 폰토스, 비티니아 등지에 세운 디아스포라 공동체에 보낼 편지를 작성하기 시작했다. 예루살렘에서 했듯이 실바누스가 편지를 대필했다. 실바누스는 니코메디아의 비티니아 공동체를 이끈 적이 있던 만큼 더욱 열심이었다. 우리는 부지런히 편지를 썼다. 세 사람이 함께 일하자, 나는 젊은 날로 되돌아간 느낌을 받았다. 우리는 예수님이 하신 말씀의 중요한 부분을 되짚었다. 베드로는 그리스도인이 된 사람들에게 단순하고 쉽게 다가가는 가르침을 전하고자 했다. 그가 그때 쓴 강렬한 문구가 몇 개 기억난다. "주님께 나아가십시오. 그분은 살아 있는 돌이십니다. 사람들에게는 버림을 받았지만 하느님께는 선택된 값진 돌이십니다. 여러분도 살아 있는 돌로서 영적 집을 짓는 데에 쓰이도록 하십시오."[151] 또 공동체를 이끄는 지도자들에게 이런 말도 전했다. "여러분 가운데에 있는 하느님의 양 떼를 잘 치십시오. 그들을 돌보되, 억지로 하지 말고 하느님께서 원하시는 대로 자진해서 하십시오."[152] 문구 하나 하나가 예수님이 하

---

[151] 베드로의 첫째 서간 2장 4-5절.
[152] 베드로의 첫째 서간 5장 2절.

신 말씀과 행동을 가리켜 보였다. 베드로는 예전에 예수님이 모인 군중에게 빵을 나누어 주시기 직전에 하느님의 백성을 가르치고 인도할 능력이 있는 목자가 부족하다는 사실을 얼마나 애석해하셨는지 우리에게 말했다. 나는 그러한 모든 말을 기억해 두면서 거기에 담긴 뜻을 이해하고자 했다. 알렉산드리아의 어느 길거리 모퉁이에서 예수님에 대한 이야기를 처음 열렬히 전한 이후로 내 마음속에 담아 두었던 이야기를 글로 쓸 준비가 이제야말로 되었다는 느낌이 들었다. 심지어 베드로가 우리의 도움을 받아 직접 그 이야기를 쓰는 것이 낫겠다는 생각까지 들었다. 실바누스도 그렇게 생각했다. 우리는 베드로에게 그 이야기를 할 기회가 오기를 기다렸다.

여느 때처럼 밤을 지새우며 편지를 쓰던 어느 날, 나는 몇 주 전에 베드로와 나누면서 깊은 인상을 받은 대화를 다시 이어 하고 싶었다.

"기억하세요? 우리가 그리스도만큼 훌륭해질 거라는 기대는 저버려야 한다고 하셨잖아요. 가만히 생각해 보면, 바로 그 지점이 그리스도인으로서 살아가는 일의 핵심인 것 같아요. 베드로의 편지를 받는 사람들에게 그 이야기를 하면 좋지 않을까요?"

"자네 말이 맞아. 우리 가운데 그 누구도 복음을 실천하기를 바라면서 동시에 시련을 겪고 실패하는 일을 피해 가기를 기대할 수는 없지. 온갖 시련을 겪은 나이 든 사람만 그러한 비극을 이해할 수 있어. 그들의 소박한 삶, 그들이 지닌 진정한 겸허가 바로 그러한 경험에 뿌리를 박고 있지. 마르코, 자네는 그 싸움을 직접 겪었어. 그 싸움이 자네 삶을 가로질러 갔지. 자네 마음속에서 울부짖던 젊은 사자가 기억나네. 그리고 다른 야수들이 자네를 괴롭혔다는 사실도 알아. 지금 자네는 사바나를 가로질러 가면서 갈기와 상흔으로 모두에게 존경심을 불러일으키는 고귀한 사자가 된 거야."

나는 베드로가 나에 대해 말한다기보다는 자기 자신에 대해 말한다는 느낌을 받았다. 베드로는 굴욕과 실패를 겪었지만, 지금은 모두에게 지혜와 신뢰를 상징하는 존재가 되었다. 우리는 편지의 마지막 부분을 함께 작성했다.

"정신을 차리고 깨어 있도록 하십시오. 여러분의 적대자 악마가 으르렁거리는 사자처럼 누구를 삼킬까 하고 찾아 돌아다닙니다. 여러분은 믿음을 굳건히 하여 악마에게 대항하십시오. 여러분도 알다시피, 온 세상에 퍼져 있는 여러분의 형제들도 같은 고난을 당하고 있습니다. 여러분이 잠시 고난을 겪고 나면, 모든 은총의 하느님께서, 곧 그리스도 예수님 안에서 당신의 영원한 영광에 참여하도록 여러분을 불러 주신 그분께서 몸소 여러분을 온전하게 하시고 굳세게 하시며 든든하게 하시고 굳건히 세워 주실 것입니다. 그분의 권능은 영원합니다. 아멘."[153]

그다음 날, 편지가 마무리되었다. 간단한 끝인사에서 베드로는

---

[153] 베드로의 첫째 서간 5장 8-11절.

"나의 아들 마르코"라고 하며 나의 이름을 언급했다. 그 일은 나의 은밀한 자랑으로, 우리의 관계를 영원히 드러낼 것이다.

15장

발자국

"그런 일은 당치도 않네!"

"하지만 공동체에 필요한 일입니다. 심지어 그렇게 하라고 요구하고 있어요. 먼저 로마의 그리스도인이 그렇습니다. 이곳의 회개한 우리 모든 형제가 그렇고요. 베드로의 기억은 소중합니다. 가르침이 분산되고 흔적이 흩어져 사라지는 일을 막아야 한다는 것을 잘 아시지 않습니까! 우리에게는 예수님의 행동과 말씀을 전하는 이야기가 필요해요."

실바누스가 베드로를 설득하고 있었다. 베드로가 그토록 완강하게 고집을 부리는 모습을 한 번도 본 적이 없었다.

"나는 그런 이야기를 직접 쓸 수 없네. 생각해 보게! 내가 예수님에 대해 기억하는 것들을 쓴다면, 그 글은 특별한 권위를 지닐 걸세. 그러면 다른 누구도 더 이상 증언을 보탤 수 없을 테지. 그리스도께서 양 떼를 이끄는 목자로 세우신 사람의 말을 반박하게 될까 두려워서 말이야."

"바로 그래서 기준이 되는 증언이 있어야 합니다. 반박할 수 없는 신앙을 교회가 보관해서 전수해야 하니까요."

"바로 그거로군. 그러니까 자네는 아무것도 이해하지 못한 거야. 복음에는 반박할 수 없는 것이 하나도 없어. 그 누구에게도 독재적인 논거를 들어 예수님의 메시지를 강요해서는 절대로 안 돼. 교회의 지도층은 복음의 관리인이어야 하네. 복음의 원천이 되어서는 안 되지. 예수님의 말씀은 글로 쓰여 결정적이고 단정적인 형태로 위계라는 굴레에 갇혀 있기에는 너무나 자유롭네."

"그러면 베드로의 증언은 영영 사라질 텐데요."

"스승님의 의도를 왜곡하기보다는 차라리 내가 기억하는 것들이 사라지는 편이 나아."

"그러면 제가 쓰겠습니다."

"마르코 자네가?"

"저만의 방식으로요. 벌써 몇 년 전부터 그런 생각을 하고 있었어요. 루카와 바오로 덕분에 제가 그 일을 해낼 수 있을 거라고 확신하게 되었고요. 앞으로 올 세대가 예수님을 알고 믿고 따를 수 있도록 증언을 확실히 전할 이야기를 쓰는 겁니다. 하지만 그 일을 하려면 저를 도와주셔야 합니다. 기억하는 것들을 저에게 말씀해 주세요. 이건 반드시 필요한 일입니다."

그러자 베드로가 다정하게 말했다.

"나의 아들 마르코, 자네는 나를 잘 알지 않나. 내가 어떻게 나를 주인공으로 내세우는 일을 승낙할 수 있겠나?"

"으뜸가는 역할을 베드로에게 맡기신 것은 바로 예수님이에요. 예수님께서 부활하신 다음에 호숫가에서 맡기신 임무를 기억해 보세요."

"그렇군. 하지만 그 일에 대해 말한다는 것은 당치 않아. 그건 주님과 나 사이의 일이야. 예수님을 부인하기만 한 내가 어떻게 끝에 가서 영웅이 될 수 있겠나?"

"바로 그겁니다! 그게 저의 의도예요. 사흘 만에 돌아오신 예수님에 대해서는 이야기하지 않는 겁니다. 베드로와 다른 사도들이 완전히 실패했다는 사실을 저는 그 누구보다 잘 알고 있어요. 그 사실을 주저하지 않고 보여 줄 겁니다. 유다 이스카리옷의 입맞춤, 올리브 동산에서 달아난 일, 수탉의 울음! 그것은 또 제 자신이 실패한 일이기도 해요. 그러한 실패가 모든 인간의 실패임을 보여 주고 싶어요. 제가 하고 싶은 이야기가 바로 그것입니다. 인간의 실패를 말하는 이야기요."

실바누스가 말했다.

"그건 조금 단순화하는 것 같은데. 매력적이지도 않고……."

"절대로 그렇지 않아. 오히려 실상이 그와 반대라고 믿게 만들려는 모든 메시지는 복음에 충실하지 않지. 자신의 나약함과 무력함을 느끼는 모든 사람이 그 이야기가 자신의 일이라고 느낄 수 있을 걸세. 예수님의 부활은 우리의 결함을 지워 버리는 최종적인 승리가 아니야. 부활은 우리가 겪은 실패를 바로 우리가 다시 일어서는 장소로 만들지. 키드론 골짜기에서 벌어진 사건이 우리 모두를 변화시켰어. 우리는 가장 낮은 곳으로 떨어지고 나서야 모든 것이 끝나지 않았다는 사실을 깨닫게 되었지."

조금 전부터 베드로의 눈빛이 변해 있었다. 그는 내가 예상하지 못한 열띤 목소리로 외쳤다.

"바로 그걸세, 마르코! 대단해! 자네가 이야기를 전개할 실마리를 찾았군. 예수님을 우리 제자들이 이해하지 못한 그 모습 그대로 이야기하는 거야. 우리가 끝까지 따라가지 못한 그분의 모습 그대로! 돌아가실 때까지 우리에게 충실하시던 모습 그대로 말이지. 예수님의 표징이 바로 그것이야. 그분께서 보이신 권능이 먼저가 아니라, 그분께서 보이신 나약하지만 위대한 행동! 예수님께서는 우리가 겪은 실패가 하나도 빠짐없이 그분의 몰락에 연결되게 만들려고 실패마저도 충실하게 받아들이셨어. 십자가를 이야기의 초점으로 삼아야 할 걸세. 스승님께서는 너무도 낮아지셨기에 우리 중에서 그 누구도 그분이 보기에 지나치게 낮을 수 없지."

"그럼 글을 쓰는 데 함께해 주시겠나요?"

"그런 조건이라면 하겠네. 자네는 이미 많이 알고 있지만, 다른 것을 더 이야기해 주겠네. 산에 올라가서 본 예수님의 모습, 카파르나움의 집에서 우리가 나눈 이야기, 겟세마니에서 밤을 보낸 일하고 또 다른 것들을 이야기해 주겠네. 내가 기억하는 것들을 자네가 잘 정리해 보게."[154]

"공동체에서 떠도는 글로 적힌 증언을 다듬어 볼 수도 있겠어요. 저는 에페소에서 신자들이 돌려 보는 여러 글을 베껴 적기 시작했어요. 그중에는 우리가 예식 중에 읽는, 예루살렘의 마지막 며칠을 순서대로 적은 글도 있어요. 루카와 저는 시편에 나오는 박해받는 의로운 사람의 이야기와 이사야서에 나오는 고통받는 종에 대한 예언을 바탕으로 예수님께서 십자가에 매달리신 일을 다시 써 내려가야 할 거라고 생각했어요. 그래요! 예수님께서 겪으신 수난은 이야기의 정점이 될 겁니다."

"물론이지! 예수님의 생애 마지막 사흘에 비추어 그 이전에 벌어진 일들을 선별하고 순서를 정돈해야 할 거야. 자네는 이미 여러 구두 증언을 수집해 두었어. 나의 형제 안드레아의 증언과 안토니오, 야이로, 바르티매오의 증언 등을 말일세. 그것들을 어떻게 다른 말로 표현해서 이야기에 끼워 넣을지 궁리해야겠군."

---

[154] 2세기에 주교를 지낸 파피아스는 다음과 같이 적었다. "베드로의 통역이 된 마르코는 주님께서 말씀하시거나 행하신 것 중에서 베드로가 기억하는 모든 것을 정확하게 글로 적었다." 알렉산드리아의 클레멘스, 카이사리아의 에우세비우스, 예로니모의 증언에 따르면, 복음서는 로마 그리스도인들의 요청을 받아 쓰였다.

우리는 의논하여 내가 저녁 시간을 글 쓰는 데에 할애하도록 결정했다. 그렇지만 내가 공동체에 빌붙어 사는 것은 당치 않았다. 살라미스의 키프로스인이 운영하는 콜레기움에서 내가 하던 일을 그만두고 싶지 않았다. 다행히도 나는 테오노노스와 뜻이 잘 맞았다. 그는 조금 불평하기는 했으나 내가 일하는 시간을 조정해도 좋다고 했다. 나는 아침에 일찍 회계를 보러 갔다가 오후 세 시에 일을 마쳤다. 나는 실바누스의 도움을 받고, 가끔은 베드로의 도움을 받으면서 밤늦게까지 일했다. 파우스타가 동네 화덕에서 갓 꺼내 온 따끈따끈한 빵을 물을 섞은 포도주와 함께 가져다주었다.

나는 로마에 여러 날 있는 휴일도 이용하여 글 쓰는 일을 진척시켰다. 매년 날짜가 바뀌는 휴일과 날짜가 고정된 휴일, 또 특별 휴일까지 따지면 일주일에 사흘을 쉬는 경우가 적지 않았다. 대중적인 행사가 열린 기간에는, 행사가 집의 바로 옆에 있는 아우구스투스의 나우마키아Naumachia(모의 해상 전투를 하려고 로마의 트라스테베레 구역에 판 넓고 얕은 못)에서 열리지 않으면 동네가 조용해서 글쓰기에 좋았다. 모든 사람이 콜로세움이나 거대 원형 경기장, 갓 지은 네로의 경기장으로 몰려갔기 때문이다.

테오도로스(우리 사이에서는 그를 나타나엘이라고 불렀다)는 안식일에 우리가 항상 쉬도록 했기에, 운이 좋으면 로마의 공휴일이 안식일과 겹치지 않았다. 실바누스와 함께하는 산책은 예전에 티모테오와 하던 산책과 달랐다. 안식일에 우리는 해가 뜨자마자 할례받지 않은 사람들에게 가장 개방적인 기도처에 속하는 아우구스텐세스 회당[155]에 가서 예식에 참여했다. 나르키소스의 집에서 그리 멀지 않은 켈리몬티움 구역에 사는 젊은 그리스도인인 클레멘스[156]가 우리와 함께 떠났다. 우리는 교외를 돌아다닐 목적으로 그날 사용할 물건을 담은 보따리를 하나씩 들고 갔다. 나우마키아와 아쿠아 알시에티나 수로를 따라서 걸었고, 야니쿨룸 언덕을 올랐다. 기나긴 팔라티움 수도교를 따라가며 부드럽게 이어지는 초록빛 언덕을 오랜 시간 오르내리며 걸었다. 그러면서 도시 중심가에 있는 작업장의 먼지와 소음에서 벗어났다.

우리 세 사람은 다양한 주제에 관해 느끼는 바를 나누었다. 특히 점점 걱정스러워지는 정치 상황을 자주 이야기했다. 네로의 조언자인 세네카가 물러나고 옥타비아가 터무니없이 처형된 이후로 폭동이 벌어지기 시작했다. 베드로가 '바빌론'이라고 부른 그 도시의 치안 상태는 황제가 폭군의 광기에 사로잡힌 이후로 나빠졌다. 그로 인하여 공동체에 어떤 나쁜 영향이 미칠지 짐작할 수 없었다.

어떤 때에는 우리가 한 여행을 회상하기도 했다. 실바누스는 비티니아에 대해 말했고, 나는 알렉산드리아에 대해 말했다. 실바누

---

155 유다인에게 우호적이었던 아우구스투스가 직접 설립한 회당.

156 전승, 특히 리옹의 이레네오에 따르면, 클레멘스는 1세기 말에 베드로의 뒤를 이어 로마 교회를 이끈 세 번째 인물이다.

스와 나에게 모두 평화로운 분위기로 좋은 인상을 남긴 트로아스에 대해 느낀 바를 서로 이야기하기도 했다. 클레멘스는 에트루리아와 옴브리아 지역 너머로는 라티움 평원을 벗어나 본 적이 없는 로마 사람으로서 모험과 여행담을 잔뜩 기대하는 밝은 눈으로 우리 이야기를 들었다. 이따금 우리는 글을 쓰는 작업에 대해서도 말했다. 그 일에 활력을 불어넣고 글을 더욱 정교하게 가다듬으려고 정기적으로 새로운 생각을 제시했다.

어느 겨울날 그렇게 산책하던 중, 로마의 언덕들 위로 날이 저물어 갈 무렵에 우리는 최근에 인 풍랑으로 넘어졌을 나무 기둥에 걸터앉았다. 소나무의 에메랄드빛 아래로 태양의 어슴푸레한 빛이 비스듬히 비쳐들어 황토색 저택들을 붉게 물들이며 장관을 연출했다. 그 반도만이 연출할 수 있는 하늘의 푸른 빛깔이 소나무의 가지 사이사이로 보였다. 나는 그 모습을 보면서 감격했다. 그 빛은 친숙하면서도 전혀 새로웠다. 내가 마치 평생을 살아온 고향에서 마주한 풍경의 놀라운 아름다움에 홀리는 느낌이었다.

바로 그때, 내가 쓰는 이야기의 초반부를 어떻게 시작하면 좋을지 깨달았다. 글의 초반에 곧바로 예수님의 친숙한 점과 놀라운 점을 동시에 이야기해야 한다. 예수님이 인간의 일상을 함께하러 오셨다는 사실을 사람들이 이해해야 했다. 하지만 동시에 영영 이해할 수 없는 그분, 우리가 포착할 수 없는 그분, 인간적인 것으로만 축소할 수 없는 그분의 모습에 사람들이 놀라야 했다. 이야기 초반

야니쿨룸 언덕에서 바라본 테베레강, 파브리키우스 다리, 마르켈루스 극장, 카피톨리누스 언덕에 있는 유피테르 신전.

의 장면들을 예수님이 내가 카파르나움에서 만난 사람들과 평범한 일상을 함께하는 단 하루로 구성하리라.[157] 그 일화에서 예수님은 친근한 인물로 보이겠지만, 사람들은 그분의 권능과 결의, 자유로움에 매료될 것이다. 베드로와 그의 동반자들이 호숫가에서 부름을 받은 다음에 그랬듯이 사람들은 어리둥절할 것이다.

실바누스와 클레멘스가 나를 몽상에서 끌어내었고, 우리는 집으로 돌아가려고 자리를 털고 일어섰다.

---

[157] 카파르나움의 멋진 하루 이야기에 대해서는 마르코 복음서 1장 16-39절을 참조할 것.

우리는 야니쿨룸 언덕의 남쪽을 지나가다가 로마가 훤히 내려다보이는 풍경을 보고 다시 한 번 발걸음을 멈추고 섰다. 오른쪽에 보이는 로마에서 가장 오래된 다리인 아이밀리우스 다리부터 성벽을 휘둘러 가는 테베레강을 눈으로 따라갔다. 강이 우리 왼쪽으로 보이는 네로 황제가 건설하는 '승리의 다리' 축조 현장까지 굽이쳐 흐르는 모습이 어렴풋이 보였다. 로마 중심부에는 대리석으로 지어진 아름다운 축조물들이 하얀 빛을 발하며 고고하게 서 있었다. 북쪽과 남쪽, 그리고 우리 아래쪽에 보이는 트란스티베림 구역으로는 붉은색과 벽돌색이 로마의 변두리 지역부터 저 멀리 교외까지 펼쳐져 있었다.

나는 테베레강과 그 너머 카피톨리누스 언덕 아래에 웅장하게 서 있는 마르켈루스 극장[158]을 그림으로 남기려고 목탄과 도기 조각을 하나 꺼냈다.

우리는 그곳에서 내려가면서 매일 형제들을 만나느라 바쁘게 시간을 보내는 베드로를 밖으로 데리고 나오기로 했다. 파우스타가 오스티아산 파를 조려 음식을 준비해 놓았지만, 우리는 베드로를 음식점으로 데려가 함께 식사를 했다. 파우스타의 파 요리는 그다음 날 먹으면 된다. 저녁 늦게 우리는 베드로와 다른 몇몇 그리스도

---

[158] 이 마르켈루스는 베드로가 신앙으로 이끈 지방관 마르켈루스와 다른 인물이다.

인과 함께 빵을 떼어 나누는 예식을 올렸다. 베드로가 산 위에서 예수님이 변모하신 일에 대하여 설교하고, 예수님이 사람들에게 음식을 나누어 주며 하신 몸짓을 반복하고, 그분이 돌아가시기 전날 하신 말씀을 전하는 것을 들으니 참으로 감동적이었다.

그날 저녁 말씀 전례 때에 나는 이민족 출신인 로마 공동체가 예식 중에 테스티모니아Testimonia(글로 적은 짧은 증언들)를 하면서 라틴어를 어원으로 삼는 단어를 사용하는 것을 듣고서 새삼 놀랐다. 특히 예수님이 심문을 받으시는 부분을 낭송하면서 로마 고유의 제도를 말할 때 그랬는데, 그때 '플라젤로Flagello(채찍질하다)'나 '프레토리움Praetorium(총독 관저)', '첸투리오Centurio(백인대장)'라는 말이 쓰였다. 잘 생각해 보면, 예수님이 로마의 법률에 따라 재판과 선고를 받으셨으니 그리 놀라운 일이 아니었다. 나는 그러한 로마식 어투를 내가 쓸 글에 사용해야겠다고 생각했다.[159] 로마 주민은 여전히 그리스어를 사용했지만, 예수님이 로마 제국 당국에 의하여 선고를 받은 미묘한 상황을 이해하게 만들려면 라틴어 단어들이 필요할 것이다.

로마 행정 기관과 겪는 갈등의 경우, 베드로가 지방관 아그리파

---

[159] 성서학자 라그랑주Lagrange가 언급했듯이 "과거 헬레니즘 시대의 그리스어에서 그러했듯이 마르코 복음서에서 라틴어 단어가 사용된 것은 놀랍지 않다." 라틴어는 로마 세계 전역의 행정 및 군대에서 사용되는 언어였기 때문이다. 바로 그 사실에서 라그랑주는 마르코 복음서가 로마에서 쓰였을 수 있다고 유추했다.

와 충돌하고 있었다. 그 지방관의 첩 몇 사람이 베드로의 설교를 들으러 오곤 했다. 어느 날, 베드로는 아내를 단 한 명만 두어야 한다고 말했는데, 그 이후로 도리스, 아그리피나, 니카리아, 에우페미아는 권력자 아그리빠의 변덕에 휘둘리기를 거부했다. 아그리파는 그 이유를 알아내어 그 책임을 베드로에게 돌렸다. 베드로는 자신의 설교를 들으러 오는 여자들 중 한 사람이 말해 주어 위험한 상황임을 알게 되었다. 여러 형제들이 베드로에게 로마를 떠나라고 충고했다.[160] 하지만 베드로는 떠나기를 거부했다. 그는 끝까지 복음에 충실할 준비가 되어 있었다. 베드로는 이제 로마에 있는 양 떼를 이끄는 목자였다. 그 무엇도 베드로를 자신이 이끄는 백성에서 떼어낼 수 없을 것이다. 그런 식으로 끔찍한 미래가 그려지고 있었다. 로마의 권력자와 충돌하는 일은 플라젤로와 프레토리움, 첸투리오 없이 이루어지지 않을 것이었으니 말이다. 그러한 충돌은 단순히 도전하는 행동이 아니라, 베드로가 죽은 이들 가운데서 사람을 일으키시는 분에 대한 믿음으로 복음에 충실함을 증언할 기회일 것이다. 우리는 다른 많은 사람과 달리, 겸허하지만 단호하게 죽음 너머의 삶이 영원하리라는 사실을 확신했다. 죽음이 끝이 아니라는 사실을 믿음으로써 이 세상의 사안들에 대해 자유를 얻었다. 이 세상

---

[160] '베드로 행전'에 따르면 그때 베드로가 로마를 떠나면서 도망치는 자신을 대신하여 두 번째로 십자가에 매달리러 가는 예수님을 만나 "쿠오바디스Quo Vadis"라고 말했을 것이라고 한다.

의 삶에만 희망을 거는 사람은 그 누구보다 불쌍히 여겨야 하리라.

그날 저녁에 예식을 마친 다음에, 클레멘스는 로마의 백성과 우리가 맺는 관계에 대해 이야기했다.[161] 그는 우리와 함께 빵을 떼어 나누는 사람 중에서 할례받지 않은 사람이 적은 것을 보고 놀랐다.

"우리 부모님의 집이나 나르키소스의 집에서 신자 공동체가 모일 때면 사람들이 무척 다양해요."

그러자 베드로가 말했다.

"자네 말이 맞네. 상황이 이런 이유는 부분적으로 트란스티베림에 유다인이 많이 모여 살기 때문이지."

클레멘스가 덧붙였다.

"하지만 그것은 또한 할례받은 유다인이 할례받지 않은 사람들에게 개방적이지 못하기 때문이기도 해요."

"또 그 반대도 마찬가지지! 언젠가 마르코와 실바누스하고 그 이야기를 했네. 사람들을 한데 모으지 못하는 것이 내 사도직의 크나큰 가시야. 그런데 공동체들 사이의 일치는 구체적인 행동으로 이루어지는 법이고, 함께 빵을 떼어 나누는 예식은 우리 생활의 핵심이지."

---

[161] 로마의 클레멘스가 코린토 신자들에게 보낸 편지에 나오는 몇몇 히브리어 표현을 보면 그는 유다-그리스도인이라고 추정된다. 하지만 경기장에서 이루어지는 유흥 행사에 관한 비유 등을 보면, 그가 서구 문화에 통합되어 있었음을 알 수 있다.

"그 점에 대해 안티오키아에서 바오로와 논쟁을 벌인 이후로 별로 바뀐 것이 없나요?"

실바누스가 끼어들었다.

"그렇다네. 내가 하는 사도직의 큰 어려움 중 하나가 바로 그 문제라고 생각해. 그 사안은 교회의 일치와 보편성이라는 문제를 동시에 건드리지. 빵을 나누는 문제는 우리가 쓰는 이야기의 핵심이어야 하네."

내가 말했다.

"시돈의 여자를 만난 날 이후로 나는 할례받지 않은 사람들이 이스라엘 사람들과 만나를 나누어 먹도록 부르심을 받았다고 확신해요. 그것이 바로 예수님께서 원하신 일이죠. 그분께서는 똑같은 상황에서 할례받은 사람들처럼 이민족 출신 사람들에게도 음식을 먹이셨잖아요."

"바로 그래서 그 두 사건을 이야기해야 하네."[162]

"저는 그 사건이 벌어진 테스티모니아(글로 적은 짧은 증언들)를 수집했어요. 사건을 증언한 사람들은 예수님께서 처음에 유다인들이 자기를 따르도록 호수 이쪽 편에서 빵을 떼어 나누어 주셨다는 사실을 강조해요. 그때 예수님은 5,000명쯤 되는 사람들을 모세가 백성에게 했듯이 100명 또는 50명의 무리로 나누어 앉히셨어요. 그리

---

[162] 빵을 떼어 나누는 일화에 대해서는 마르코 복음서 6장 30절-8장 21절을 참조할 것.

고 빵 조각을 이스라엘 지파 수와 똑같이 열두 광주리를 거두셨죠. 두 번째로 유다교를 믿지 않는 사람들이 사는 쪽에서 빵을 떼어 주셨을 때에는, 광주리가 아니라 그리스 세계에서 사용하는 바구니를 사용하셨어요. 보편적인 수인 4,000명 정도 되는 사람들을 먹인 후에 빵 조각이 일곱 바구니 남았죠. 바로 그 두 번째 사람들이 이민족 출신으로 그리스도교로 개종한 사람들을 가리키는 겁니다."

"그러면 그 숫자들이 우연의 결과가 아니었나?"

실바누스의 질문에 베드로가 대신 대답했다.

"그 일이 벌어진 직후에 우리는 예수님과 함께 배에 올랐어. 예수님께서 우리에게 그 숫자들에 대해 물으셨고, 우리는 어째서 그분이 그 점을 그토록 강조하시는지 이해하지 못했네. 스승님께서는 모든 사람에게 오로지 하나의 빵만 있다는 사실을 이해시키려 하신 거야."

"예수님께서 지금 우리가 빵을 떼어 나누는 일을 기념하듯 그렇게 하리라는 사실을 예견하신 걸까요?"

"나는 그렇다고 확신해. 제자마다 광주리 하나씩 여분의 빵을 남겨 주심으로써 그분께서는 우리가 훗날 그것을 나누어 주어야 할 거라는 사실을 알리신 거야. 하지만 무엇보다, 예수님께서는 첫 번째로 빵을 나눈 직후에 물 위를 걸어 우리에게 오셨지. 그런 식으로 그분은 당신이 죽으면서 우리와 결별했지만 그것을 넘어서서 우리에게 오실 수 있다는 사실을 보여 주셨고, 그 일은 성찬의 빵으로 이루어지지. 두 표징은 연결되어 있어. 우리가 떼어 나누는 빵, 그것은 곧 죽음을 넘어 우리와 함께하는 예수님이지. 그 빵은 예수님께서 자기 가까이에 많은 사람을 둘 수 있게 해. 그런데 우리는 예수님께 그 사람들을 돌려보내자고 말했지! 그분께서 호수 위를 걸어서 오셨을 때 우리가 그토록 놀란 이유는, 우리가 빵의 기적에 담긴 의미를 파악하지 못했기 때문이야."

대화는 밤늦게까지 이어졌다. 그다음 날인 주일이 마침 공휴일이었으므로 클레멘스는 자기 집에 돌아가지 않아도 되었다. 우리는 그가 새벽까지 머무르도록 잠자리를 마련해 주었다. 해가 뜨기 전에 로마를 가로질러 가는 일은 이제 위험했다. 거리가 어둑해지면 우리는 밖에 나가는 일을 삼갔다.

글을 쓰는 작업은 더디게 진행되었다. 나는 자주 혼자 밀랍 서판에 글을 썼지만, 베드로와 실바누스와 함께 확인하기 전에는 그것을 잉크로 옮겨 적지 않았다. 우리는 모든 것을 이야기에 담을 수 없었으므로 내용을 선별해야 했다. 신자 공동체의 기억에 가장 깊이 정착된 내용, 베드로가 불가피하다고 판단하는 것들, 그리스도인의 삶에 가장 좋은 영향을 미칠 수 있는 요소, 끝으로 내가 예수님에 대하여 깊이 생각하며 이해한 내용을 남겼다.

나는 카파르나움에서 야이로가 나에게 준 비유 몇 편이 적힌 피피루스 두루마리를 계속 간직하고 있었다. 또 내가 기억하는 것들도 글에 담고자 했는데, 그중에서 특히 탈리아가 되살아난 일과 안토니오에게서 마귀를 쫓아낸 일은 서로 연결되어 있다는 생각이 더 강하게 들었다.[163] 즉 이스라엘의 소녀에게 삶을 되돌려 주시는 예수님의 권능은, 민족들 가운데에 존재하는 죽음의 권세를 뒤엎는 예수님의 권능에 대응했다.

대목 하나하나를 정교하게 다듬는 한편, 서사 전체의 구도를 잡아야 했다. 우리는 전체 줄거리가 일관된 역동을 유지하도록 일화들을 선별했다. 그리고 내가 오래전부터 갖고 있던 직관을 따르기로 했다. 즉 예수님이 예루살렘에 여러 번 가시긴 했으나, 그분의 생애를 예수님이 예루살렘을 향하여 계속 올라가는 형태로 이야기할 것이다. 그렇게 함으로써 예루살렘은 그리스도의 운명이 결정되는 유일한 장소, 그리스도가 최종적으로 거치는 곳, 예수님의 파스카로 확실하게 이해될 것이다. 그러기 위해서는 몇 가지 사건을 재구성하여 서술해야 했다. 특히 성전에서 위대한 예언의 표징이 나타난[164] 시점을 바꾸어야 했다. 예수님이 직무를 수행하신 초기에 성전에서 상인들을 쫓아내신 일은 글의 뒷부분에서 이야기할 수밖에 없었다. 또 파스카 축제 전날이긴 했지만 그래도 예수님이 자신

---

163 마르코 복음서 5장 참조.

164 마르코 복음서 11장 15-19절 참조. 요한 복음서를 보면, 그 행위가 예수님의 공생활 초기에 벌어졌다고 추정할 수 있다.

이 할 마지막 식사가 파스카 만찬일 것이라고 예정하신 일도 납득시켜야 했다.

그런 식으로 우리가 그리스도의 생애를 이해한 바에 따라 예수님의 말씀과 행동이 순서를 갖추어 정논되기를 바랐다. 또 예수님의 공적인 생애의 여러 단계도 가다듬고 강조해야 했다. 그 단계들은 주님과 동시대를 살아간 사람들뿐 아니라, 그리스도를 따르고자 할 앞으로의 사람들과도 연관되는 여정이기도 했다.

실바누스는 글 쓰는 일에 협력하며 그에 관해 멋들어진 아이디어를 냈고, 그 덕분에 우리는 이야기의 또 다른 연결점을 찾아냈다. 바로 카이사리아 필리피 지방에서 벌어진 사건[165]을 세밀하게 전개하는 것이다. 바로 그곳에서 예수님은 당신이 누구인지에 관한 중요한 질문을 제자들에게 던지셨다. 베드로의 증언이 결정적이었다. 실바누스가 베드로에게 물었다.

"예수님께서는 어째서 그토록 오래 기다렸다가 사도들에게 '그러면 너희는 나를 누구라고 하느냐?'라고 물으셨나요?"

"우리가 그 이전에는 그 질문에 대답할 수 없었기 때문이지."

"그분이 그리스도이시라고 대답한 다음에 무엇이 달라졌나요?"

"모든 것이 달라졌지! 스승님께서는 자신이 당할 운명인 고난과 죽음에 대해 처음으로 말씀하셨어."

---

[165] 마르코 복음서 8장 27절-9장 9절 참조.

"그런데 그 말을 제대로 알아듣지 못했죠. 예수님께 격하게 반박하셨다고 말했잖아요. 그때 예수님께서는 어떻게 반응하셨어요?"

"나를 상당히 심하게 꾸짖으셨어. 그런 다음에 우리가 당신을 따르든 말든 그것은 우리 자유지만, 우리가 그분 뒤를 따르려면 제 십자가를 질 준비가 되어 있어야 한다고 말씀하셨지."

"예수님의 계획이 터무니없다고 생각했는데, 어째서 계속 그분을 따랐나요?"

"그분 말고 다른 누구에게 가야할지 몰랐어. 게다가, 며칠 후에 스승님께서는 야고보와 요한과 나를 바로 그 위쪽에 있는 산으로 데려가셨지.[166] 예수님이 그리스도일 뿐 아니라 하느님의 아드님이시고, 그분의 말씀을 들어야 한다는 하느님의 목소리가 들렸어."

"그 말을 듣고 어떤 느낌이었어요?"

"스승님께서 자신이 무슨 일을 하는지 알고 계신다는 사실을 깨달았지. 그분과 함께 죽어야 한다는 사실을 이해하기 시작했고, 심지어 내가 그럴 준비가 되어 있다고 믿었어. 어쨌든 야고보와 요한보다는 내가 그 신비로운 운명을 더 잘 받아들였어. 스승님께서 산에서 거룩함에 휩싸인 모습을 보면서 그 두 사람은 그분 곁에서 자기들이 더 좋은 자리를 차지할 거라고 꿈꾸기 시작했으니 말이야."

---

[166] 나는 다른 주석 학자들과 마찬가지로 예수님의 거룩한 변모가 이루어진 산이 타보르산이 아니라 헤르몬산이라고 생각한다. 성경에서는 정확한 장소가 잘 드러나지 않는다.

실바누스가 대꾸했다.

"우리가 쓸 이야기의 접합부를 찾은 것 같아요. 카이사리아에 이르기까지 제기되는 질문은 바로 '그분이 누구인가?'였어요. 베드로가 대답을 한 다음에 전망은 '우리가 그분을 따를 준비가 되어 있는가?'로 바뀌어요."

그러자 베드로가 이어 말했다.

"바로 그 순간에 우리에게 모든 것이 바뀌어야 마땅했어. 사실, 카이사리아에서 나는 믿는 사람이었지만, 내가 과연 진정한 제자였을까? 믿는다는 사실은 확실했지! 하지만 따르는 일은……. 그분을 끝까지 따를 수 있었을까?"

"그런 식으로 북쪽 지방에서 예루살렘으로 향하는 여정이 시작되는 거예요. 예수님, 베드로, 또 모든 제자가 말이에요. 그것이 이 이야기의 후반부일 거예요. 예수님께서 무덤에 묻히시기까지요."

베드로가 꿈꾸듯 말했다.

"자네 말이 맞아. 제자가 되는 일은 십자가에 이르기까지 예수님을 따르는 것이지. 그것은 오만이나 광신이 아니야. 그저 그분을 동반자로 택해 우리의 나약함과 시련을 그분께 온전히 내맡기는 거야. 오로지 그분만 자기 자신을 일으켜 세우고 우리를 일으켜 세우실 수 있어. 우리를 모든 죽음에서 말이지. 바로 그것이 우리가 실패와 고난을 겪으면서 차츰 배운 사실이야. 이야기의 핵심에 우리 삶의 작은 일부를 적어 넣는 것이지."

그러자 실바누스가 말했다.

"그러면 그때 카이사리아에 머문 일과 엿새 뒤에 산에 올라간 내용을 잘 다듬어서 적어야겠네요. 예수님께서 당신의 생명을 내어 주실 때, 그렇게 하겠다고 자유롭게 선택하셨다는 사실이 좌우되는 결정적인 부분이니까요. 또 바로 그 지점에서 제자가 예수님을 따를 선택의 자유가 결정되고요."

우리는 이야기의 구성을 정돈하는 일에서 결정적인 단계를 거친 셈이었다. 나는 우리가 말한 부분을 글로 적기 시작했다. 베드로가 기억하는 내용과 실바누스의 직관이 내가 써야 할 글의 방향을 잡아 주었다. "예수님께서 제자들과 함께 카이사리아 필리피 근처 마을을 향하여 길을 떠나셨다. 그리고 길에서 제자들에게, '사람들이 나를 누구라고 하느냐?' 하고 물으셨다."[167]

어떤 절박함이 우리가 하는 일을 이끌었다. 우리는 더 이상 지체해서는 안 된다는 사실을 예감했다. 로마는 불안하게 동요하고 있었다. 여러 구역에서 거의 매일 소요가 일었다. 새로운 논쟁과 사상이 포룸을 달구었다. 공동체 사이에서 긴장이 높아졌고 그리스도인에 대한 적대적인 소문이 늘었는데, 그 조짐 때문에 불안했다. 우리는 어서 글을 마무리해서 유포해야 했다. 한시 빨리 복음을 선포하

---

[167] 마르코 복음서 8장 27절.

고 싶었을 뿐 아니라, 예수님에 관해 퍼지는 가르침이 분산되는 현상에 맞서서 기억을 확고하게 정착시켜야 했기 때문이다. 그때 우리는 그렇게 서두르는 일이 얼마나 시기적절했는지 알지 못했다.

우리는 몇 달 동안 전력을 다했다. 이야기는 윤곽이 집혔다. 글에 담길 모든 내용을 정했고, 그 대부분을 밀랍 서판에 첨필로 기록했다. 그렇게 하여 글을 쉽게 정정할 수 있었다. 또 잉크로 적은 파피루스도 몇 점 있었다. 그렇게 수사본을 읽으면서 예수님의 죽음으로 귀결되는 일련의 사건 같은 내용을 매끄럽게 살펴볼 수 있었다.

이야기의 첫 부분과 끝 부분을 적는 일이 가장 까다로웠다. 이야기를 마무리하는 방식에 대해, 베드로는 부활하신 예수님이 제자들에게 나타나신 일을 적고 싶어 하는 실바누스의 생각에 반대하며 내 의견을 지지했다.[168]

"예수님께서 부활하신 일을 어떻게 적지 않고 넘어갈 수 있나요? 그것이 우리 신앙의 정점이고 새로운 모험의 시작인데요!"

베드로가 대꾸했다.

"실바누스, 우리는 이미 그 문제를 이야기했고 그것을 내가 이 일에 협력하는 필수 조건으로 삼았어. 부활을 이야기하면 그리스나 이집트 신화의 서사와 혼동될 위험이 있어."

---

[168] 부활을 다룬 부분을 생략한 것은 마르코가 한 대담한 선택인데, 전승에서는 이를 매우 불편하게 여겨 훗날 마르코 복음서 16장 1-8절 뒤에 9-20절을 덧붙였다.

내가 덧붙여 말했다.

"부활을 말하지 않고 넘어가는 것이 아니야. 텅 빈 무덤으로 그 일을 단순히 암시하는 거지. 예수님께서 부활하셨다는 사실을 알리기 위해 그분께서 무덤 바깥에서 나타나셨다는 이야기를 반드시 해야만 할까? 예수님께서는 당신 자신이 부활할 거라고 예고하셨고, 무덤에 있던 젊은이가 상기시키듯 예수님께서 제자들에게 갈릴래아에서 만나자고 약속하셨으니, 만난 일을 굳이 이야기할 필요는 없네."

"하지만 그렇게 하면 그 만남이 실제로 이루어졌는지 사람들이 어떻게 알겠나?"

"그것은 믿음의 문제야. 우리가 알듯이 그 만남은 이루어졌어. 그리고 그 만남이 사도들이 한 증언의 토대를 이루지. 그런데 제자들과 베드로는 단순히 예수님이 돌아가시기 전에 하신 말씀을 떠올리고 갈릴래아로 갔고 그 말씀을 믿었어. 그와 마찬가지로 우리가 쓴 글을 읽을 사람은 부활하신 분과 만난 일을 반드시 이야기하지 않아도 길을 떠날 거야. 더 나아가, 그것은 제자들뿐 아니라 모든 사람이 예수님과 만나는 일이니, 궁극적인 만남은 이야기 바깥에서 전개될 수밖에 없어."

"하지만 요한이나 바오로 공동체를 비롯한 여러 공동체에서는 부활하신 분이 나타난 이야기가 이미 떠돌고 있어. 토마스가 증언했고, 엠마오로 걸어가던 두 사람도 증언했지. 그 증언들은 부활이 진짜로 일어났다는 사실을 확증해."

"그래. 그 이야기들은 본질적으로 우리가 하려는 선택과 일치해. 부활하신 분과의 만남이 신앙을 전제로 한다는 사실을 강조하지. 그것들이 실득력 있는 증언임은 확실하지만, 나는 나의 직관이 옳다고 믿어."

"그런 식으로 결말이 불완전하면 이 글이 제자들의 실패로 마무리되는 것 아닌가? 앞뒤가 안 맞고 어설픈 일일 걸세. 그리고 그렇게 하면 그 글에서 베드로가 마지막에 하는 말은 '나는 당신들이 말하는 그 사람을 알지 못하오.'일 것 아닌가."

"바로 그거라네! 그것이 내가 마지막으로 한 말이었어. 하지만 종국에 승리하는 것은 나의 말이 아니야. 이야기를 듣는 사람이 간직할 말은 예수님의 말씀이지. '닭이 두 번 울기 전에 너는 세 번이나 나를 모른다고 할 것이다.'라고 내가 실추할 것을 예견하신 그분의 말씀 말이야. 예수님께서는 골고타로 향해 가실 때, 내가 실추한 일이 바로잡혔다는 사실을 이해시키셨어. 빈 무덤 안에서 젊은이도 여자들에게 예수님의 말씀을 상기시켰지. '가서 제자들과 베드로에게 이렇게 일러라. '예수님께서는 전에 여러분에게 말씀하신 대로 여러분보다 먼저 갈릴래아로 가실 것입니다.'[169]라고 말일세."

실바누스의 말에 베드로는 이렇게 말했다.

---

169 마르코 복음서 16장 7절 참조.

"그래요. 하지만 이 이야기에서 예수님은 처음으로 베드로를 다른 제자들 다음에 일컬으시죠. '제자들과 베드로에게…….'라고요. 베드로가 으뜸 자리를 잃었다는 것처럼 말이에요. 그러니 예수님께서 호숫가에 나타나서 베드로에게 다시 으뜸 자리를 주신 일을 이야기해야 합니다."

"그건 필요하지 않네. 예수님께서 나를 당신이 이끄는 양 떼의 우두머리로 세우신 것은 내가 영광의 꼭대기에 서기 위해서가 아니라, 내가 아마도 다른 제자들보다 더욱 그분을 따라갈 능력이 없음을 경험했기 때문일 것일세. 나는 맨 뒷자리에 있어야 마땅해."

내가 말을 이었다.

"모든 사람이 이야기의 끝 부분에서 바로 그런 반전을 이해해야 해. 우리가 부활에 대한 이야기를 생략하기는 하지만, 그렇게 이야기가 급작스럽게 끝남으로써 모두 제자로서 서 있는 자리를 되돌아보게 돼. 모든 제자는 베드로와 똑같은 경험을 하도록 부름을 받지. 부활에 대한 감각적인 증거를 찾아 헤매는 것이 아니라, 자신의 나약함 안에서 겸허하게 다른 사람들의 말, 궁극적으로는 예수님의 말씀을 신뢰하는 것이지. 예수님께서 부활하신 이유는, 그렇게 이야기되어서가 아니라 그분이 그렇게 예견하셨기 때문이야."

실바누스는 설득되지 않았다. 하지만 베드로와 나는 완고하게 버텼고, 우리는 여자들이 겁에 질려 무덤에서 달아났고 아무에게도 말을 하지 않은 것으로 이야기를 마무리했다. 독자는 그 수수께끼 같은 결말을 읽으면서 각기 자신이 부활의 소식을 전해 들은 방식에 대해, 그리고 그 놀라운 소식과 그 이야기를 전하는 사람들에게 자신이 취하는 자세에 대해 깊이 생각하게 될 것이다.

   이야기는 거의 다 완성되었지만, 제목과 서문을 이룰 첫 부분을 쓰는 일이 남아 있었다. 우리는 또다시 의견이 어긋나는 일을 피하려고 그 문제를 결정하기 전에 하룻밤을 기도하며 보내기로 했다. 그다음 날 우리는 차분하게 합의를 보았다. 베드로는 글의 초반에 곧바로 성경과 우리가 시작하는 예수님의 이야기, 세례자 요한의 증언이 서로 연관되어 있음을 언급하자고 제안했다. 나는 주님께서 하셨듯이 구전이라는 측면을 유지하는 데에 신경을 썼고, 그래서 제목은 '예수 그리스도의 복음'[170]이어야 한다고 주장했다. 실바누스는 그에 반박하며 글을 쓴 저자들의 신앙뿐 아니라 저자들이 지닌 목적도 밝히는 것이 좋을 것이라고 말했다. 그 글을 읽는 사람에게 자신이 이야기를 들은 적이 있는 예수님이 바로 이스라엘 사람들이 기다린 그리스도일 뿐 아니라, 하느님의 아드님으로서 나타나셨다는 사실을 확인해 주어야 한다는 것이다. 따라서 예수님이 세례 받으신 일은 초반부에 곧바로 이야기해야 했다. 우리는 그 두 용어, 그리스도, 하느님의 아드님을 처음에 말함으로써 이야기의 접합부,

---

[170] 복음(문자 그대로 기쁜 소식)은 먼저 말로 전하는 행위에 해당한다.

즉 카이사리아에서 베드로가 예수님이 그리스도이시라고 고백하는 부분, 산 위에서 거룩한 변모가 이루어지면서 하느님께서 예수님이 자신의 아들이라고 하시는 부분에서 이루어질 확증을 준비했다.

우리가 쓴 글의 첫 문장은 다음과 같았다.

> 하느님의 아드님 예수 그리스도의 복음의 시작.[171]

우리가 해야 할 마지막 일은 글 전체를 견고한 매체에 옮겨 적는 것이었다. 우리는 에페소에서 많이 본 양피지를 선택할 수도 있었다. 짐승의 가죽은 확실히 더 견고했지만, 나는 오래전부터 파피루스를 사용해 왔다. 파피루스는 상대적으로 구하기 쉬웠으므로 사본을 여러 개 만들 수 있었다. 그리스도인이 된 몇몇 후원자가 우리에게 파피루스 두루마리를 제공해 주었다.

며칠 동안 열심히 옮겨 적은 끝에 첫 번째 두루마리가 완성되었다. 그날 밤에 나는 잠을 이루지 못했다. 완전한 첫 판본……. 우리 노력의 결실이었다. 우리가 '복음'이라고 제목을 붙인 그 글에는 땀과 피가 서려 있었다. 이야기의 주인공의 땀과 피였고, 또 그 이야기를 쓴 저자들의 땀과 피, 나의 땀과 피였다.

---

[171] 마르코 복음서 1장 1절.

신비로운 만남……. 내가 알렉산드리아를 도망칠 때 선착장에서 마나엔이 "한창나이에 그런 시련을 겪는 것을 다행으로 여기게."라고 수수께끼 같은 말을 했는데, 이제야 그 뜻이 온전히 이해되었다. 나는 여러 가지 시련을 통해 사건을 목격한 사람들의 증언을 끈질기게 모으는 기회와 인내심을 갖추게 되었다. 나는 미리 예상했던 것은 아니었지만 나 자신의 취약함을 마주하며 로마의 저 먼 도시들, 예수님의 생애를 탐구했다. 그렇게 이야기가 탄생했다. 나는 선택받은 도구가 되어서 말 그대로 복음서를 새롭게 만들어냈다. 그리하여 새로운 형태의 문학이 탄생했다. 하느님의 완결성을 인간 역사의 한가운데에 새겨 넣을 문학 장르가 탄생한 것이다.

16장

먹잇감

초여름에 티모테오가 갑자기 트란스티베림에 오면서 상황이 급박해졌다. 그는 가데스에서 배를 타고 왔다. 에스파냐에 있던 바오로가 루카를 갈리아 지방으로 보내고[172] 얼마 지나지 않아 티키코스에게 편지를 받았는데, 티키코스는 그 편지에서 프리스킬라와 아퀼라가 세상을 뜬 이후로 에페소 공동체를 이끄는 데 어려움을 겪는다고 전했다. 그러자 바오로는 티모테오에게 아시아로 돌아가자고 제안했다. 티모테오는 아시아로 가는 길에 로마에 들러 베드로가 아직도 나를 필요로 하는지 알아보고자 했다. 내가 더 이상 베드로에게 필요하지 않다면 나를 아시아로 데려가서 콜로새와 필라델피

---

172 외경인 '바오로 행전'을 참조.

아, 히에라폴리스로 보내고 싶어 했다.

베드로는 신속하게 결정을 내렸다. 자기는 실바누스를 데리고 있을 것이니 나에게 티모테오와 함께 떠나라고 말했다. 그는 자신이 기억하는 내용을 옮겨 적었으니 더 이상 내가 필요하지 않다고 했다.

베드로는 나를 아들처럼 여겼으므로 그런 결정을 내리면서 마음이 찢어지듯 아팠겠지만, 그러한 아픔보다는 선교에 대한 열정이 더욱 강했다. 이제는 복음서를 최대한 널리 전해야 했다. 그래서 나는 에페소 공동체에게 전할 두루마리 하나를 가지고 티모테오와 떠나기로 했다. 일단 에페소에 가서 다른 아시아 도시들에 전할 수 있도록 그 두루마리를 다시 베껴 적을 것이다. 한편으로 바오로의 충실한 협력자 티모테오와 다시 일할 수 있어 기뻤다. 게다가 글로 적은 베드로의 증언을 널리 전한다는 생각에 도취되었다.

이미 여러 사본이 제작되고 있었다. 클레멘스가 열심히 선교한 덕분에 개종한 로마의 젊은 서기관 한 사람이 매일 밤 사본을 작성했다. 클레멘스는 그렇게 완성된 첫 두루마리를 우리에게 가져다주면서 자신의 은밀한 소망을 말했다. 그는 우리와 함께 아시아로 가고 싶어 했다. 라티움이 아닌 다른 곳에 가 보고 싶다고 했다. 우리는 그 제안을 기쁘게 받아들였고, 클레멘스는 우리 일행에 합류하게 되었다.

로마의 포룸에 있는 신전을 마지막으로 그린 그림.

나는 로마를 다시 볼 수 없으리라는, 어쨌거나 지금과 똑같은 방식으로는 다시 볼 수 없으리라는 예감이 들었다. 그래서 로마를 떠나기 전에 마지막으로 그 도시를 그림으로 남기기로 했다. 나는 목탄을 가지고 포룸에 가서 그 장엄한 모습을 포착했다. 예수 그리스도의 하느님을 기다리는 작은 신전 하나가 눈길을 끌었다.

티모테오가 온 지 일주일 후에 우리 세 사람은 길을 떠날 준비를 마쳤다. 우리는 먼저 푸테올리까지 걸어갔다. 티모테오가 바오로가 쓴 편지를 아리스톤에게 전해야 했기 때문이다.[173] 아리스톤은 푸테올리 공동체를 이끄는 젊은이로, 예전에 바오로를 맞이했을 뿐 아니라, 로마에 도착한 베드로도 맞이했다.

파우스타와 베드로, 실바누스, 나르키소스, 클레멘스의 부모, 트란스티베림 공동체의 신자 몇 사람이 아벤티누스 언덕까지 우리를 배웅하러 왔다. 우리는 언덕 위에서 영원한 도시 로마에 마지막 눈길을 보냈다. 파우스타가 눈물을 흘리는 모습에 가슴이 찡했다. 베드로는 갈라진 목소리로 인사하며 나를 품에 안았는데, 목소리에서 그의 마음이 느껴졌다. 그는 눈을 붉히면서 일부러 다른 말을 꺼내려는 듯 아리스톤에게 인사를 전해 달라고 부탁했다. 우리는 로마 공동체에 머지않아 닥칠 비극을 알지 못했지만, 다시는 만나지 못하리라는 사실은 예감했다. 클레멘스의 부모는 클레멘스에게 얼마 전에 검토를 마쳐 잉크가 갓 마른 두 번째 두루마리를 전했다. 여행을 하면서 무슨 일을 겪을지 모르니 사본이 두 개인 편이 나았다. 복음은 이제 글로 전파되는 것이다. 나는 뿌듯한 마음에 온몸이 떨렸다.

우리는 아피아 가도를 따라 알바누스산을 향해 갔다. 파로스 등대가 뱃사람들에게 잘 보이듯, 그 산은 그곳을 걷는 사람의 지표였다. 로마의 변두리 지역과 카타콤바가 있는 구역을 지나자 인적이

---

173 외경인 '바오로 행전'을 참조.

뜸해졌다. 나는 문득 내가 지난 몇 달 동안 로마를 벗어난 적이 없었다는 사실을 깨달았다. 복음서를 쓰는 일에 온통 몰두했던 것이다. 그런 내가 다시 길을 떠나고 있었다. 그런데 예전과는 달랐다. 어떤 임무를 완수했다는 느낌이 들었다. 로마에서 글을 마무리한 일은 내 인생의 전환점일 것이다. 나는 그때까지 탐험가로 살아왔는데, 이제는 비유에 나오는 씨 뿌리는 사람으로 살아갈 것이다.

우리는 일주일 동안 걸은 다음에 푸테올리 공동체 형제들의 집에서 환대를 받았다. 티레니아해를 향해 나 있는 그 웅장한 만[174]은 내가 그 이전에 본 적 없는 숨 막히는 전경이었다. 베수비오산 아래 지평선으로 폼페이가 펼쳐졌다. 로마에 도착하기 전에 바오로가 그랬듯, 그 매혹적인 장소에 이르자 티모테오와 클레멘스와 나는 약속이라도 한 듯 멈추어 섰다. 아리스톤은 자기 공동체의 서기 몇 사람이 사본 한 편을 베껴 쓰는 동안에 머물다 가라고 우리를 설득했다. 공동체들은 하나 같이 그 글을 구하려고 안달이었다. 모임에서 그 글을 읽고, 어떤 부분은 암기해서 복음을 모르는 사람들에게 말로 전하기 위해서였다.

엿새째 되는 날, 우리가 다시 길을 떠나려고 준비하고 있는데 끔

---

[174] 나폴리만. 푸테올리는 오늘날 포추올리라고 불린다. 사도행전 28장 13절에서 바오로가 그곳에 머물렀다.

찍한 소식이 들려왔다. 엄청난 화재로 로마가 큰 피해를 입었다는 것이다.[175] 로마에서는 건축물이 대부분 나무로 지어진 구역에서 화재가 잦았다. 하지만 이번에는 피해의 규모가 매우 큰 것 같았다. 어디에서 들려오는 정보인지는 알 수 없었지만 얼마 안 가서 감파니아 지역이 온통 술렁였다. 몇 시간이 지나 많은 사람이 도착해서 다른 이야기를 전했고, 로마에서 새로 피신해 온 사람들의 증언이 더해지며 소문이 증폭되었다. 피해 규모를 정확히 짐작하기는 힘들었지만, 로마의 몇 구역이 완전히 잿더미가 되었다는 사실은 분명했다. 도망쳐 온 사람들의 말을 듣자면, 그 위풍당당한 도시가 그러한 재난을 당한 적은 한 번도 없었다. 수소문을 했지만 아무도 우리 형제들이 어떻게 되었는지 알지 못했다. 거대 원형 경기장 쪽이 불탔고, 불이 팔라티누스 언덕을 타고 북쪽으로 번졌다는 말이 들렸다. 트란스티베림의 형제들은 무사하더라도, 아벤티누스 언덕, 특히 카일리우스 언덕의 형제들이 피해를 보았을 가능성이 없지 않았다. 클레멘스는 자기 가족이 걱정되어서 안절부절못했다.

우리는 지체하지 않고 로마로 돌아가기로 결정했다. 로마 공동체를 도와야 했다. 아리스톤이 필요한 물품을 준비해 주었다. 로마에 도착하려면 닷새는 걸어야 했다. 재난을 피해서 피난을 가는 사

---

[175] 64년 7월 초에 벌어진 로마의 대화재는 로마에서 일어난 화재 중 가장 심하고 피해가 컸다. 로마의 역사가 타키투스와 수에토니우스는 그 상황을 상세하게 묘사했다.

람들과 반대 방향으로 걷는 만큼 시간이 지체되리라 예상되었다.

북쪽을 향해 가면서 필사적으로 달아나는 가족들을 마주쳤다. 그들은 제대로 동여매지도 못한 꾸러미에 몇 가지 물건만 담아서 들고 있었다. 우리는 걸음을 재촉하며 지체하지 않으려고 얼이 빠져 있는 피난민들에게 질문을 던지는 일을 삼갔다. 해가 일찍 뜨고 늦게 졌으므로 짧은 밤 동안에 천막을 치고 쉬어 갈 때에만 피난을 가던 로마인 몇 사람과 이야기를 나누었다.

어떤 사람들은 누군가 고의로 화재를 냈다고 단언했다. 네로 황제가 광기에 빠져 불을 질렀을 것이라고도 말했다. 우리가 로마로 다가갈수록 많은 사람이 황제가 화재를 저지른 장본인을 찾고 있다는 소리를 들었다. 그리스도라는 사람을 앞세운 유다인들이 화재를 저질렀을 것이라는 소문이 들려오자 우리 모두, 특히 클레멘스는 더욱 걱정에 휩싸였다. 서로 모순되는 말이 들려왔다. 범죄자로 추정되는 사람들이 대거 지목되어 방화범에게 가해지는 형벌, 즉 자신이 저지른 행위와 똑같은 방식으로 산 채로 불에 태워지는 형벌을 받는다는 소리가 들렸다. 그 소식을 듣자 우리는 정신이 아득해서 마지막 밤은 쉬어 가지 않기로 했다. 다른 구역을 거치지 않고 트란스티베림에 곧장 도착하려고 라우렌티나 가도를 지나 캄파나 가도를 거쳐 테베레강의 오른쪽 기슭으로 갔다. 그곳에서는 연기 냄새가 심하게 났다.

"마르코, 클레멘스, 티모테오, 돌아왔군요! 혹시 나르키소스를 만났나요?"

"만나지 못했어요!"

"나르키소스가 여러분을 찾으러 캄파니아로 떠났어요."

우리는 로마로 돌아오는 길에 많은 사람을 마주쳤지만, 형제는 단 한 명도 만나지 못했다. 사람들로 북적이는 트란스티베림에서 아직 멀쩡한 길을 따라 베드로의 집에 도착해서 가장 먼저 만난 사람은 파우스타였다. 그녀의 눈에는 눈물이 고여 있었다.

"소식 들었어요?"

"화재 소식이요?"

"베드로와 실바누스가 체포되고 처형당했어요. 그리고……."

파우스타는 클레멘스를 쳐다보지 못했다. 이에 클레멘스는 몸서리쳤다.

"클레멘스, 너희 부모님이 에스퀼리누스 언덕에서……. 어떻게 그런 일이……."

파우스타가 클레멘스를 끌어안았다. 우리는 아연실색했다. 나는 간신히 힘을 내어 이렇게 더듬거렸다.

"이…… 이야기해 주세요."

"며칠 전부터 병사들이 그리스도인들의 집에 갑작스럽게 들이닥쳤어요. 그저께는 병사들이 카일리우스 공농제 신사를 제포하기 시작했죠. 다행히 나르키소스는 여러분을 찾으러 이미 떠나 있었어요. 하지만 병사들이 클레멘스의 부모님을 데려갔죠. 그리고 그분들은 방화범에게 가해지는 형벌을 받았어요."

그러면서 파우스타는 클레멘스에게 말했다.

"클레멘스, 정말 뭐라고 말해야 할지 모르겠구나."

클레멘스는 그러한 시련에도 강인하고 의젓했다. 그가 물었다.

"그럼 베드로는요? 실바누스는요?"

"그건 그 전날이었어. 사흘 전에 빵을 떼어 나누고 있는데, 네 명씩 짠 네 개 분대가 들이닥쳤어. 그들의 우두머리가 아그리파가 발부한 영장을 보였어.[176] 그는 베드로가 어디에 있느냐고 물었고, 베드로는 저항하지 않고 체념한 듯 자진해서 나왔어. 그들은 실바누스를 체포했고 또……."

"또요?"

"알렉산드로스도 데려갔어."

"알렉산드로스요?"

"마르코의 친구 알렉산드로스, 루포스의 형제 말이야."

"하지만 어…… 어떻게? 알렉산드로스는 알렉산드리아에 있을

---

[176] 로마 대화재를 일으켰다는 그리스도인의 책임에 대해서는 레니에C. Reynier가 쓴 《로마에서 바오로의 삶과 죽음 Vie et mort de Paul à Rome》을 참조할 것. 로마 대화재와 베드로의 순교가 연관되어 있다는 확실한 자료는 없다. 전승에서만 그렇게 간주하는데, 나는 그중에서 사실과 가깝다고 보이는 부분을 취한다. 클레멘스는 베드로가 바오로처럼 "부당한 질투로 인하여", 즉 당파간 싸움 때문에 수난을 겪었다고 명시한다. 실바누스에 대해서는 알려진 바가 없다.

텐데요."

나는 당황한 목소리로 파우스타에게 물었다.

"얼마 전에 우리 집에 도착했어요. 당신과 루포스의 소식을 물었죠. 루포스는 바오로와 함께 에스파냐로 떠났고, 마르코는 이세 막 아시아로 떠났다고 베드로가 설명했어요. 알렉산드로스는 그 다음 날 어머니의 무덤을 보러 갔다가 당신을 찾아가려고 했어요. 당신을 알렉산드리아로 데려갈 생각으로 말이에요."

"그럼 지금은 어디에 있나요?"

"그게…… 베드로와 실바누스와 같은 일을 당했어요. 세 사람이 체포됐을 때, 제가 멀리서 따라갔거든요. 병사들이 그 사람들을 북쪽 네로의 경기장까지 데려갔어요. 그러더니 곧장 십자가에 매달았어요."

"세 사람을 전부요? 그럴 리가! 실바누스는 로마 시민인데……. 또 마르켈루스가 있잖아요? 그 사람이 베드로를 위해서 아무 일도 하지 못했나요?"

"제 생각에는 고위층 사람들을 알고 로마 시민으로서 권리를 누린다고 말하지 못한 것 같아요. 병사들은 실바누스를 베드로 옆 십자가에 매달았어요. 알렉산드로스는 그 반대편에 매달렸고요. 다른 형제들도 있었어요."

"어떻게 그런 일이! 알렉산드로스, 나의 형제, 나의 친구가……. 내가 알렉산드리아를 급하게 떠난 이후로 한 번도 다시 보지 못했는데 이제는 영영 보지 못하게 되었다니! 그는 저 때문에 로마에 왔다가 저를 대신해서 죽은 거예요. 베드로의 옆에 있어야 할 사람은 바로 저였는데! 주님은 어째서 그런 학살과 고문을 허락하신 걸까요? 어째서 저는 화재 직전에 로마를 떠난 거죠? 어째서 알렉산드로스가 그런 나쁜 시기에 도착한 거죠? 왜 실바누스는 아무 말도 하지 않았을까요?"

티모테오가 물었다.

"그 사람들의 시신은 어디에 있나요?"

"제가 그 자리를 떠나 여자들 몇 명을 데리고 마르켈루스에게 부탁했고, 그다음 날 밤에 시신들을 내렸어요. 오벨리스크에서 멀지 않은 전차 경기장의 중앙 분리대 가까이에 매달려 있었어요. 그 시신들을 우유와 포도주에 담갔다가 몰약, 알로에, 필룸(고대 그리스와 로마에서 약용이나 향료로 사용한 식물. ─ 편집자 주)을 발랐어요. 그다음에 경기장과 카타콤바 사이에 있는 코르넬리아 가도 건너편에 매장했어요. 마르켈루스가 묘소를 마련할 비용을 냈어요."

뒤이은 며칠은 현실이 아닌 것 같았다. 우리는 클레멘스와 함께 그리스도인들이 클레멘스 가족의 유해를 둔 아피아 가도로 갔다. 그들은 아직 포석으로 막지 않은 어느 로쿨루스Loculus(카타콤바에 있는 유해 안치소)에 함께 놓여 있었다. 우리는 기도했고 시커멓게 타고 악취가 나는 폐허를 휘돌아 나르키소스의 집에서 필사본 두 편을 가져왔다. 화재가 난 구역 변두리에 있는 다른 집처럼 그 집도 나르키소스가 없는 동안에 약탈을 당할까 봐 두려웠던 것이다.

우리는 여전히 연기가 피어오르는 거대한 잿더미를 북쪽으로 멀리 돌아 바티칸 언덕의 완만한 능선을 올랐다. 우리는 병사가 두려운 나머지 탈리트(유다인들이 기도할 때 덮어 쓰는 숄)를 두르지 않고 멀찍감치 걸으면서 베드로와 알렉산드로스, 실바누스의 무덤 근처에 이르렀을 때 시편 몇 구절을 중얼거렸다. 눈앞에 있는 땅 아래에 나의 가장 충실한 친구 세 사람이 묻혀 있었다. 나는 아버지와 형제, 동료를 한꺼번에 잃었다. 그들을 매장할 때 지켜보지도 못했다. 내가 그때 있었다면 최소한 예수님의 시신을 묻은 아리마태아 사람 요셉의 역할은 할 수 있었을 텐데……. 그 세 사람은 끝까지 한결같았다. 예수님이 예루살렘에서 하신 말씀(우리는 그 말씀을 복음서에 적었다)이 떠올랐다. "사람들이 너희를 끌어다가 법정에 넘길 때, 무슨 말을 할까 미리 걱정하지 마라."[177] 티모테오가 곁에 있다는 사실이 그나마 위안이 되었다.

나는 이해하고 싶었다. 베드로가 그런 식으로 죽었다는 사실에 무척 슬펐지만 화가 나지는 않았다. 베드로는 많은 사람이 의롭지 못한 행위를 거리낌 없이 한다는 사실을 알고 있었다. 더 나아가 그는 자신이 폭력적인 죽음을 당할 것이라고 예상했다. 예수님이 베

---

[177] 마르코 복음서 13장 11절.

드로에게 그가 늙으면 다른 이들이 그에게 허리띠를 매어 그가 원하지 않는 곳으로 그를 데려갈 것이라고 예언하셨기 때문이다. 베드로는 준비가 되어 있었고, 우리가 함께 글을 쓸 때 여러 번 차분하게 그런 말을 했다. 결국 베드로는 모세가 율법에 대해 그랬듯이, 복음서가 완성되는 순간에 죽었다. 베드로의 죽음으로 복음서에 담긴 메시지의 진실함이 최종적으로 확인되었다. 나는 이 일이 벌어짐으로써, 열두 사도 중 마지막 사람이 세상을 뜨는 날에는 더 이상 아무도 그러한 가치 있는 증언을 쓸 수 없을 것이라고 더욱 강하게 확신하게 되었다. 나는 내가 베드로의 다듬지 않은 유서를 쓰는 서기 역할을 했다는 사실을 깨달았다.

하지만 알렉산드로스가 당한 일은 도무지 이해할 수 없었다. 그는 이제 막 로마에 도착했고, 금방 떠날 예정이었다. 로마에서 이틀도 안 되는 기간을 머물렀을 뿐인데 그 비극에서 나를 대신했다. 예전에 나는 도망쳐서 체포당하는 일을 모면하면서, 한 사람을 홀로 십자가에 매달리게 놔두었다. 하지만 그때 이후로 나는 더욱 단단해지지 않았던가? 어째서 예수님은 내가 실바누스와 베드로와 함께 고난을 당하도록 허락하지 않으셨을까? 그것은 내가 아직 그럴 준비가 되어 있지 않았다는 뜻일까? 내가 키드론 골짜기에서 그랬듯이 다시 한 번 도망을 친 것일까? 내가 처음 입은 상처는 나를 끝까지 내버려두지 않으리라.

어느 날 저녁에 우리는 화재에서 살아남은 몇 사람과 함께 야니쿨룸 언덕에서 야영을 했다. 이제 파우스타의 집은 너무 위험했다. 나는 내가 스스로 던지던 질문들을 티모테오에게 털어 놓았다. 그러자 그는 그때에도 다시 한 번 현실적이면서도 신비로운 관점에서 벌어진 상황을 적절하게 파악했다.

"마르코, 이번에 당신이 십자가를 모면한 것은 비겁함 때문이 아니에요. 오히려 비극이 벌어진 순간에 로마에 없었던 일에는 특별한 의미가 있어요."

"그렇게 생각해?"

"마르코가 과거보다 더 차분하고 강해져서 그러한 시련을 겪을 수 있다는 거죠."

"그러면 내가 무엇을 해야 하지?"

"베드로, 실바누스, 알렉산드로스는 가장 좋은 몫을 받았어요. 이제 이곳에서 발로 뛰며 애써야 하는 것은 바로 당신이에요."

티모테오는 그렇게 말하며 나를 이해한다는 눈길로 온화한 미소를 지으면서 말을 이었다.

"부활 이후에 사도들이 그랬듯이 이제는 마르코가 갈릴래아에서 만날 약속을 받은 것 아닐까요?"

"그게 무슨 말이지?"

"당신은 저와 함께 아시아에 가서는 안 돼요. 알렉산드로스가 알렉산드리아에서 당신을 필요로 했어요. 아마 그곳 사람들이 당신을 기다리고 있을 거예요. 그곳으로 돌아가야 해요. 알렉산드리아는 바로 당신이 있을 곳이에요."

"내가 가면 달가워하지 않을 텐데. 내가 겪은 치욕이 아직 사라지지 않았으니……."

"알렉산드로스가 당신을 데리러 왔다면, 그건 세월이 흘러 괜찮다는 뜻이겠죠."

"그래도 위험해. 나는 또다시 실패할지도 몰라. 주님께서 내가 나약한 모습을 보이지 않고서는 복음을 선포할 수 없는 장소와 상황으로 나를 또 보내실까?"

"당신이 쓴 복음서가 계속 그렇다고 단언하고, 베드로도 그런 일을 고통스럽게 체험했어요. 예수님을 따를 능력과 자격이 없다는 사실을 스스로 아는 사람만 예수님의 제자가 될 수 있어요."

티모테오의 말이 옳았다. 그리고 어떻게 보면, 그는 과거에 내가 한 행동을 똑같이 되풀이하고 있었다. 예전에 나는 그가 가데스로 떠나게 놓아 주었다. 티모테오는 나를 찾아와서 함께 일을 하자고 말한 지 3주가 지난 그때, 내가 예전에 보인 것과 똑같이 초연하게 나를 풀어 주고 있었다. 그는 나더러 다시 한 번 파로스 등대를 지나 나의 도시에 정착하라고 하고 있었다. 내가 복음서를 가지고 알렉산드리아에서 그리스도를 선포하라고 격려하는 것이었다. 알렉산드리아는 로마보다 더 진정한 이 세계의 중심이 아닌가? 세상의 모든 지혜가 단 하나의 도서관에 모인 그 도시에서 사람들은 새로운 두루마리, 살아 숨 쉬는 두루마리, 복음을 기다리고 있었다! 복음서의 지혜는 그리스의 지혜보다 더욱 가치 있을 것이다. 힘없고 약한 사람들의 지혜이기 때문이다. 그렇다. 티모테오는 이집트가, 나의 친구인 가난한 이들과 매춘부들이 나를 부르고 있다는 사실을 예감했다. 나는 도기 파편 구역으로 돌아가야 했다. 물론 나는 그 일을 이룰 능력이 없으리라. 하지만 주님이 나를 위해 능력을 발휘해 주실 것이다. 주님은 나보다 앞서 알렉산드리아로 가고 계셨다.

토후-보후Tohu-bohu(혼돈 상태를 묘사하는 히브리어)는 거의 다 파괴되어 건물의 잔해로 가득한 로마의 거리를 묘사하기 위해 내가 떠올린 유일한 말이었다. 잔해, 오물, 냄새, 눈물, 원망……. 우리는 이제 더 이상 영원한 도시로 보이지 않는 로마에서 15일 동안 머무르면서 형제들이 조직을 재정비하는 일을 도왔다. 나르키소스는 푸테올리에 도착해서 우리가 트란스티베림으로 돌아갔다는 사실을 아리스톤에게 전해 듣고 로마로 돌아왔다. 그는 리노스와 함께 효율적으로 후원 활동을 총괄했고 공동체를 결집했으며 모임을 조직했다. 클레멘스는 로마에 머물며 나르키소스를 돕고 또 자기 형제자매를 돌보기로 결정했다.

여름이 깊어 갔다. 티모테오와 내가 떠나야 할 때였다. 우리는 오스티아의 '동업 조합 광장'에 있는 어느 선주에게 가서 알렉산드리아로 떠나는 배인 '포세이돈'호를 타고 항해하는 가격을 흥정했다. 그 배는 화물의 일부를 크레타섬에 하역할 예정이었다. 그 덕분에 우리는 여행 초반부를 함께할 수 있을 것이고, 여름 계절풍이 변덕을 부리는지 여부에 따라 잘하면 겨울을 고르티나에서 함께 보내고 나서 다시 뱃길을 떠날 수 있을지도 몰랐다. 나는 티모테오와 빨리 헤어지고 싶지 않았다. 그리스의 섬 중에서 가장 큰 크레타섬은 에페소로 가는 티모테오에게는 멀리 돌아가는 길이긴 했지만, 티모테오의 말에 따르면 그 섬에서 티토를 만날 가능성도 있었다.[178] 마지막으로 들은 소식에 따르면, 지칠 줄 모르는 티토는 그곳에서 활동을 시작했다고 한다.

아브Av(7~8월) 달의 어느 저녁, 지는 여름 해의 부드러운 빛을 받으며 '포세이돈'호가 닻을 올렸다. 클레멘스와 나르키소스, 파우스타가 우리를 배웅하러 부두에 왔다. 초막절 3주 전이었다. 화물선은 밀, 그리고 포도주가 담긴 암포라를 싣고 있었다. 선장은 이미 디미소리아(무역선 소유주에게 항구를 떠날 허가를 내리는 문서)를 받아 놓았는데, 배에 화물을 가득 채울 때까지 기다렸다가 출항하고 싶어 하지 않았다. 그보다는 크레타에 일찍 도착해서 바닷길이 닫히기 전에 다음 기착지인 키프로스를 향해 떠날 수 있기를 바랐다. 나는 키프로스에서 바르나바[179]를 만나러 갔다가 알렉산드리아로 떠날 생각이었다.

---

178 티토에게 보낸 서간 1장 5절과 3장 13절 참조.

179 외경인 '바르나바 행전'에 따르면 마르코는 자기 사촌 바르나바가 키프로스에서 죽은 다음에 알렉산드리아로 떠났다고 한다.

부두에서 선주는 배가 이집트에 도착하면 에리트리아해에서 온 화물을 선적할 예정이라고 설명했다. 화려하게 장식된 아마포, 소합향나무, 산호, 황옥, 심지어 향도 있을 것이라고 했다. 나는 눈을 감았다. 마치 그곳에 가 있는 듯 갖가지 색채가 눈앞에 어른거렸고 마리우트 호수의 내항에서 나는 내음이 느껴졌다. 북부 아프리카 시장의 화려한 색채와 대조되는 석회 칠을 한 건물 전면의 하얀 빛깔을 상상했다. 그곳에서 나는 마치 고향에 와 있는 듯 느끼리라. 내가 끊임없이 선망하는 대상인 알렉산드리아!

우리가 지닌 화물은 바로 복음서의 필사본들이었다. 우리는 그중에서 한 부를 티토에게 가져다주기로 했다. 에페소와 알렉산드리아 공동체에 전할 필사본까지 더하여 그것들은 매우 소중한 짐이었다. 예수님에 관한 이야기, 육신으로 나타나신 예수님, 예수님의 생애……. 예수님은 글에서 다시 육신을 얻으셨다. 그분은 이제 곧 도기 파편 언덕 구역에 사는 세리와 매춘부를 만나실 것이다. 우리는 로마를 떠나서 반대편 기슭으로 건너가고 있었다.

에필로그

[180]그날 저녁이 되자 예수님께서 제자들에게, "호수 저쪽으로 건너가자." 하고 말씀하셨다. 그래서 그들이 군중을 남겨 둔 채, 배에 타고 계신 예수님을 그대로 모시고 갔는데, 다른 배들도 그분을 뒤따랐다.

그때에 거센 돌풍이 일어 물결이 배 안으로 들이쳐서, 물이 배에 거의 가득 차게 되었다. 그런데도 예수님께서는 고물에서 베개를 베고 주무시고 계셨다. 제자들이 예수님을 깨우며, "스승님, 저희가 죽게 되었는데도 걱정되지 않으십니까?" 하고 말하였다.

그러자 예수님께서 깨어나시어 바람을 꾸짖으시고 호수더러,

---

180 에필로그는 마르코 복음서 4장 35-41절로 구성했다.

"잠잠해져라. 조용히 하여라!" 하시니 바람이 멎고 아주 고요해졌다. 예수님께서는 그들에게, "왜 겁을 내느냐? 아직도 믿음이 없느냐?" 하고 말씀하셨다.

그들은 큰 두려움에 사로잡혀 서로 말하였다. "도대체 이분이 누구시기에 바람과 호수까지 복종하는가?"

부록

마르코 추정 연보

　마르코의 생애 연대기를 정확하게 알려 주는 자료는 거의 없다. 나는 몇몇 연도를 정할 때 역사학자 마리프랑수아즈 바즐레Marie Françoise Baslez가 바오로의 일생을 다룬 저작[181]의 연보를 주로 참조했다. 사도행전에 따르면 사도들은 적어도 안티오키아에 이르기까지 여러 번 마주친다. 주요 사건 중에서 내가 바즐레와 다르게 본 유일한 내용은 예루살렘 사도 회의 및 바오로와 베드로가 안티오키아에서 불화를 겪은 일이, 바오로가 사도로서 두 번째로 선교 여행을 떠나기 전에 벌어졌다고 본 것이다. 나는 사도행전과 비슷하게 그 두 사건이 벌어졌을 때에 바르나바, 마르코가 그 자리에 있었다고 간주한다. 그러한 선택을 한 이유는, 바오로가 갈라티아 신자들에게 보낸 서간 2장 1절에서 말한 14년이 그가 다마스쿠스로 가는 길에 회심한 때에서 흐른 시간으로 간주해야 한다고 보았기 때문이다.

　로마에서 벌어진 사건들에 대해서는, 바오로의 서간(콜로 4,10; 2티모 4,11 참조)과 베드로의 서간에 나오는 내용을, 파피아스가 쓴 글을 비롯한 외부 자료에 나오는 내용과 교차했다. 파피아스는 2세기 즈음의 인물로, 마르코가 로마에서 베드로의 통역이었다고 적은 바 있다.

---

[181] M.-F. Baszlez, *Saint Paul, artisan d'un monde chrétien*, pp.441-443. 바슬레는 바오로가 (51년 아카이아 지방에서 갈리오가 지방 총독으로 지내는 곳으로) 선교를 갔다고 명시된 유일한 연도와 주석 학자 및 역사 학자들의 연구를 참조하여 치밀하게 논거를 대어 연보를 제시한다.

연도	마르코의 생애	로마의 역사
15년경	- 마르코, 예루살렘에서 출생	- 4년 아우구스투스가 티베리우스를 입양함 - 6년 지중해변 카이사리아, 유다~사마리아 지방의 로마 행정 근거지가 됨 - 14년 티베리우스 황제 등극
30년 파스카	- **15~30년 예루살렘 유년기** - 키드론 골짜기 사건(마르 14,43-52) - 예수, 예루살렘에서 십자가형을 받음 - **30~33년 예루살렘에서 청소년기 보냄** - 베드로에게 세례받음	- 26~36년 본시오 빌라도, 유다~사마리아의 총독으로 일함
33년 파스카	- 호숫가에 정착 - **33~35년 카파르나움, 회당장 야이로의 집에 머무름** - 데카폴리스로 도피	- 33년 가이우스(칼리굴라)가 로마에서 재무관을 맡음
35~ 37년	- **35~37년 게라사, 바르나바의 집에 머무름** - 마귀 들렸던 안토니오를 만남 - 야이로의 딸, 탈리아가 죽음 - 바오로와 첫 만남	- 35~39년 비텔리우스가 시리아의 지방관으로 동방을 지배함 - 37년 티베리우스 사망, 칼리굴라 황제 등극 - 37년 안티오키아에 지진 발생, 칼리굴라가 다프네에 목욕장과 수도교를 건설함 - 37년 마룰루스, 유다의 지방관이 됨
38~ 41년	- 예루살렘으로 귀향 - 바오로, 타르수스행(사도 9,30), 카이사리아에서 코르넬리우스가 베드로에게 세례받음(사도 10장) - 바르나바, 안티오키아행(사도 11,22-26) - **41년 예루살렘에서 선교 활동** - 마르코, 베드로와 함께 일함	- 38년 알렉산드리아에서 그리스 공동체와 유다 공동체가 갈등을 빚음. 알렉산드리아의 필론이 로마에 파견됨 - 39년 헤로데 안티파스가 갈리아로 추방됨 - 39년 칼리굴라가 예루살렘 성전에 자신의 동상을 세우려 함

연도	마르코의 생애	로마의 역사
41년 파스카	- 제베대오의 아들 야고보 순교(사도 12,1-2) - 베드로, 감옥에서 풀려남(사도 12,3-17)	- 39~42년 페트로니우스, 시리아의 지방관으로 일함 - 41년 칼리굴라 살해당함, 클라우디우스 황제 등극
41년 봄	- 바르나바, 사울, 마르코, 안티오키아행(사도 12,24-25)	- 41년 클라우디우스 칙령 내림, 크레스토스가 선동하여 소요를 일으킨 유다인 추방함
44년 여름	- **41~44년 안티오키아에서 선교 활동** - 바오로, 바르나바와 함께 첫 선교 여행(사도 13,1-3) - 마르코, 페르게행 포기(사도 13,4-12)	- 41~44년 클라우디우스가 아그리파스 1세에게 임금의 직위를 내려 유다-사마리아를 통치하게 함
44년 가을	- 예루살렘으로 돌아옴(사도 13,13)	- 44, 46년 클라우디우스 치하에 기근 일어남 - 44년 아그리파스 사망, 유다-사마리아 지방, 로마에 직접 통치를 받음
47년 봄	- **44~47년 베드로와 함께 예루살렘에 체류** - 예루살렘 사도 회의 개최(사도 15,5-29; 갈라 2,1-10)	- 47년 클라우디우스의 검열 정책
47~ 48년	- **47~48년 안티오키아에 체류** - 안티오키아에서 바오로와 베드로의 불화 (갈라 2,11-14)	- 47~48년 로마 건국 800년을 기념하여 백년제(루디 사이쿨라레스) 열림
48~ 54년 초막절	- 바르나바와 함께 키프로스행(사도 15,36-40) - 풍랑을 겪음, 알렉산드리아에 도착 - **48~54년 알렉산드리아에서 선교 활동** - 알렉산드리아에서 두피	- 49년 로마의 포메리움 확장 - 50년 클라우디우스, 네로 입양함 - 54년 클라우디우스 사망 및 신격화, 네로 황제 등극

연도	마르코의 생애	로마의 역사
54~55년 봄	- 54~55년 키프로스, 바르나바의 집에 체류 - 바오로의 동료들과 함께 트로아스에 있는 카르포스의 집에 들름(사도 20,1-12) - 티모테오와 함께 에페소행, 밀레토스를 경유(사도 20,13-16) - 55~59년 에페소에서 증언 수집	- 55년 클라우디우스의 아들 브리타니쿠스 사망
59년 봄, 여름	- 바오로, 예루살렘과 카이사리아, 로마에서 구금(사도 21-28장) - 비티니아에서 실바누스와 함께 체류 - 로마로 떠남	- 59년 예루살렘에서 펠릭스 총독이 대사제 요나탄을 살해하게 함
59년 가을	- 59~61년 로마, 구금 중인 바오로 곁에서 선교 활동	- 59년 네로가 어머니 아그리피나를 살해함
61년 봄, 여름	- 바오로 석방 - 바오로 에스파냐행	- 62년 예루살렘에서 주님의 형제 야고보가 순교함
61년 가을	- 61~64년 로마에서 베드로와 함께 복음서 집필	- 62년 네로가 옥타비아와 이혼하고 그녀를 사형에 처함, 불경죄에 관한 법 제정
64년 여름	- 푸테올리행 - 베드로 순교 - 크레타, 키프로스, 뒤이어 알렉산드리아로 떠남	- 64년 로마 대화재 발생, 그리스도인 박해

마르코와 마르코 복음서에 관한 역사 자료

마르코라는 인물, 그리고 마르코가 복음서를 처음으로 쓴[182] 내력에 관한 자료를 몇 가지 소개하고자 한다. 샤를앙투안 포지엘만Charles-Antoine Fogielman 교수의 연구서와 《성경 사전Dictionnaire de la Bible》에 수록된 글, 이 사전의 보충 자료에 실린 글을 여기에 인용한다.

1. '마르코'라는 이름에 대하여

마르코의 이름은 복음서 자체에는 나오지 않는다. '마르코에 의한' 복음서라는 제목은 2세기 말에 이르러서야 필사본에서 등장한다.

마르코 복음서 저자의 전기는 그를 사도행전에 나오는 인물과 동일한 인물로 보는지에 따라 달라진다. 하지만 고대를 통틀어 단 한 명의 마르코만 등장하므로 비평가 대다수는 복음사가 마르코가 바오로와 바르나바의 사도직 협력자인 요한 마르코와 동일한 사람이라고 인정한다. …… 따라서 요한은 첫 복음서 저자의 히브리어 이름이고, 마르코는 그의 로마식 별칭으로 나중에 그가 그리스어를 사용하는 환경에서 사용한 이름이다. 요한이라는 이름은 그가 할례받을 때 그의 부모가 지은 이름이고 예루살렘에서 사용되었다. 마르코라는 이름은 나중에 붙여졌는데, 그 이유는 요한이라는 이름을 지닌 다른 사람들과 구분하기 위해서였거

---

[182] 마르코가 최초의 복음사가라는 사실은 현재 널리 인정받는다.

나, 당시에 유다인이 흔히 했듯 자신의 히브리어 이름에 그리스어 또는 라틴어 이름을 덧붙이는 관행 때문인 것으로 보인다. 사도행전의 저자는 먼저 그의 두 이름을 언급하고(사도 12,12.25 참조), 뒤이어 장소의 관행에 따라 두 이름 중 하나를 사용하여 신원을 밝힌다. 서간들에는 별칭만 사용된다.[183]

마리프랑수아즈 바즐레도 바오로를 다룬 저작에서 이와 같이 본다.[184]

2. 마르코의 개인사에 대하여

두 마르코가 동일 인물이고, 마르코 복음서 14장 51-52절에 등장하는 벌거 벗은 채 도망치는 젊은이의 이야기가 저자를 나타낸다는 전제 하에, 마르코의 전기를 다음 요소로 구성해 볼 수 있다. 여기서 나는 《성경 사전》을 인용한다.

사도행전에 나오는 마르코 — 마르코의 어머니는 이름이 마리아(미리암)였고 예루살렘에 집을 한 채 소유했다. 42년 또는 44년에 베드로가 감옥에서 나왔을 때, 예수의 제자들이 밤에 그 집에서 모이곤 했다(사도 12,12 참조). 베드로는 평소에 모이는 장소로 가듯이 곧바로 그곳으로 갔다. 그러한 사실에서 그 집이 넓었고, 그 집에 사는 가족이 부유했으며, 마리아가 집주인으로 불리므로 외경에서 아리스토불로스라고 부르는 마르코의 아버지는 이미 사망했다고 사람들은 결론을 내렸다. 어떤 이들은 그 집을 최후의 만찬이 열린 장소로 간주했는데, 오늘날 이 견해를 지지하는 사람들은 특히 독일에 많다. 46년에 기근이 닥치자 형제들이 낸 후원금을 신자들에게 가져다주려고 예루살렘으로 돌아온 바오로와 바르나바는 안티오키아로 돌아갈 때 요한 마르코를 데려갔다(사도 12,25 참조). 사도행전 13장 1절에서 마르코가 안티오키아 교회의 예언자 및 교사들과 함께 언급되지 않으므로, 그는 그 당시에 선교하는 일에 종사하지 않았다고 본다. 게다가 바오로와 바르나바는 셀레우키아와 키프로스에서 설교하면서 요한을 '휘페레테스', 즉 말의

---

[183] F. Vigouroux (éd.), *Dictionnaire de la Bible*, 'Saint Marc', col.715.

[184] M.-F. Baslez, *Saint Paul*, p.454.

단순한 뜻만 고려하면 물자에 관련된 업무만 담당하는 시중드는 사람으로 간주했다. 하지만 그 표현을 두 사도가 하느님의 말씀을 선포했다는 바로 그 앞 문장에 연결시키면, 요한은 그 일을 하는 협력자로서 '휘페레테스 로구'였을 것이다(말씀의 종, 사도 13,5; 루카 1,2 참조). 그들이 팜필리아의 페르게로 간 때 요한은 그들과 헤어져서 사도행전 13장 13절에 나오듯 예루살렘에 있는 어머니의 집으로 돌아갔다. 그렇게 헤어진 이유는 알 수 없다. 동료들을 따라 적대적인 지방으로 가지 않으려 했던 것일까? 교회에 이방인을 받아들이는 문제에 견해 차이를 보인 것일까? 우리는 그에 대해 정확히 알지 못하므로 추정할 수밖에 없다. 하지만 훗날 바오로와 바르나바가 두 번째 선교 여행에 나선 초기에 요한 마르코가 안티오키아로 그들을 찾아가 그들과 함께 다니겠다고 하자, 바르나바는 마르코를 받아들이지만 바오로는 팜필리아에서 이미 자신들과 같이 일하러 가지 않은 그와 함께하기를 단호히 거절했다. 바오로는 마르코가 소심하다고 본 것이다. …… 그 문제로 바오로와 바르나바는 심한 의견 충돌을 보였고, 결국 갈라져서 각자 사도직을 수행하게 된다. 바르나바는 마르코를 키프로스로 데려간다(사도 15,37-39 참조). 그 이후로 사도행전은 마르코를 언급하지 않는다.

서간에 나오는 마르코 — 마르코는 나중에 바오로 곁에서 다시 등장한다. 바오로가 로마에서 구금 생활을 하던 초기인 61년 또는 62년에 콜로새 신자들에게 보낸 서간에서 마르코는 바오로의 다른 동반자 및 유다인 협력자들과 함께 언급된다. 콜로새 신자들에게 보낸 서간 4장 10절에서 바오로는 마르코의 인사를 전하고, 필레몬에게 보낸 서간 1장 24절에서도 그렇게 한다. 그러므로 마르코는 로마에서 바오로와 함께 있었다. 바오로는 앞서 마르코와 결별한 일을 잊고 그를 흔쾌히 받아들였으며, 콜로새 신자들에게 "그가 여러분에게 가거든 잘 받아들이십시오."라며 마르코를 따스하게 맞아 달라고 부탁했다. 바오로는 그 구절에서 부수적으로 마르코가 유다인임을 알려 사도행전에 나오는 요한 마르코에 관한 정보가 사실임을 확인시켜 준다. 바오로는 새로운 세부 사항을 하나 더해, 마르코가 바르나바의 사촌 또는 조카임을 알려 준다. 마르코는 자기 친척처럼 레위 지파였을까? 그렇게 친족 관계라는 사실로 바르나바가 요한 마르코에게 애착을 보인 이유를 이해할 수 있다. 그 이후에 바오로는 자신의 활동 끝 무렵에 로마에서 두 번째로 구금 생활을 할 때, 에페소에 있던 티모테오에게 편지를 보내 자기를 보러 오면서 마르코를 데려오라고 썼다. "마르코는 내 직무에 요긴한 사람입니다."(2티모 4,11) 바오로의 소원은 이루어졌고, 마르코는 자신이 사도직을 함께한 동반자가 순교한 시기에 로마에 있을 수 있었다.

한편 베드로는 가장 흔히 이루어지는 해석에 따르면 로마에서 폰토스, 갈라티아, 카파도키아, 아시아, 비티니아의 신자들에게 보낸 서간에서 편지를 받는 사람들에게 자신이 '나의 아들'이라고 부르는 마르코를 대신하여 인사한다(1베드 5,13 참조). 이 호칭은 아마도 세례로 맺어진 영적인 부자 관계를 뜻하는 것으로 보인다. 마리아(미리암)의 집을 드나들던 베드로가 그 시기에 마르코를 개종시키고 세례를 주었을 것이다(예로니모의 글 참조). 또 그 구절에서 마르코가 로마에서 베드로와 같이 활동했음을 알 수 있다. 하지만 로마에서 두 사람이 함께한 시기에 대해서는 비평가들의 견해가 일치하지 않는다. 어떤 이들은 마르코가 베드로가 42년 클라우디우스 황제 치하에 로마에 처음 갔을 때 함께했다고 한다. 그 첫 번째 여행이 실제로 이루어졌든 아니든, 베드로와 마르코가 함께 로마에 있던 시기는 베드로의 첫째 서간에 언급된 대로 그 이후라고 보는 것이 더욱 적절하다고 판단된다. 그런데 베드로의 첫째 서간은 60년 이전에 쓰이지 않았고, 네로 황제의 박해가 이루어진 시기에 쓰였다고 본다. 그러므로 아마도 그 시기에 마르코가 베드로와 함께 로마에 있었을 것이다. 베드로가 편지를 읽는 사람들에게 마르코를 대신하여 인사하는 것으로 보아, 그 사람들이 마르코를 이미 알고 있었다고 추정할 수 있다. 그렇다면 마르코는 언제 그 지방들에 갔던 것일까?

전승에 나오는 마르코 ─ 교회 전승이 마르코에 대해 제공하는 마지막 자료에 따르면, 마르코 복음서의 저자 마르코는 알렉산드리아 교회의 설립자라고 한다. 그 사실은 상대적으로 최근에 유래한 다양한 증언으로 확증된다. 하지만 그 일의 연도를 확정하기는 힘들다. 교회의 역사가 에우세비우스는 그 일을 클라우디우스 황제 치세 초기(42년 또는 43년)였다고 전한다. 하지만 마르코라고 불리는 요한이 그 시기에 바오로와 바르나바와 동행했으므로 그 연도를 인정하기는 어렵다. 에우세비우스는 네로 황제 치하 여덟 번째 해인 62년[185]에 아니아누스가 마르코의 뒤를 이어 알렉산드리아 교회를 이끌었다고 전한다. 예로니모는 그 사실에서 마르코가 그 해에 죽었을 것이라는 잘못된 결론을 내린 것으로 보인다. 하지만 에우세비우스는 그렇게 보지 않았다. 많은 비평가는 마르코가 알렉산드리아를 떠나 다른 곳, 로마로 가서 바오로와 함께 지냈을 것이라고 생각했고, 또 어떤 이들은 마르코가 훗날 알렉산드리아로 다시 돌아왔을 것이라고 보았다. 바르나바가 직접 작성했다고 전해지는 외경인 바르나바 행전에서는 마르코가 키프로스섬에서 친척인 바르나바가 죽은 다음에 알렉산드리아로 갔다고 한다. 또 다른 외경인 마르코 행전에서도 같은 내용이 전해지는데, 거기에는 알렉산드리아의 주교가 이민족들에게 죽임을 당해 이웃 마을에 매장되었다는 내용이 더해진다. …… 베네치아의 상인들은 828년에 알렉산드리아에서 마르코의 유골을 자기네 도시로 가져갔다. 그때부터 마르코는 베네치아의 수호성인이 된다. 로마 가톨릭교회는 마르코 복음사가를 4월 25일에 기념한다. 그리스 정교회도 마르코를 같은 날 기리지만, 요한 마르코는 9월 27일에 기념한다. 한편 사자는 그리스도교 문학과 예술에서 마르코 복음사가를 상징한다.[186]

3. 마르코 복음서가 로마에서 집필된 일에 대하여

마르코가 베드로와 맺은 관계를 강조하는 교부들의 증언이 있다. 2세기에 주교를 지낸 히에라폴리스의 파피아스가 남긴 증언이 가장 잘 알려져 있는데,

---

[185] 마르코가 티모테오 곁에서 바오로 공동체에 다시 합류했다고 보기에는 너무 늦은 시기다. 그 때문에 나는 바르나바 행전과 마르코 행전을 따라 마르코가 알렉산드리아른 더 일찍 떠났다가 베드로가 로마에서 순교한 다음에 알렉산드리아로 되돌아갔다고 설정했다.

[186] *Dictionnaire de la Bible*, 'Saint Marc', col.716-719.

카이사리아의 에우세비우스가 4세기 초에 그의 말을 인용한 구절이 남아 있다. 파피아스는 '장로 요한'의 증언을 인용하면서 이렇게 적는다.

> 그리고 장로는 이렇게 말했다. "마르코는 베드로의 통역이 되어서 주님께서 하신 말씀이나 행동에 관하여 베드로가 기억하는 모든 것을 정확하게 글로 적었다. 하지만 순서대로 적지는 않았다. 왜냐하면 마르코는 주님의 말씀을 듣지 못했고 그분을 따르지도 않았지만, 내가 이미 말한 대로 나중에 베드로를 따랐기 때문이다. 베드로는 필요에 따라 (또는 일화 형식으로) 마르코를 가르쳤지만 주님의 말씀을 가지고 이를테면 조합하여 구성을 하지는 않았으므로, 마르코는 베드로가 기억하는 고립된 요소를 그렇게 적음으로써 아무런 해도 끼치지 않았다. 마르코는 한 가지에 신경을 썼다. 자신이 들은 것을 하나도 잊지 않고 거짓된 확언을 하지 않는 일이다."[187]

베드로가 로마에서 순교했다는 사실이 알려져 있기는 해도, 그 증언만으로는 마르코가 베드로의 가르침을 수집해서 글로 적은 장소가 로마였다는 사실을 분명히 확인할 수 없다. 그런데 에우세비우스가 아닌 (에우세비우스 이전의) 다른 교부들의 글로 그 공백을 채울 수 있다. 리옹의 이레네오는 《이단 논박》에서 마르코가 베드로가 순교한 다음에 자신이 기록한 글을 정리했으며, 그 작업을 로마에서 했다고 전한다.

마태오는 히브리인들 가운데에서 지내며 그들의 언어로 자신의 복음서를 적었는데, 베드로와 바오로는 로마에서 복음을 선포했고 신자 공동체를 설립했다.

---

[187] Eusèbe de Césaréee, *Histoire Ecclésiastique*, Paris, Éd. du Cert, coll. "Sources Chrétiennes", n.31, 1952, pp.56-167(III XXXIX 16).

그들이 순교한 후, 베드로의 제자이자 통역인 마르코가 글로 적은 베드로의 설교를 우리에게 전했다.[188]

2세기에 유스티노는 마르코 복음서의 출처에 관하여 그 어떤 정보도 제공하지 않는다. 그는 단지 예수가 시몬의 이름을 베드로 바꾸었다고 전하면서, 그 내용이 (베드로의) '회고록'에서 전해진다는 사실을 덧붙인다. 따라서 마르코 복음서가 한때 '베드로의 회고록'이라고 불리었다고 볼 수 있다.

무라토리 정전 목록[189]과 알렉산드리아의 클레멘스가 쓴 글,[190] 테르툴리아누스의 글[191]에서 각기 독립적인 방식으로 그 내용을 확인할 수 있지만, 그 이상의 추가 정보는 전해지지 않는다. 하지만 아마 가장 소중한 자료는 불가타 이전의 옛 라틴어 성경에 수록된 '마르키온 이단 반대 서문'일 것이다. 그 글은 복음서들을 포함하는 필사본 대부분에 등장한다.

마르코는 '콜로보닥틸로스 kolobodaktylos'라고 불리었는데, 그 이유는 그의 손가락이 나머지 부분에 비해 짧았기 때문이다.[192] 그는 베드로의 통역이었다. 베드로가 죽고 나서, 마르코는 이탈리아의 여러 지방에서 그 복음서를 썼다.[193]

---

[188] Irénée de Lyon, *Contre les Hérésies*, Paris, Éd. du Cerf, coll. "Sources Chrétiennes", n.211, 2002, pp.24-26(III I 1).

[189] 현존하는 가장 오래된 신약 성경의 정전 목록으로 1740년 무라토리(1672~1750년)에 의해 밀라노 암브로시오 도서관에서 발견된 것이다. 2세기경 그리스에서 번역된 것으로 추측된다.

[190] Clément d'Alexandrie, *Hypotyposes*, 에우세비우스가 인용함, Eusèbe, *Hist. Eccl.* 71(II XV 2).

[191] Tertullien, *Contre Marcion*, Paris, Éd. du Cerf, coll. "Sources Chrétiennes", n.456, 2001, 84, IV, 3.

[192] 나는 이 사실을 이용해 소설에서 마르코의 엄지손가락 끝이 으깨어졌다고 간주했다.

[193] D. de Bryune, "Les plus anciens prologues latins des Évangiles", Revue bénédictine 40, 1928, pp.193-214.

이 서문은 180년쯤에 쓰였다고 추정된다. 파피아스가 쓴 내용과 일치하는 '인테르프레스interpres'라는 용어는, 베드로가 글을 작성할 정도로는 훌륭하게 사용하지 못했을 그리스어를 아람어와 연결하는 역할을 마르코가 담당했다는 사실을 암시한다. 더 나아가 이 서문은 복음서의 배경을 이탈리아로 정한다.

마르코 복음서의 여러 부분은 베드로의 기억과 설교가 그 출처라고 간주하면 더욱 잘 이해된다(마르 1,36; 8,33; 11,21; 13,3; 14,37; 14,54.66-72 참조). 그러한 부분에서는 베드로가 굴욕을 당한 일이 그대로 전해지지만, 호수 위를 걸은 일(마태 14,28-31 참조)과 지상권을 약속받은 일(마태 16,17-19 참조)처럼 베드로가 돋보이는 상황은 언급되지 않는다. …… 베드로는 자신이 역할을 담당한 일화를 그런 식으로 소개했을 것이 틀림없고, 그래서 마르코 복음사가가 예찬으로 보일 수 있는 부분은 생략했을 것이다.[194]

마르코 복음서가 로마에서 쓰였다는 가설은 마르코가 베드로와 맺은 관계 이외에도 마르코 복음서가 쓰인 그리스어에서 드러나는 라틴어법에 대한 연구에 근거를 둔다. 예를 들어 '길을 내고 가다iter facere'(마르 2,23), '모의하다consilium dederunt'(마르 3,6), '만족시키다stis facere'(마르 15,15), '무릎을 꿇다genua ponentes'(마르 15,19)[195]가 있다. 마르코 복음서에 쓰인 그리스어에는 라틴어에서 빌려온 표현이 많다. 예를 들어 '함지modius'(마르 4,21), '군대legio'(마르 5,9.15), '경비병speculator'(마르 6,27), '단지sextarius'(마르 7,4), '세금census'(마르 12,14), '데나리온denarius'(마르 12,15), '채찍질하다flagellare'(마르 15,15), '백인대장centurio'(마르 15,39.44.45)이 있다. 이러한 용어가 나오는 비율은 다른 글보다 훨씬 높다.

---

194 *Supplément au Dictionnaire de la Bible*, 'Évangile selon Saint Marc', col. 847-848.

195 B. D. Smith, *Introducing the New Testament : A Workbook*, Moncton (New Brunswick), Crandall University Press, 2010, p.58.

마르코의 복음서가 어떤 특정한 신자 공동체, 여기에서는 로마 공동체를 대상으로 쓰였다는 생각은 확실하지 않다. 하지만 복음사가들이 자신이 쓰는 복음서를 자신이 자주 접하고 잘 아는 독자에게 맞추어 작성했을 수는 있다. 마르코 복음서와 뒤이어 쓰인 세 복음서는 복음서의 저자가 속한 공동체에게 가르침을 제공하는 것을 주요 목적으로 삼아 쓰였다는 원칙을 받아들이면 잘 이해된다. 이 사실은 복음서들이 복음사가가 속한 공동체 바깥으로 전파되기 위해서 쓰였다는 생각과 모순되지 않는다. 이러한 견해를 펼친 대표적인 인물은 영국의 성서학자 리처드 보컴Richard Bauckham인데, 그는 복음서가 보편적으로 널리 읽힐 목적으로 쓰인 '회칙-복음서[196]'라고 주장했다. 실제로 복음서들은 그것을 읽을 독자를 바오로의 서간과 달리 어떤 도시에 사는 공동체라고 명시하지 않았고, 복음사가들이 로마 제국 전체로 전파할 목적으로 복음서를 썼다고 볼 수 있다. 베드로의 증언을 직접 들었으므로 자신이 로마의 주민에게만 전할 수는 없는 보물을 가지고 있다는 사실을 알던 마르코의 의도도 아마 그러했을 것이다.

---

[196] R. Bauckham, 'For whom were Gospels written?', *HTS Teologiese Studies*, 55-4, 1999, pp.865-882.

소설과 연관된 성경 구절

1장 사자

- **베타니아에서 어떤 여자가 향유를 붓다**(마르 14,1-3)

파스카와 무교절 이틀 전이었다. 수석 사제들과 율법 학자들은 어떻게 하면 속임수를 써서 예수님을 붙잡아 죽일까 궁리하고 있었다. 그러면서 "백성이 소동을 일으킬지 모르니 축제 기간에는 안 된다."라고 말하였다. 예수님께서 베타니아에 있는 나병 환자 시몬의 집에 계실 때의 일이다. 마침 식탁에 앉아 계시는데, 어떤 여자가 값비싼 순 나르드 향유가 든 옥합을 가지고 와서, 그 옥합을 깨뜨려 그분 머리에 향유를 부었다.

2장 미끼

- **예수님께서 예루살렘에 입성하시다**(마르 11,1-10)

그들이 예루살렘, 곧 올리브산 근처 벳파게와 베타니아에 가까이 이르렀을 때, 예수님께서 제자 둘을 보내며 말씀하셨다. "너희 맞은쪽 동네로 가거라. 그곳에 들어가면 아직 아무도 탄 적이 없는 어린 나귀 한 마리가 매여 있는 것을 곧 보게 될 것이다. 그것을 풀어 끌고 오너라. 누가 너희에게 '왜 그러는 거요?' 하거든, '주님께서 필요하셔서 그러는데 곧 이리로 돌려보내신답니다.' 하고 대답하여라." 그들이 가서 보니, 과연 어린 나귀 한 마리가 바깥 길 쪽으로 난 문

곁에 매여 있었다. 그래서 제자들이 그것을 푸는데, 거기에 서 있던 이들 가운데 몇 사람이, "왜 그 어린 나귀를 푸는 거요?" 하고 물었다. 제자들이 예수님께서 일러 주신 대로 말하였더니 그들이 막지 않았다. 제자들은 그 어린 나귀를 예수님께 끌고 와서 그 위에 자기들의 겉옷을 얹어 놓았다. 예수님께서 그 위에 올라앉으시자, 많은 이가 자기들의 겉옷을 길에 깔았다. 또 어떤 이들은 들에서 잎이 많은 나뭇가지를 꺾어다가 깔았다. 그리고 앞서가는 이들과 뒤따라가는 이들이 외쳤다. "'호산나! 주님의 이름으로 오시는 분은 복되시어라!' 다가오는 우리 조상 다윗의 나라는 복되어라! 지극히 높은 곳에 호산나!" 이윽고 예수님께서 예루살렘에 이르러 성전에 들어가셨다. 그리고 그곳의 모든 것을 둘러보신 다음, 날이 이미 저물었으므로 열두 제자와 함께 베타니아로 나가셨다.

4장 잠복

• **예수님께서 야이로의 딸을 살리시다**(마르 5,22-24.35-42)

야이로라는 한 회당장이 와서 예수님을 뵙고 그분 발 앞에 엎드려, "제 어린 딸이 죽게 되었습니다. 가셔서 아이에게 손을 얹으시어 그 아이가 병이 나아 다시 살게 해 주십시오."하고 간곡히 청하였다. 그리하여 예수님께서는 그와 함께 나서시었다. 많은 군중이 그분을 따르며 밀쳐 댔다. ……

예수님께서 아직 말씀하고 계실 때에 회당장의 집에서 사람들이 와서는, "따님이 죽었습니다. 그러니 이제 스승님을 수고롭게 할 필요가 어디 있겠습니까?" 하고 말하였다. 예수님께서는 그들이 말하는 것을 곁에서 들으시고 회당장에게 말씀하셨다. "두려워하지 말고 믿기만 하여라." 그리고 베드로와 야고보와 야고보의 동생 요한 외에는 아무도 당신을 따라오지 못하게 하셨다. 그들이 회당장의 집에 이르렀다. 예수님께서는 소란한 광경과 사람들이 큰 소리로 울며 탄식하는 것을 보시고, 안으로 들어가셔서 그들에게, "어찌하여 소란을 피우며 울고 있느냐? 저 아이는 죽은 것이 아니라 자고 있다." 하고 말씀하셨다. 그들은 예수님을 비웃었다. 예수님께서는 그들을 다 내쫓으신 다음, 아이

아버지와 어머니와 당신의 일행만 데리고 아이가 있는 곳으로 들어가셨다. 그리고 아이의 손을 잡으시고 말씀하셨다. "탈리타 쿰!" 이는 번역하면 '소녀야, 내가 너에게 말한다. 일어나라!'는 뜻이다. 그러자 소녀가 곧바로 일어서서 걸어 다녔다. 소녀의 나이는 열두 살이었다. 사람들은 몹시 놀라 넋을 잃었다.

5장 반항자

• **예수님께서 어느 게라사 사람을 마귀들에게서 풀어 주시다**(마르 5,1-13.18-20)

그들은 호수 건너편 게라사인들의 지방으로 갔다. 예수님께서 배에서 내리시자마자, 더러운 영이 들린 사람이 무덤에서 나와 그분께 마주 왔다. 그는 무덤에서 살았는데, 어느 누구도 더 이상 그를 쇠사슬로 묶어 둘 수가 없었다. 이미 여러 번 족쇄와 쇠사슬로 묶어 두었으나, 그는 쇠사슬도 끊고 족쇄도 부수어 버려 아무도 그를 휘어잡을 수가 없었다. 그는 밤낮으로 무덤과 산에서 소리를 지르고 돌로 제 몸을 치곤 하였다. 그는 멀리서 예수님을 보고 달려와 그 앞에 엎드려 절하며, 큰 소리로 "지극히 높으신 하느님의 아들 예수님, 당신께서 저와 무슨 상관이 있습니까? 하느님의 이름으로 당신께 말합니다. 저를 괴롭히지 말아 주십시오." 하고 외쳤다. 예수님께서 그에게 "더러운 영아, 그 사람에게 나가라." 하고 말씀하셨기 때문이다. 예수님께서 그에게 "네 이름이 무엇이냐?" 하고 물으시자, 그가 "제 이름은 군대입니다. 저희 수가 많기 때문입니다." 하고 대답하였다. 그러고 나서 예수님께 자기들을 그 지방 밖으로 쫓아내지 말아 달라고 간곡히 청하였다. 마침 그곳 산 쪽에는 놓아기르는 많은 돼지 떼가 있었다. 그래서 더러운 영들이 예수님께, "저희를 돼지들에게 보내시오 그 속으로 들어가게 해 주십시오." 하고 청하였다. 예수님께서 허락하시니 더러운 영들이 나와 돼지들 속으로 들어갔다. 그러자 이천 마리쯤 되는 돼지 떼가 호수를 향해 비탈을 내리 달려, 호수에 빠져 죽고 말았다. ……

그리하여 예수님께서 배에 오르시자, 마귀 들렸던 이가 예수님께 같이 있게 해 주십사고 청하였다. 그러나 예수님께서는 허락하지 않으시고 그에게 말씀하셨다. "집으로 가족들에게 돌아가, 주님께서 너에게 해 주신 일과 자비를 베풀어 주신 일을 모두 알려라." 그래서 그는 물러가, 예수님께서 자기에게 해 주신 모든 일을 데카폴리스 지방에 선포하기 시작하였다. 그러자 사람들이 모두 놀랐다.

6장 도약

- 코르넬리우스가 베드로를 데리러 사람들을 보내다(사도 10,1-8.44-48)

카이사리아에 코르넬리우스라는 사람이 있었는데, 이탈리아 부대라고 불리는 군대의 백인대장이었다. 신심이 깊은 그는 온 집안과 함께 하느님을 경외하며, 유다 백성에게 많은 자선을 베풀고 늘 하느님께 기도하였다. 어느 날 오후 세 시쯤, 그는 환시 중에 자기가 있는 곳으로 하느님의 천사가 들어와 "코르넬리우스!" 하고 부르는 것을 똑똑히 보았다. 그는 천사를 유심히 바라보며 겁에 질려, "천사님, 무슨 일이십니까?" 하고 물었다. 그러자 천사가 그에게 대답하였다. "너의 기도와 너의 자선이 하느님 앞으로 올라가 좋게 기억되고 있다. 이제 야포로 사람을 보내어 베드로라고 하는 시몬을 데려오게 하여라. 그는 무두장이 시몬의 집에 묵고 있는데 그 집은 바닷가에 있다." 코르넬리우스는 자기에게 말하던 천사가 떠나가자, 집종 두 사람과 자기가 데리고 있는 군사들 가운데 신심이 깊은 사람 하나를 불러, 모든 일을 이야기해 주고 나서 야포로 보냈다. ……

베드로가 이야기하고 있을 때, 말씀을 듣는 모든 이에게 성령께서 내리셨다. 베드로와 함께 왔던 할례받은 신자들은 다른 민족들에게도 성령의 선물이 쏟아져 내리는 것을 보고 깜짝 놀랐다. 이 다른 민족 사람들이 신령한 언어로 말하면서 하느님을 찬송하는 것을 들었기 때문이다. 그때에 베드로가 말하였다. "우리처럼 성령을 받은 이 사람들에게 물로 세례를 주는 일을 누가 막을 수 있겠습니까?" 그리고 나서 예수 그리스도의 이름으로 세례를 받으라고 그들에게 지시하였다. 그들은 베드로에게 며칠 더 머물러 달라고 청하였다.

7장 우리

- 베드로가 풀려나 마르코의 어머니 집에 도착하다(사도 12,12-17.25)

이러한 사실을 깨달은 베드로는 마르코라고 하는 요한의 어머니 마리아의 집으로 갔다. 거기에는 많은 사람이 모여 기도하고 있었다. 베드로가 바깥 문을 두드리자 로데라는 하녀가 누구인지 보려고 문으로 갔다. 그 하녀는 베드로의 목소리를 알아듣고 너무 기뻐서, 문을 열어 주지도 않고 안으로 달려가 베드로가 문 앞에 서 있다고 알렸다. 사람들이 "너 정신이 나갔구나." 하는데도 그 하녀는 사실이라고 우겼다. 그래서 사람들은 "베드로의 천사다." 하고 말하였다. 베드로가 줄곧 문을 두드리자 사람들이 문을 열어 그를 보고서는 깜짝 놀랐다. 베드로는 그들에게 조용히 하라고 손짓한 다음, 주님께서 자기를 어떻게 감옥에서 끌어내 주셨는지 이야기하였다. 이어서 "이 일을 야고보와 다른 형제들에게 알려 주십시오." 하고 이르고서, 그곳을 떠나 다른 곳으로 갔다. ……

바르나바와 사울은 예루살렘에서 사명을 수행한 다음, 마르코라고 하는 요한을 데리고 돌아갔다.

8장 단절

- 마르코가 바르나바와 사울 곁에서 직무를 수행하다 그들과 헤어지다(사도 13,4-7.12-13)

성령께서 파견하신 바르나바와 사울은 셀레우키아로 내려간 다음, 거기에서 배를 타고 키프로스로 건너갔다. 그리고 살라미스에 이르러 유다인들의 여러 회당에서 하느님의 말씀을 선포하였다. 그들은 요한을 조수로 데리고 있었다. 그들이 온 섬을 가로질러 파포스에 다다랐을 때에 마술사 한 사람을 만났는데, 유다인으로서 바르예수라고 하는 거짓 예언자였다. 그는 슬기로운 사람인 세르기우스 바오로 총독의 수행원 가운데 하나였다. 총독은 바르나바와 사울을 불러 하느님의 말씀을 듣기를 원하였다. ……

그 광경을 본 총독은 주님의 가르침에 깊은 감동을 받아 믿게 되었다. 바오로 일행은 파포스에서 배를 타고 팜필리아의 페르게로 가고, 요한은 그들과 헤어져 예루살렘으로 돌아갔다.

9장 대립

- **안티오키아에서 베드로와 말다툼한 일을 바오로가 전하다**(갈라 2,11-14)

그런데 케파가 안티오키아에 왔을 때 나는 그를 정면으로 반대하였습니다. 그가 단죄받을 일을 하였기 때문입니다. 야고보가 보낸 사람들이 오기 전에는 다른 민족들과 함께 음식을 먹더니, 그들이 오자 할례받은 자들을 두려워한 나머지 몸을 사리며 다른 민족들과 거리를 두기 시작하였던 것입니다. 나머지 유다인들도 그와 함께 위선을 저지르고, 바르나바까지도 그들과 함께 위선에 빠졌습니다. 그러나 나는 그들이 복음의 진리에 따라 올바른 길을 걷지 않는 것을 보고, 모든 사람 앞에서 케파에게 말하였습니다. "당신은 유다인이면서도 유다인으로 살지 않고 이민족처럼 살면서, 어떻게 이민족들에게는 유다인처럼 살라고 강요할 수가 있다는 말입니까?"

- **바오로가 두 번째 선교 여행에 마르코를 데려가기를 거부하다**(사도 15,36-41)

며칠 뒤에 바오로가 바르나바에게, "자, 우리가 주님의 말씀을 전한 모든 고을로 형제들을 찾아가 그들이 어떻게 지내고 있는지 살펴봅시다." 하고 말하였다. 그런데 바르나바는 마르코라고 하는 요한도 같이 데려가려고 하였다. 그러나 바오로는 팜필리아에서 자기들을 버리고 떠나 함께 일하러 다니지 않은 그 사람을 데리고 갈 수 없다고 주장하였다. 그리하여 그들은 감정이 격해져서 서로 갈라졌다. 바르나바는 마르코를 데리고서 배를 타고 키프로스로 떠나갔다. 바오로는 실라스를 선택하여 떠났는데, 형제들은 바오로를 주님의 은총에 맡긴다고 기도해 주었다. 그는 시리아와 킬리키아를 두루 다니며 그곳 교회들을 굳건하게 만들었다.

12장 포효

• 바오로가 코린토를 떠나 트로아스에 도착하여 에우티코스를 되살리다(사도 20,1-16)

그 소동이 가라앉은 뒤에 바오로는 제자들을 불러오게 하여 그들을 격려한 다음, 작별 인사를 하고 마케도니아로 가려고 길을 떠났다. 바오로는 그곳 지방들을 거쳐 가는 동안에 신자들을 여러 가지 말로 격려하면서 그리스까지 갔다. 거기에서 석 달을 지낸 뒤에 배를 타고 시리아로 가려고 하였지만, 유다인들이 그를 해칠 음모를 꾸몄으므로 마케도니아를 거쳐 돌아가기로 결정하였다. 베로이아 사람 피로스의 아들 소파테르, 테살로니카 사람 아리스타르코스와 세쿤두스, 데르베 사람 가이오스, 티모테오, 아시아 사람 티키코스와 트로피모스가 바오로와 동행하였다. 이들은 트로아스에 먼저 가서 우리를 기다렸고, 우리는 무교절이 지난 뒤에 필리피에서 배를 타고 닷새 만에 트로아스에 있는 그들과 합류하여, 그곳에서 이레 동안 지냈다.

주간 첫날에 우리는 빵을 떼어 나누려고 모였다. 바오로가 신자들에게 이야기하였는데, 이튿날 떠나기로 되어 있었기 때문에 자정까지 이야기를 계속하였다. 우리가 모여 있던 위층 방에는 등불이 많이 켜져 있었다. 그런데 에우티코스라는 젊은이가 창문에 걸터앉아 있다가, 바오로가 길게 이야기하는 동안 깊은 잠에 빠졌다. 그렇게 잠에 취하여 그만 삼 층에서 밑으로 떨어지고 말았다. 사람들이 일으켜 보니 이미 죽어 있었다. 바오로가 내려가 에우티코스에게 엎드려 그를 끌어안고, "걱정하지들 마십시오. 살았습니다." 하고 말하였다. 바오로는 다시 올라가 빵을 떼어 나누고 또 식사를 한 다음, 날이 샐 때까지 오래 이야기를 하고 나서 떠났다. 그리고 사람들은 살아난 청년을 데리고 가면서 크게 위로를 받았다.

우리는 먼저 배를 타고 아쏘스로 떠났다. 거기에서 바오로를 배에 태울 참이었다. 바오로가 거기까지 육로로 가겠다고 하면서 그렇게 정한 것이다. 우리는 아쏘스에서 바오로를 만나 그를 배에 태우고 미틸레네로 갔다. 그리고 이튿날 그곳을 떠나 키오스섬 앞바다에 이르렀고, 다음 날 사모스섬에 들렀다가 트로길리온에 머무른 뒤에 그다음 날에는 밀레토스에 다다랐다. 바오로가 아시아에서 시간을 허비하지 않으려고 에페소를 그냥 지나치기로 결정하였던 것이다. 사실 그는 되도록 오순절에는 예루살렘에 있으려고 서둘렀다.

13장 할큄

- 바오로가 티모테오에게 마르코를 에페소에서 함께 데려 오라고 부탁하다(2티모 4,9-13)

그대는 서둘러 나에게 빨리 오십시오. 데마스는 현세를 사랑한 나머지 나를 버리고 테살로니카로 가고, 크레스켄스는 갈라티아로, 티토는 달마티아로 갔습니다. 루카만 나와 함께 있습니다. 마르코는 내 직무에 요긴한 사람이니 함께 데리고 오십시오. 티키코스는 내가 에페소로 보냈습니다. 올 때, 내가 트로아스에 있는 카르포스의 집에 두고 온 외투와 책들, 특히 양피지 책들을 가져오십시오.

14장 사바나

- 바오로가 콜로새 신자들에게 마르코를 추천하다(콜로 4,10)

나와 함께 갇혀 있는 아리스타르코스, 그리고 바르나바의 사촌 마르코가 여러분에게 인사합니다. 이 마르코에 관해서는 여러분이 이미 지시를 받았으니, 그가 여러분에게 가거든 잘 받아들이십시오.

- 베드로가 실바누스와 마르코와 함께 인사를 하다(1베드 5,12-13)

나는 성실한 형제로 여기는 실바누스의 손을 빌려 여러분에게 간략히 이 글을 썼습니다. 이것은 여러분을 격려하고, 또 하느님의 참된 은총임을 증언하려는 것입니다. 그 은총 안에 굳건히 서 있도록 하십시오. 여러분과 함께 선택된 바빌론 교회와 나의 아들 마르코가 여러분에게 인사합니다.

15장 발자국

• 예수님께서 빵을 늘린 기적에 관하여 말씀하시다(마르 8,18-21)

"너희는 눈이 있어도 보지 못하고 귀가 있어도 듣지 못하느냐? 너희는 기억하지 못하느냐? 내가 빵 다섯 개를 오천 명에게 떼어 주었을 때, 빵 조각을 몇 광주리나 가득 거두었느냐?" 그들이 "열둘입니다." 하고 대답하였다. "빵 일곱 개를 사천 명에게 떼어 주었을 때에는, 빵 조각을 몇 바구니나 가득 거두었느냐?" 그들이 "일곱입니다." 하고 대답하자, 예수님께서 그들에게 "너희는 아직도 깨닫지 못하느냐?" 하고 말씀하셨다.